U0799320

法学教育研究

Legal Education Research

2019 第二十五卷 杨宗科 主编

法律出版社
LAW PRESS·CHINA

CSSCI来源集刊

《法学教育研究》已许可中国学术期刊（光盘版）电子杂志社在中国知网及其系列数据库产品中以数字化方式复制、汇编、发行、信息网络传播《法学教育研究》全文；《法学教育研究》已许可北大法宝法学期刊数据库以电子形式对本书进行制作、以不脱离于数据库的形式进行传播和销售。本书被北京万方数据股份有限公司、万方数据电子出版社数据库收录，相关著作权使用费和稿费由本书一并支付。本书已被维普网全文收录。如无特别说明，作者提交文章发表的行为即视为同意上述声明。

主办单位：西北政法大学

主　　编：杨宗科

编委会委员（按姓氏笔画排列）：

王　健　王　瀚　王　麟　付子堂

叶　青　邬大光　陈小君　汪世荣

张应强　何勤华　杨灿明　杨宗科

陆根书　贾　宇　闫亚林　阎光才

徐显明　黄　进　眭依凡　韩　松

执行主编：闫亚林　余　涛

执行编辑：宋鸿雁　王若梅　张师伟　邱昭继

刘　璞　孙学龙　王国龙　陈　玺

英文编辑：孟　超

网络编辑：朱凤翔

编　　务：吕润平　郭艳利

本书各篇文章中的观点均属作者个人观点，不代表主办单位或其他机构、个人的观点。

法学教育研究　（第25卷）

教学研究

Contents

· Special Topic of Reform and Opening-up for 40 Years ·

· Exploration of Theories ·

· Teaching Research ·

改革开放四十年专题

编者按：

2018年10月20～21日，由西北政法大学主办，西北政法大学高等教育研究所、《法学教育研究》编辑部承办的“第二届《法学教育研究》专题研讨会”在西安隆重召开，主题是“新时代中国法学教育改革与发展”。来自30余所大学、研究院的专家学者围绕会议核心议题，做了27个主题报告进行交流。本书从与会论文中遴选优秀论文若干并搭配其他投稿，按照文章主题进行了编排，同时也刊发了会议综述以飨读者。

改革开放四十年来高校法治人才培养的探索与实践*

王德新**

摘　要：改革开放四十年来，我国法学教育事业取得了巨大的成就，但也面临一些突出的问题。一方面，法学办学规模的扩张造成了竞争加剧、供需矛盾的出现和法治人才培养质量的下滑，为此需要加强办学的规范化和标准化；另一方面，高校办学定位、培养目标和培养模式同质化的现象严重，与社会需求之间衔接不够，加剧了竞争失序和供需矛盾。通过分析我国关于法学办学规范化和标准化的各种举措，并对不同层次、不同类别、不同区域高校培养目标和人才培养模式进行比较分析，能够得出一个基本的结论，即在设置规范化、标准化底线准则的基础上，强化各层次、各类型、各区域高校根据自身办学特色和优势探索各具特色的法治人才培养模式，是我国法治社会发展的客观需要，也是高校法学院系办学取得卓越成效的必由之路。

关键词：高等院校　法治人才培养　规范化　标准化　多样化

---

* 基金项目：山东师范大学教改项目“法治人才分类遴选背景下法学本科培养方案优化研究”（项目编号：2018T03）。

** 王德新，山东师范大学法学院教授，研究方向：诉讼法学。

改革开放以来,我国法学教育机构从“五院四系”发展到 2018 年已有 617 所,本科招生人数从 1977 年的 189 人发展到 2018 年已达 8 万余人,分别增长了约 70 倍和 4000 倍。① 20 世纪 90 年代以后,我国法学教育在规模上迅速扩张,教育部为此开始推动高等教育的规范化建设,众多高校在激烈竞争中也开始探索个性化的人才培养模式。本科教育是高等教育的基础和主体,正如教育部陈宝生部长所言:“高教大计,本科为本;本科不牢,地动山摇。”②以本科教育为主线,透视我国法学教育的规范化与个性化培养模式探索的关系,在当前尤为重要。

一、我国高校法学教育规模的发展态势

改革开放四十年来,中国高校法学教育发展可以划分为四个时期:③

恢复重建期(1977 ~ 1985 年)。“文化大革命”结束后,中央迅速着手开始我国法学教育的恢复重建工作。1977 年恢复高考招生制度,同年北京大学、吉林大学、西南政法学院、湖北财经学院法律系获批复办或招生。1978 年中共中央在《批转〈第八次全国人民司法工作会议纪要〉的通知》(中发〔1978〕32 号)中提出:“恢复政法院校,培养司法人才”,随后北京政

---

① 参见徐显明等:《改革开放四十年的中国法学教育》,载《中国法律评论》2018 年第 3 期;关于办学机构数,有不同的统计数据,本文依据的是全国高等学校学生信息咨询与就业指导中心网站(https://gaokao.chsi.com.cn/)公布的“法学所开设学校”名录,检索日期:2018 年 12 月 1 日。

② 陈宝生:《在新时代全国高等学校本科教育工作会议上的讲话》,载《中国高等教育》2018 年第 3 期。

③ 本文主要讨论普通高校的法学本科教育,其他类型的法学教育不是关注的重点。但不容忽视的是,我国自 20 世纪 90 年代初就构建了由普通高等法学教育、成人教育和职专教育构成的多样化法学教育培训体系。据统计,截至 1993 年年底全国就已设立 114 所成人高等政法院系(不含普通高校举办的函授、夜大),在学法科类本专科学生约 8.6 万人。法律职专教育开始起步,仅司法行政系统就设置了 29 所司法(法律)学校、27 所监狱警察学校,此外还有一大批法律职业高中。通过各种形式的教育培训,培养了法律本专科生约 20 万人、中等法律职业人才约 10 万人,培训检、法、司在职干部约 125 万人次。参见霍宪丹:《中国法学教育的发展与转型(1978 ~ 1998)》,法律出版社 2004 年版,第 294 ~ 295 页。

法学院、华东政法学院、西北政法学院和中国人民大学法律系恢复招生。1979 年中国人民大学、武汉大学恢复法律系,法学教育的"五院四系"由此形成。截至 1985 年年底,"中国恢复和批准设立法学本科专业的大学共计 143 所,包括中国一流的重点综合大学、法律专业单科大学与省属重点大学、民族大学。"④总体来看,这一时期法学教育机构数量不多,办学层次主要是本专科教育,招生规模不大,难以满足改革开放对法治人才的需求。

积聚发展期(1986~2000 年)。这一时期,举办法学专业的高校呈现由点到面的态势,东部沿海和多类型高校表现积极。据徐卫东教授前引论文的统计,1986~1991 年有 18 所大学新设了法学专业,分布在 14 个省、市、自治区,其中沿海地区和发达城市最为积极,民族类院校增设法学专业的势头强劲(累计有 8 所,民族类院校增设法学专业的有 4 所),理工类、财经类大学各 3 所。1992~1996 年有 74 所大学新设法学专业,其中理工类院校 34 所(占 45%),师范类、财经类院校各 11 所(占 36%),这三类院校共占了 81%。1997~2000 年有 69 所高校新设了法学专业,其中有 9 所属于教育部直属重点大学。从类别上看,理工类大学 33 所(占 43%),财经类大学 9 所,师范类大学 8 所,农林类大学 5 所。经过 15 年的发展,中国的法学教育规模有了相当的发展,办学机构达到了 204 所。但从改革开放对法治人才的需求来看,仍有较大的上升空间,⑤这也为 21 世纪头 10 年我国法学教育规模的迅速扩张埋下了伏笔。

迅速扩张期(2001~2007 年)。法学教育研究规模的扩张,是在特定情势下我国高校扩招的一个缩影。1998 年爆发了亚洲经济危机,著名经济学家汤敏向中央提交了《关于启动中国经济有效途径——扩大招生量一倍》的建议书,中央基于这一建议决定从 1999 年开始大规模高考扩招。在此背景下,法学教育机构也迅速扩张。据统计,2001~2007 年新设法学专业的高校有 402 所,相当于 1977~2000 年 23 年间总量的两倍,使开设

---

④ 徐卫东:《中国高等法学教育三十年发展回顾》,载《当代法学》2008 年第 1 期。

⑤ 据统计,2001 年全国受过法律本科教育的律师仅占 20%,法官仅占 5%,受过法学研究生教育的法官仅占 0.25%。而且,我国每年法官、检察官自然减员为 3 万~4 万人,每年毕业的法学本科生仅为 2 万人;当时预计到 2010 年我国需要专职律师 30 万人,其时仅有约 10 万人。参见赵相林:《对法学本科教育改革的几点思考》,载《中国高等教育》2002 年第 7 期。

法学专业的高校总量达到了 606 所。从地域上看,新设法学专业的高校集中于中东部地区(新设法学专业的高校数量在湖北、湖南、广东、河北、浙江、河南各省都在 25 所以上)。从类别上看,民办独立学院是第一主力,有 141 所(占 2001 ~2007 年新设法学专业高校总数的 35%);第二主力是理工科大学,有 109 所(占 2001 ~2007 年新设法学专业高校总数的 27%);第三主力是设在地级市的省属师范学院和少数师范类大学,有 50 所(占 2001 ~2007 年新设法学专业高校总数的 12%);其他新设法学专业的院校有少量增长,如农林类高校有 22 所,综合大学有 17 所,医药类大学有 14 所,财经类大学有 9 所,语言类大学有 8 所,民族类大学增设法学专业的有 3 所。⑥ 随着高校数量迅速增加,招生人数也成百倍增长的态势。仅以 2005 年为例,全国普通高校共招本科生 505 万人,是 1977 年的 12.6 倍;其中法学本科招生 70,355 人,是 1977 年的 366.4 倍。⑦

控制调整期(2008 ~2018 年)。法学教育规模的扩张带来了一些棘手的问题,首先,供求失衡,法学本科毕业生就业率下降,从 2010 年起连年被教育部红牌预警。在教育部 2012 年《普通高等学校本科专业目录和专业介绍》中确定了 62 个专业为国家控制布点专业,法学专业赫然在列。在行政调控之下,全国新设法学专业的高校从 2008 年至 2018 年仅有少量增加(从 606 所增至 617 所),招生规模稳定在 8 万人左右。其次,由于法学专业办学机构盲目扩张,也出现了一些深层次的问题。⑧ 最为突出的

⑥ 参见徐卫东:《中国高等法学教育三十年发展回顾》,载《当代法学》2008 年第 1 期。

⑦ 参见李燕:《似曾相识的历史:法学教育 30 年》,载《廊坊师范学院学报》(社会科学版)2009 年第 5 期。

⑧ 概括来看主要有以下问题:(1)师资严重不足。据统计,1999 年高校法学专业本专科生、硕士生、博士生在学学生数分别是 1991 年的 3.29 倍、24.27 倍、10.58 倍,平均每年增加 2 万余人;而 1999 年法学专任教师仅比 1991 年增加了 2837 人,平均每年增加约 300 人(参见李建俊:《一般高校法学专业师资队伍建设的问题及对策》,载《吉林省教育学院学报》2010 年第 10 期)。(2)师资水平参差不齐,地方高校中由辅导员或其他专业教师授课的较多,教学质量不高(参见韩月萍:《论中国法学本科专业教育的现状、问题及优化》,西南交通大学 2010 年硕士学位论文,第 9 页)。(3)不重视职业能力培养,培养的学生社会不需要,社会需要的没有能力培养,法律人才过剩和人才奇缺的现象并存(参见赵蕾:《法律文凭贱如粪土?》,载《南方周末》2007 年 6 月 14 日,第 6 版)。(4)人才培养目标定位不清晰,课程体系设置特质不鲜明,人才培养模式同质化现象严重。

问题有两点：一是随着办学机构和招生规模的扩张，如何规范法学专业办学、保障人才培养质量？二是众多高校按照同一模式培养人才形成了供需矛盾和虚假过剩的现象，各类高校如何探索特色化的人才培养模式改革？

二、我国法学专业办学规范化、标准化的探索实践

自20世纪90年代以来，为了抑制片面追求规模效应而忽视内涵质量的冲动，克服高等教育发展中的盲目性和不规范性，中央、教育行政部门和有关专业组织相继出台了一些举措，试图加强对高等教育的规范化、标准化发展的引导。

首先，教育部主导开展了本科教学评估工作。在不同阶段，相继实施了三种评估机制：(1)1990年10月原国家教委颁布了《普通高校高等教育评估暂行规定》，首次搭建了本科教学评估的基本框架。据此，原国家教委在1994～2000年相继组织了对新建普通本科高校、“211工程”建设高校进行了评估，评估结果分为通过、不通过和暂缓通过三种，此为合格评估（资格性评估）。(2)在总结前一阶段评估经验的基础上，2002年6月教育部高教司(2002)152号文件确立了“普通高等学校本科教学工作水平评估”的新机制，从2003年起每五年开展一轮本科教学水平评估，评估对象为所有取得学士学位授予权的高校，评估结果分为优秀、良好、合格、不合格四种，此为水平评估（目标性评估）。前两个阶段的评估是用一把“尺子”量所有高校，存在评估标准单一的问题，忽视了各高校在办学水平、优势特色方面的个性。(3)在总结经验的基础上，2013年12月教育部下发了《关于开展普通高等学校本科教学工作审核评估的通知》，评估工作的定位是评价“学校自设的目标及其达成度”，此为审核评估（诊断性评估）。这种新的评估机制，既重视对高校规范化办学的引导，也为各地各类高校探索特色人才培养机制预留了空间。

其次，教育部成立了高等学校法学教学学科指导委员会（以下简称教

指委),明确了法学专业核心课程体系。早在 1998 年教育部就印发了《普通高等学校本科专业目录》,教指委同时确定了法理学等 14 门专业核心课程及其教学指导纲要,还统一编订了教材。⑨ 2012 年教育部修订了《普通高等学校本科专业目录和专业介绍》,将环境资源法、劳动与社会保障法列入核心课程,形成了 16 门法学专业核心课程体系。专业核心课程体系的确定,解决了各地各类高校法学专业课程设置过于随意的问题,在高校法学专业办学的规范化中发挥了重要的引导作用。

近年来,在党中央的关注和推动下,我国开始形成高校法治人才培养标准化与国家法治工作队伍正规化建设协同并进的新局面。2014 年 10 月党的十八届四中全会通过了《中共中央关于全面推进依法治国若干重大问题的决定》,对"加强法治工作队伍建设"进行了专门部署。⑩ 2017 年 5 月习近平总书记在中国政法大学考察期间,又对高校法学教育和法治人才培养提出了具体要求。⑪ 在此前后,若干促进法学教育规范化、正规化的举措相继出台:一是教育部、中共中央宣传部于 2013 年联合下发了《关于高校哲学社会科学相关专业统一使用马克思主义理论研究和建设工程重点教材的通知》,以加强马克思主义法学思想和中国特色社会主义法治理论在法学教育领域的引领作用,培养德才兼备的法治人才。二是中办、国办于 2015 年 12 月联合印发了《关于完善国家统一法律职业资格制度的意见》,提出了完善国家统一法律职业资格制度的目标任务和重要举措,对于推进法治工作队伍正规化、专业化、职业化具有重要意义。三

---

⑨ 参见教育部高等学校法学教学学科指导委员会秘书处:《法学专业 14 门核心课程教学指导纲要审定暨核心课教材主编遴选会在京召开》,载《法学家》1998 年第 5 期。

⑩ 该决定提出:"创新法治人才培养机制。坚持用马克思主义法学思想和中国特色社会主义法治理论全方位占领高校、科研机构法学教育和法学研究阵地,加强法学基础理论研究,形成完善的中国特色社会主义法学理论体系、学科体系、课程体系,组织编写和全面采用国家统一的法律类专业核心教材,纳入司法考试必考范围。坚持立德树人、德育为先导向,推动中国特色社会主义法治理论进教材进课堂进头脑,培养造就熟悉和坚持中国特色社会主义法治体系的法治人才及后备力量。建设通晓国际法律规则、善于处理涉外法律事务的涉外法治人才队伍。"

⑪ 高校的任务从原来培养"法学人才"到培养"法治人才",是一个与时俱进的变化过程。根据习总书记的讲话精神,有学者对"法治人才"作了如下概括,即具有丰富的法治知识、娴熟的法治技能,符合特定的法律道德标准,从事立法、执法、司法、法律服务等工作的专门人才。参见刘风景:《法治人才的定位与培养》,载《南开学报》(哲学社会科学版)2017 年第 5 期。

是教育部于2018年4月制定了《法学本科专业教学质量国家标准》(以下简称《法学本科国家标准》),首次在培养目标、培养规格、课程体系、教学规范、教师队伍、教学条件、教学效果和质量保障体系等方面提出了系统的标准要求,成为我国新时代法学教育规范化、正规化发展的基本遵循。

总体上看,为了抑制法学教育规模的盲目扩张、重规模数量轻内涵质量的冲动,前述推动法学教育规范化和标准化的措施并没有固守统一模式和统一标准的理念。例如,教育部主导的本科教学评估已从原来的“合格评估”“水平评估”发展为新近的“审核性评估”,放弃了用一把“尺子”测量所有高校的办学规范化理念,评价的重点转向了“学校自设目标的合理性及其达成度”,出现了规范化评估与个性化倡导并举的态势。再如,在法学专业核心课程体系方面,2018年《法学本科国家标准》采取了“10 + X”模式,仅保留了最具核心意义的专业课程名录,各地各类高校在结合自身特色优势设置专业课程方面有较大的自主权。高等法学教育政策的调整,为各地各类高校制定“错位竞争”的发展策略和探索特色人才培养模式预留了相当大的空间。

三、“分层、分类、分区”视角下高校特色法治人才培养的探索实践

(一)“分层”视角下的高校法治人才培养目标与培养模式探索

由于办学资源、实力和社会影响力等的差异,各高校事实上在办学层次上存在差异。如果以高校总体实力和国家认可程度及资助力度为标准,可以划分为“一流”大学、“985工程”大学、“211工程”大学和一般大学。[12] 如果按第四轮全国高校法学学科评估的结果,则可划分为A类高

---

⑫ “211工程”,即面向21世纪重点建设100所左右的高等学校和一批重点学科的教育工程,从1993年至2013年国家共立项资助建设了116所重点大学。“985工程”,即建设具有世界先进水平的一流大学的教育工程,从1999年至2004年国家共立项资助建设了39所重点大学。截至2017年年底,全国普通高等院校共2631所,其中位于第一梯队的“985工程”大学占1.48%,位于第二梯队的“211工程”大学占4.4%。2017年9月,教育部、财政部、国家发展改革委印发了《关于公布世界一流大学和一流学科建设高校及建设学科名单的通知》,确定了42所世界一流大学和95所一流学科建设高校及建设学科名单,而法学学科进入“双一流”建设学科名单的高校仅有6所(北京大学、中国人民大学、清华大学、武汉大学、中国政法大学、中南财经政法大学)。

校(14所)、B类高校(43所)、C类高校(43所)和其他高校。[13] 为分析方便,本文将举办法学教育的高校概括分为三个层次,并各选三所高校进行样本观察(见表1)。[14]

表1 不同层次高校(样本)的法学教育发展概况

层次	大学名称	入选大学工程	学科发展状况	第四轮学科评估结果	法学教育开始时间
第一层次	北京大学	"985工程"	2003年法学一级学科博士点,2017年入选双一流	A	1977年恢复办学、招生
	清华大学	"985工程"	2003年法学一级学科博士点,2017年入选双一流	A	1995年恢复法律学系
	中国人民大学	"985工程"	2003年法学一级学科博士点,2017年入选双一流	A+	1978年恢复办学、招生
第二层次	辽宁大学	"211工程"	2011年获得法学一级学科博士点	B+	1980年创办法律系
	安徽大学	"211工程"	2011年获得法学一级学科博士点	B	1979年复办法律系
	暨南大学	"211工程"	2017年获得法学一级学科博士点	B-	1990年复办经济法学系

⑬ 2017年12月教育部学位与研究生教育发展中心公布全国第四轮学科评估结果,全国共有144所高校的法学学科自愿参与评估,其中A类高校(含A+、A和A-)占9.7%,B类高校(含B+、B和B-)占29.9%,C类高校(含C+、C和C-)占29.9%,其他高校占30.5%。由于参评范围有限,仅具有参考意义。

⑭ 第一层次为第四轮学科评估结果为A大类的"985工程"大学,第二层次为学科评估结果为B大类的"211工程"大学,第三层次为其他高校,并各选三所大学作为分析样本。本分类仅供本文样本分析便利而划分。

续表

层次	大学名称	入选大学工程	学科发展状况	第四轮学科评估结果	法学教育开始时间
第三层次	宁波大学	省重点建设大学	2011 年法学一级学科硕士点	C +	1986 年设置法律系
	青岛大学	省属高校	2010 年法学一级学科硕士点	C -	1987 年招收法学本科生
	大连大学	省属高校	无法学硕士点	—	2002 年招收法学本科生

1. 不同层次高校的办学定位与法治人才培养目标

办学定位，即大学的发展方向、建设重点和办学特色；培养目标，即大学对人才知识结构、能力特质进行培养和塑造的理想描述。一般认为，培养目标的设定应综合考量本校的办学定位、办学资源和服务面向等因素，经科学分析、理性构思和民主决策而形成。不同层次高校的人才培养目标既有一定的共性，也有一定的差异，应各自扬长避短、错位竞争，避免因过度同质化而造成学校发展、人才培养和服务社会等方面的多重无序。为此，我们提出以下假定：第一层次高校综合实力雄厚，应重点培养具有引领社会发展能力的精英人才；第二层次高校综合实力较强、特色优势明显，应重点培养具有某种特色的精英人才；第三层次高校综合实力一般，应重点培养服务某一区域或领域的工匠型人才。⑮

通过对样本高校的观察分析，我们发现以下值得关注的现象：

第一，高校办学定位不够合理，对自身优势、特质把握不准的现象较为普遍。样本高校中，北京大学、清华大学、中国人民大学作为国内一流高校毋庸置疑，但其他高校的办学定位中普遍存在建设“一流大学”“国

⑮ 当然，每所高校的发展和社会需求都是动态发展变化的，随着各种情势的发展变化，特定高校的办学定位和法治人才培养目标亦会发生合理变动。

际知名院校”、达到“世界领先水平”等表述,办学定位出现了高标准、同质化的现象,必然影响学校的科学发展。例如,暨南大学的目标是“建设国内一流、世界知名的高水平大学”,安徽大学的目标是“建设国际知名国内一流高水平大学”,辽宁大学是“早日建成应用特色鲜明、国际知名的综合性高水平大学”,大连大学是“建成全国一流教学研究型地方大学”等。⑯

第二,高校培养目标同质化的现象严重,目标的激励和标识价值弱化。人才培养目标体现了高校办学水平和层次,决定了其人才培养工作的行动方向,具有导向价值和标识价值。例如,北京大学2014年的人才培养目标是“培养以天下为己任,具有健康体魄与健全人格、独立思考与创新精神、实践能力与全球视野的卓越人才”,2016年将人才培养目标修订为“立德树人,培养引领未来的人”。这与北大的“五四精神”“双一流”的办学定位和中国逐渐走向世界舞台中心的发展情势是吻合的。清华大学、中国人民大学的人才培养目标也具有高标准定位的特点。⑰ 但据王严淞博士对108所“985”“211”高校的统计分析,发现各层次高校人才培养目标高度同质化、空泛化,如采用“高素质”“创新精神”“国家情怀”“创新型人才”“复合型人才”表述的分别有65、58、55、39、22所高校。⑱ 而在地方高校中,将“高素质(高级)”“创新型”“复合型”“应用型”等作为人才培养目标的更加普遍,⑲相反,鲜见有高校将培养目标定位为培养符合本地域需求或者特定行业需求的专门人才。

---

⑯ 如无特别注明,本文援引的相关院校的信息,均引自相关高校或法学院系的官方网站。

⑰ 清华大学的本科生培养目标是“培养肩负使命、追求卓越的人”,其法学本科人才培养目标是“培养具有扎实的法学理论功底和较强的法律应用能力,具备深厚的人文素养和必要的自然科学知识、管理知识,适应国家建设所需要的德智体全面发展的高素质的法律人才”;中国人民大学的本科生培养目标是“培养具备复合型知识体系与能力的、有着健康身体与心智的杰出人才”,其法学本科人才培养目标是“培养具有社会责任、职业伦理、专业知识、执业技能的高层次、立体化法律人才”。

⑱ 参见王严淞:《论我国一流大学本科人才培养目标》,载《中国高教研究》2016年第8期。

⑲ 参见林伟连等:《高校人才培养目标定位“同质化”的反思》,载《中国高等教育》2006年第5期;杨虹等:《关于高等院校人才培养目标定位的思考》,载《课程教育研究》2013年第1期。

2. 不同层次高校对法学人才培养模式的实践探索

人才培养模式，是特定的人才培养目标与规格，以及实现该目标与规格的各种教育教学方法或手段。可用以下公式表达："培养模式 = 培养目标 + 培养过程与方式"（含教学课程内容、教学方式方法、教学管理和质量保障制度）。观察显示，相当一部分高校都进行了具有某种特色的人才培养模式改革探索，举例如下：

第一，部分"一流高校"以雄厚的办学实力为支撑，探索了名为"博雅教育"的人才培养模式改革。例如，2001 年北京大学将人才培养目标定位为"为国家和民族培养具有国际视野、在各行各业起引领作用、具有创新精神和实践能力的高素质人才"。为达成以上目标，同年启动了本科教育教学改革综合计划"元培计划"。[20] 2016 年北京大学又制定了《本科教育综合改革指导意见》，将人才培养目标修订为"立德树人，培养引领未来的人"。此后，北京大学政府管理学院牵头，联合中国政治学研究中心、法学院、社会学系，自 2018 年 9 月起在本科生二年级中设立"政治、法律与社会"联合培养项目。[21] 此外，中山大学自 2009 年、重庆大学自 2012 年也相继设立了"博雅学院"。

第二，部分"一流高校"基于办学定位与优势办学资源，探索了特定类型或复合型人才培养模式改革。例如，清华大学基于国际化办学定位，以"培养具有国际视野、中国情怀、能够参与国际法律事务的高层次法律人才"为目标，自 2009 年设立了"国际班"；南开大学经教育部批准，自 2001 年也设立了"经济、管理、法学复合型人才培养试点班"，是早期的两个试点高校之一；中国人民大学整合优势办学资源，法学院与商学院自 2009 年合作推出了"法学—工商管理"本科实验班，与新闻学院自 2011 年合作

---

⑳ 其基本特征是：按文理两类招生，入学时不分专业，低年级实施通识教育（通选课和学科大类平台课），高年级学生自主选择专业方向（含法学专业，实行导师制），各年级各专业学生混合居住、统一管理，实行弹性学制（3 ~ 6 年毕业）。参见谢小婧等：《从实验班到元培学院——北京大学本科人才培养模式和管理体制改革》，载《中国科教创新导刊》2010 年第 2 期。

㉑ 该项目实行小班特色教学与导师制，旨在创造学生与老师共同读书、调研和切磋交流的学术共同体，重点训练学生交叉学科的思维能力和提升实践水平。

推出了"法学—新闻"本科实验班等。

第三,其他一些高校也基于各自特点,进行了不同名目的人才培养模式改革。从某种意义上说,是否进行特色人才培养模式改革以及改革是否契合本校办学定位和法学人才培养目标的设定,往往决定了一所高校的法学专业办学能否良性的可持续发展。例如,辽宁大学法学院重点培养"应用型、复合型卓越法律人才",以运作良好的"法学教学综合实训中心"为支撑,使其在2011年获批法学一级学科博士点、在2017年法学学科评估中获得了B+的好成绩。当然,也有一些法学院校因人才培养目标定位和服务面向不清晰,人才培养模式没有特色,而在一定程度上制约了本校法学学科专业的发展,部分学校的法学专业甚至面临着合并或裁撤的风险。[22] 总之,是否有效开展人才培养模式改革以扬长避短,已经成为众多地方院校法学专业在新一轮竞争中能否脱颖而出的"晴雨表"。

(二)"分类"视角下的高校法治人才培养目标与培养模式探索

各高校由于办学的主导定位、优势学科专业不同,大致可以分为综合类、政法类、理工类、财经类、师范类、民族类、农林类、医药类、语言类等类型。为分析便利,下面仅从政法类、理工类、财经类、师范类四种类型的高校中选取样本,对其法治人才培养目标、培养模式和若干技术特征进行分析。

1.政法类院校

全国政法类院校约71所,其中本科办学层次的约31所(占43.7%),

---

[22] 如宁波大学1986年就设置了法律系,属于老牌法律系之一。但其法学本科人才培养目标是"具有扎实的马克思主义法学基本理论基础,知识面宽,素质高,能力强,能适应社会主义市场经济条件下法治建设的需要的法官、检察官、公务员、仲裁员、律师和企事业法务人员"。尽管有法学专任教师61人,但相对于同时期和某些后来居上的法学院系而言发展较为缓慢,2000年该校重组了法学院,包含法学系、公共管理系两个系和四个专业。再如,大连大学2002年创建法学专业,属于新建法学专业,其人才培养目标是"系统掌握法学知识,熟悉我国法律和党的相关政策,具有较高的思想道德素养,具有较强的法律实务能力,具有较高的法律素质和较好的外语表达能力,能够胜任国家司法和行政机关、仲裁和法律服务机构、企事业单位和社会团体等部门法律工作,并且有一定诉讼能力的应用型人才"。空泛的目标设定,加上有限的师资(专任教师16人),对法学学科专业发展产生了消极影响,2007年该校已将法学院、文学院、历史学院、马克思主义学院等合并成人文学部。

其余为高职高专院校。[23] 在31所本科层次的政法院校中,既有传统“五院四系”中的政法名校,也有各省的公安或警察院校以及由政法干部培训机构转型而来的院校,发展程度参差不齐。它们的共性是法学师资多、招生规模大和专业划分细,但在办学定位、培养目标和人才培养模式等方面也面临诸多挑战。办学定位和培养目标设定的妥当性及其人才培养模式改革的科学性,已成为其发展成效和人才培养质量的重要决定因素,兹挑选四所院校进行样本分析(见表2)。

表2 政法类院校(样本)的法学教育发展概况

大学名称	学校和法学学科专业荣誉	办学定位	若干技术指标		
			本科专业数	法学专业教师数(在各专业教师总数中的占比)	法学专业本科招生数(在年度各专业本科招生计划中的占比)
中国政法大学	“211工程”高校;2003年获法学一级学科博士点;国家“双一流”建设高校;第四轮法学学科评估A+	努力办成开放式、国际化、多科性、创新型的世界一流法科强校	24个	448人(约占51%)	1011人(2018年,占54.8%)
中国人民公安大学	2011年获法学一级学科博士点;国家“世界一流学科建设高校”;第四轮法学学科评估B	树立“政治建校、从严治校”的“党校”标准,以公安需求为导向,全力打造公安卓越警务和警学人才的培养基地	13个	67人(约占10%)	92人(2018年治安学、警察法学方向,占4%)
山东政法学院	普通本科高校	“错位竞争、特色发展”,建设全省一流、特色鲜明的应用型大学	20个	209人(约占47%)	1129人(2018年,占38.7%)
山东警察学院	公安类普通高等学校	坚持“政治建警、政治建校”的方针,坚持主动服从服务于公安实际工作,坚持培养应用型人才	7个	25人(约占6.5%)	228人(2018年治安学,占19.8%)

首先,传统“五院四系”中的政法名校,普遍确立了“以法学为特色和优势,多科发展”的总体办学思路。在本科教育层面,一方面确立了作为优势的法学专业的核心地位及高标准的人才培养目标;另一方面又依托

[23] 参见全国高等学校学生信息咨询与就业指导中心网站“院校库”:http://www.chesicc.com.cn/,最后访问日期:2018年12月1日。如无特别注明,下文中的同类数据均源自同一出处。

师资和学生规模优势,在人才培养模式改革方面不断推陈出新。以中国政法大学为例,其确立了“厚基础、宽口径、高素质、强能力的复合型、应用型、创新型”的总体人才培养目标,本科人才培养中重视通识教育与专业教育相结合,但具体又细化为五种人才培养模式。㉔ 按照黄进校长的介绍,该校秉持“以人为本”的教育理念,突出本科教学的基础地位;形成了“全人教育”的理念,加大了对“四型”(复合型、应用型、创新型、国际型)人才的培养力度;确立了专业教育与通识教育并重的理念,重点培养高级法律职业人才;确立了跨学科培养人才的理念,形成了“四跨”(跨学科、跨学院、跨学校、跨国境)人才培养模式;确立了国际化和“互联网 +”本科教育教学的理念,以回应国际化和网络技术对法学人才培养的挑战。㉕ 在华东政法大学、西南政法大学、西北政法大学等著名政法院校各自的本科人才培养中,虽然做法有所差异,但总体思路还是有颇多相似之处。

其次,公安或警察院校的发展程度不一。其中,中国人民公安大学是排头兵,另有 24 个省的警察或警官学院取得了法学学士授予权,其他公安或警察院校都还处于高职高专类的办学层次。除中国人民公安大学具有法学博士学位授权点外,其他要么仅具有公安学或军事法学等少数学科的硕士学位授权点,要么仅停留在本科办学层次。概括来看,其法学专业人才培养目标主要是“服务于公安实际工作,坚持培养应用型人才”,其法学本科生的招生规模一般也不大,法学人才的培养通常局限于或依附于公安学或军事法学等优势学科专业。

㉔ 2016 年 9 月以后中国政法大学推行春夏秋三学期制,并形成了“1 +4”多样化的法学本科培养方案和模式:(1)一个基本的培养方案,目标是“培养具有厚基础、宽口径、高素质、强能力的复合型、应用型、创新型高级法律职业人才”;(2)四个特色培养方案,分别是:“六年制法学人才培养模式改革实验班”本科培养方案,侧重案例研习和应用能力的培养,以培养高级法律职业人才为目标;“涉外法律人才培养模式实验班”本科培养方案,以培养国际化法律英才为目标;“西班牙语特色人才培养实验班”本科培养方案,以培养“具有国际视野,通晓西语国家和特定区域规则,能够参与国别化和区域化法律事务的高级法律职业人才”为目标;“法学学术精英人才培养实验班”本科培养方案,以培养“具有较高的学术理论素养和学术研究能力的高级法学理论人才”为目标。

㉕ 参见黄进:《世界一流大学建设与一流本科教学的创新——中国政法大学的理念与实践》,载《中国高教研究》2016 年第 6 期。

最后，原来的政法干部培训类型的机构在发展中分化严重，除少数成功转型为政法本科院校（如甘肃政法学院、山东政法学院、上海政法学院）外，大多数都转向了高职高专办学方向。以山东政法学院为例，其以建设“全省一流、特色鲜明的应用型大学”为目标，制定了“错位竞争、特色发展”的战略，逐渐使其成为同类院校中的佼佼者，已于2011年取得了法律硕士专业学位授权。回顾历史，该校2007年才取得本科招生资格，10年间本科专业迅速扩张到20个，法学本科招生规模已达1100余人，扩张速度可谓突飞猛进，已成为地方基层应用型法治人才培养的重要基地。总体来看，这类院校普遍将应用型法治人才的培养作为重点。

2. 理工类院校

理工类院校是以理工科（含物理、化学、生物、工程、天文、数学六大类）专业为主要学科的院校，以培养理工科专业技术人才为主。2018年全国理工类院校约有937所，其中设有法学专业的约179所（占19.1%），这些院校的法学专业绝大部分是在1986年至2007年增设的（仅2001~2007年就有109所）。全国理工类院校举办的法学教育发展程度如何？兹选择四所院校进行样本分析（见表3）。

表3　部分理工类院校的法学教育发展概况

大学名称	学校和法学学科专业荣誉	学校办学定位和法学人才培养目标	若干技术指标			
			本科专业数	法本招生年份	法学师资规模	法学专业本科招生数（在年度各专业本科招生计划中的占比）
北京航空航天大学	“985工程”“211工程”大学；2011年法学一级学科博士点；2017年第四轮法学学科评估B+	建设扎根中国大地的世界一流大学；学校以人才培养质量提升为核心、以培养拔尖创新人才为目标	60个	1997年	56人（独立法学院）	实行文科大类招生292人（2018年），不单列法学本科招生计划
华中科技大学	“985工程”“211工程”大学；2017年第四轮法学学科评估B-	创建世界一流大学；法学院以“法治为魂，天下为任，职业为本，素质立身”为教育理念，重点培育学生的国际化视野、时代使命感、专业自信心、创新思维能力、实践能力、领导能力和协同能力	98个	1992年	55人（独立法学院）	58人（2018年，本省21人占36%）

续表

大学名称	学校和法学学科专业荣誉	学校办学定位和法学人才培养目标	若干技术指标			
			本科专业数	法本招生年份	法学师资规模	法学本科统招数(占比)
山东理工大学	省重点建设的理工科大学;法学一级学科硕士学位点	建成有特色、高水平、国内知名的教学研究型大学	70个	2001年	29人	100人(2018年,本省68人占68%)
成都理工大学	部省共建、省属重点大学;2018年获批法律硕士点	建成优势特色显著的高水平大学;法学院培养具有较强实践操作能力和一定创新精神的应用型高素质法律人才	92个	1998年	25人	240人(2018年,本省172人占71%)

理工类院校是在什么背景下开始举办法学教育的呢?1949年以后,新中国仿照苏联的高教体制重视专业教育,加之社会主义建设急需大量的科技人才,理工类院校遂成为我国高校中数量最为庞大的一种类型。但从20世纪80年代开始,理工类院校逐渐向多科型综合性大学迈进,将文科、经济学科等纳入建设规划。㉖ 据统计,1980年全国本科层次理工院校有180所,开设非理工类专业的仅有3所,且全部是语言学专业;㉗1988年全国本科层次的理工院校有200所,增设法学专业的也仅有3所;㉘1993年增

㉖ 参见张应强:《重点理工大学的发展转型与综合化战略》,载《大学教育科学》2004年第4期。

㉗ 即同济大学的德语专业;上海海运学院的英语专业;长沙铁道学院的英语、法语专业。

㉘ 即江苏工学院(现江苏大学)的经济法学;华侨大学的国际经济法;山东纺织工学院的经济法。

设法学专业的理工院校有18所,[29]到1998年已增至66所。[30] 1999年高校扩招之后,理工类院校成为增设法学专业最多的院校类别之一,仅2001~2007年就有109所。目前,理工类院校在全国举办法学教育的院校总数中约占29%,形成了三分天下有其一的局面。其成因主要有两点:一是理工科院校基数庞大,在高校普遍向多科发展的布局下,举办法学专业的院校数量自然也较多;二是举办法学专业门槛低、需要的资金相对较小,部分理工科高校层次高、实力雄厚,[31]举办法学专业有充足的资金支持。

在理工类院校中,部分院校法学教育和学科发展已跻身于全国一流水平,如清华大学、北京航空航天大学、同济大学、华南理工大学等,它们都是"985工程""211工程"大学,且均已获批法学博士点一级学科(后两者2011年获批、2016年又被撤销),在2017年第四轮法学学科评估中分别获得A、B+、B和B-的不俗成绩。其中,北京航空航天大学的法学办学成就颇受瞩目。该校1997年始设法律系招本科生,2002年成立法学院,2007年启动法学学科"快速发展战略",2005年、2011年相继取得法学一级学科硕士点和博士点。在短短14年间能取得如此成绩,与其坚持"规范化、国际化、战略特色化"法学办学方针,谋求"全球视野、长效发展"的思路是分不开的。[32] 目前,该校法学院设有"网络空间国际治理研究基地"(国家网信办、教育部)、"工业和信息化法治研究院"(工信部重点实验室)、"国家空管法规标准研究中心"(空管委重大科研基地)和"北京科技创新中心研究基地"(北京市哲社基地)等高端研究平台,真正做到了"法学+工科""科研+服务""学科+专业"六结合的良性互动,定位精准,特色鲜明。在本科人才培养方面,该校拥有"国家卓越法律人才培

---

[29] 即北京理工大学、北方工业大学、天津大学、吉林工业大学、上海交通大学、上海海运学院、中国纺织大学、河海大学、江苏理工大学、华侨大学、南方冶金学院、山东纺织工学院、华中理工大学、武汉交通科技大学、武汉工业大学、电子科技大学、西安交通大学、西安理工大学。

[30] 参见俞俏燕:《中国单科性院校专业趋同问题研究》,厦门大学教育学院2008年博士学位论文,第62~86页。

[31] 理工类院校中,属于"985工程"的有12所(含分校有17所,占全部985高校的43.5%),其中举办法学教育的有9所;属于"211工程"的48所(含分校,占全部"211"高校的41.4%),其中举办法学教育的有35所。

[32] 参见《北京航空航天大学法学院》,载《中国法学》2011年第5期。

养基地”,实行文科大类招生制度,分流进入法学专业的本科生人数少、质量高,具有鲜明的以科研带动本科人才培养的特征。

在其他100余个理工类院校中,法学教育发展程度出现了明显的层次分化。有人对理工类院校举办法学专业提出了质疑,也有人认为,“面对机遇与挑战,理工类院校的法学专业更应以卓越法律人才培养计划为契机,将人才培养目标定位为培养服务地方法治建设和经济发展的应用型、复合型法律人才”。㉝ 这种认识是中肯的,符合社会多样性对应用复合型人才的需求,也与理工科院校天然的办学优势相契合。甚至可以说,理工类院校基于应用复合型人才培养的目标,在“法学+优势理工学科”方面进行资源整合,具有其他院校不可比拟的天然优势。例如,华南理工大学将法学本科教育与教育部卓越法律人才计划对接,实行分段、分类培养的模式,即低年级重点进行学科基础课程的教学,高年级分别开设学术型人才、政务法律人才、商务法律人才、司法法律人才四个专业方向,以突出解决实际法律问题能力的培养。而华中科技大学秉承“入主流、争一流、创特色、倡交叉”的法学办学思想,1996年即获得全国当时唯一一个科技法学专业硕士学位授权点,从2003年起又分别探索以英语、德语作为第一外语的法学专业本科班的小班化培养模式,也取得了显著的成效。但也还有大量的理工类院校,其法学人才培养目标定位并不科学,也未进行有特色的人才培养模式探索,其法学专业教育在校内外竞争中都面临着巨大的压力,有些院校的法学系甚至面临着合并或裁撤的风险。

3.师范类高校

师范类院校是以师范教育为主或为特色的高等院校,㉞其传统办学优势集中于语、数、外、政、史、地、理、化、生等师范教育专业。2018年全国师范类院校约有272所,其中有法学本科教育的约113所(占41.5%),是我

㉝ 袁晓波、牟爱华:《理工类院校卓越法律人才培养探析》,载《林区教学》2015年第3期。

㉞ 随着社会的发展,不少师范类院校已转型为多科综合性大学,仅保留了师范教育特色而已;目前仍坚持以师范教育为主的,主要是原来由各地级市的“师专”转型而来的院校。

国近年来兴办法学教育最为积极的高校类别之一。㉟ 师范类院校中,除少量学校具有综合型大学特征和实力,其法学专业可以在主流法学教育领域进行竞争外,多数院校还是应走特色化、地方化办学思路。实际情况如何呢? 兹以4所高校为样本进行分析(见表4)。

表4 部分师范类院校的法学教育发展概况

大学名称	学校和法学学科专业荣誉	学校办学定位和法学人才培养目标	若干技术指标			
			本科专业数	法本招生年份	法学师资规模	法本统招数(办学地方法程度指标;本地招生计划及占比)
北京师范大学	"985工程""211工程"大学;2017年法学一级学科博士点;2017年第四轮法学学科评估B+	建设"综合性、研究型、教师教育领先的中国特色世界一流大学";法学院坚持高起点、研究型、国际化的发展特色,着力培养一流的法律实务人才和法学高端研究人才	69个	1995年	86人	92人(2018年,本市招生4人,约占4%)
南京师范大学	部省共建高校;2006年法学一级学科博士点;2017年第四轮法学学科评估B+	统筹协调综合性、研究型、国际化三条路径,建设"有国际影响的高水平大学";培养法学专业基础宽厚、具有创新精神和实践能力的高质量复合型法律专门人才	59个	2001年	69人	72人(2018年,本省招生37人,约占51%)
山东师范大学	部省共建高校;2010年法学一级学科硕士点	建设"国内一流综合性师范大学";职业伦理意识与职业能力突出的高素质应用型法律人才	63个	1996年	39人	242人(2018年,本省招生140人,约占58%)
天水师范学院	2000年由师范专科学校升格为师范学院	建设师范特色鲜明的区域性高水平应用型大学的办学;培养富有创新精神和较强的法律实践能力,全面发展的应用型高级法律人才	54个	2000年	9人	55人(2018年,本省招生46人,约占84%)

㉟ 改革开放以来,师范类院校是增设法学本科专业的主力之一。天津师范大学和江苏师范大学(现改名为苏州大学)是最早开展法学教育的师范类院校(1980年、1982年);此后兴办法学专业的学校,1986~1991年为2所(华中师范大学、辽宁师范大学),1992~1996年间有5所(北京师范大学、东北师范大学、山东师范大学、湖南师范大学、陕西师范大学),1997~2000年有8所(华东师范大学、南京师范大学、福建师范大学、广西师范大学、华西师范大学等),2000~2008年有50所。目前,教育部部属的六所师范院校(北京师范大学、华东师范大学、华中师范大学、东北师范大学、陕西师范大学和西南大学)均有法学专业本科和研究生教育。

目前,法学教育发展最好的三所师范类院校分别是北京师范大学(以下简称北师)、湖南师范大学和南京师范大学(以下简称南师)。[36] 其中,北师和南师的法学教育起步都不算早,但都在约 20 年的时间里取得了骄人的成绩,以它们为代表的两种发展思路颇具启发意义:(1)北师 1995 年才在哲学系增设法学专业,2006 年成立法学院,但其坐落于首都北京的区位优势和对优秀师资的虹吸效应,国家对"985"高校提供的经费保障,加之学校办学定位、培养目标和人才培养模式探索的妥当性、有效性,[37]综合推动了其法学教育在短期内快速发展。目前,北师的办学定位是建设"中国特色世界一流大学",法学培养目标为"培养一流的法律实务人才和法学高端研究人才",其对法律人才的培养侧重于培养国际化、研究型和卓越人才,这体现在"法学瀚德实验班""法学卓越实验班""中国法 LLM 硕士"三个人才培养特色项目方面。[38] (2)南师作为地方省属师范院校,办学资源受到一定的限制,但其找准了定位和发展战略:一是形成了"以学科带动专业"的发展思路,突出法理学作为优势学科的引领作用,选择了"先研究生教育、后本科生教育"的逆向发展之路,[39]前瞻性的战略布局使其占尽先机,较早跻身于全国法学学科建设和法学教育的前列;二是重视法理学作为优势学科的社会服务功能,相继成立"江苏法治发展研究院""中国法治现代化研究院"等学术机构,成功将其社会影响力从地方辐射

---

[36] 其中,北京师范大学为部属高校,前两者分别为"985""211"高校,三者都拥有法学一级学科博士点且在第四轮学科评估中取得 B + 或 B 的优异成绩。

[37] 2001 年《北京师范大学"十五"发展规划纲要》首次明确提出,要将北师大建设成为"综合性、有特色、研究型的世界知名高水平大学",从而不再将北京师范大学定位为一所纯粹的师范大学,这为北师恢复法学教育提供了战略机遇。参见赵秉志等:《德育英才,法行天下——北京师范大学法学发展简述》,载《中国法学教育研究》2013 年第 3 期。

[38] "法学瀚德实验班",是在香港钟瀚德基金会支持下组建的,旨在培养具有深厚人文底蕴、通晓国际规则,懂外贸、精法律、通外语,具有卓越实践能力的法律专业的精英人才,多数学生通过国际交流可获得双学士学位。"法学卓越实验班",是依托国家应用型、复合型法律职业人才教育培养基地设立的,致力于培养具有深厚人文素养、坚定法律信仰、扎实法学功底、娴熟法律技能和开阔国际视野的卓越法律人才。"中国法 LLM 硕士项目"则是招收和培养外国留学生的硕士培养项目,凸显了该校国际化办学的决心。

[39] 南师于 1986 年在原政治教育系下创建法学教研室,1994 年成立经济法政学院法律系,但 1993 年、2000 年相继取得法理学硕士和博士点,到 2001 年才组建法学院招收法学本科生,2006 年即取得法学一级学科博士点。

到全国层面。目前，南师的办学定位是“建设有国际影响的高水平大学”，法学培养目标为“培养高质量复合型法律专门人才”，虽然定位较北师偏低，但却符合地方高校办学资源有限的客观情况，成为地方师范院校成功创办法学教育的典范。

其他师范院校正日渐向两个方向分化：一是部分办学基础较好、法学教育办学较早的省属重点师范院校，已经获得了法学一级学科硕士点和法律硕士点，正在筹划向更高层次发展（如申报法学博士点）；二是其他师范院校，要么在筹划办学层次更进一步（如申报法学硕士点），要么试图办出特色以保全自己。前者以华中师范大学（部属高校）、山东师范大学（省属高校）等高校为代表，其办学思路可归结为“入主流、有特色”；[40]后者则以由师专升格而来的众多师范院校为主体，其办学思路可归结为“有特色、求发展”。在日趋激烈的竞争中，地方师范院校的法学教育正面临严峻的考验，为了求发展、求生存，似乎应将重心放在与师范优势专业结合方面，或开展法学教育教学方法的研究探索方面，或着力培养地方应用型人才等方面。为此，不少师范院校正在进行相应的探索：如山东师范大学法学院探索的“大类招生、二次选拔、分段培养”模式，在大二以后遴选部分学生分流进入“法学律师方向”和“法学智慧财产法方向”，以不同的课程体系和小班教学来支撑具有特色知识技能的人才培养。此外，有些师范院校结合师范教育优势资源，正在探索“法学＋英语”双学位特色班的创办以培养复合型人才；[41]有些着眼于为基层培养实用型法治人才，探索“2＋1＋1”（前2年“厚基础”，第3年“精专业”，第4年“重技能”）的培

---

[40] 例如，山东师范大学法学专业创办于1993年，自1996年招收本科生，2003年开始招收马克思主义专业（社会主义法治建设方向）的研究生，2007年取得环境法、法律史两个硕士学位授权点，2010年和2014年相继取得法学一级学科硕士点和法律硕士点。其确定了“一点一域”的办学定位（“一点”，即服务于国家法治建设这个根本出发点；“一域”，即着重服务于山东区域经济社会发展的需要），努力将法学院打造成山东乃至华北华东地区创新型、应用型、高素质法律人才培养的基地之一。

[41] 张小胜：《地方高师院校英语双学位教育研究——以湖北师范学院为例》，载《北方文学》2012年第11期。

养模式[42]。而那些办学基础不太好,又未进行人才培养模式改革探索的师范院校,其法学专业教育在激烈的校内外竞争中也面临着合并或裁撤的局面,前景不容乐观。

(三)不同区域高校的人才培养目标与培养模式探索

不同区域的经济发展水平、教育投入、人口数量和教育理念存在差异,必然导致不同区域的高校发展程度不一,实证分析已证实了这一点。[43]此外,城市化水平是另一个影响高校发展的重要因素,北京、上海等大都市知名高校云集,各省的省会城市和计划单列市也是本省高校的聚集地。[44] 这一分析也适用于高校的法学教育,以全国 49 个法学一级学科博士点区域分布为例(在一定意义上代表了法学教育的水平),华东地区(沪、苏、鲁、浙、皖、闽、赣)有 15 个,华北地区(京、津、晋、冀、蒙)有 13 个,华中地区(湘、鄂、豫)有 7 个,西南地区(渝、川、滇、藏、黔)有 6 个,东北地区(黑、吉、辽)、华南地区(粤、琼)和西北地区(新)各有 4 个、3 个和 1 个;相比较而言,仅北京就有 10 个,约占总数的 20%,华东、华北 11 省(内蒙古除外)共有 28 个,约占 57%,而西北地区 5 省才 1 个。在区域发展不均衡的情况下,各地高校探索符合本地域需求的特色人才培养模式就显得尤为重要。兹以综合型大学为例,从中选择四个样本来分析各自的探索思路(见表 5)。

---

[42] 参见龚卫东:《论高等师范院校法学专业实用型人才培养的"2+1+1"模式》,载《乐山师范学院学报》2010 年第 11 期。

[43] 据统计,1999~2011 年中国高等院校的数量从 1071 所增至 2483 所,增长率为 131.8%;高于这一增长率的分别是华东地区(150%)、中南地区(141.5%)和西南地区(139.5%),低于这一增长率的分别是西北地区(130.3%)、华北地区(121.1%)和东北地区(78.3%)。参见娄曦阳:《中国高等教育资源空间分布研究》,华东师范大学中国现代城市研究中心资源与环境科学学院城市与区域经济系 2014 年硕士学位论文。

[44] 娄曦阳:《中国高等教育资源空间分布研究》,华东师范大学中国现代城市研究中心资源与环境科学学院城市与区域经济系 2014 年硕士学位论文,第 30 页。

表5　部分综合型大学的法学教育发展概况

大学名称	学校和法学学科专业荣誉	学校办学定位和法学人才培养目标	若干技术指标			
			本科专业数	法本招生年份	法学师资规模	法本统招数
云南大学	“211工程”大学;2001年入选“西部大开发重点建设院校”;部省共建高校;2017年获得法学一级学科博士点	早日建设成为立足祖国西南边疆,面向南亚、东南亚的综合性、国际性、研究型世界一流大学;培养具有坚定的法治信念、扎实的法学理论基础、开阔的国际视野、熟练的法律实践技能的高层次复合型法律人才	86个	1980年	84人(设有独立法学院)	约225人
新疆大学	“211工程”大学;2001年入选“西部大开发重点建设院校”;2017年法学一级学科博士点	到2024年,全面建成“西部先进、中亚一流、国际知名”的高水平大学;以培养应用型、复合型专门法治人才为目标,为国家和西部地区特别是新疆培养符合现实需要的卓越法律人才,培养熟悉中亚国家法律制度的特色人才,为丝绸之路经济带建设和促进与中亚国家的合作与交流作出贡献	91个	1981年	53人(设有独立法学院)	约160人
黑龙江大学	部省共建高校;入选“中西部高校基础能力建设工程高校”;2011年法学一级学科博士点;国家首批卓越法律人才教育培养基地	建设有特色、高水平、现代化地方综合性大学;培养具备依法执政、科学立法、依法行政、公正司法等高效高质量法律服务能力的复合型、应用型、创新型法律职业人才	84个	1981年	60人(设有独立法学院)	不详
河南大学	省部共建高校;首批国家级应用型、复合型法律职业人才教育培养基地	到2035年,以文、理、医、工为主的多学科协调发展的一流学科体系更加完善,若干重要学科跻身或接近国际先进水平,学校综合实力明显提升,初步形成世界一流大学的学科基础;培养能在立法、审判、检察、公安等机关、涉外公司、仲裁机构和律所、公证处等法律服务机构从事法律工作的高级专门人才	97个	1985年	65人(设有独立法学院)	约200人

从样本高校来看,云南大学、新疆大学和黑龙江大学分别位于西南、西北和东北地区,并在区域法学教育中脱颖而出。其快速发展得益于以下因素:第一,国家对边疆地区教育发展的特别扶持政策。三所综合型高校在本地区内的发展基础本来就相对较好,加之都分别入选了"西部大开发重点建设院校"或者"中西部高校基础能力建设工程高校",在资金、政策的扶持下,发展速度也就比较快。第二,边疆地区对少数民族法治人才的培养有特殊需求,民族法治文化资源丰富,为其快速发展提供了相应的支撑,多数都入选了国家首批卓越法律人才教育培养基地。第三,边疆地区与东南亚、中亚和俄罗斯的经贸往来日益频繁,成为我国深化改革开放的最前沿,传统的区位劣势在新时期已经转变成了区位优势。三所高校都利用了这种区位优势,突出了"国际化"的办学定位,利用区位优势、语言优势探索了特色人才培养模式。例如,云南大学基于区位优势,确立了"立足祖国西南边疆,面向南亚、东南亚""建设综合性、国际性、研究型世界一流大学"的办学定位,其法学院与越南、印度、泰国等东南亚国家建立了广泛的合作关系,确定了"培养具有坚定的法治信念、扎实的法学理论基础、开阔的国际视野、熟练的法律实践技能的高层次复合型法律人才"的目标;新疆大学基于区位优势,确定了建设"西部先进、中亚一流、国际知名"的高水平大学的办学目标,培养少数民族法治人才和熟悉中亚国家法律制度的特色人才成为其人才培养的重要特点;黑龙江大学则设有"中俄学院",在本科、硕士和博士三个层面培养中俄交流所需的特色法律人才。这三所高校所处的区域本来具有一定的办学劣势,之所以能取得不俗的办学成绩,显然得益于国家的政策扶持和自身化劣势为优势的发展战略。

其他大量的位于西南、西北、东北地区的高校以及大量的位于中部地区的高校,要么因可支配的教育资源有限而难以将区位优势发挥出来,要么因周边强校名校云集挤占了其发展空间,要么没有把法治人才培养与所处的区位优势有效对接,从而使其在竞争中处于不利的地位。但从辩证的视角来看,任何一所高校所处的区位都既有优势又有劣势,关键是如何有效整合本校的优势教育资源,如何在与区域优势对接的过程中激活人才培养模式创新的活力。事实上，已经有不少院校和教育工作者开始了这方面的思考和探索，集中体现在跨省域的国家发展战略、省域特色发展战略和特定小区域发展战略与高校教育对接等方面：(1)从宏观视角来看，国家在不同时期都会制定一些跨省域的经济社会综合发展战略，如“西部大开发”“东北振兴”“中部崛起”“长江经济带”“中原经济区”“京津冀协同发展”“一带一路”等发展战略，这就为相应区域的高校提供了培养特色法治人才的契机。不少高校对这些发展战略较为敏感并及时回应，如为了积极配合“一带一路”发展战略，有些高校在培养具有国际视野的“涉外型”“应用型”特色法治人才方面已经迈出了实质性的步伐。[45] (2)从中观视角来看，由于我国幅员辽阔，每个省都具有特定的区域特点和差异化的发展程度，因而会有一些特殊的法治人才需求。如基于湖北的区域经济特点和人文特征，有的学者提出在鄂高校应重点培养“熟知湖北区域社会生态的法律工作者”，并指出，这类人才“往往能够在湖北区域事物中体现较高的法律智商和情商，这样的人正是我们湖北高校所要培养的法律人才”。[46] (3)从微观视角来看，在更小的区域内也会有一些特殊的经济和人文环境，在培养法治人才方面具有特殊的地域优势。如广西壮族自治区的横琴地区，因有澳门大学“租管地”形成了多元法域嵌入、大陆法与普通法文化交融的格局，因而产生了独具一格的法治人才培养的特色资源可资利用。[47] 如果各区域高校找准定位、积极探索人才培养模式改革方案，在特色法治人才培养方面很快就能脱颖而出。

---

[45] 参见曹宇：《谈“一带一路”倡议下的法学教育——以内蒙古大学法学教育的实践为样本》，载《国家林业局管理干部学院学报》2017年第4期；李红：《“一带一路”战略下西藏法治人才培养模式思考——以西藏民族大学为例》，载《教育现代化》2017年第26期；戴激涛：《“一带一路”倡议下财经法治人才培养初探——基于首批入选全国卓越法律人才教育培养基地的九所财经院校实践的考察》，载《法学教育研究》2017年第3期。

[46] 彭榆琴：《湖北本土化法律人才培养模式探析》，载《湖北经济学院学报》(人文社会科学版)2015年第6期。

[47] 参见李晓辉：《横琴：多元法律交融的尝试与探索》，载《广东行政学院学报》2016年第4期。

四、高校法治人才培养的标准化与多样化

改革开放以来,我国高校法学教育规模迅速扩张,办学机构和招生数量的迅猛扩张。一方面,导致高等院校之间竞争加剧、毕业生供求失衡和法治人才培养质量下降等问题,在此情况下需要加强法学办学的规范化、标准化建设;另一方面,法治人才培养的规范化、标准化不应成为人才培养目标和培养模式同质化的原因,应在必要的规范和标准的基础上鼓励不同层次、不同类别和不同区域的高校进行特色人才的培养。从这两个方面平衡考虑,才是应有之道。

2018 年教育部发布了《法学本科国家标准》,在法学本科教育标准化方面迈出了实质性的一步。其实,在强调法律职业教育的英美法系国家,通过某种"认证"或"标准"来保障法学教育质量方面已有相对成熟的经验。例如,美国采取由律师协会(American Bar Association,简称 ABA)主导的非强制性法学院认证制度,早在 1921 年就发布了第一份"法学院认证标准",此后每年更新,在大多数州,只有从经认证的法学院毕业才被准许参加法律执业考试。[48] 不只是美国,日本、英国、法国、澳大利亚等国也都建立了五至七年不等的周期性高等教育质量认证制度,以保障本国高等教育的质量和水平。以教育部《法学本科国家标准》为基础,仍有几个问题值得讨论:

第一,法学本科专业教学质量标准由谁制定?怎么保障其实施?从各国的情况来看,既有由教育行政机关主导制定的,如英国 2007 年发布了新版的法律《学科基准声明》,确立了英国法学学位和学历教育的基本学术标准和质量标准,就是由高等教育质量保障署(Quality Assurance Agency in Higher Education,简称 QAA)主导制定的;[49]也有由民间行业或

---

[48] 参见胡晓进:《美国律师协会的法学院设置标准》,载《高教发展与评估》2011 年第 6 期。

[49] 参见张朝霞、卡洛琳·斯特雷文斯:《2015 年英国法律本科〈学科基准声明〉述评》,载《法学教育研究》2017 年第 3 期。

专家组织主导制定的,如美国的“法学院认证标准”是由律师协会主导的,具体是由律师协会下设的法学教育分部负责制定的。我国的《法学本科国家标准》是由教育部高等教育司组织设立的“高等学校教学指导委员会”编制,并以教育部的名义公开发布的。标准发布后,怎么实施呢?在英国,采取“学术审查”的方法,即英国的高等院校及其全部法学院系必须每六年接受一次 QAA 的学术审查,评估结果将影响对高等教育机构的拨款。在美国,律师协会主导的法学院认证制度是非强制性的、自愿申请认证,但在运作中,不参加认证或者不符合认证标准的法学院的毕业生无法参加律师执业考试,这将影响各法学院的招生,因此这种制度事实上是一种强制性的认证制度。从我国《法学本科国家标准》来看,教育部将法学本科专业教学质量标准定位为各专业“应该达到的质量标准,是设置本科专业、指导专业建设、评价专业教学质量的基本依据”,[50]即将其与本科教学工作评估相衔接,这与英国的做法有一定的相似之处,属于一种间接强制的标准。

第二,如何确定法学本科专业教学质量标准的要素和边界?英国2007 年的法律《学科基准声明》由前言(定义和功能)、导言(简介)、部分一(雇主和一般公众的期待)、部分二(对法律院校的要求)和五个附录组成,部分二和前三个附录构成了实质性标准要求,主要包括法律院校的信息公布义务、学生业绩产出水平的级别、学生业绩表现的领域、法学学科学术基准声明等内容。[51] 美国律师协会(ABA)的法学院认证标准,主要包括课程体系(保证将来法律执业的需要)、师生比(最高不得超过1:20)、充足的教辅行政人员、充足的实务训练课程、完善的教育场所和设备、免受大学干预的自主权六个方面。[52] 相比较而言,我国的《法学本科国家标准》涵盖了培养目标、培养规格、课程体系、师资队伍、教学条件、质量管理六个方面,总体上与国际上通行的质量标准相一致。但有两个方

---

[50] 教育部高等教学校教学指导委员会:《普通高等学校本科专业类教学质量国家标准》(上),高等教育出版社 2018 年版,前言,第 1 页。

[51] 参见张朝霞、卡洛琳·斯特雷文斯:《2015 年英国法律本科〈学科基准声明〉述评》,载《法学教育研究》2017 年第 3 期。

[52] 参见朱渝:《我国法学院认证制度之建构——比较美国 ABA 认证标准》,载《牡丹江大学学报》2013 年第 11 期。

面值得关注:一是在质量标准的设立与雇主、社会公众、毕业生法律执业的需求的关联性上,我国的《法学本科国家标准》中并没有得到明确和强调,这将影响具体指标的细化,还不足以缓解高校培养“适销对路”的法学本科毕业生问题;二是关于法学本科教育的目标,我国较为强调“适应政治、经济和社会发展的实际需要”的导向,现实主义和学以致用的功利主义色彩较重,而一般认为,大学本科阶段的教育更加侧重于素质教育,“教育必须以‘启蒙’为任,应当立足于使人成之为人的启蒙使命”,[53]从这个意义上看,我国法学本科教育《法学本科国家标准》在对未来法律职业人的人格塑造目标方面要求尚不到位。

第三,如何妥当处理法学本科教学的质量标准化与人才培养模式的多样化的关系?前文已述及,质量标准化不应当妨碍人才培养模式的多样化,还应当对多样化预留一定的空间。国际上通行的经验是,质量标准是指导性标准和最低标准,鼓励具体高校结合自身特色优势制定具体的或更高的标准。例如,英国认为:“学科基准只是学术评审和判断某一学科是否达到最低标准的一个外部参考,评审人员不可以简单地将其作为评审的唯一标尺,实际运作时应结合相关的课程设置要求、学院内部的评估结果以及一些原始资料,使评估建立在广泛的证据基础上,从而保证评估的公正、合理。”[54]教育部《法学类教学质量国家标准》也明确要求:“各高校应根据自身的定位与办学特色,根据本标准制定法学类专业的教学质量标准,并对本标准中的条目进行细化规定,但不得低于本标准相关要求。鼓励各高校高于本标准办学。”[55]这一定位与国际上通行的经验相符,也与本文前述分层、分类、分区视角下的样本实证分析的结论相一致。对于我国的法学本科教育而言,未来能否解决实践中的各种问题并高质量快速发展,关键看各高校的法学院如何完成这个重任。

---

[53] 陈仁、杨兆山:《教育何以是一项现代化事业——基于启蒙现代性视角的阐释》,载《山东师范大学学报》(人文社会科学版)2017年第2期。

[54] 张朝霞:《英国法律学科基准声明及对构建我国法律教育质量标准的启示》,载《兰州大学学报》(社会科学版)2011年第3期。

[55] 教育部高等教学校教学指导委员会:《普通高等学校本科专业类教学质量国家标准》(上),高等教育出版社2018年版,第33页。

The Exploration and Practice of Cultivating Legal Talent in Universities in the Past 40 Years of Reform and Opening-up

Wang Dexin

Abstract: In the past 40 years since the Reform and Opening up, China's higher legal education has made great achievements, but also faces some outstanding problems. On the one hand, the expansion of the scale of law school has resulted in intensified competition, contradiction between supply and demand, and the decline in the quality of students' training. Therefore, it is necessary to strengthen the standardization and standardization of school running. On the other hand, the homogenization of the school-running orientation, training objectives and training modes of colleges and universities is serious, and there is insufficient connection with social demands, which intensifies the disorder of competition and the contradiction between supply and demand. According to the analysis of the various measures of standardization in China's law education, to compare the training objectives and talent training modes of colleges and universities in different levels, categories and regions, we can draw a basic conclusion. On the basis of setting up the bottom line criterion of standardization, it is necessary to strengthen the cultivation mode of legal talents of various levels, types and regions according to their own characteristics and advantages. This is also the urgent need for the development of the society in China and the only way for law schools and departments in universities to achieve outstanding results.

Key words: colleges and universities, cultivation of legal talent, normalization, standardization, diversification

改革开放四十年来高校法学教育与实务部门的关系发展与展望

舒洪水*

摘　要：从1978年至2018年的四十年，我国的法学教育经历了恢复重建时期（1978～1993年）、快速发展时期（1993～2001年）、稳定发展时期（2001～2012年）和纵深发展时期（2012～2018年）。高校法学教育与实务部门之间的关系也经历了“各自发展—试探接触—展开合作—并肩前行”的发展历程。1978～1993年是我国法制建设的全面恢复期，法学高等教育和司法系统都处于自己的恢复重建期，尚未开展明显的交流与合作。1993～2001年，随着法硕教育、律师资格考试、初任法官考试和初任检察官考试制度的设立，我国高校法律教育开始和法律实务部门进行试探性接触，零星地出现了高校学者到实务部门挂职的现象。2001～2012年，我国高校法律教育和法律实务部门开始深化交流，高校对法律硕士的教育实行双导师制，注重聘用法律实务工作者参与法学教学之中；同时也更加重视法学教育实践基地的建立，高校教师到法律实务部门挂

* 舒洪水，西北政法大学反恐怖主义法学院教授，博士生导师，研究方向：反恐法学、刑法学。

职锻炼逐渐常态化。2012～2018年,以“卓越法律人才教育培养计划”的正式启动与实施为主线,高校与法律实务部门开启了并肩前行的新篇章。

关键词:人才共育　实践教学　卓越法律人才　双千计划

从1978年改革开放至2018年的四十年,是我国改革开放之后法治建设取得巨大成就的四十年,也是我国法学教育快速发展的四十年。在这四十年中,我国法学教育从恢复走向繁荣,众多法学院校为国家输送了大量“法治人才”,培养了大批法治社会建设的中坚力量;在这四十年中,我国法学教育的培养目标和培养模式逐渐发生转变,从专业教育开始向职业教育转变;在这四十年中,我国的法学教育稳步向前,逐步探索适合我国国情、具有我国特色的法学教育模式。

在这四十年里,我国的法学教育随着社会的变革处于不断发展之中,大致可分为以下几个时期:一是恢复重建时期(1978～1993年);二是快速发展时期(1993～2001年);三是稳定发展时期(2001～2012年);四是纵深发展时期(2012～2018年)。随着法学教育发展程度的不同,高校与实务部门之间的关系也经历了“各自发展—试探接触—展开合作—并肩前行”的发展历程。

一、恢复重建时期(1978～1993年):各自发展

1978～1993年是我国法制建设的全面恢复期。“文化大革命”时,我国高等学校入学考试制度被废除,高校招生停滞,法学教育进入低谷期。与此同时,全国各级检察院被撤销,公安与法院组织相继被破坏,大批公、检、法干部被批斗。律师制度也被取消,国家法制建设陷入停滞甚至倒退状态。“文化大革命”后,法学高等教育和司法系统进入恢复重建期,在这一时期,法学高等教育和司法系统各自发展,尚未开展交流与合作。

(一)法学高等教育的恢复重建

自1977年“文化大革命”后,教育部恢复了高等学校统一招生考试制

度,教育事业重新起步,这也为法学教育的恢复提供了历史契机,法学教育借此重焕生机。

1978年,中共中央批转的《第八次全国人民司法会议纪要》提出要恢复法律系,培养司法人才;1979年9月,中共中央《关于坚决保证刑法、刑事诉讼法切实实施的指示》要求被撤销的政法学院和公安院校尽快恢复,有条件的大学要设置法律系或法律专业。继西南政法学院正式面向全国招生之后,北京政法学院、华东政法学院、西北政法学院和中国人民大学法律系也相继恢复招生。1981年5月,以北京政法学院为基础,中国政法大学成立了。至1983年,教育部又先后批准武汉大学、南京大学、山东大学等30所综合性大学设置法律专业,成立法律系。① 1983年年底到1984年年初,司法部和教育部联合召开全国高等法学教育工作座谈会,肯定了改革开放后"积极发展多层次、多规格、多种形式的高等法学教育"的理念。1984年12月,以湖北大学法律系为基础,中南政法学院恢复重建。至1993年,全国已有5所政法学院和130个大学法律系,有在校生4万人,共培养专科、本科、硕士、博士5万多人。此外,还有114个成人高等政法院系培养成人专科、本科学员10万多人,还有58所中等司法学校培养中等法律人才近10万人。②

从整体来看,从1978年到1993年,全国基本建立起了由普通高等法学教育、成人教育和职专教育构成的多渠道、多层次、多形式的法学教育培训体系,逐步培养了大批法律人才,扭转了"文化大革命"时期司法停滞、法制倒退的局面,一解法律人才空白的"燃眉之急"。

但应当注意的是,我国当时尚未建立起完备的法律部门体系,许多部门法还没有制定独立的法典,一些法律规范中甚至还残存着阶级斗争的影子。在高校教育方面,专业性的法律教材良莠不齐,学科体系和课程体系建设更是缺乏科学的设置,在某种程度上法律教育实质上是"无本之木",所谓法律人才的培养只能暂且满足"量"的需要,而难以达到"质"的要求。

---

① 牟宪魁:《中国法学教育30年:回顾与展望》,载《学习与探索》2008年第5期。

② 赵丽:《40年法学教育与改革开放同频共振》,载《法制日报》2018年8月31日,第4版。

(二)法律实务部门的恢复重建

1978年12月,中共十一届三中全会作出改革开放的伟大决策,邓小平同志提出了“加强社会主义民主、健全社会主义法制”的基本方针。同年恢复检察院的建设,之后于1979年重建司法部,1980年成立了中央政法委,法律实务部门的恢复工作逐步走上正轨。1979年开始恢复律师制度,1980年8月第五届全国人民代表大会常务委员会第十五次会议正式通过《中华人民共和国律师暂行条例》,对律师制度作了原则性的规定,指出律师属于“国家法律工作者”。

当时我国法律实务部门人员的法律专业素质并不乐观——据1983年对全国各级人民检察院、人民法院和政府部门干部队伍的统计,具有大专以上学历的占8%;具有高中和中专学历的占33.6%;初中学历以下的占58.3%。其中,法律大专以上毕业的占3%;接受过短期法律知识培训的占54%;未接受过法律知识培训的占43%。而对于律师队伍来说,没有统一的专业考试和入职门槛要求,因而其专业素质更难以保证。

(三)各自发展的缺陷日益明显

法学教育刚从十年特殊时期走出时,政治性较为明显而专业性欠缺。为解决这一问题,1981年7月司法部召开政法学院教育工作座谈会,明确政法学院的性质是单科性的高等法律学校,其目标为培养德、智、体全面发展的审判员、检察员、律师、司法行政人员、法学教育和法学研究的专门人才,不是党校性质的政治学校,这标志着法学教育开始由政治教育转向专业教育。③

尽快恢复发展法学教育,加快培养法律人才,是中国在20世纪80年代初所面临的最重大、最紧迫的课题之一。④ 尤其在较高层次的法律人才培养上,很长时期内都无法满足我国法律实务部门的需要。但在当时,法学专业的教育理念与实践需求存在较大差距——当时的教育理念认为高校就是“研究理论的地方”,而法律实务部门则认为高校的法学教育是

---

③ 牟宪魁:《中国法学教育30年:回顾与展望》,载《学习与探索》2008年第5期。

④ 赵丽:《40年法学教育与改革开放同频共振》,载《法制日报》2018年8月31日,第4版。

“象牙塔”里的教育。当时的教育理念认为法学教育的定位应当是专业教育而不是培养法律“工匠”的职业教育,没有意识到职业教育的重要性,对学生综合素质和职业技能的培养重视不够。而且高校教育人员也都属于“科研型”教师,对法律实务不甚了解,只注重法律专业知识的传授。而法律实务部门则认为高校的法学教育是“象牙塔”里的教育,过于理想化,培养的学生缺乏处理法律实务的能力和经验。因而在很长时期内,尤其在较高层次的法律人才培养上,当时的法学专业教育都无法满足我国法律实务部门的需要。

二、快速发展时期(1993~2001年):试探接触

1993~2001年,是我国法学教育中高校和法律实务部门的试探接触时期。在这一时期,我国法制化建设进程加快,但法律实务人员的数量不足、素质良莠不齐,远远不能满足实践的需要,尤其是高素质法律实务人才需求方面出现了较大缺口,这使法学教育的重要性日益凸显。高校法律教育和法律实务部门之间不可避免地产生了联系,该时期下的试探接触与互动交流正是二者进一步加强合作的发端。

(一)法硕教育的设立

随着法治进程的加快,国家对法学教育提出了更高的要求。法学教育不仅要继续为各级人民法院、人民检察院、公安机关和司法行政部门培养大批高素质的法律人才,还要为各级政府机关、企事业单位等培养较高层次的应用型、复合型法律人才。而以往的法学教育主要以专业理论教学为重,无法满足法律实务部门对于法律应用型人才的需求,在此背景下,法律硕士学位教育应运而生。

1995年国务院学位委员会第十三次会议批准在我国试办法律硕士专业学位教育,将其定位为具有特定法律职业背景的专业性学位,主要培养立法、司法、行政执法、法律服务和法律监督以及经济管理、社会管理等方面需要的高层次法律专业人才和管理人才。1996年,国务院学位委员会

第十四次会议审议通过的《专业学位设置审批暂行办法》规定设置法律硕士。同年,国务院学位委员会办公室批准中国人民大学、北京大学、中国政法大学、对外经济贸易大学、吉林大学、西南政法大学、华东政法大学、武汉大学8所高校首批试点招收法律硕士专业研究生。⑤

随着高等教育改革的深入,为提高我国法律硕士专业学位教育水平,促进法律硕士专业学位工作健康、顺利发展,适应社会主义市场经济体制发展、社会进步和依法治国的需要。1997年,国务院学位委员会、国家教育委员会和司法部决定成立全国法律硕士专业学位教育指导委员会,旨在加强高等院校与法律部门的联系,推动法律教育的国际交流与合作,探索适合中国国情的法律应用型高层次人才的培养途径,努力推进我国法律硕士专业学位教育水平的不断提高。全国法律硕士专业学位教育指导委员会承担了我国法律硕士教育的指导、管理和监督职能,高校中也由此开展了一系列推动教学改革和教学建设的工作。

法律硕士教育是创新我国法律人才培养机制的有益探索。法律硕士的培育,不仅满足了法律实务部门对法律人才的需要,而且是我国加强法制建设的重要举措,有效促进了高校法学理论教育与法律实务人才培养的融合,并以应用型法律人才的培养促进了"人才共育"。在此之后,法律硕士专业学位教育得到推广,开设法律硕士专业学位教育的高校越来越多。

(二)法律职业考试

我国的法律职业资格考试也随着时代需要经历了一系列发展变化。当时的法律职业考试包括律师资格考试、初任法官考试和初任检察官考试。

第一个法律职业考试是从1986年起实行的律师资格考试。从1986年到2000年,律师资格考试一共举行了12次,约有14万人通过。该考试为我国律师行业遴选了一大批法律专业人才,为我国民主与法制建设做出了一定的贡献。初任法官和初任检察官的资格考试始于1995年。当时,我国通过《中华人民共和国法官法》(以下简称《法官法》)和《中华人

⑤ 赵丽:《40年法学教育与改革开放同频共振》,载《法制日报》2018年8月31日,第4版。

民共和国检察官法》(以下简称《检察官法》),决定实行初任法官和初任检察官的资格考试,每两年举行一次。自“两法”颁布实施后,初任法官资格考试和初任检察官资格考试于 1995 年、1997 年、1999 年分别举行过三次,共约有七万人取得相应的司法职务任职资格。

上述三种法律职业考试,在当时的历史背景下,确实解决了我国法律职业人员数量不足的问题,在某种程度上提高了法律职业群体的专业素质,是法律职业逐渐走向专业化的开端。但我们也应当意识到,法律实务人员专业教育程度还有不足,尤其是高校法学教育还没有形成良好的职业化法律人的培养模式。如此出现法院系统法官学历较低、无法满足实践需要的情况——据统计,截至 1997 年,在全国法院系统 25 万名法官中,本科学历者占 5.6%,研究生学历者仅占 0.25%;⑥1993 年全国各省、直辖市高级人民法院院长换届选举时,新一届 30 位院长中大专学历以下者占 30%,毫无法律业务背景者占 27%。⑦ 在律师准入方面,更是没有具体的学历要求。而且随着时间的推移,这三种法律职业人员考试标准不一的弊端逐渐凸显。2003 年,我国时任司法部副部长刘飏接受采访时也认为以往“三种考试性质不同,门槛不一,三种资格不通用,三种职业也不互相流动,这种选拔法律职业人员的制度存在缺陷”。⑧

这一局势在不久之后得到了扭转。2001 年是党的十五大提出“依法治国,建设社会主义法治国家”后的第四个年头。为了响应建设法治国家的政策,同年 6 月,第九届全国人大常委会第二十二次会议在借鉴国外先进经验的基础上,修改了我国的《法官法》和《检察官法》,并决定从 2002 年开始在我国实行统一司法考试。自此,律师资格考试、初任法官资格考试及初任检察官资格考试三种不同的法律职业资格考试成为历史。

根据 2001 年 10 月 31 日通过的《国家司法考试实施办法(试行)》第二条的规定,司法考试是国家统一组织的从事特定法律职业的资格考试,

---

⑥ 李浩:《法官素质与民事诉讼模式的选择》,载《法学研究》1998 年第 3 期。

⑦ 王利明:《司法改革研究》,法律出版社 2001 年版,第 446 页。

⑧ 江南箫亭:《统一司法考试之后——谈完善我国法官的遴选制度》,载新浪博客:http://blog.sina.com.cn/s/blog_47588dc0010004mx.html,最后访问日期:2018 年 10 月 7 日。

初任法官、初任检察官和取得律师资格必须通过国家司法考试。司法考试作为一种法律职业的统一资格考试,将法律理论与实务问题紧密地结合了起来。与以往的三种法律职业资格考试相比,司法考试的考试范围更广,考试难度也有所上升,除了对法律的记忆考查外,更加注重以案例的形式考查考生解决法律问题的思维能力。这不仅要求考生要通过高校的基础法律教育扎实理论功底,还需要从实践案例教学来加深对法律的理解和适用。

司法考试和法学教育的关系问题迅速成为法律院校、司法界和有关管理部门关注的热点。这就“倒逼”承担法学教育重任的高校和急需应用型人才的法律实务部门“合力育人”,推动了二者积极开展合作。

(三)高校学者挂职实务部门

法学是一门实践性很强的学科,需要教学科研与法律实务之间的经常性交流,需要法律职业的一体化,而这既包括法官、检察官、律师等法律实务人员的一体化,也包括法律教学科研人员与法律实务人员之间的一体化。⑨ 在以往一些人的观念中,法学家和法官、检察官是两个相互对立或者不可交融的职业群体,很长一段时间内法学界和司法实务界都受这种错误观念的影响,出现了“搞理论的难懂实践之苦,做实务的逻辑思维固化”的现象。久而久之,造成了高校法学家和司法实务人员渐行渐远,甚至彼此之间产生偏见,“学者经常批评实务人员办案有问题,实务人员反击学者整天掉在书袋里,不了解实际情况。”高校和实务部门之间的交流匮乏不仅使理论与实践无法充分结合,而且严重制约了法学的革新与发展,因此,急需通过与实务部门之间人才的高效流动来打破僵局。

彼时担任最高人民检察院副检察长的肖扬最早提出了一种人才流动的途径——让法学家挂职法检系统。但挂职的构想一开始并未在最高人民检察院内部付诸实践,而是首先在基层检察院系统尝试。1994 年,北京市海淀区人民检察院与中国人民大学签署协议:由人大法学院每年向海淀区检察院派出一名学者,担任挂职副检察长。第一个被海淀区人大常

⑨ 刘炜:《印象“挂职法学家”》,载《民主与法制时报》2013 年 1 月 7 日,第 A04 版。

委会任命为海淀区人民检察院副检察长的是刑法学教授姜伟,之后姜伟的绝大部分履历都与实务相交。在姜伟之后则是刑法学教授陈兴良,自此,法学家挂职地方法检系统的交流方式在北京逐步推广开来。⑩

对高校而言,一方面,该举措让高校学者接触到了大量的案件资料、积累了丰富的实践经验,使其可以在挂职的同时通过调研将实践中的问题转为智力成果,为完善立法提供建议或决策支持;另一方面,挂职学者在日常教学中可以引入实际案例,使授课内容更加生动鲜活、贴近社会实际。对于司法实务部门而言,该举措不仅有助于增强司法机关的学术氛围,有利于理论指导实践,推动成果转化,增加决策的科学性;还有利于加快建设专业化、高素质的实务队伍,推动司法理论研究,促进司法人员转变司法理念,提升办案水平。

高校学者挂职司法机关是增进法学理论界和实务部门之间人员交流的有益尝试。虽然在这一阶段还仅是在北京地区的区级检察院进行实践,未在全国范围内全面推行,但初期尝试即收效良好,也为下一阶段高校法学教育与法律实务部门的进一步全面深化合作奠定了基础。

三、稳定发展时期(2001~2012年):展开合作

2001~2012年是我国法学教育中高校和法律实务部门深化交流合作时期。这一阶段,法学教育走向相对规范化发展——2001年在校的法学专业学生人数为236,551人,2003年增加到364,322人,2005年达到了449,295人,2011年更是突破70万人,⑪之后在校的法学专业学生人数还有所增加。一方面,法学教育的大力发展,为中国的法治建设提供了法治人才;另一方面,法学教育还存在一些问题,需要进行改革。正如一位法学专家所言:"尽管经过半个多世纪尤其是最近二十余年的发展,我国高等法学教育取得了令人瞩目的成绩,但仍然存在诸多问题,如高等法学教

⑩ 刘炜:《印象"挂职法学家"》,载《民主与法制时报》2013年1月7日,第A04版。

⑪ 唐波等:《法学专业标准研究》,上海人民出版社2014年版,第3页。

育与法律职业之间脱节，高等法学教育规模的迅速扩大与法学教育质量之间存在矛盾，高等法学教育的管理体制和评估机制有待进一步完善，高等法学教育的内容与方法比较单一，诸如此类，亟待改革。”⑫此话较为客观地反映了当时中国法学教育的实际状况。为了解决上述问题，我国开展了一系列新尝试。

（一）国家统一司法考试制度正式建立

法学教育是培养法律人才的主要途径，司法考试是选拔法律人才的基本方式；法学高校的法学教育是司法考试的前提与基础，是先导工程。“国家统一司法考试制度在促进司法工作职业化、专门化的同时，也对法学教育提出了新的课题。司法考试和法学教育的关系问题迅速成为法律院校、司法界和有关管理部门关注的热点。”“比如司法考试的性质、公正与质量、法律职业素质考核及其试题设计、考试模式设计及相关政策制定、通过考试后的职前培训等问题，都直接涉及法学教育的改革”。⑬ 国家统一司法考试制度的正式建立，推动了法学教育的发展，也促进了高校法科学生教学与法律实务部门之间更深入的沟通联系，具体体现在以下两方面：

一是法律硕士“双导师”制度的建立。国家司法考试制度的正式建立对法学教育提出了更高要求，使法学教育向实践教学的方向发展，进而也推动了高校与法律实务部门的交流。例如，法律硕士教育实行双导师队伍建设。法律硕士教育着重培养的是应用型人才，自 2009 年开始，教育部要求全日制专业学位研究生实行校内外双导师制度。校内导师侧重教授法律学科知识与指导论文写作，培养法律硕士的科研能力；校外实践导师则侧重指导学生分析处理法律案例，撰写法律文书，以提升其各项法律职业能力。中国人民大学法学院于 2010 年与最高人民检察院签订《联合培养职务犯罪侦查方向硕士研究生合作备忘录》，开创了以“学科 + 职业”为导向、司法实务部门和法学教育领域对话交流的崭新途径，充分发挥校内外导师队伍的积极作用，取得了良好效果。厦门大学法学院副院长林秀芹教授认为兼职导师在法律硕士培养中发挥着不可替代的重要作

⑫ 朱立恒：《法治进程中的高等法学教育改革》，法律出版社 2009 年版，第 1 页。

⑬ 赵丽：《40 年法学教育与改革开放同频共振》，载《法制日报》2018 年 8 月 31 日，第 4 版。

用:一是将法律用“活”,将现实案例引进课堂;二是可以为学生提供大量的实习与就业机会;三是有助于学生树立良好的职业道德;四是促进学生提高实务操作能力,为学生体验并初步掌握法律职业实务能力提供重要支撑。

法律硕士的双导师队伍建设,大大促进了高校与实务部门之间的交流与联系。一般来说,法律硕士校外导师的选拔与聘用,是经过法律硕士培养单位与法律实务部门建立校外实践导师联合选拔机制产生的。法律硕士培养单位以单位名义向各法律实务部门发布招聘公告,法律实务部门一般都会积极配合,做好传达工作,同时,法律实务部门也会向高校推荐工作人员担任实践导师。法律硕士双导师队伍建设为高校和实务部门之间的沟通交流搭起了桥梁。

二是法学教育实践基地的建立。社会的发展对法律实务工作者的专业程度提出了更高的要求,而高校毕业的法律专业学生却不能满足实践需求。加强与实务部门的联系是提高法律专业学生实践能力的一个重要途径,这就要求高校在法律教学工作中,除了强调法学理论的学习和训练外,还应当加强与法律实务部门的联系,建立高校与司法机关对法律专业学生的实习与培训机制。教育部2007年颁布的《关于进一步深化本科教学改革全面提高教学质量的若干意见》中要求“各高等学校要高度重视实践环节,提高学生实践能力,特别要加强专业实习和毕业实习等重要环节”。高校法学实践基地则是法学院系(教学单位)与实践单位双方联系的桥梁和纽带,其目标就是培养具有创新精神与实践能力的应用型法学专业人才。

作为培养应用型政法人才的高校,西北政法大学长期以来一直保持着与政法实务部门密切、多方面的联系。从2008年秋季起,西北政法大学开始全面实施硕士研究生实训或社会实践工作。在教学制度上,规定在校研究生必须要完成不少于6个月的6学分实务训练或社会实践,作为研究生毕业的条件。截至2009年,西北政法大学与政法实务部门建立了32个实训基地。到司法实务部门进行实践学习,对于高校法科学生来讲,不仅可以拓宽视野,而且可以在实务中培养问题意识,发现问题、研究问题，更有利于法学论文的写作。而对司法实务部门的法律工作者来说，也有了更好的机会与高校进行更深层次的理论学习与交流。因此，加强司法实务部门与法律院校的合作交流，实现法学理论与司法实践有机结合，对推动理论繁荣和实践提升有重要意义，可以说是一个“双赢”工程。

（二）教育理念开始转变

此前，我国的高校法学教育仍然处于相对较封闭状态，教师与学生往往在校内开展教学活动，教师也很少到法律实务部门去进行理论讲学与实务锻炼。法律实务部门也面临着同样的局面，有丰富实践经验的实务专家难得有机会去高校分享传播其经验，难以与高校法学教师一起探讨解决在实务中遇到的问题，也很难有机会进行专门的法学理论研究。高校没有与法律实务部门建立有效的交流渠道，教师与实务专家之间的联系不够深、不够广，双方难以共同开展高水平、高质量的理论与实践研究，导致高校法学教师接触不到实务工作而只能空讲理论知识，法学教育与法律职业之间出现脱节。受到国家司法考试制度的推动，越来越多的高校开始转变法学教育理念，开始注重实践教学以及与法律实务部门的交流学习，主要表现在以下两个方面：

一是高校聘用法律实务工作者参与法学教学。随着高校法学专业综合改革的逐渐深入，全国各大政法大学正在探索政法院系与法律实务部门人员互聘机制。

从2000年开始，高校注重实践教学的另一个重要表现就是“法律诊所”的开设。目前全国开设“法律诊所”的学校已达50余所，几乎覆盖了国内著名大学的法学院和政法院校。“法律诊所”聘用法律实务工作者为学生的指导老师，让法学专业学生在“法律诊所”中为处于生活困境而又迫切需要法律援助的人提供法律咨询，“诊断”其法律问题，开出“处方”，以此促进学生对法律理论的深入理解，培养法学学生的职业技能和职业道德意识，以实现法学理论与法律实践的统一。

西北政法大学是国内首家自发开展诊所式法律教育的高校，现有民事法诊所、公益法诊所、农村社区诊所、行政法诊所、劳动法诊所、立法诊所和刑事辩护诊所，形成了诊所式法律教育本土化——“西北模式”的成熟经验。按照“专业人才培养的全过程覆盖、专业核心知识的全分布覆盖、专业实践能力的全要素覆盖”原则,形成了以“课堂实验实训、社会实践和专业实习”三位一体、四年不断线的实践教学体系。

2008年起,西北政法大学就开展了与法律实务部门的深度合作。目前学校已从法律实务部门聘请了50多名经验丰富、理论素养高的行政执法干部、法官、检察官和律师担任兼职教师,举办各类实务讲座,指导学生的法庭论辩、模拟审判等教学活动。学校在从其他高校聘请高水平学者担任客座教授的同时,又从中央政法委、最高人民法院、最高人民检察院、陕西省高级人民法院等政法实务部门聘请具有丰富实务经验的专家型领导担任客座教授或兼职教授,形成了由281名法学专任教师、56名实务部门兼职教授、20名学科理论客座教授构成的专兼结合的高素质法学教师队伍。

其他高校与法律实务部门也开展了多种多样的合作交流活动。例如,华东政法大学的“律师学院”特设了“律师方向课程”,邀请著名律师担任轮值执行院长,及早培养学生的执业基础技能和专业技能;设立“法学实践论坛”,聘任180多名校外法律实务专家任兼职教师,他们大都为国家、省、市各级司法机关的专业型领导和中层领导,每周到校工作一天,面对面给本科生讲授司法实务类课程。

中南财经政法大学校长吴汉东认为,我国高等法学教育正处于从规模扩张的外延式发展向以质量提升为主的内涵式发展转变的关键时期。⑭法学院系和法律实务部门的互动交流,不仅可以增强学校师资力量,补充学校课堂教学,还能直接推进卓越法律专门人才的培养和具有相通法制理念、知识结构、法律技能的法律职业共同体的构建。

2010年首届以“培养具有国际视野的法律高端人才”为主题的政法高校会议召开,五大政法院系(中国政法大学、西南政法大学、西北政法大学、华东政法大学、中南财经政法大学)为整合共享法学教育资源,推进法

⑭ 李思远、俞俭:《我国高校与法律实务部门人员互聘机制在探索中前行》,载中央政府门户网:http://www.gov.cn/jrzg/2013-07/12/content_2446356.htm,最后访问日期:2018年10月7日。

学教育综合改革，组织成立了“立格联盟”，定期举行合作交流活动。在“立格联盟”高峰论坛上，提出高校法学教育要突出实践教学，采取把课堂移到法庭、同步实践教学的改革措施，这使高校与法律实务部门人员互聘成为潮流。

二是高校教师进行实务挂职活动。法学教育中法学理论和司法实践的脱节，导致政法院校毕业生在法学理论和司法能力上的不对称。理论界和法律实务界都逐步意识到搭建司法实务部门和高校之间的交流桥梁的重要性，并为此做出了努力。

2006 年 7 月，中国人民大学法学院教授何家弘、中国政法大学教授赵旭东、北京师范大学教授宋英辉 3 位法学专家分别被任命为最高人民检察院（以下简称“最高检”）渎职侵权检察厅副厅长、研究室副主任和民事行政检察厅副厅长，成为最高检历史上第一批挂职专家。2009 年，在党的十一届全国人大二次会议上，“选任法学专家、学者到检察机关挂职”被首次写进“最高检”工作报告。同年 6 月，“最高检”公布第二批法学专家挂职名单，北京师范大学刑事法律科学院教授李希慧、清华大学法学院教授张明楷、中国人民大学法学院教授汤维建 3 位法学专家名列其中。“最高检”实施的法学专家挂职制度，自 2006 年起至今已有 10 余年。中国政法大学近百名中青年教师“走出去”，到最高人民法院、最高人民检察院等法律实务部门挂职。据统计，自 2006 年起共有 14 名法学专家先后在“最高检”挂职，法学专家挂职“最高检”已经形成规范化制度。

2006 年 8 月，经北京市委组织部和市委政法委同意，北京市检察院出台了《关于进一步做好选聘法学专家挂任分院、区县院副检察长工作的意见》，加强对挂职副检察长的权责利等实体性规范和挂职副检察长的选聘、任职、工作、交流机制等程序性规范的建设，建立了相关工作机制，使学者挂职副检察长走向了规范化、制度化。⑮ 到 2008 年年底，北京 18 个区县院和 2 家分院全都有学者担任挂职副检察长。在高校教师到实务部门挂职的实践方面，西北政法大学走在了全国前列。截至 2018 年，上到

⑮ 张朝霞、谢财能：《北京：学者挂职副检察长的实践探索》，载《检察日报》2010 年 1 月 5 日，第 3 版。

陕西省高级人民法院、陕西省人民检察院,下到基层区县法院、检察院,已有 89 名教师挂职法院副院长、检察院副检察长,双方受益匪浅,合作广度和深度日渐加强。2013 年年底,西北政法大学法学理论人才与实务人才互聘"双千计划"工作经验在全国推广。

《国家中长期教育改革和发展规划纲要(2010 ~ 2020 年)》(以下简称《教育规划纲要》)提出要创立高校与科研院所、行业企业联合培养人才的新机制,并纳入十年教育改革规划进程中。为了贯彻落实《教育规划纲要》精神,教育部、中央政法委于 2011 年 12 月 23 日联合发布《关于实施卓越法律人才教育培养计划的若干意见》,提出探索"高校—实务部门联合培养"机制,探索建立高校与法律实务部门人员互聘制度,由此互聘制度被作为一种重要合作交流机制固定下来。

2012 年 7 月,最高人民法院发布了《关于建立人民法院与法学院校双向交流机制的指导意见》,并于 2012 年年底确定了 6 名专家学者到最高人民法院挂职任部门副职。党的十八届四中全会后,最高人民法院随即启动了第二批专家学者交流挂职工作,并确定了 7 名专家学者到最高人民法院挂职交流。挂职期间,所有老师认真履行职责,主动发挥作用,圆满完成了各项工作任务,为人民法院事业发展做出了积极贡献。挂职学者制度运行平稳有序,有力促进了卓越法治人才培养,也极大深化了人民法院与法学院校的交流互动,反映出高校和社会之间的体制壁垒已被打破,司法理论与实践已被相互交融。

实践证明,学者挂职有助于改善法检司法实务部门工作者的知识结构和议案能力,促进实务人员转变司法理念,提升办案水平,推进高素质、专业化法律实务人才的培养,增强司法机关的学术氛围,推动司法实务理论研究,扩大司法职能宣传,增进法学理论界和司法机关之间的交流。这个阶段,高校与司法实务部门的交流全面展开,无论是高校法学教育改革聘用实务教师,还是专家学者挂职制度,两者都发挥了巨大的作用,促进了法学教育和司法实践的共同发展。

四、纵深发展时期(2012～2018年):并肩前行

随着法学教育理念的转变,各高校的培养模式也发生了变化,为了培养应用型、复合型法律人才,高校与实务部门之间的互动渐趋频繁,形式也更加多样。

以2012年"卓越法律人才教育培养计划"的正式启动与实施为主线,高校与法律实务部门开启了并肩前行的新篇章。2012年5月26日,由中共中央政法委员会(以下简称中央政法委)、中华人民共和国教育部(以下简称教育部)联合举办的卓越法律人才教育培养计划工作会议在北京召开,来自法院系统、检察系统和高等学校的代表共商法学人才培养规划和方案。会上正式成立了卓越法律人才教育培养计划指导委员会、专家委员会,启动建设"院校合作""校企合作"式的法学教育实践基地和卓越法律人才教育培养基地。

"卓越法律人才教育培养计划"是中国法学教育大规模扩张后实现从量变到质变的重要举措,围绕提升人才培养质量的核心任务,针对法学高等教育面临的问题与挑战,将目标定位为:以提升法律人才的培养质量为核心,以提高法律人才的实践能力为重点,加大应用型、复合型法律人才的培养力度,培养、造就一批适应社会主义法治国家建设需要的卓越法律职业人才。教育部党组成员、副部长杜占元表示:"此举标志着我国在法学人才培养领域开启了教育与用人部门共同培养人才的新局面。实施卓越法律人才教育培养计划,是加快社会主义法治国家建设,切实提高法律人才培养质量,逐步提升中国在国际法律事务中的话语权的迫切需要。"⑯

自卓越法律人才教育培养计划于2012年正式启动后,各地方高校、法律实务部门都在有计划、分阶段地推进实施。加强高校与实务工作部

---

⑯ 吴晶:《多部门联手启动卓越法律人才教育培养计划》,载中华人民共和国中央政府网:http://www.gov.cn/jrzg/2012-05/27/content_2146192.htm,最后访问日期:2018年10月10日。

门的密切联系是“卓越法律人才教育培养计划”的着力点和突破口,其主要工作措施包括以下几个方面:

(一)建设卓越法律人才教育培养基地

“卓越法律人才教育培养计划”依托于培养基地的建设,根据不同区域、不同领域对卓越法律人才的不同培养需求,培养基地分为应用与复合型、涉外型和西部基层型三种。其中,应用与复合型法律人才培养基地是建设的重点,其目的是适应多样化法律职业的需求,提高法学专业学生运用法学知识与实践的能力,促进高等法学教育与法律职业的衔接。涉外型、西部基层型法律人才基地则是为了对接涉外法律事务和满足中国西部地区对基层法律人才的需要而设立的。⑰

经申报及评审、公示后,2012年教育部办公厅、中央政法委员会办公室公布了首批卓越法律人才教育培养基地名单,其中应用型、复合型法律职业人才教育培养基地58个,涉外法律人才教育培养基地24个,西部基层法律人才教育培养基地12个。入选卓越法律人才教育培养基地的高校近年来也在积极推进学科建设和培养模式的改革工作,源源不断地为国家培养、输送优秀法律人才。

(二)实施高校与政法实务部门人员互聘“双千计划”

2013年7月,教育部、中央政法委、最高法、最高检、公安部、司法部联合印发《关于实施高等学校与法律实务部门人员互聘“双千计划”的通知》,要求“2013年至2017年,选聘1000名左右有较高理论水平和丰富实践经验的法律实务部门专家到高校法学院系兼职或挂职任教,承担法学专业课程教学任务;选聘1000名左右高校法学专业骨干教师到法律实务部门兼职或挂职,参与法律实务工作”。“双千计划”是“卓越法律人才培养计划”的重要措施之一,从国家层面实施高校与实务部门人员互聘,时间期限为1~2年,意在通过这种双向循环的制度设计实现法学理论和法律实务的深入对接,促进高等法学教育与社会主义法治国家建设实践的结合。

---

⑰ 王立民:《“双千计划”与法治人才的培养》,载《上海政法学院学报》(政法论丛)2017年第5期。

选派1000名法律实务部门的专家到高校任教1～2年,承担法学专业课程教学任务,这些具有丰富实践经验的实务部门专家可以为学生传授实然状态下的法律运行与适用,给法学院的常规性教学活动带来更加鲜活的实践案例及司法实务经验,带动学生接触法律实务,促进理论与实践的融合,有助于提升法律人才的质量。与此同时,一大批优秀高校青年骨干教师的挂职,不仅能把最前沿的学术理论研究从"象牙塔"带到司法实践一线,为实务部门注入新鲜的理论血液,还可以使教师亲身参与到法律实务工作中,获得实际的法律工作经验,将法律知识更准确地传授给学生。这对司法实务部门法学理论系统化、体系化的提升和高校的法学实践教育的实施都具有积极的促进作用。

以往高校教师也有到法律实务部门挂职的机会,但这种机会更多的是由组织部门选派,挂职人数较少,实务部门到高校任教的专家则更少。现由中央政法委和教育部牵头实施的"双千计划",使高校与实务部门实现双向流动,最终受益的是高校法律专业的学生。虽然"双千计划"纳入的高校有限,仅限于列入卓越法律人才教育培养计划的高校,并未惠及数量更多的其他地方高校,但是"双千计划"的启动和实施为其他高校法学专业提供了新的思路,各地院校法学专业为提高学生的实践能力,也纷纷探索建立地方法律实务部门和高校教师的双向流动机制。2014年,党的十八届四中全会《中共中央关于全面推进依法治国若干重大问题的决定》进一步明确:"健全政法部门和法学院校、法学研究机构人员双向交流机制,实施高校和法治工作部门人员互聘计划……建设高素质学术带头人、骨干教师、专兼职教师队伍",这更是对这一双向交流制度的肯定。

(三)建设更大规模的法学实践教学基地

法学实践教学基地项目由高校与法律实务部门联合共建,依托"本科教学工程",重点建设100个共享共用的示范性法学实践教学基地,同时鼓励其他地方高校结合地区现实条件,参照建设符合地方实际的法学实践教学基地。该项目宗旨在于立足社会需求,着眼学生实践能力、动手能力的培养,利用综合资源优势,融通素质教育、学术教育与职业教育,兼顾培养学生职业技巧与职业道德,注重开放性、互动性、现实性、自主性,依靠成体系、有层次、讲激励、重成果的实践教学促进计划,开拓学生视野,促进学生的理论学术能力有效转化为实务能力,提高学生综合能力建设与社会实际需求的契合度。鼓励学生在有知识保障、有经费支持的条件下走出第一课堂、走入社会、接触社会,培养学生的问题意识和社会责任感,提高学生的动手能力,同时与学生的学术科研活动形成互动,在社会实践与学术创新之间形成良性循环。

虽然在"卓越法律人才教育培养计划"之前,教育部门早已经意识到法学教育中实践教学的重要性,部分高校也曾尝试校外法学实践教学基地的建设工作,但是规模普遍不大,此次计划的启动成为各高校建立法学实践教学基地的助推剂,掀起了各地方高校建立实践教学基地的热潮。

此外,有些高校在实践中还设立了如案例研习和法律实务等课程,充实和发展了法学实践教学基地的建设内容。[18] 目前法学教育课程授课主要是以讲座式为主,学生缺乏训练,而且法学基础课程讲授时以理论阐述为主,与实践中的案例、法律逻辑分析训练结合不够,在基地建设中设立发展案例研习课程有助于推动学校课程改革,培养高层次的法律职业实践应用型人才、法律实务类课程则更注重法学各学科知识的综合运用,是更深一层的实务类课程,通过聘请校外相关领域知名人士,特别是公检法、律所、企业及各政府职能部门中具有丰富法律实务经验的人士参与授课,一则让学生们真正了解并掌握一些实务部门法律运用技巧等具可操作性的经验,二则理论与实践相学相长,学生们在具备问题意识的前提下洞察、关注并探索相关实务领域的前沿性、实质性法律问题,有助于学生理论知识的进一步提升。

实践教学基地通过整合多方资源,为学生搭建培养学术能力、促进学术交流、培养职业素养、提高组织领导能力的教育平台,使法科生有机会在具有丰富法律实践经验的法官、检察官和律师的指导下,接触案件材料,参与讨论,协助起草判决书、起诉书或其他法律文书,接触商务谈判,

---

[18] 《北京大学法学教育实践基地建设方案》,载中华人民共和国教育部网:http://www.moe.gov.cn/s78/A08/gjs_left/moe_739/s6549/s7721/201206/t20120618_159457.html,最后访问日期:2018 年 10 月 7 日。

以不同的角色参与庭审过程,从而熟悉法律实务的各种流程。

"卓越法律人才培养计划"的启动标志着高校与实务部门之间合作的全面铺开。在上述三种主要合作交流方式的基础上,高校与法律实务部门之间的关系更加紧密,共同举办的会议、讲座与论坛等学术活动也更加频繁,这便为法学院与实务部门、法学家与实务人员之间的交流搭建了更广阔的平台。部分法律实务部门还设立了"重大疑难案件专家论证制度",由才智卓越的法学专家为疑难案件提供专业的意见和建议,提升实务部门办案水平的同时更促进了理论与实践的融合。此外,法官、检察官、律师等实务工作人员可以通过攻读硕士或博士研究生,提升自身的理论水平(尤其是2016年在职研究生制度改革之后,非全日制研究生的报考和就读人数大幅上升),为高校带去了相应的实践教学资源;以致用、实务为培养目标的法律硕士的招生规模也在持续扩大,2019年法硕考试新增41个招生院校,其中6所学校是"211"大学。

至此,高校与实务部门之间形成了"手拉手、肩并肩,共同培养法律人才"的大好局面。2014年10月,中国共产党第十八届中央委员会第四次全体会议专题讨论了依法治国问题;2017年5月,在中国政法大学建校65周年前夕,中共中央总书记、国家主席、中央军委主席习近平在中国政法大学考察时再次强调,全面推进依法治国是一项长期而重大的历史任务,要坚持中国特色社会主义法治道路,坚持以马克思主义法学思想和中国特色社会主义法治理论为指导,立德树人,德法兼修,培养大批高素质法治人才。当前高校与实务部门之间的种种交流合作,正体现了在实现"依法治国、建设社会主义法治国家"过程中法学教育所做出的努力和担当。

五、发展趋势和展望

2018年10月13日,教育部、中央政法委公布了关于实施卓越法治人才教育培养计划2.0的意见,要点如下:(1)面向全体法学专业学生开设

“法律职业伦理”必修课。(2)重点建设 120 个左右国家级一流法学专业点和 200 门国家级一流线上线下法学专业课程。(3)进一步提高法学专业实践教学学分比例,支持学生参与法律援助、自主创业等活动。(4)建立法律实务部门接收法学专业学生实习、选用法学专业学生担任实习法官、检察官助理等制度,将接收、指导学生实习作为法律实务部门的职责。(5)选聘法律实务部门专家到高校任教,选聘高校法学骨干教师到法律实务部门挂职锻炼。(6)在法学院校设立实务教师岗位,吸收法律实务部门专家参与人才培养方案制定、课程体系设计、教材编写、专业教学等工作。(7)法律实务部门要向法学院校开放数字化法律实务资源,将法庭庭审等实务信息资源通过直播等方式实时传递给法学院校。(8)制定法学专业认证三级标准和认证办法,开展法学专业认证,推动高校全面参与。

改革开放四十年来,我国法学教育的培养模式和培养目标随着中国法治的发展与时俱进,高校与法律实务部门之间的关系日益密切。随着改革开放坚定不移地推进,法学教育体系将不断完备,在培养法律人才的过程中面临着新的契机,也会遇到新的挑战。党的十九大报告中强调,“坚持全面依法治国”构成新时代坚持和发展中国特色社会主义的基本方略之一,并且明确全面推进依法治国总目标是建设中国特色社会主义法治体系、建设社会主义法治国家。当前我国正处于全面深化改革的攻坚期,司法改革是其中的重中之重,依法治国目标的实现需要一批高素质的法律人积极投入到社会主义法治建设中,而专业型、复合型、应用型的高素质法律人才的培育离不开高校和法律实务部门的共同努力。

因此,要坚定把握好高校与法律实务部门之间交流的大方向,继续加强二者之间的互动联系与合作共创,以理论发展指导实务工作,以实践问题促进理论创新。可以预见,未来高校与法律实务部门一定会延续当前合作的大好势头,互信互敬,增进合作的广度和深度,培养出理论水平与实务能力并重的高素质法律人才,源源不断地为新时期的中国特色社会主义建设提供新生力量!

The Development of the Relationship between Universities' Legal Education and Legal Departments in the 40 Years of Reform and Opening-up

Shu Hongshui

Abstract: Since 1978, China's legal education has experienced four development periods: a period of restoration and reconstruction (1978 – 1993), a period of rapid development (1993 – 2001), a period of stable development (2001 – 2012), and a period of deep development (2012 – present). Therefore, the relationship between universities and legal departments has also experienced the process of "respective development-exploratory contact-cooperation-common development". From 1978 to 1993, it was the comprehensive recovery period of China's legal system construction. The legal education in high school and judicial system were in their own period of recovery and reconstruction, and no obvious exchanges or cooperation had been carried out. From 1993 to 2001, with the establishment of Juris Master education system, the lawyer qualification examination system and job qualification system for judge and prosecutor, colleges began to make tentative contacts with legal departments. For instance, some colleges selected scholars to serve temporary positions in legal departments. From 2001 to 2012, universities and legal departments began to deepen exchanges. The colleges have implemented two-instructor system for the education of Juris Master, focusing on the employment of legal practitioners in law teaching, and paid more attention to the construction of law education practice bases. The exchanges between them were gradually normalized. Since 2012, the "Excellent Legal talent Cultivation Plan" has been launched, then the cooperation between universities and legal departments have stepped into a new stage of common development.

Key words: talent co-education, practical teaching, excellent legal talent, Double Thousand Talents Program

改革开放四十年中国法理学的变革与发展

——基于1980～2017年法律出版社学术出版史的谱系性考察*

王金霞**

摘　要：从学术出版的微观视角可以窥见改革开放四十年中国法学的整体变革和发展，法律出版社则提供了观察中国法理学学术出版史的一个绝佳样本。1980～1989年，中国法理学在"文化大革命"之后重新起步，法律出版社所展现的法理学学术出版在复苏中不断探索，在波动中前进。1990～1999年，中国法理学逐渐步入正轨和飞速发展的节奏中，法理学学术出版走向复兴和进阶，为后一阶段的勃兴奠定了坚实的基础。2000～2017年是中国法学出版走向繁荣的黄金时期，表现在马克思主义法学的进一步发展，法理学理论参照系的多元化，研究方法和研究视角的多样化，并出现了极为重要的实践转

---

* 基金项目：本文系国家社科基金重大项目"社会主义核心价值观与法治文化建设研究"（项目编号17VHJ005）的阶段性成果之一；也获得西北政法大学"国外马克思主义法哲学与当代思潮"青年学术创新团队项目资助。

** 王金霞，西北政法大学刑事法学院讲师，法学博士，研究方向：法治文化、马克思主义法学、法社会学。

向。然而,此一时期我国法理学研究也存在诸多进阶过程中的问题和隐忧:如存在较为严重的路径依赖,较多依靠西方的法学理论而缺少独立自主性;低水平重复现象也比较严重,缺少严格的学术规范和学术批判;法理学基础理论的研究水平需要提升,同时也需要更多的人类情怀和世界贡献。

关键词:中国法理学　变革　发展　学术出版史

2018年是改革开放四十周年的重要年份,改革开放以来,中国各方面事业都有了飞跃式发展,中国的法治和法学事业同样取得了令人瞩目的成绩。从法理学的角度,同样可以窥见这种整体社会结构的重大变迁。已有诸多学者从法理学的角度做过总结,但大多是从历史演进角度作出的总体和宏观考察,注重学术问题总结和主流法学、主导作品的进展分析。[①] 本文则试图从法理学学术出版史的微观视角,借助于大数据尤其是出版记录,客观展现改革开放四十年来我国法理学谱系性的变革与发展。然而,对中国法理学四十年的出版史的考察远超过一篇文章所能涵盖的范围,因此本文特截取法律出版社改革开放四十年的法理出版

① 参见李龙:《改革开放四十年中国法理学的历史回顾和战略谋划》,载《社会科学战线》2018年第5期;武树臣、武建敏:《中国的法治发展:改革开放四十年的回顾和展望》,载《山东大学学报》(哲学社会科学版)2018年第4期;付子堂、王勇:《1978~2018:走向实践的中国法理学》,载《山东大学学报》(哲学社会科学版)2018年第5期;等等。另外,2008年改革开放三十年之时也有诸多相关讨论,如徐显明:《中国法理学的时代转型和精神进路》,载《中国法学》2008年第6期;胡水君:《〈法学研究〉三十年:法理学》,载《法学研究》2008年第6期;陈金钊:《思想法治的呼唤——对中国法理学研究三十年的反思》,载《东岳论丛》2008年第2期;刘雪斌、李拥军、丰霏:《改革开放三十年的中国法理学:1978~2008》,载《法制与社会发展》2008年第5期;刘东升:《近三十年法理学研究进路:1978~2008》,载《社会科学战线》2008年第8期;黄文艺:《中国法理学30年发展与反思》,载《法制与社会发展》2009年第1期;谢晖:《社会变革与我国60年的法理路向》,载《法学论坛》2009年第5期;支振锋:《知识之学与思想之学——近世中国法理学研究省思》,载《政法论坛》2009年第1期;谢东慧:《法理学三十年学术史之考证》,载《东方法学》2010年第5期;石伟:《论中国法理学的实践转向——三十余年法理学学术史考察》,载《现代法学》2012年第4期;凌斌:《中国法学时局图》,北京大学出版社2014年版;等等。

记录作为考察对象,并在此基础上进行适度扩张。[②]

法律出版社成立于1954年,具有深厚的历史积淀,相对于其他的专业性法律类出版社(如成立于1989年的中国民主法制出版社、成立于1985年的中国政法大学出版社、成立于1980年的知识产权出版社等),法律出版社是成立最早的专门法律出版机构,也是出版法律类书籍最多的出版机构。[③] 从1955年正式出版著作开始至今(2018年8月5日),已经出版了2万余本图书(相比而言,中国政法大学出版社共出版8000余本、中国民主法制出版社共出版3000余本。)[④]。无论从出版持续时间、出版质量和数量等方面来说,法律出版社都是中国法律出版史上最为重要的出版机构。因此,法律出版社成为我们考察法理学学术出版简史的一个最为合适的对象。

一、1980~1989年中国法理学的复苏与探索

法律出版社1980年正式恢复出版,开启了1980~1989年波动的10年历程。从出版数据看(见图1),1982~1987年是法律出版社出版比较活跃的时期,1988~1989逐渐又步入萧条期。此一时期国家图书馆收录法律出版社图书约为686本,包括三种重要的类型。[⑤] 第一类是各个时期法律的汇编或注释。第二类是对国外法学著作的翻译,当时对苏联法学

---

② 这里法理学已经具有了某种扩张的意义,不仅包括纯粹的法理学研究,如自然法学、实证法学、历史法学、分析法学、比较法学、法律文化等,而且包括了法学教育、人权问题、中国法律思想史、西方法律思想史、部门法哲学等运用交叉学科方法对部门法问题进行研究的方面。

③ 参见黄闽:《法律出版的精神》,法律出版社2014年版,第3~30页。

④ 以上数据以中国国家图书馆馆藏目录为基准进行检索得出,因此只能得出概括数据而非精准数据,最后检索时间为2018年8月5日。

⑤ 本文中法律出版社的相关的出版数据,都根据对中国国家图书馆馆藏目录数据库的检索结果得出。检索方式为高级检索,即以法律出版社为出版机构,以特定年份为限定词,得出相关数据后人工去掉相关重复数据即为最后的采用数据。因2018年法律出版社的数据尚不完整,因此本文采用1980~2017年的数据作为分析样本。

作品的翻译依然是一个重要的方面,但翻译数量已经大为减少,而对英、美、德、日等国家法学作品的译介已成为一个重要的潮流。⑥ 也就是说,这一时期中国法学发展的知识参照系已经发生了重要的变化,即从仅仅依靠社会主义阵营尤其是苏联,到以全球眼光吸收最优秀的人类法治成果的转变。第三类是独立自主开展法学研究形成的成果,共249条记录,约占全部数量的36.3%。

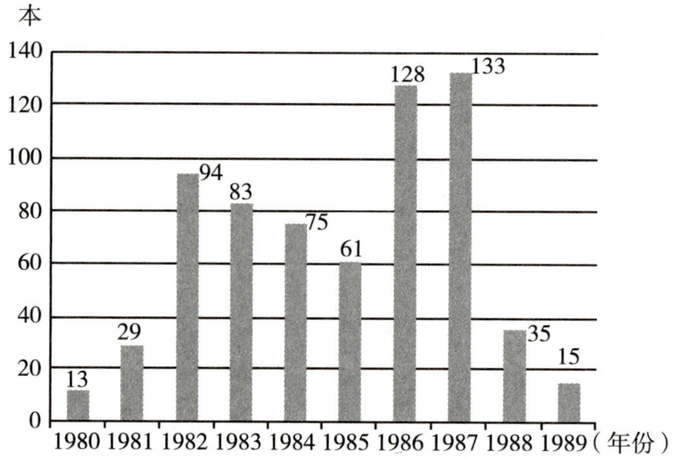

图1 法律出版社1980~1989年出版数据一览

第三种类型的著作逐渐占据了法律出版社的主流,可见我国法学在

⑥ 参见[德]马丁·沃尔夫:《国际私法》,李浩培、汤原舜译,法律出版社1988年版;《法国刑事诉讼法典》,方蔼如译,法律出版社1987年版;《瑞士民法典》,殷生根译,法律出版社1987年版;[英]辛普逊:《法医学》,王永年译,法律出版社1987年版;[英]彼得·马丁等修订:《肖克罗斯和博蒙特航空法》,徐克继摘译,法律出版社1987年版;[美]米特福德:《美国监狱内幕》,钟大能、李宝芝译,法律出版社1985年版;[日]佐藤功著:《比较政治制度》,刘庆林、张光博译,法律出版社1984年版;[法]弗洛里奥:《错案》,赵淑美译,法律出版社1984年版;[英]斯塔克:《国际法导论》,赵维田译,法律出版社1984年版;[日]纹谷畅男编:《专利法50讲》,魏启学译,法律出版社1984年版;《德意志联邦共和国民事诉讼法》,谢怀栻译,法律出版社1984年版;[挪威]安德聂斯:《刑罚与预防犯罪》,钟大能译,法律出版社1983年版;《日本商法典》,丁耀堂译,法律出版社1982年版;[英]阿蒂亚:《合同法概论》,程正康等译,法律出版社1982年版;等等。

这一时期逐渐有了初步的发展，各法学二级学科的雏形开始展现，法学知识体系初步展开，为中国法学的繁荣发展奠定了坚实的基础。然而，这一时期的法学著作多以教科书的方式写就，多是为了法学教育的需要而写作的教科书知识体系。⑦ 教科书式的研究为我国法学知识体系的初步形成作出了重要的贡献，但也产生了诸多不利影响，如这些研究较多缺少问题意识，多有的只是对国外观点的罗列，存在严重的路径依赖。这些著作另一种典型形式就是“注释法学”，即对当时制定的法律进行注释，1980～1989 年我国已经开始了大规模的立法阶段，法学研究也展现了以立法为中心的倾向。这一时期在学术性的法学研究方面则显得薄弱，如存在研究视角单一，研究方法单一，研究对象固化等问题。总体而言，这些独立性的法学著作的出现，标志着我国法学开始步入正常的发展轨道。跨过“文化大革命”和法治虚无主义的挫折之后，我国法学事业在曲折中重新出发，尽管也会有低谷，但中国法治发展的滚滚洪流开始展现不可逆转的趋势。

二、1990～1999 年中国法理学的复兴和进阶

1990～1999 年，法律出版社出版数量迅猛增长，从 1990 年的 20 本增长到 1999 年的 469 本（见图 2），依据国家图书馆的收录情况，这 10 年间法律出版社一共出版 1952 本图书，其中法学学术专著 366 本，约占 18.8%。法律出版社的出版类别也逐渐涵盖了法律文本、法学教育、法学学术、法律实务、法律普及以及法律文化、人文历史、政治财经等领域。

学术专著代表一个时期学术研究的水准，法治的发展也需要有深厚的理论积淀，学术研究可以总结经验教训，先于实践提出理论设想和制度

⑦ 参见法学教材编辑部：《法学基础理论讲义》，法律出版社 1981 年版；张国华主编：《中国法律思想史》，法律出版社 1982 年版；孙国华主编：《法学基础理论》，法律出版社 1982 年版；吴祖谋主编：《法学概论》，法律出版社 1982 年版；沈宗灵：《现代西方法律哲学》，法律出版社 1983 年版；方立等主编：《法学基础理论讲义》，法律出版社 1983 年版；吴祖谋：《法学基础理论》，法律出版社 1986 年版；吴大英、沈宗灵主编：《中国社会主义法律基本理论》，法律出版社 1987 年版；王珉灿主编：《法学基础知识教程》，法律出版社 1987 年版；等等。

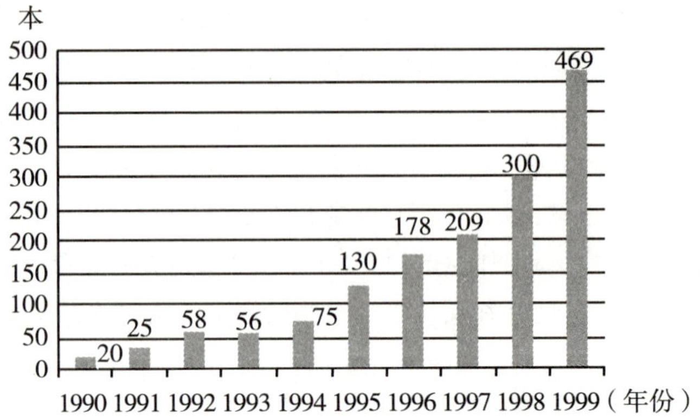

图2　1990~1999年法律出版社各年度出版著作数量一览

架构,因此在经历了“文化大革命”的法律虚无主义和1989年政治风波之后,法学学术研究和出版事业的重新出发具有极为重要的意义。

从图2中可以看出,法学学术出版在1990年之后逐渐步入正轨,走向初步发展和进阶阶段,表现为法学学术出版著作数量和质量的大为提高。我们可以从如下几个方面做更为细致的解读:

首先,法学学术研究逐渐由粗放向精细发展,得益于以前学术研究和法学知识的积淀,法学学术研究逐渐由二级学科研究向三级、四级方向发展,甚至在更为具体的问题上进行了研究。如法理学当中,涌现了对现代西方法社会学进行的研究⑧,对孙中山、谢觉哉等人法律思想的研究⑨;对二十世纪西方法哲学思潮展开的全景式研究⑩;对黑格尔法哲学进行的研究⑪;原创性地对中国自然法精神的讨论⑫;对法的效力问题和法的价值问题进行的专门研究⑬;从马克思主义法哲学的角度提出了当代中国的法

---

⑧　参见朱景文:《现代西方法社会学》,法律出版社1994年版。

⑨　参见乔丛启:《孙中山法律思想体系研究》,法律出版社1992年版;王定国:《谢觉哉论民主与法制》,法律出版社1996年版。

⑩　参见张文显:《二十世纪西方法哲学思潮研究》,法律出版社1996年版。

⑪　参见武步云:《黑格尔法哲学:法与主体性原则的理论》,法律出版社1995年版。

⑫　参见江山:《法的自然精神导论》,法律出版社1997年版。

⑬　参见张根大:《法律效力论》,法律出版社1999年版;卓泽渊:《法的价值论》,法律出版社1999年版。

律革命观[14];对法治问题的专门梳理[15];对部门法哲学问题的讨论[16];对制度变革的总体梳理[17];对法理学进行的综合性总结[18]等。

其次,在研究对象上也有很大的扩展。这一时期,各大部门法当中也出现了一大批对国外各部门法进行研究的作品,尤其是财产法、公司法、证券法、破产法、侵权法、刑事司法等领域,美、英、德、日等国家成为重点的研究对象。[19] 多学科交叉研究逐渐成为一个重要的研究趋势,如政治学与法学之间的交叉研究[20]、法学和伦理学的交叉研究[21]、法律语言学的研究[22]、法制新闻的研究[23]等。

最后,在法学研究方法上也呈现多元态势。除了传统的规范研究方法、注释法学方法外,比较研究方法[24]、法律的经济分析方法[25]、实证研究方法[26]等也为众多学者所采用。

---

⑭ 参见公丕祥:《当代中国的法律革命》,法律出版社 1999 年版。

⑮ 参见程燎原:《从法制到法治》,法律出版社 1999 年版。

⑯ 参见陈兴良:《走向哲学的刑法学》,法律出版社 1999 年版。

⑰ 参见信春鹰:《中国的法律制度及其变革》,法律出版社 1999 年版。

⑱ 参见文正邦:《当代法哲学研究与探索》,法律出版社 1999 年版。

⑲ 参见尹田:《法国现代合同法》,法律出版社 1995 年版;陈忠诚:《美国监狱和矫治》,法律出版社 1997 年版;李薇:《日本机动车事故损害赔偿法律制度研究》,法律出版社 1997 年版;于敏:《日本侵权行为法》,法律出版社 1998 年版;何家弘:《欧美刑事司法制度》,法律出版社 1998 年版;潘琪:《美国破产法》,法律出版社 1999 年版;胡果威:《美国公司法》,法律出版社 1999 年版;董丽萍:《澳大利亚国际私法研究》,法律出版社 1999 年版;李亚虹:《美国侵权法》,法律出版社 1999 年版;徐罡等:《美国合同判例法》,法律出版社 1999 年版;高如星,王敏祥:《美国证券法》,法律出版社 1999 年版;李进之等:《美国财产法》,法律出版社 1999 年版;等等。

⑳ 参见陈绍兴等:《中国民主政治的法律化探析》,法律出版社 1995 年版。

㉑ 参见沈忠俊等:《司法道德新论》,法律出版社 1999 年版。

㉒ 参见李振宇:《法律语言学初探》,法律出版社 1998 年版。

㉓ 参见陈应革:《走进法制新闻》,法律出版社 1999 年版。

㉔ 参见陈宝权等:《中外律师制度比较研究》,法律出版社 1995 年版;周小明:《信托制度的比较法研究》,法律出版社 1996 年版;孙宪忠:《德国当代物权法》,法律出版社 1997 年版;马玉娥等:《法律援助制度比较研究》,法律出版社 1997 年版;胡建淼:《比较行政法:20 国行政法评述》,法律出版社 1998 年版;夏勇、徐高:《中外军事刑法比较》,法律出版社 1998 年版;于志刚:《追诉时效制度比较研究》,法律出版社 1998 年版;邓曾甲:《中日担保法律制度比较》,法律出版社 1999 年版。

㉕ 参见刘茂林:《知识产权法的经济分析》,法律出版社 1996 年版。

㉖ 参见段爱群:《跨国并购原理与实证分析》,法律出版社 1999 年版。

总体而言,这一时期的法学研究为2000 年之后法学研究的迅猛发展和繁荣奠定了坚实的基础,中国法学终于可以以非断裂的持续性方式向前迈进。

三、2000 ~ 2017 年中国法理学的发展与繁荣

2000 ~ 2017 年是中国法学类著作逐渐走向繁荣的黄金时期(见图3)。相较于前一阶段(1990 ~ 1999 年),法律出版社的出版数量已经成倍增长,2015 ~ 2016 年出版接近 1600 本。由于中国法治实践的蓬勃开展,法学教育事业的繁荣,在这些出版物中,关于法律规范、案例汇编、审判参考、检察实务、具体部门法的实践、地方法治实践、司法考试、法律硕士和法学硕士考试、法律常识等方面的内容成为至关重要的出版类型。法学学术出版在这一时期也步入繁荣时期,我们可以从法律出版社出版的法理学学术著作中探寻中国法学的进展轨迹。

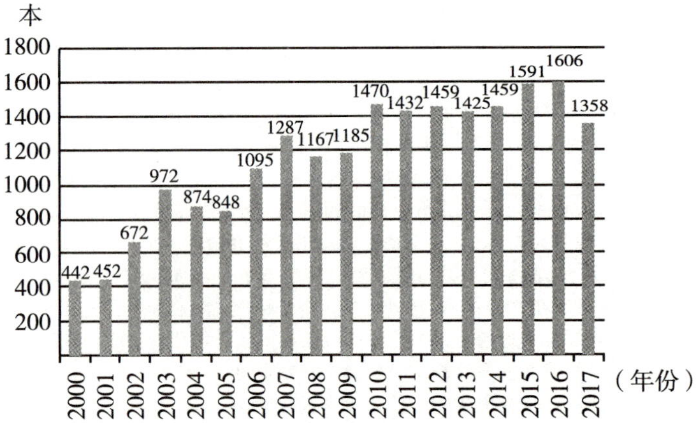

图 3　2000 ~ 2017 年法律出版社各年度出版数量演进

(一)这一时期法理学学术研究变革与繁荣的特征分析

1. 马克思主义法学的进一步发展

近些年来,在马克思主义法治思想和法学理论的研究方面已经有了极大的进展。这表现在以下的几个方面:其一,综合性研究马克思主义法学著作的大规模出版,如对马克思、恩格斯、列宁等经典作家的法律思想

及其形成过程的研究[27],对马克思法哲学思想的综合阐释。[28] 其二,我国学者对马克思等经典作家的研究也逐渐步入专门化和精细化,内容涉及马克思、恩格斯等的人权理论、权利观、正义观[29],另外涉及对马克思经典文献的专门研究,如对《黑格尔法哲学批判》《巴黎手稿》等的研究[30],对马克思环境法哲学进行的探索[31],对列宁司法思想进行的研究[32]。其三,学界对马克思主义法学理论、法治思想中国化研究的著作大量涌现,对中国特色社会主义法治理论的讨论成为一个重要的学术增长点。[33] 其四,西方

㉗ 参见吕世伦:《列宁法律思想史》,法律出版社2000年版;李光灿、吕世伦:《马克思、恩格斯法律思想史》,法律出版社2001年版。

㉘ 参见杜万华:《马克思法哲学与法律社会学理论研究》,法律出版社2003年版;孙国华:《马克思主义法学与社会和谐》,法律出版社2014年版;付子堂:《马克思主义法律思想研究》,高等教育出版社2005年版;公丕祥、龚延泰主编:《马克思主义法律思想通史》(四卷本),南京师范大学出版社2014年版;李步云、高全喜主编:《马克思主义法学原理》,社会科学文献出版社2014年版;宋秉武、赵菁:《马克思主义法律思想研究》,中国社会科学出版社2017年版;等等。

㉙ 参见付子堂、胡兴建:《马克思主义人权理论与中国实践》,法律出版社2012年版;刘振江、彭富明:《追寻正义:马克思恩格斯正义观研究》,法律出版社2014年版;樊晓磊:《马克思权利思想研究:以占有、劳动、分配为视角》,法律出版社2014年版;等等。

㉚ 参见周尚君:《自由主义之后的自由:马克思〈巴黎手稿〉的法哲学问题》,法律出版社2010年版;姚远:《解读青年马克思的黑格尔法哲学批判》,法律出版社2016年版;杨学功:《马克思〈黑格尔法哲学批判〉研究读本》,中央编译出版社2017年版;等等。

㉛ 参见李可:《马克思恩格斯环境法哲学初探》,法律出版社2006年版。

㉜ 参见王建国:《列宁司法思想研究》,法律出版社2009年版。

㉝ 参见公丕祥:《东方法律文化的历史逻辑》,法律出版社2002年版;付子堂:《文本与实践之间:马克思主义法律思想中国化问题研究》,法律出版社2009年版;付子堂:《历史与实践之维:马克思主义法律思想时代化问题研究》,法律出版社2011年版;周世中:《马克思主义法学理论的探索与实践》,法律出版社2012年版;金平、韩其明:《马克思主义理论与当代社会实践专题研究》,法律出版社2013年版;文正邦:《马克思主义法哲学在中国》,法律出版社2014年版;等等。其他出版社如吴建敏:《实践法学:对马克思思想的新阐发》,河北人民出版社2009年版;张波:《马克思主义法律思想中国化路径研究》,人民出版社2011年版;王永杰:《从普适性到地方性:马克思主义法学中国化研究》,中国出版集团、东方出版中心2011年版;孙国华:《中国特色社会主义民主法治研究》,中国人民大学出版社2015年版;舒国滢主编:《中国特色马克思主义法学理论研究》,中国政法大学出版社2016年版;王耀海:《马克思主义法学的逻辑脉向》,中国社会科学出版社2016年版;王人博主编:《中国特色社会主义法治理论研究》,中国政法大学出版社2016年版;刘日明:《马克思法哲学理论的当代意义》,同济大学出版社2016年版;谷春德:《中国特色社会主义法治理论与实践研究》,中国人民大学出版社2017年版;蒋传光:《马克思主义法学理论在当代中国的新发展》,译林出版社2017年版;等等。

马克思主义法学著作的翻译与研究进展到一个新的阶段,涌现出一批相关的研究著作[34],对西方马克思主义法律学者著作的翻译也有了迅猛发展,涉及的理论资源也逐渐丰富,如帕舒卡尼斯、伦纳、柯林斯、黑德等人的著作,近年来都被译介到中国,如西北政法大学马克思主义法学研究所组织翻译的西方马克思主义法学经典译丛,已经出版了5本。[35] 其五,学界运用马克思主义的立场、观点和方法,对中国法治实践问题进行的研究也是重要的研究类型。如在马克思主义的实践哲学指导下对社会关系范围和类型的比较分析[36],期刊文献中对马克思主义法律文化和法律价值研究的汇编[37]。

近年来马克思主义法学研究的逐渐繁荣,还表现在法学期刊对马克思主义法学的重点关注,如《法学研究》《环球法律评论》《法律科学》等法学核心期刊都开设了马克思主义法学的专栏。西北政法大学马克思主义法学研究所有专门的刊物关注马克思主义法学研究,并设立了马克思主义法学研究网。[38] 另外,大量的博士论文、硕士论文的主题也关注马克思主义法学的领域,成为推进马克思主义法学研究向前的重要力量。[39]

2. 中国法理学教学和研究理论参照系的多元化

随着中国法治实践的火热开展,中国的法学研究也同样呈现了繁荣景象。首先,中国法学发展的理论参照系呈现出多元多样的特点。与新

---

[34] 参见任岳鹏:《西方马克思主义法学》,法律出版社2008年版;任岳鹏:《西方马克思主义法学视域下的"法与意识形态"问题研究》,法律出版社2009年版;邱昭继等:《马克思主义与西方法理学》,中国人民大学出版社2018年版。

[35] 参见[英]休·柯林斯:《马克思主义与法律》,邱昭继译,法律出版社2012年版;[澳]迈克尔·黑德:《叶夫根尼·帕舒卡尼斯:一个批判性的再评价》,刘蔚铭译,法律出版社2012年版;[奥]卡尔·伦纳:《私法的制度及其社会功能》,王家国译,法律出版社2013年版;[美]欧鲁菲米·太渥:《法律自然主义:一种马克思主义法律理论》,杨静哲译,法律出版社2013年版;[英]苏珊·马克斯主编:《左翼国际法——反思马克思主义者的遗产》,潘俊武译,法律出版社2013年版。

[36] 参见许斌龙:《从血缘走向契约:马克思实践观视野下的经济学、伦理学与法学分析》,法律出版社2009年版。

[37] 参见马治选:《马克思主义法律文化与法律价值》,法律出版社2017年版。

[38] 参见李其瑞主编:《马克思主义与法律学刊》(第一卷),中国民主法制出版社2017年版。"马克思主义法学研究网"的网址为http://www.marxistjuris.com,最后访问日期:2018年8月5日。

[39] 依据"中国知网"的检索结果显示,2000年至2018年,以马克思主义法学为关键词,共检索到207条记录。最后检索时间为2018年8月24日。

中国成立初期主要师法苏联不同，这一时期着重借鉴的是人类法治的文明成果。只要其他国家的相关研究成果对中国具有参考价值，就可以而且应该奉行“拿来主义”。英、美、德、日成为这一时期的最重要的借鉴对象，这四个国家的相关著作占据法律出版社这一时期法理译著的91.6%（131/143），其中英国学者的著作占28.0%（40/143）；美国学者的著作42.0%（60/143）；德国学者的著作占30.1%（23/143）；日本学者的著作占7.0%（10/143）。一大批的相关著作被译介到中国，涉及的学术体系也逐渐丰富，各学派的观点都逐渐被译介到中国。这些学者如大家所熟知的美国实用主义霍姆斯大法官，对法律进行经济分析的波斯纳法官，以及对普通法法系产生重要影响的卡多佐大法官，分析实证主义的代表性学者英国学者哈特、拉兹、麦考密克，新自然法学派的富勒、德沃金、罗尔斯，诺贝尔经济学奖获得者英国学者哈耶克，美国法社会学学者庞德、布莱克，美国著名法制史和法与宗教研究者伯尔曼，以及现当代英美活跃的法理学家比克斯、沃尔德伦、马默、孙斯坦等；德国新康德主义法学家拉德布鲁赫，法学方法论的代表性学者萨维尼、耶林、拉伦茨、恩吉施、齐佩利乌斯、诺依曼，比较法学者茨威格特，现当代著名法哲学家魏德士、考夫曼、阿列克西、卢曼，德国著名哲学家哈贝马斯等；日本法理学者穗积陈重、铃木敬夫，法制史学者滋贺秀三、高见泽磨，刑法学者西原春夫，比较法学者大木雅夫、宪法及宪法哲学研究者千叶真、小林正弥等。[40] 这些外国学者们的著作给中国法学研究带来极大的思想冲击和启迪，极大地提升了中国法理学研究的层次，缩小了与西方发达国家之间的差距，国内国际讨论的主题和方法也逐渐趋同，中国的法理学研究逐渐走出蔡枢衡等近代中国学人所言中国法学的贫困或幼稚阶段。[41]

3. 多维视域、多元方法和路径研究的广泛开展

多维视域、多元方法和路径研究的开展，也促使中国法理研究不同学派的初步形成。诸多学者曾对中国法学流派的初步形成做过总结，如苏力分析了当前中国三种比较显著的法学研究传统：注重政治意识形态话

---

[40] 以上国外学者名单主要依据法律出版社的相关译著进行列举。

[41] 参见蔡枢衡：《中国法理自觉的发展》，清华大学出版社2005年版，第97页。

语的政法法学,注重法律适用、解决具体法律纠纷的注释法学,以及借鉴社会科学的经验研究方法、试图发现制度或规则与社会生活诸多因素之间相互影响和制约的关系的社科法学。[42] 其中,苏力所说的注释法学类似于现今的法教义学传统,相应地,现今中国法学界最为激烈的争议莫过于社科法学与法教义学的争论,从法律出版社出版的相关著作中也可以较为明显地看出。运用多学科方法进行法学研究是社科法学的重要研究途径,如对法学进行社会学分析、人类学分析、经济学分析、政治学分析、统计学分析、文学分析、心理学分析、认知科学分析等。[43] 郑永流主编的《法哲学与法社会学论丛》(始于 1998 年),谢晖和陈金钊主编的《民间法》(始于 2002 年),苏力主编的《法律与社会科学》(始于 2006 年),强世功主编的《政治与法律评论》(始于 2010 年),张永和主编的《社会中的法理》(始于 2010 年),李瑜青、张斌主编的《法律社会学评论》(始于 2014 年)等则成为社科法学研究的重要阵地。法教义学更多的是源自德国的词汇,德语为 Rechtsdogmatik。德国学者考夫曼(Arthur Kaufmann)将教义学(dogmatik)

---

[42] 参见苏力:《中国法学研究格局的流变》,载《法商研究》2014 年第 5 期。

[43] 参见刘星:《语境中的法学与法律:民主的一个叙事立场》,法律出版社 2001 年版;杜万华:《马克思法哲学与法律社会学理论研究》,法律出版社 2003 年版;许发民:《刑法的社会学分析》,法律出版社 2003 年版;钱弘道:《经济分析法学》《跨越法律和经济》,法律出版社 2003 年版;苏力:《也许正在发生:转型中国的法学》《道路通向城市:转型中国的法治》,法律出版社 2004 年版;王亚新:《法律程序运作的实证分析》,法律出版社 2005 年版;田成有:《乡土社会中的民间法》,法律出版社 2005 年版;孙文恺:《社会学法学》,法律出版社 2005 年版;张永和:《信仰与权威:诅咒(赌咒)、发誓与法律之比较研究》,法律出版社 2006 年版;张仁善:《法律社会史的视野》,法律出版社 2007 年版;张建伟:《法律、经济学与国家治理:法律经济学的治理范式与新经济法理学的崛起》,法律出版社 2008 年版;高晋康:《法律运行过程的经济分析》,法律出版社 2008 年版;桑本谦:《理论法学的迷雾:以轰动案例为素材》,法律出版社 2008 年版;强世功:《惩罚与法治:当代法治的兴起(1976 ~ 1981)》,法律出版社 2009 年版;高其才等:《政治司法:1949 ~ 1961 年的华县人民法院》,法律出版社 2009 年版;张善根:《当代中国法律社会学研究:知识与社会的视角》,法律出版社 2009 年版;宋冬林:《法经济学热点问题论集》,法律出版社 2010 年版;王波:《执法过程的性质:法律在一个城市工商所的现实运作》,法律出版社 2011 年版;朱晓阳:《小村故事:罪过与惩罚(1931 ~ 1997)》,法律出版社 2011 年版;张永和:《大邑调解:透过法社会学与法人类学的观察》,法律出版社 2011 年版;杜健荣:《卢曼法社会学理论研究:以法律与社会的关系问题为中心》,法律出版社 2012 年版;牟利成:《社会学视野中的法律:一种学科的穿越与融合》,法律出版社 2013 年版;王利宾:《刑罚的经济分析》,法律出版社 2014 年版;黄宗智:《清代的法律、社会与文化:民法的表达与实践》《过去和现在:中国民事法律实践的探索》《法典、习俗与司法实践:清代与民国的比较》,法律出版社 2014 年版;黄宗智:《实践与理论:中国社会、经济与法律的历史与现实研究》,法律出版社 2015 年版;汤唯:《司法社会学的原理与方法》,法律出版社 2015 年版;高永周:《回到科斯:法律经济学理论探源》,法律出版社 2016 年版;等等。

定义为"纯粹理性在现有理论架构上运作,而未先行批判它自身的能力"。[44]相应地,法教义学也就获得了前述的两层基本涵义。法教义学的研究现已成为法理学乃至整个法学的重要学术增长点。[45] 在法理学的层面上法教义学的研究还和法学方法论的研究紧密相连,法学方法论作为法学的"原本"方法而被广为讨论。[46] 陈金钊、葛洪义主编的《法律方法和法律思维》集刊,舒国滢主编的《法学方法论》(始于2016年,2018年更名为《法理》),都成为法教义学研究的重要平台。

然而,社科法学和法教义学并不能概括中国法理学研究的全貌,除这两者之外,传统的法哲学研究依然是中国法理学研究的重要方法,如比较法学[47]、

---

[44] [德]阿尔图·考夫曼著:《法律哲学》(第2版),刘幸义等译,法律出版社2011年版,第12页,台湾学者所翻译的法律信条学、法律释义学等即为我们说的法律教义学。

[45] 以中国期刊网的检索结果显示,以法教义学为检索词,2006~2018年共有149篇cssci文献,检索日期:2018年9月21日。另外,有一大批关注法教义学研究的著作和博士论文,参见白斌:《宪法教义学》,北京大学出版社2014年版;欧阳本祺:《刑事政策视野下的刑法教义学》,北京大学出版社2016年版;李忠夏:《宪法变迁与宪法教义学》,法律出版社2018年版;孙维飞:《当代侵权行为法之发展:以法教义学理论为视角的观察》,华东政法大学2008年博士学位论文;周升乾:《法教义学研究:一个历史与方法的视角》,中国政法大学2011年博士学位论文;冯威:《法律原则与基本权利法教义学》,中国政法大学2015年博士学位论文;等等。

[46] 参见孔祥俊:《司法理念与裁判方法》,法律出版社2005年版;杨凯:《裁判的艺术:法官职业的境界与追求》,法律出版社2005年版;王纳新:《法官的思维:司法认知的基本规律》,法律出版社2005年版;韩立收:《法律的曲解、误解与理解》,法律出版社2007年版;黄茂荣:《法学方法与现代民法》,法律出版社2007年版;肖晖:《中国判决理由的传统与现代转型》,法律出版社2008年版;蔡琳:《裁判合理性理论研究》,法律出版社2009年版;郑成良:《司法推理与法官思维》,法律出版社2010年版;邹碧华:《要件审判九步法》,法律出版社2010年版;郑永流:《法是一种实践智慧:法哲学和法律方法论文选》,法律出版社2010年版;李可:《法学方法论原理》,法律出版社2011年版;梁慧星:《裁判的方法》,法律出版社2012年版;张青波:《理性实践法律:当代德国的法之适用理论》,法律出版社2012年版;张存辉:《司法判决书可接受性的修辞研究》,法律出版社2012年版;曹茂君:《西方法学方法论》,法律出版社2012年版;王国龙:《守法主义与能动司法:基于中国法律方法论研究视野的展开》,法律出版社2013年版;喻中:《法学方法论》,法律出版社2014年版;程春华:《裁判思维与证明方法》,法律出版社2016年版;翁杰:《法律选择的规则与方法》,法律出版社2016年版;谢晖:《法律哲学:司法方法的体系》,法律出版社2017年版;等等。

[47] 参见江平主编:《比较法在中国》(第一卷),法律出版社2001年版;江平主编:《比较法在中国》(第一卷),法律出版社2002年版;米健主编:《比较法学文萃》,法律出版社2002年版;米健:《中德法学学术论文集》(第1辑),法律出版社2003年版;等等。

自然法学[48]、历史法学[49]、分析实证主义法学[50]、哲理法学[51]、马克思主义法学等依然在中国法理学领域中展现出强劲的生命力。跟前述研究相关但又有所区分的部门法哲学研究[52],人权研究[53],法律文化、法律价值和法治文化

---

[48] 参见江山:《历史文化中的法学》,法律出版社2003年版;鄂振辉:《自然法学》,法律出版社2006年版;吴一裕:《菲尼斯新自然法理论研究:自然法上“善”的追寻》,法律出版社2009年版;占茂华:《自然法观念的变迁》,法律出版社2010年版;等等。

[49] 参见许章润:《中国:法制与法意》,法律出版社2009年版;许章润主编:《法学历史主义》,法律出版社2013年版;许章润主编:《文化中国的法意叙事》《家国天下》,法律出版社2015年版;等等。

[50] 参见徐爱国:《分析法学》,法律出版社2005年版;刘星:《法律是什么:二十世纪英美法理学批判阅读》,法律出版社2009年版;沈映涵:《新分析法学中的方法论问题研究:由哈特的描述性法理学引发的争论》,法律出版社2010年版;王莉君:《法律规范研究》,法律出版社2012年版;马驰:《法律规范性的基础:以法律实证主义的演进为线索》,法律出版社2013年版;喻中:《论授权规则》,法律出版社2013年版;等等。

[51] 这里,哲理法学主要指对康德、黑格尔等哲学家的法哲学讨论。参见曹磊:《德国古典哲理法学》,法律出版社2006年版;卓英子:《新黑格尔主义法学》,法律出版社2006年版;刘建伟:《新康德主义法学》,法律出版社2007年版;等等。

[52] 参见宋功德:《行政法哲学》,法律出版社2000年版;邱兴隆:《关于惩罚的哲学:刑罚根据论》,法律出版社2000年版;张文显:《部门法哲学》,法律出版社2011年版;等等。

[53] 参见孙长永:《沉默权制度研究》,法律出版社2001年版;朱晓青:《欧洲人权法律保护机制研究》,法律出版社2003年版;王明迪等:《中国监狱人权保障——全国监狱人权保障理论研讨会论文集2003年》,法律出版社2004年版;乔生:《信息网络传播权研究》,法律出版社2004年版;朱征夫:《公民的权利》,法律出版社2007年版;杨春福:《自由·权利与法治:法治化进程中公民权利保障机制研究》,法律出版社2007年版;杜钢建:《外国人权思想论》,法律出版社2008年版;余俊:《环境权的文化之维》,法律出版社2010年版;李林:《走向人权的探索》,法律出版社2010年版;张文显:《张文显法学文选·第3卷,权利与人权》,法律出版社2011年版;黄惟勤:《互联网上的表达自由:保护与规制》,法律出版社2011年版;王岩云:《当代中国权利问题研究检视:一个学术史的考察》,法律出版社2012年版;肖建飞:《语言权利研究:关于语言的法律政治学》,法律出版社2012年版;周力:《论抵抗权》,法律出版社2012年版;赵树坤:《中国特定群体人权保护的理论与实践》,法律出版社2012年版;李楯:《艾滋病与人权:感染者和医生等的生命权、健康权及立法建议和法律评估》,法律出版社2013年版;罗隆基:《人权·法治·民主》,法律出版社2013年版;刘志强:《人权法国家义务研究》,法律出版社2015年版;刘小楠:《20年,我们走了多远?——95世妇会后中国妇女权利发展状况研究》,法律出版社2015年版;赵洲:《基本人权保护的全球治理:“保护的责任”研究》,法律出版社2016年版;等等。

的研究[54],法律语言[55],法制新闻[56],法学教育[57]等方面的研究也逐渐成为中国法理学研究的重要类型。

---

[54] 参见梁治平:《书斋与社会之间》,法律出版社2002年版;俞荣根:《文化与法文化》,法律出版社2003年版;张中秋:《比较视野中的法律文化》,法律出版社2003年版;江必新:《中国法文化的渊源与流变》,法律出版社2003年版;徐忠明:《案例、故事与明清时期的司法文化》,法律出版社2006年版;史广全:《礼法融合与中国传统法律文化的历史演进》,法律出版社2006年版;马志冰:《中国监狱文化的传统与现代文明》,法律出版社2006年版;杨昌宇:《自由:法治的核心价值》,法律出版社2006年版;卓泽渊:《法的价值论》,法律出版社2006年版;何勤华:《多元的法律文化》,法律出版社2007年版;程乃胜:《基督教文化与近代西方宪政理念》,法律出版社2007年版;谭世贵:《司法文明与诉讼变革》,法律出版社2007年版;李少伟、王延川:《私法文化:价值诉求与制度构造》,法律出版社2009年版;魏琼:《中国传统清官文化研究》,法律出版社2009年版;里赞:《中国法文化的历史与现实》,法律出版社2010年版;高绍先:《春秋战国时期的论辩文化》,法律出版社2010年版;张晋藩:《中华法制文明的演进》,法律出版社2010年版;李德顺:《走向民主法治:当代中国政治文明的价值体系初探》,法律出版社2011年版;张晓辉:《多民族社会中的法律与文化》,法律出版社2011年版;倪寿明等:《法律文化(第1辑):司法文化的述说》,法律出版社2011年版;沈志先:《法院文化》,法律出版社2012年版;喻中:《法律文化视野中的权力》,法律出版社2013年版;苏晓宏:《法治的向度与文化视域》,法律出版社2013年版;陈陟云:《法院文化建设的理论与实践》,法律出版社2013年版;杜闻:《英美民事诉讼的文化历史背景》,法律出版社2015年版;霍存福:《汉语言的法文化透视》,法律出版社2015年版;崔明石:《话语与叙事:文化视域下的情理法》,法律出版社2017年版;何柏生:《中国传统法律文化与法律价值》《西方法律文化与法律价值》,法律出版社2017年版;马治选:《法律文化法律价值与当代中国法治》,法律出版社2017年版;等等。

[55] 周庆生等:《语言与法律研究的新视野》,法律出版社2003年版;廖美珍:《法庭问答及其互动研究》,法律出版社2003年版;廖美珍:《法庭语言技巧》,法律出版社2005年版;王洁等:《法律·语言·语言的多样性:第九届国际法律与语言学术研讨会论文集》,法律出版社2006年版;宋北平:《法律语言规范化研究》,法律出版社2011年版;等等。

[56] 参见王松苗:《法眼看天下》,法律出版社2003年版;中华全国法制新闻协会:《法治传播与和谐社会:全国法制新闻研讨会论文集》,法律出版社2007年版;薛朝凤:《法制新闻话语叙事研究》,法律出版社2012年版;陈笑春:《法律的电视虚构生产:中国当代法律题材电视剧研究》,法律出版社2014年版;等等。

[57] 参见杨欣欣等:《法学教育与诊所式教学方法》,法律出版社2002年版;杨海坤:《法学应用人才培养模式的反思与重构》,法律出版社2002年版;甄贞:《诊所法律教育在中国》,法律出版社2002年版;郭捷:《立足西部、培养高素质应用型法学本科人才的研究与实践——西北政法大学十年改革与探索》,法律出版社2009年版;张文显:《张文显法学文选·第10卷,法学教育》,法律出版社2011年版;岳彩申等:《卓越法律人才教育培养研究》,法律出版社2012年版;汪世荣:《有效的法学实践教育》,法律出版社2012年版;孟庆瑜:《应用型、复合型卓越法律人才培养模式改革研究:河北大学法律人才培养模式改革与实践》,法律出版社2016年版;等等。

4. 中国法学及法理学研究展现了极为重要的实践转向

实践是中国法学发展的源头活水,是中国法学发展的根基所在。实践也是马克思主义哲学和马克思主义法学的重要理论观点,甚至具有"实践本体"的意义。中国法学逐渐拥有中国法治实践的自觉,实践中的问题、经验、教训等成为理论反思和总结的关键面向。在法理学当中,一个重要面向就是为中国法学实践提供综合性的理论总结和道路指引。中国法治面临的一个核心问题就是中国法治的现代化问题,也一直是我国学者们讨论的核心问题。[58] 然而,法治不可能仅停留在宏观综合的层面上,法治的具体展开更为关键,为此我国学者展开了对诸多具体法治问题的研究,如对司法改革和

[58] 参见刘飏:《依法治国的生动实践——普法依法治理十五年》,法律出版社2001年版;苏力:《道路通向城市:转型中国的法治》,法律出版社2004年版;郝铁川:《秩序与渐进:中国社会主义初级阶段依法治国研究报告》,法律出版社2004年版;丁邦开:《中国现代法治发展研究报告》,法律出版社2005年版;柯卫:《当代中国法治的主体基础:公民法治意识研究》,法律出版社2007年版;严励:《思考与言说:法治的理论与实践》,法律出版社2007年版;赵树坤:《社会冲突与法律控制:当代中国社会转型期的法律秩序检讨》,法律出版社2008年版;刘旺洪:《比较法制现代化研究》,法律出版社2009年版;孙笑侠:《转型期法治报告·2010年卷》,法律出版社2010年版;孙笑侠:《法治需求及其动力》,法律出版社2016年版;陈云良:《法治中国——2010》,法律出版社2010年版;黄文艺:《中国法律发展的法哲学反思》,法律出版社2010年版;徐显明:《法治与中国的社会转型:中国法学会法理学研究会2010年年会论文集》,法律出版社2011年版;季卫东:《法治构图》,法律出版社2012年版;叶传星:《转型社会中的法律治理:当代中国法治进程的理论检讨》,法律出版社2012年版;王毅:《法律制度与"历史三峡"》,法律出版社2012年版;公丕祥:《全球化与中国法制现代化》《21世纪的中国法治现代化》《当代中国的法治现代化》,法律出版社2008年版、法律出版社2016年版、法律出版社2017年版;以及韩晓峰、姚建宗、钱弘道、陆幸福、董治良等人的著作;张文显:《法治中国的理论建构》,法律出版社2016年版;马长山:《"法治中国"建设的理论检视》,法律出版社2017年版;等等。

司法现代化问题(或称司法法理学)的研究[59],对区域法治如东中西部法治、省域法治、市域法治尤其是县域法治问题的研究[60],以及对其他微观法

---

[59] 参见王利明:《司法改革研究》,法律出版社2000年版;孙万胜:《司法权的法理之维》,法律出版社2002年版;张文显:《司法改革报告——法律职业共同体研究》《张文显法学文选·第7卷,司法理念与司法改革》《中国特色社会主义司法理论体系研究》《司法的实践理性》,法律出版社2003年版、法律出版社2011年版、法律出版社2014年版、法律出版社2016年版;谭世贵:《司法改革的理论探索》《司法独立问题研究》,法律出版社2003年版、法律出版社2004年版;吴永明:《理念、制度与实践:中国司法现代化变革研究(1912~1928)》,法律出版社2005年版;怀效锋:《法院与媒体》,法律出版社2006年版;马明亮:《协商性司法——一种新程序主义理念》,法律出版社2007年版;张泽涛:《司法权专业化研究》,法律出版社2009年版;刘树德:《司法改革的科学观:与德赛勒先生的法政漫谈》,法律出版社2010年版;周泽民等:《司法人民性的生动实践:陈燕萍工作法研究与探讨》,法律出版社2010年版;李方民:《司法理念与方法》,法律出版社2010年版;杨力:《司法多边主义:以中国社会阶层化发展趋势为主线》,法律出版社2010年版;公丕祥:《司法在国家治理和社会管理中的作用:江苏省法学会审判理论研究会年会论文集:2012》,法律出版社2012年版;蒋超:《变革时代的司法权威》,法律出版社2012年版;喻中:《乡土中国的司法图景》,法律出版社2013年版;李少平:《司法理性与公平正义》,法律出版社2013年版;夏锦文、方乐:《司法现代化》,法律出版社2016年版;孙笑侠:《司法的特性》,法律出版社2016年版;季卫东:《中国的司法改革:制度变迁的路径依赖与顶层设计》,法律出版社2016年版;等等。

[60] 参见杨福明:《依法治市的理论与实践》,法律出版社2005年版;文正邦、付子堂:《区域法治建构论:西部开发法治研究》,法律出版社2006年版;熊哲文:《法治视野中的经济特区:中国经济特区法治建设创新研究》,法律出版社2006年版;邓世豹:《中国法治进程调查报告2005:以广东省法治环境调查为例》,法律出版社2006年版;汪世荣:《枫桥经验:基层社会治理的实践》,法律出版社2008年版;乔素玲:《法制转型的实然图景:近代广东法制研究》,法律出版社2008年版;王作全等:《中国西部区域特征与法制统一性研究》,法律出版社2009年版;史玉成:《和谐视野下西部区域法制创新若干问题研究》,法律出版社2010年版;龚延泰等:《法治文化建设与区域法治:以法治江苏建设为例》,法律出版社2011年版;刘丹冰:《2012中国西部法治发展报告——刑事案件中律师作用及工作状况调研》,法律出版社2012年版;方益权:《温州模式与温州区域法治文明研究》,法律出版社2013年版;张帆:《多民族地区社会治理法治化建设研究:以贵州省为考察中心》,法律出版社2016年版;黄丽云:《福建法治经济建设的理论与实践研究》,法律出版社2016年版;刘旺洪:《中国县域法治国情调查报告*江苏淮安区卷》,法律出版社2016年版;公丕祥:《区域治理与法治发展》,法律出版社2017年版;周佑勇:《中国县域法治国情调查报告*江苏丹阳卷》,法律出版社2017年版;夏锦文:《中国县域法治国情调查报告*江苏高邮卷》,法律出版社2017年版;朱华仁:《当代中国的县域法治发展》,法律出版社2017年版;李力:《中国县域法治国情调查报告,江苏沛县卷》,法律出版社2017年版;胡亚球:《中国县域法治国情调查报告*江苏如皋卷》,法律出版社2017年版;胡玉鸿:《中国县域法治国情调查报告*江苏宜兴卷》,法律出版社2017年版;陈岸明:《广东法治史》,法律出版社2017年版;等等。

治问题的研究[61]。

另外,这一时期的研究也呈现出一些新的特点,如作者群发生了一些重要的变化。尽管以前的高校和科研单位依然拥有最为重要的作者群,然而一些新的作者群也正悄然兴起,如律师和民间学者,还有很多新兴的科研单位如大型企业的研究院,如腾讯研究院法律研究中心,其在一些新兴问题的研究如互联网法治等方面开始扮演越来越重要的角色[62]。律师事务所也成为重要的研究力量,如国浩律师事务所对律师参与民主立法

---

[61] 参见贺卫方:《具体法治》,法律出版社2002年版;陈泉生:《可持续发展与法律变革:21世纪法制研究》《生态与法律专题研究丛书》,法律出版社2000年版、法律出版社2002年版;张恒山:《法治与党的执政方式研究》,法律出版社2004年版;邓正来:《中国学术规范化讨论文选》,法律出版社2004年版;马长山:《法治进程中的"民间治理":民间社会组织与法治秩序关系的研究》,法律出版社2006年版;周安平:《性别与法律:性别平等的法律进路》,法律出版社2007年版;毛国权:《宗法结构与中国古代民事争议解决机制研究》,法律出版社2007年版;蒋坡:《科技法学研究》,法律出版社2007年版;唐鸣:《农村法律和社会问题探究》,法律出版社2008年版;文正邦等:《非政府组织视角下的社会中介组织法律问题研究》,法律出版社2008年版;沈敏荣:《市民社会与法律精神:人的品格与制度变迁》,法律出版社2008年版;游劝荣:《依法执政视野下,中国共产党的地方组织与地方国家权力机关之间相互关系运行机制研究》,法律出版社2008年版;陈友清:《1997~2007:一国两制法治实践的法理学观察:以法制冲突为视角》,法律出版社2008年版;高中:《国家安全与表达自由比较研究》,法律出版社2008年版;朱立恒:《法治进程中的高等法学教育改革》,法律出版社2009年版;陈有西:《变革时代的法律秩序:当代中国重大立法司法问题探讨》,法律出版社2009年版;韩德强:《论人的尊严:法学视角下人的尊严理论的诠释》,法律出版社2009年版;佟丽华:《中国农村法治热点问题研究》《谁动了他们的权利——中国农民工权益保护研究报告(二)》,法律出版社2010年版;卢学英:《法律职业共同体引论》,法律出版社2010年版;戴秀丽等:《当代中国林农法律意识研究》,法律出版社2010年版;郭剑平:《社团组织与法律秩序研究》,法律出版社2010年版;朱芒等:《现代法中的城市规划:都市法研究初步》,法律出版社2012年版;章远:《后反恐时代的宗教与法治建设》,法律出版社2012年版;闫海:《公共预算过程、机构与权力:一个法政治学研究范式》,法律出版社2012年版;孙午生:《网络社会治理法治化研究》,法律出版社2014年版;王会金等:《法治社会、国家治理与政府审计》,法律出版社2015年版;眭鸿明:《业主权利维护与保障》,法律出版社2015年版;夏燕:《网络空间的法理研究》,法律出版社2016年版;郭建利:《"互联网+"法治思维与法律热点问题探析》,法律出版社2016年版;等等。

[62] 参见中国信息通信研究院互联网法律研究中心、腾讯研究院法律研究中心:《网络空间法治化的全球视野与中国实践》,法律出版社2016年版。

的研究[63];康达律师事务所对该所30年典型案例的总结[64];中伦研究院(中伦律师事务所)对大健康产业、资本运作、知识产权、城市和发展以及金融创新等问题的研究。[65] 另外,天同律师事务所打造的“无讼案例、无讼法规”等,都成为新时代下重要的法律数据库。这些民间研究社团必将在未来的法学研究中发挥更为关键的作用,他们处在实践的一线,而这些从实践中提炼的理论规则将具有更为广泛的参考价值。

(二)中国法理学进阶的问题和隐忧

中国的法理研究在取得重要成绩的同时,当然也存在很多问题,甚至有学者提出“中国法理学的死亡”这个命题。[66] 虽然我们不能如此绝断,但中国法理学研究的问题值得我们认真对待。

首先,中国法理研究存在较为严重的路径依赖问题,缺少独立自主性,实践根基也并不牢靠。无论是师法苏联还是师法英、美、德、日,中国法学并不是中国自生自发的体系,而一直是以西方的学生面貌出现。在这种历史背景下,我们法理学研究较多是以“经学主义”的路子展开,不过这里的“经”已经不是中国传统的经典,而是以西方经典为蓝本。这种方法对于提升中国法理学研究的品位,增加思考问题的深刻性等方面都是很有助益的,然而,长此以往,也容易消磨中国法学的学术自信和主体性自觉,而难以与西方展开平等交流与对话。[67] 从新中国法治七十年的进程

---

[63] 参见国浩律师事务所:《民主立法与律师参与:以全面推进依法治国为背景》,法律出版社2015年版。

[64] 付洋主编:《康达三十年经典案例集》,法律出版社2018年版。

[65] 中伦研究院:《大健康产业:政策趋势与法律创新》,法律出版社2018年版;中伦研究院:《资本运作:规则、风险与创新》,法律出版社2018年版;中伦研究院:《知识产权:技术颠覆背后的法律智慧》,法律出版社2018年版;中伦研究院:《城市与发展:政策、法律模式与趋势观察》,法律出版社2018年版;中伦研究院:《金融创新:模式与疑难法律问题解析》,法律出版社2018年版;等等。

[66] 徐爱国:《论中国法理学的“死亡”》,载《中国法律评论》2016年第2期。参见季卫东、舒国滢、徐爱国、桑本谦、陈景辉、聂鑫、马剑:《中国需要什么样的法理学》,载《中国法律评论》2016年第3期。

[67] 参考邓正来:《中国法学向何处去:建构“中国法律理想图景”时代的论纲》,商务印书馆2006年版;邓正来:《研究和反思:关于中国社会科学自主性的思考》(修订版)中国法制出版社2018年版;等等。

来看,前三十年一直是在政治运动、社会运动等的夹缝中求生存,后四十年则是在急速的时间结构中追赶超越,法学研究难以获得自己的独立自主性和较为平缓的节奏。[68] 然而,在法律体系越来越成为一个"自创生系统"之时,独立自主的法学研究就越发需要。在制度建设上,中国用30 ~ 40 年的时间走完了西方国家 300 ~ 400 年的法治道路,因而中国法治的实践存在众多的问题,比如很多研究存在和实践脱节的情况而陷于"自娱自乐"的窘境。中国法治实践拥有众多的"好故事",中国有好故事却没有好话语,在法学的场域当中同样适用。中国的法治实践是滋养中国法学的生命之泉,中国法学建基于中国的法治实践,只有夯实这一基础中国法学才不至于成为空中楼阁。[69] 聚焦中国法治实践中的问题,用一种更具有普遍性的方式来讨论实践问题可能是未来中国法学发展的最为重要的方向。[70]

其次,在中国法理学的场域当中,低水平重复现象比较严重。以马克思主义法学的研究为例,尽管如前所述我们存在研究数量上的繁荣,但这些研究当中有多少精品?有多少是真正的"传世之作"?有多少能促进马克思主义法学的真正发展?抑或整个中国法学研究也只是虚无的繁荣?导致这一现象的原因是多方面的,有中国法理学界自身的原因,也有外部的原因。自身的原因之一可能在于中国的法理学界甚至整个中国的法学界缺乏真正的批判风气,学术讨论会"一团和气",也缺少真正的书评。早年邓正来、苏力等人试图建立的中国学术对话和学术批判的尝试,也常常落入"因人废事"的窠臼之中。随着邓正来的去世,《中国书评》《中国社会科学评论》等也随之消逝,留下"中国法学向何处去"的"千古之问"。自身的原因还可能在于真正的学术规范的缺乏和研究的科学性不足。中国论文写作学术规范的水平在不断提高,然而依然面临着诸多问题,如在

---

[68] 参见姚建宗、侯学宾:《中国"法治大跃进"批判》,载《法律科学》2016 年第 4 期。

[69] 参见刘作翔:《实践是滋养中国法学的生命之泉》,载《人民日报》2018 年 8 月 9 日,第 7 版。

[70] 参见张文显:《法理:法理学的中心主题及法学共同关注》,载《清华法学》2017 年第 4 期。另见张文显、郑成良、徐显明:《中国法理学:从何处来?到何处去?》,载《清华法学》2017 年第 3 期。

很多论文中几乎看不到学术综述。科学性方面尽管也有长足进步，但提升法学研究科学品性的中国法教义学仍然亟待发展。[71] 外部原因则更为复杂，中国法学自近代以来一直是以某种断裂的方式发展，缺少学术积淀并且后天营养不良，政权更迭频繁，缺少稳定的外部环境。新中国成立以后，这种情况有所改观，然而法学的发展依然受制于政治运动的情势，并且于“文化大革命”期间又陷入彻底的断裂，直至改革开放之后再重新出发。

再次，中国法理学研究中基础理论的研究依然有待加强和深化。经过改革开放四十年中国法理学的学术积淀，我国法理学基础的研究已经到了一个新的阶段。这一方面得益于众多法理学教材的贡献，其为中国法理学基础理论的普及和提升起到明显作用，一大批法理学教科书关注的正是法理学的基本问题，如法的概念、法的作用、法的价值、法的精神、法的方法、法的运行等基础理论问题。[72] 另外，国外法理学教科书的引入

[71] 如舒国滢教授认为，法学本质是一门法教义学，而法教义学是一门科学，或者被法学者们认为是一门科学，中国法学要从幼稚走向成熟，就必须使自身成为一门真正的科学。参见舒国滢等：《求解当代中国法学发展的“戴逸之问”——舒国滢教授访谈录》，载《北方法学》2018 年第 4 期。

[72] 参见郭道晖：《法理学精义》，湖南人民出版社 2005 年版；沈宗灵主编：《法理学》（第 4 版），北京大学出版社 2014 年版；张文显主编：《法理学》（第 5 版），高等教育出版社 2018 年版；付子堂主编：《法理学初阶》（第 5 版），法律出版社 2015 年版；付子堂主编：《法理学进阶》（第 5 版），法律出版社 2016 年版；付子堂主编：《法理学高阶》（第 2 版），高等教育出版社 2018 年版；葛洪义主编：《法理学》（第 3 版），中国政法大学出版社 2016 年版；周永坤：《法理学——全球视野》（第 4 版），法律出版社 2016 年版；徐显明主编：《法理学原理》，中国政法大学出版社 2009 年版；舒国滢主编：《法理学导论》，北京大学出版社 2012 年版；刘星：《法理学导论》，中国法制出版社 2016 年版；公丕祥主编：《法理学》（第 3 版），复旦大学出版社 2016 年版；孙笑侠主编：《法理学》，浙江大学出版社 2011 年版；卓泽渊：《法理学》（第 2 版），法律出版社 2016 年版；高其才主编：《法理学》（第 3 版），清华大学出版社 2015 年版；孙国华、朱景文主编：《法理学》（第 3 版），中国人民大学出版社 2015 年版；李其瑞主编：《法理学教程》，中国政法大学出版社 2017 年版；王彬主编：《法理学案例教材》，南开大学出版社 2017 年版；等等。

也为中国法理基础问题研究的推进提供了重要的参考资源。[73] 我国学者对法、法治、法律行为、法律关系、法律责任、法律价值、法律文化、权利义务等法学基本范畴的讨论也进一步深化了对法理学基础问题的研究。[74]然而综合来看,中国法理学基础理论的研究可能依然比较薄弱。1988 年"法学基本范畴研讨会"在吉林长春召开,是中国法理学界为提升法学基本范畴研究的一次重要的尝试。2018 年 7 月在吉林长春召开"法学范畴与法理研究"会议以纪念和推进前述会议主题的诸多讨论。可见,法学基础理论的研究在当代中国依然具有加强和深化的急迫性。在新的时代条件下法学基础理论如何回应"人工智能""大数据""互联网 + "等新兴问题,已经形成的法学基本范畴理论如何应对现实法治实践的挑战,如何从中国的法治实践中提炼一些基本方法、基础理论和基本原则,在全球化、国际化的视角之下又要怎么样思考当代中国的法理学基础问题,等等,对这些问题的研究和讨论将永不停歇。

最后,中国法学的研究需要更多的人类情怀和世界贡献。考虑中国法学的世界性问题本身是中国法学已经取得了巨大的进步,否则"走出

---

[73] 参见[美]E. 博登海默:《法理学:法律哲学和法律方法》,邓正来等译,华夏出版社 1987 年版;[德]伯恩・魏德士:《法理学》,丁晓春、吴越译,法律出版社 2003 年版;[德]阿图尔・考夫曼、温弗里德・哈斯默尔主编:《当代法哲学与法律理论导论》,法律出版社 2002 年版;[德]阿图尔・考夫曼:《法律哲学》,刘幸义等译,法律出版社 2004 年版;[美]罗斯科・庞德:《法理学》,邓正来译,中国政法大学出版社 2004 年版[庞德的《法理学》(五卷本)后都由法律出版社出版];丹尼斯・劳埃德著、M. D. A. 弗里曼修订:《法理学》,许章润译,法律出版社 2007 年版;[美]布赖恩・比克斯:《法理学》,邱昭继译,法律出版社 2008 年版;[德]古斯塔夫・拉德布鲁赫:《法哲学》,王朴译,法律出版社 2013 年版;[德]迪特玛尔・冯・德尔・普佛尔滕:《法哲学导论》,雷磊译,中国政法大学出版社 2017 年版;[德]诺伯特・霍斯特著:《法是什么:法哲学的基本问题》,雷磊译,中国政法大学出版社 2017 年版;[英]约翰・菲尼斯:《法哲学》,尹超译,中国政法大学出版社 2017 年版;[美]朱尔斯・科尔曼、斯科特・夏皮罗主编:《牛津法理学与法哲学手册》,杜宴林等译,上海三联书店 2017 年版;等等。

[74] 参见王人博、陈燎原:《法治论》,山东人民出版社 1989 年版;梁治平:《"法"辩》,载《中国社会科学》1986 年第 4 期;严存生:《法律的价值》,陕西人民出版社 1991 年版;卓泽渊:《法的价值论》,法律出版社 1999 年版;张文显:《法哲学范畴研究》,中国政法大学出版社 2001 年版;梁治平:《法辩》,中国政法大学出版社 2002 年版;宋炳庸:《法律行为基础理论研究》,法律出版社 2008 年版;朱虎:《法律关系与私法体系:以萨维尼为中心的研究》,中国法制出版社 2009 年版;郑永流、朱庆育等:《中国法律中的公共利益》,北京大学出版社 2014 年版;姚建宗等:《新兴权利研究》,中国人民大学出版社 2011 年版;等等。

去”不会成为其问题。然而,没有人类情怀,中国的法学走不出去。马克思本人是极具人类情怀的思想家,并着眼于全人类的解放。马克思主义哲学作为马克思主义法学的上层理论,使马克思主义法学的研究同样应该具有相似的品性。中国法学的发展在指导性的“元理论”层面已经提出了这样的要求。这里的人类情怀并不是强调法学研究的博爱倾向,而是中国法学的研究需要多关注普遍性的问题,并基于中国的理论和实践给出自己的回答,从而使之具有世界性的意义。从现实来看,当代中国法学的语境下,拥有世界声誉的中国法学家依然是凤毛麟角。已有学者指出,中国法理学对人类知识总量的贡献太少,中国法理学的发展只是学科内部的增长,而从整个人类知识增长的总量来看,法学的贡献甚少。另外中国法理学对世界法理学的贡献太少,东西方之间的知识运动依然只是某种单向度的知识引进活动。[75] 而中国法学研究的崛起必须要以一批或成批的世界性的法学家和法学著作产生为前提。应对这一问题需要走出现今法学研究中急功近利的学术氛围等社会现实条件的围困,并且需要增加研究的普遍性,并应该重新理解“特色”是普遍性基础上的“特色”。中国特色的社会主义法治理论并不意味着我们可以创设出一套完全不一样的或只适用于中国的法治理论,而是需要我们在世界法治的普遍必然性基础之上去理解中国法治的特殊性问题。

四、结语

中国法学并不只指中国的主流法学、主导作品,法治应当是中国人民的整体事业。我们在进行学术总结的操作之时,不仅需要关注那些影响大、知名度高的作品,还需要关注那些长期默默奉献的研究者们所创作的影响范围较小、不知名的诸多学术作品。因此,如何展现中国法学的“整和全”是一个不断需要思考的问题,在这个基础上,我们对一些问题的总

---

[75] 参见黄文艺:《中国法理学30年发展与反思》,载《法制与社会发展》2009年第1期。

结才更加具有说服力。为此,本文在类型化的基础上对“主流”和“非主流”法理学作品给予同等的关照,借助法律出版社 1980 ~ 2017 年法理学术出版的客观数据对中国法理学的整体变革和发展作出的谱系性考察,希望是一种有益的尝试。

The Change and Development of Chinese Jurisprudence Since the Reform and Opening-up

—A Genealogical Approach on History of Academic Publishing of the Law Press During 1980 –2017

Wang Jinxia

Abstract: From the aspect of academic publishing, we can see the overall change and development of Chinese jurisprudence, and the law press has provided an excellent sample to observe the academic publishing history of jurisprudence. During 1980 – 1989, Chinese jurisprudence has got off the ground again after the Cultural Revolution, and the jurisprudence academic publishing constantly explored in the process of waking up though fluctuating usually. During 1990 – 1999, Chinese jurisprudence stepped in the right path, and lay the foundation for the flourish of the jurisprudence academic. During 2000 – 2017, it is the golden time for the jurisprudence academic publishing, as the Marxist Jurisprudence has gotten its further development, the theory reference system, research methods and research perspective has become diversified, and most importantly, the research has begun to focus on Chinese practice of the rule of law. However, it also has some issues and secret worries, such as it has serious path dependence which is much more depending on the western jurisprudence. The low-level repetition phenomenon in research area is also very serious, and lacked strict academic norms and academic criticize is also a big problem. Further, It faces the problem which the research level of basic jurisprudence theory should be improved, and Chinese jurisprudence research needs more worldwide contribution.

Key words: Chinese jurisprudence, change, development, the history of academic publishing

改革开放四十年高等教育法治研究的梳理与前瞻

叶　强*

摘　要：改革开放四十年来，中国高等教育法治研究在基本概念、学术议题、论著发表数量、人才培养，以及推动高等教育立法等方面取得了历史性成就。以《高等教育法》的制定和修订为时间节点，可以将这一历史进程划分为三个阶段。在具体分析各个时期研究内容的基础上，可以发现其与高等教育立法以及大学治理存在紧密关联。展望未来，在国家"双一流"建设的大背景下，应该以习近平总书记的新时代高等教育法治思想为引领，在研究议题和内容上不断扩展和深化。

关键词：改革开放　高等教育法治　高等教育法治研究

改革开放初期发生的三件大事，深深影响了中国高等教育法治研究的历史进程。一是恢复高考制度和研究生培养工作。1977 年 10 月 12 日，国务院批转教育部《关于 1977 年高等学校招生工作的意

* 叶强，中南财经政法大学法治发展与司法改革研究中心讲师，法学博士，研究方向：教育法学。

见》和《关于高等学校招收研究生的意见》,成为新中国高等教育发展史上的一个转折点,历史意义重大。① 二是修订1961年9月制定的《教育部直属高等学校暂行工作条例(草案)》(以下简称“高教六十条”),将规范高等教育管理提上议事日程。1978年10月4日,在修订“高教六十条”的基础上,教育部发出试行《全国重点高等学校暂行工作条例(试行草案)》的通知,②初步奠基了高等学校内部管理制度。三是制定《中华人民共和国学位条例》(以下简称《学位条例》),开启高等教育立法工作。1980年2月12日,第十届全国人大常委会第十一次会议审议通过《学位条例》,它作为新中国成立以来第一部由最高权力机关制定的教育法律,拉开了改革开放高等教育法治研究的序幕。以上述三件大事为契机,学术界围绕“高等教育与法治”这一议题,进行了长达四十年的研究,回顾这段学术史,分析其中的成果、特点与问题,可以为今后的深入研究提供有益借鉴。

一、“高等教育法治”的基本内涵

一方面,“高等教育法治”与“高等教育法制”的含义不同。“高等教育法制”指的是静态的高等教育法律规范体系,它经由高等教育立法来实现。在国内早期的研究文献中,“高等教育立法”出现的频率较高。它在20世纪80年代中期就频频出现,而“高等教育法治”则出现于2000年以后。可是国内学术界在最开始使用“高等教育法治”时,仍然是从高等教育立法的角度来阐述的,如较早使用这一概念的姚云博士。③ 他后来在另外一本书中经过反思认为教育法治至少应该包括教育立法、教育执法和

---

① 刘海峰、刘亮:《恢复高考40年的发展与变化》,载《高等教育研究》2017年第10期。

② 教育部思想政治工作司组组编:《加强和改进大学生思想政治教育重要文献选编(1978~2014)》,知识产权出版社2015年版,第1页。

③ 姚云:《美国高等教育法治化的特征》,载《教育研究》2004年第5期。

教育司法[④],由此“高等教育法治”在内涵上应该大于“高等教育法制”。

另一方面,在相关文献中,学者们经常不区分“高等教育法治”和“高等教育法治化”,且使用“高等教育法治化”的占多数。在具体使用“高等教育法治化”这一概念时,不同学者之间的理解也不尽相同。早期有学者将其与“高校依法治校”混同[⑤],有学者认为,“高等教育法治化”意在厘清高校在办学中所形成的各种社会关系,明确各种关系主体在法律上的权利义务,最终实现对权利主体的法律保障[⑥];有学者认为“高等教育法治”就是“高校依法治教”,即按照依法治理的原则和方式来管理和规范各种高等教育活动[⑦];有学者认为,“高等教育法治化”的实质是通过国家的法律来规范政府、学校、学生之间的相互关系,约束其履行各自应尽的义务[⑧];有学者主要从依法治教方针、高等教育法律体系、依法行政、依法治校工作、多元化纠纷解决机制五个方面来描述“高等教育法治化”的内容[⑨];还有学者认为,“高等教育法治化”以实现良好而有序的治理为目的,在内容上体现为大学相关主体间权利关系的明确[⑩],这又和“高等教育治理”或“大学治理”相混淆。

可见,尽管学术界对“高等教育法治”和“高等教育法制”已有区分,但是对于“高等教育法治”的内涵并未明晰,这就涉及其与“高等教育法治化”“高校依法治校”“高等教育治理”“大学治理”等概念的区别。首先,“高等教育法治”不同于“高等教育法治化”。从汉语构词来看,“(名词)化”强调的是一个动态的演进过程。“高等教育法治化”可以理解为

---

④ 姚云:《美国教育法治的制度与精神》,教育科学出版社2007年版,第3页。

⑤ 潘荣华、程益群:《论高等教育法治化的观念基础》,载《南京医科大学学报》(社会科学版)2004年第3期。

⑥ 李秀云、吴平:《对高校依法治校的解读》,载《北京教育》(高教版)2004年第1期。

⑦ 参见吴殿朝等主编:《国外高等教育法制》,中国人民公安大学出版社2005年版。

⑧ 康钊:《高等教育法治化问题探析》,载《现代教育科学》2007年第2期。

⑨ 黄文艺、于立深:《新中国高等教育法治化道路研究》,载《中国高教研究》2009年第11期。

⑩ 张东亚、陈何芳:《论高等教育法治化的意蕴与挑战》,载《高教探索》2017年第4期。

高等教育从无法治到有法治的变迁过程，目标是通向“高等教育法治”。也就是说“高等教育法治”是“高等教育法治化”的结果，“高等教育法治化”是实现“高等教育法治”的过程。学界在理解“高等教育法治化”时，并没有注意到其和“高等教育法治”的这一细微差别，将“高等教育法治化”理解成了过程和结果的混合物，这就导致了其和“高等教育法治”的混同。其次，“高等教育法治”不同于“高校依法治校”。后者是政府依法管理高校和高校依法自主办学的原则、制度和运行机制的总称⑪，它强调的只是“高等教育法治”的一个方面，即行政执行层面。在高等教育法制实施的过程中，需要高等教育参与主体，如教育部门和高校依法治教和依法治校，但这仅是“高等教育法治”的一个层面。再次，“高等教育法治”不同于“高等教育治理”。后者可以分为三个层次：第一，宏观层次治理，其核心问题是如何配置政府与大学的学术权力；第二，中观层次治理，其核心问题是大学决策权如何分配；第三，微观层次治理，其核心问题是如何配置学校与院系的权力。⑫ 第一个层次，即研究大学自治权力，可以涵盖在高等教育法制的内容中；而第二层次和第三层次的内容，实际上是狭义的“大学治理”，而广义的“大学治理”则与“高等教育治理”等同。⑬ 最后，在用语上，“高等教育治理”或者“大学治理”借鉴了西方的“治理”话语，它们与具有中国语言风格的“高校依法治校”具有相似性，但也有一定差异。差别在于：“治理”包括“元治理”，即大学自治权力问题，而这在“高校依法治校”的含义中甚少涉及，所以“高等教育治理”或“大学治理”也仅是“高等教育法治”的一个方面。

具体到“高等教育法治”的含义，结合《中共中央关于全面推进依法治国若干重大问题的决定》(2014 年 10 月 23 日)关于法治体系的表述，我们认为其应该由四个方面的内容构成：一是完备的高等教育法律规范体系，这对应于“高等教育法制”；二是高效的高等教育法治实施体系，这

⑪ 张文峰：《高校依法治校刍论》，载《高教探索》2004 年第 1 期。

⑫ 周光礼：《中国高等教育治理现代化：现状、问题与对策》，载《中国高教研究》2014 年第 9 期。

⑬ 郭卉：《反思与建构：我国大学治理研究评析》，载《现代大学教育》2006 年第 3 期。

对应于“高校依法治校”或者狭义的大学治理,以及高等教育司法活动;三是严密的高等教育法治监督体系,其包括运用合宪性审查方式对高等教育法律进行监督、对高校依法治校活动进行行政监督、对高等教育司法活动进行诉讼监督,以及采用其他监督方式等;四是有力的高等教育法治保障体系,其包括党对高等教育的领导、中国特色高等教育法治文化保障、中国高等教育管理体制机制保障以及高等教育法治专门人才培养等。

二、高等教育法治的研究历程

厘清“高等教育法治”的含义,有助于对改革开放四十年来高等教育法治研究的历程进行合理分期。以《高等教育法》的制定(1998 年 8 月 29 日)和修订(2015 年 12 月 27 日)为时间节点,可以将这一进程整体上划分为三个阶段。

(一)高等教育法治研究的准备阶段(1979～1997 年)

《学位条例》虽然制定于 1980 年 2 月,但是在 1979 年 3 月,根据中央关于建立学位制度的指示,教育部、国务院科级干部局即联合成立“学位小组”,根据过去两次拟定学位条例的历史经验⑭,开启了高等教育法治研究的历史进程。《学位条例》通过后,研究文献逐渐增多,但并不丰富。这一阶段的研究特点为:在介绍国外高等教育法制的基础上,分析制定我国高等教育法的必要性、基本原则和相关问题。在国外高等教育立法方面,侧重于介绍日本、法国、美国、苏联和原联邦德国等国家的立法情况,代表论文包括何瑞琨的《主要发达国家高等教育法比较》、叶灵春的《苏联的高等教育立法初探》、施晓光的《美国高等教育立法的历史演进》、劳凯声的《若干国家高等教育立法的比较》和吕虹的《日本高等教育立法述要》等;在分析制定我国的高等教育法方面,则较为简略,通常聚焦在立法必要性、立法时机、立法目的等宏观问题,而对高等教育法律制度等中微

---

⑭ 秦惠民:《我国高等教育法制建设 30 年——影响、经验与发展方向》,载《中国高教研究》2008 年第 3 期。

观问题关涉较少，代表论文包括袁自煌的《中国高等教育立法刍议》、黄之英的《略论我国的高等教育立法》、崔跃武的《试论我国的高等教育立法》、高其祖的《对高等教育立法的几点认识》和喻岳青的《谈高等教育立法目的和指导思想》等；相关著作的数量则非常少，仅见黄重宪主编的《大学法与大学教育》（1987 年）、湖北省高校教学管理研究会编的《高等教育改革与治理整顿》（1991 年）、忻福良主编的《各国高等教育立法》（1992 年）和夏天阳的《高等教育立法引论》（1993 年）。

（二）高等教育法治研究的全面开展阶段（1998～2014 年）

1998 年是高等教育法治研究的一个分水岭，这一年发生的两件大事深刻推动了后来的研究：第一件事是《高等教育法》的制定。1998 年 8 月 29 日，第九届全国人大常委会第四次会议通过了《高等教育法》，它成为继《学位条例》之后又一部重要的高等教育法律。以《高等教育法》为基础，研究高等教育法律制度以及完善高等教育法的配套法律法规成为新的理论增长点，如程雁雷的《必须重视和加强我国高等教育立法》、金林南的《〈高等教育法〉的立法缺失及完善思考》、吴开华和覃伟桥的《论教师聘任制的法律性质》等；第二件事是 1998 年立案 1999 年裁判的“田永诉北京科技大学拒绝颁发毕业证、学位证案”。这一案例引发了学术界一系列思考，如高校的法律地位、高校内部管理行为的可诉性、大学自治等等。代表论文如马怀德的《公务法人问题研究》、谭晓玉的《我国首例学位教育行政诉讼案的若干分析与思考》、湛中乐和李凤英的《论高等学校之法律地位》以及秦惠民的《当前我国法治进程中高校管理面临的挑战》。

2002 年裁判的“齐玉苓案”搅动了一池春水，激发了学术界对“受教育权”的研究。之后研究这一议题的著作非常多，主要有温辉的《受教育权入宪研究》（2003 年）、劳凯声主编的《变革社会中的教育权与受教育权教育法学基本问题研究》（2003 年）、龚向和的《受教育权论》（2004 年）、杨成铭的《受教育权的促进和保护》（2004 年）、范履冰的《受教育权法律救济制度研究》（2008 年）、王柱国的《学习自由与参与平等》（2009 年）、陈韶峰的《受教育权纠纷及其法律救济》（2010 年）和冉艳辉的《我国公民受教育权的平等保护》(2013年)等。除了这一明显的研究热点外,其他议题还包括:(1)政府与高校的法律关系研究,如王敬波的《高等教育领域里的行政法问题研究》(2007年)、姚金菊的《转型期的大学法治:兼论我国大学法的制定》(2007年)、周兰领的《与公立学校行政关系法治化论纲》(2010年)、段海峰的《行政法视角下的高校管理》(2010年)和朱玉苗的《大学法论纲》(2012年)等;(2)大学章程研究,如米俊魁的《大学章程价值研究》(2006年)、马陆亭和范文曜主编的《大学章程要素的国际比较》(2010年)、陈立鹏的《大学章程研究》(2012年)、王海莹的《中国现代大学章程建设研究》(2013年)和朱家德的《大学章程的历史流变与当代形态》(2013年)等;(3)高等教育具体法律问题研究,如牟延林等的《高等教育质量法律控制系统研究》(2006年)从法律的角度研究高等教育质量问题,刘建发的《教育财政投入的法制保障研究》(2006年)研究高等教育财政投入法律问题,周叶中和周佑勇主编的《高等教育行政执法问题研究》(2007年)系统研究了高等教育行政执法法治问题,周宁宁的《高等职业教育立法研究》(2008年)和冯哲编著的《高等职业教育法治化研究》(2009年)研究高等职业教育立法问题,湛中乐的《公立高等学校法律问题研究》(2009年)研究公立高等学校的一系列法律问题,申素平的《高等学校的公法人地位研究》(2010年)专门研究高等学校的法律地位,余雅风的《构建高等教育公共性的法律保障机制》(2010年)从教育公共性的角度研究法律保障问题,黄明东的《中、美、法高校教师法律地位比较研究》(2011年)研究高校教师的法律地位,韩兵的《高等学校的惩戒权研究》(2014年)研究高等学校惩戒权问题等;(4)学位法修订研究,如陈子辰等编著的《我国学位授权体系结构研究》(2012年)、胡志刚的《研究生学位授权审核制度研究》(2013年)和马怀德主编的《学位法研究》(2014年)等;(5)高等教育治理研究,如李福华的《大学治理的理论基础与组织架构》(2008年)、卢晶的《高等教育专业认证制度的治理模式研究》(2010年)、尹晓敏的《利益相关者参与逻辑下的大学治理研究》(2010年)、安宗林和李学永的《大学治理的法制框架构建研究》(2011年)、俞德鹏和侯强的《高校自主办学与法律变革》(2011年)以及黄达人编著的《大学的治理》(2013年)等;(6)高等教育法教材编写及高等教育法制史梳理,如劳凯声主编的《高等教育法规概论》(2000年)、杨云凯编著的《高等教育法》(2003年)、袁兆春主编的《高等教育法学》(2004年)、梅传声等编著的《高等教育法制论纲》(2004年)、周光礼的《法律制度与高等教育》(2005年)和郭为禄编著的《高等教育法制的结构与变迁》(2008年)等。

在以上研究议题之外,这一时期对国(域)外高等教育法治的研究不再是单纯地资料性介绍,而是进行了深入的专题研究。代表性著作有姚云的《美国高等教育法治研究》(2004年)、温晋峰的《大陆与台湾高等教育法比较》(2008年)、刘虹的《美国政府与大学关系研究》(2012年)、周世厚的《利益集团与美国高等教育治理》(2012年)、余承海的《美国州立大学治理结构研究》(2014年)、张新科的《德国高等教育管理及大学治理》(2014年)和高迎爽的《法国高等教育质量保障体系研究》(2014年)等。

这一时期还有几个学术动向值得关注:一是中国教育学会教育政策与法律研究专业委员会于2000年10月成立,推动了高等教育法治研究的进程⑮;二是由北京师范大学教育政策与法律研究所主办的《中国教育法制评论》(年刊)于2002年7月开始出版。该刊于2007年入选CSSCI来源辑刊目录,截至2017年已连续出版14辑,发表了大量与高等教育法治有关的论文;三是涌现出了一大批学术带头人,如首都师范大学的劳凯声教授(先前在北京师范大学工作)、中国政法大学的马怀德教授与王敬波教授、中国人民大学的秦惠民教授、周光礼教授(先前在华中科技大学工作)和申素平教授、华中师范大学的周洪宇教授、北京大学的湛中乐教授和武汉大学的黄明东教授等。专门的学术机构、学术刊物和科研人才的出现为高等教育法治研究的全面展开建立了良好的条件。

(三)高等教育法治研究的反思和深入阶段(2015~2017年)

2015年12月27日,第十二届全国人大常委会第十八次会议对《高等

---

⑮ 余雅风、劳凯声:《改革开放30年中国教育法学研究的回顾与展望》,载《教育研究》2009年第2期。

教育法》作了重要修订,涉及大学自治权等诸多内容。为此,围绕“如何让高等教育朝着法治化的道路继续前行”,学术界展开了进一步的反思和探索。如劳凯声教授认为,通过治理改革超越传统管理,解决高等学校的行政化问题是一条可能的改革出路⑯;秦惠民教授认为,应该继续完善高等教育法律体系⑰;湛中乐教授等认为,应该围绕大学章程构建大学治理规范体系⑱;张德祥和黄福涛教授认为,高校内部权力运行制约与监督是完善现代大学制度的重要任务⑲;周光礼教授认为,可以大学组织为基本分析单位,从外部环境、组织文化、关键行动者三个方面论述大学变革⑳;等等。

这一阶段有几件事颇为重要:第一,2016年12月16日,教育部修订了《普通高等学校学生管理规定》。该规定在突出立德树人要求、体现以学生为本方面迈出重要步伐;第二,2017年5月3日,习近平总书记在考察中国政法大学时发表重要讲话,开启了中国法学教育与法治人才培养的新时代;第三,2017年9月20日,教育部会同财政部和国家发展改革委发布了《关于公布世界一流大学和一流学科建设高校及建设学科名单的通知》,将对中国大学发展格局产生深远影响;第四,2017年10月18日,党的十九大召开,将习近平新时代中国特色社会主义思想写入党章,将对高等教育法治研究产生重要引领作用;第五,2017年12月28日,上海市人大常委会制定了《上海市高等教育促进条例》,这是我国第一部促进高等教育改革发展的地方性法规,将推动高等教育法治研究向地方层面扩展。

这一时期的研究议题与当前高等教育改革联系紧密,相关议题主要包括:(1)深入研究依法治校;(2)研究高等教育质量提升的法治化路径;

---

⑯ 劳凯声:《创新治理机制、尊重学术自由与高等学校改革》,载《教育研究》2015年第10期。

⑰ 秦惠民、谷昆鹏:《对完善我国教育法律体系的思考》,载《北京师范大学学报》(社会科学版)2016年第2期。

⑱ 湛中乐等:《大学章程法律问题研究》,北京大学出版社2016年版,第28页。

⑲ 张德祥、黄福涛:《大学治理:权力运行制约与监督》,科学出版社2016年版,第3页。

⑳ 周光礼:《大学变革与院校研究》,北京大学出版社2017年版,第5页。

(3)研究教育政策效果评估;(4)研究高等教育政策与高等教育质量的关系;(5)研究高校师生法律关系;(6)研究高等学校学术不端行为的治理;(7)研究高等教育评估权等具体的权力;(8)研究大学内部治理能力提升;(9)结合国家“双一流”建设背景思考政府与大学关系;等等。论文之外,其他代表性著作还有谭秀森的《高校学生教育管理法律问题研究》(2015 年)、陈达云的《民族院校治理之道》(2017 年)和李进付的《教育法治化与大学生伤害事故处置》(2017 年),等等。

三、高等教育法治研究的主要特点与问题

回顾改革开放四十年来高等教育法治研究的历史,可以发现其无论是在发表论著的数量上,还是在研究议题的广度上,皆取得了较为丰硕的成果,并且这些研究对国家的高等教育立法也起到了良好的促进作用。最近,学术界正在为将《学位条例》升格为《学位法》做理论准备。总体而言,过去四十年的研究呈现如下特点:

(一)高等教育法治研究与高等教育立法相互呼应

高等教育法治研究最开始就聚焦于《学位条例》的制定。等到《学位条例》颁布实施后,制定一部综合的高等教育法就成为当务之急,为此学术界开始译介域外的高等教育法律,如忻福良主编的《各国高等教育立法》(1992 年),以及郝维谦和李连宁主编的《各国教育法制比较研究》(1999 年)。待到《高等教育法》制定后,学术界又开始着重研究高等教育考试立法、高等教育投资立法、高等教育信息公开立法、高等教育质量评估立法、高等教育章程立法、高等教育人才培养立法等。为了配合这方面的研究,何东昌收集整理出《中华人民共和国重要教育文献(1949～1975)》(1998 年),人民教育出版社出版了“当代外国教育改革著名文献”多卷本(2004 年),劳凯声主编了《中国教育改革 30 年:政策与法律卷》(2009 年),湛中乐编译了《大学章程精选》(2010 年)、李均编著了《中国高等教育政策史(1949～2009)》(2014 年),广西师范大学出版社出版了

“东盟高等教育政策丛书”多卷本（2013年），范跃进汇编了《新中国成立以来高等教育元政策（1949～2016）》（2017年），这些资料的编撰为高等教育立法的研究提供了有力的保障。

（二）高等教育法治研究的重心在于大学治理

有学者运用计量学方法对2004～2016年发表于中文核心期刊的论文进行了分析，发现除了个别年份之外，与“大学治理”相关的论文在数量上呈逐年大幅上升趋势。[21] 事实上，根据前文的梳理，直观上观察在各个时间段发表的论著也大多与“大学治理”有关。无论是最近火热的大学章程研究，还是一直延续的政府与高校关系研究，都离不开“大学治理”的身影。

之所以会出现这一现象，原因可能在于：（1）大学是联系教育部门和社会的中间纽带，大学治理好坏直接影响它服务社会的质量，通常一所声誉卓著的大学能向社会提供高素质人才，推动着社会的进步。（2）以大学为基点，可以构造出高校内部法律关系与高校外部法律关系，前者即高校的办学自主权、高校教师的权利和大学生的权利，后者即高校与教育主管机关的关系，高校与立法机关、司法机关的关系，高校与社会的关系。这两种法律关系基本上涵盖了高等教育法治研究的重要议题。（3）大学治理成败是关系到高等教育法治化是否完成的一个重要考评标准。虽然高等教育法制的完善程度也是高等教育法治化的重要考评标准，但是在重要性上显然次于大学治理成败。因为高等教育法制的完善程度只是大学治理成败的必要条件，并不充分。除此之外，大学治理成败还涉及大学治理结构、大学的人力资源配置以及大学的资金保障等多个要素。

梳理高等教育法治研究的主要特点，看到成就的同时，也有必要清醒认识其中存在的问题：

第一，高等教育法学教材建设相对滞后。高等教育法治研究离不开高等教育法学教材的编写。如果只是把“高等教育法治”作为一个学术领域而不是一个学科来研究的话，这将会限制其在高等教育治理体系和治

---

[21] 陈冬松：《我国大学治理研究热点的领域构成与拓展趋势的共词可视化分析》，载《现代教育管理》2017年第1期。

理能力现代化中的作用。“高等教育法治”的学科载体即是高等教育法学教材,而教材作为高度体系化的思维结晶,是判断一个学科是否成熟的关键指标,是支撑一个学科发展的重要基础。从目前发表的论著情况来看,高等教育法学的教材建设严重滞后于社会经济的发展,仅有两部教材冠以《高等教育法》或者《高等教育法学》之名。以《高等教育法学》这本教材为例,其大部分内容并不是在叙述高等教育法制,而是在介绍教育法学的一般原理。[22] 其他以《高等教育法规概论》命名的“高等学校教师岗前培训教材”也是如此。

第二,研究高等教育法治的科研队伍主要是以从事行政法学和教育学的师资为主。从学科的属性来讲,高等教育法治依托于高等教育法学,从属于教育法学,置于法学一级学科之下。2003 年 9 月,中国教育学会教育政策与法律研究分会即告成立,主要负责人主要是从事教育学的学者,可是作为法学一级社团的中国法学会至今也没有设置“中国法学会教育法学研究会”。这一现象说明了在法学界研究教育法学尤其是高等教育法治的科研人员还不太多。如果没有法学界的积极参与,没有法学界与教育学界的互相支持,实现高等教育法学在学科上的破垒融合,那么推动高等教育法治研究的后劲可能会不足。

第三,高等教育法治研究的议题存在过度集中的现象。以大学章程为例,自米俊魁的《大学章程价值研究》(2006 年)出版以来,10 年间出版了同类著作不少于 10 本,这个数量对于像“高等教育法治”这样的小学科而言还是非常可观的,但理想的学术布局应该需要更多像韩兵的《高等学校的惩戒权研究》(2014 年)这样的专门研究。另外对国(域)外高等教育法治的研究更多聚焦于美国,对其他国家如日本、德国、法国、英国、俄罗斯等的研究还不太深入,尤其是在资料的更新上比较慢,这在很大程度上影响了“比较高等教育法治研究”的进程。

---

[22] 袁兆春:《高等教育法学》,山东人民出版社 2004 年版,第 1 ~ 8 页。

四、高等教育法治研究议题的扩展和深化

展望未来,高等教育法治研究在新时代迎来了新机遇和新挑战,这是因为党的十八大以来习近平同志关于高等教育的重要论述,赋予了中国高等教育理想以丰富的时代内容和思想内涵。[23] 按照党的十九大精神,统筹推进"五位一体"总体布局和协调推进"四个全面"战略布局对高等教育法治研究提出了新要求,这就必然要求学术界在议题和内容上不断扩展和深化。

(一)深入发掘习近平新时代高等教育法治思想

习近平同志无论是关于高等教育,还是关于法治,都有过许多精辟的论述,如在2016年12月7日至8日召开的全国高校思想政治工作会上发表重要讲话,习总书记深刻阐释了党对高等教育发展规律的新认识,全面回答了"培养什么样的人、如何培养人、为谁培养人""办什么样的大学、怎样办好大学"两个根本性问题[24];他关于"建设法治中国,必须坚持依法治国、依法执政、依法行政共同推进,坚持法治国家、法治政府、法治社会一体建设"[25]的论述创造性地发展了中国特色社会主义法治理论。如何将习近平同志关于高等教育和关于法治的思想有机整合,深入挖掘"习近平新时代高等教育法治思想",进而引领中国高等教育法治研究的未来发展,这将是今后一个时期的主要课题。

(二)推动高等教育法治研究内涵式发展

目前学术界在关注高等教育法治的各项议题时,存在基本概念界定

---

[23] 袁靖宇:《树立中国高等教育的伟大理想》,载《光明日报》2017年11月7日,第13版。

[24] 陈宝生:《认真学习贯彻习近平总书记高等教育重要论述　努力办好中国特色社会主义大学》,载《中国高等教育》2017年第1期。

[25] 习近平:《中共中央关于全面深化改革若干重大问题的决定》,载本书编写组主编:《〈中共中央关于全面推进依法治国若干重大问题的决定〉辅导读本》,人民出版社2014年版,第36页。

不清、基本范畴没有确定、基本逻辑体系还未形成等突出问题。换言之，学术界还没有将“高等教育法治”作为一个相对独立的学术领域进行发掘，而如果没有一套相对规范的学科体系、学术体系、话语体系，“高等教育法治”应有的学科地位就难以彰显，这就要求从推动高等教育法治研究内涵式发展的层面来思考这一问题。从学术发展的规律来看，首先是要确定高等教育法治研究的基本概念或者基本范畴。基于这一考虑，建议中国教育学会教育政策与法律研究分会近期召开一次以“构建高等教育法治学科体系、学术体系、话语体系”的研讨会，从基本范畴入手逐步确立起高等教育法治研究的基本范式。

（三）以问题为导向扩展高等教育法治研究的议题

当前高等教育法治研究有逐步向大学治理研究聚集的趋势，这一现象导致了很多其他相关领域研究不够深入的问题。在“双一流”建设的大背景下，如何缩小“双一流”高校与国际顶尖大学的差距，如何实现“双一流”高校与非“双一流”高校的协同发展，如何实现东部高校与中部高校、西部高校的均衡发展，如何促进民办高校的跨越式发展；如何进一步理顺中央与地方在高等教育上的事权和财权，如何进一步扩大高校的办学自主权，如何理顺高校党委与校长之间的关系，如何平衡高校政治权力、行政权力与学术权力之间的关系；如何保障教师的学术自由、如何尊重大学生的个性发展自由、如何保障学生社团和教师学术社团的正常活动；如何在新时代加强和改进党对高校思想政治工作的领导，等等，都需要进一步深化研究。

（四）运用高等教育法治研究的成果助推教育法治研究和实践的深入

教育法治是“建设法治中国”的重要组成部分，而高等教育法治又是最能在教育法治的进程中率先突破的领域，这是因为专业的学术组织、科研队伍大多身处高校之中，而那些最重要的学术问题也多发生在高校，例如高校的行政权力与学术权力的关系，高校的规章制度是否符合上位法的规定，高校教师和学生的基本权利保障，等等。因此，建立高等教育法治研究向教育法治研究的传递机制就非常重要，这方面最经典的一个例子是受教育权研究向“在家教育”研究的传导：学术界最初对受教育权的关注主要聚焦于大学生的受教育权,后来扩大到学生群体,于是“在家教育”就进入了学术研究的视野。它关心的不再仅是未成年人是否接受学校教育的问题,更关注家庭与国家在教育领域的权力界限问题。此外,当前“中小学校园欺凌”成为一个突出的社会问题,如何对其加以有效治理将影响到教育法治的实效。为此,建议中国教育学会教育政策与法律研究分会每年制订一个年度学术研究计划,有意识地运用高等教育法治研究的成果指导教育法治研究,从而推动教育法治实践的纵深发展。

改革开放四十年来,高等教育法治研究为中国高等教育立法贡献了许多真知灼见,但是其在成为一个相对独立的学术领域进而成为一个新兴的学科,并满足新时代人民群众对它的期待上,还有不小差距。因此学术界应当增强担当感,抓住历史发展的机遇期,不断强化高等教育法治研究学术共同体建设,持续深化有关议题和内容的研究,有力地推动高等教育法治化的实现。

Review and Prospect of the Research on Rule of Law in Higher Education for 40 Years of Reform and Opening-up in China

Ye Qiang

Abstract: In the past forty years, the research of the rule of law in higher education in China has made historic achievements in the basic concepts, academic issues, the number of publications, the training of talents, and the promotion of higher education legislation. With the formulation and revision of the higher education law as the time node, this historical process can be divided into three stages, and we find that it is closely related to higher education legislation and university governance. Under the background of "Double First Class University Plan" construction, we should expand and deepen the research topics and contents guided by the thought of the rule of law of higher education in the new era of Xi Jinping.

Key words: Reform and Opening-up, rule of law in higher education, research to rule of law in higher education

篱笆、渴望和中国法学教育四十年之“不惑”*

杨学科**

摘　要：中国法学教育四十年取得令人瞩目的成绩，但中国法学教育四十年的“篱笆”问题依旧是制约未来法学教育专、精、深发展的根本原因，必须对法律理论与法律实践关系、法学教育规模与质量、法学教育意识形态僵化与异化、法学教育学的羸弱作前提性反思。中国法学教育四十年的渴望集中在探索“什么是好的法学教育”“如何办好中国法学教育”“中国法学教育如何让人觉得好”这些问题上，为此形成了政府推进型法学教育现代化、理想化特点。因而中国法学教育四十年“独立人格”的生成在于为主流和创特色的原则坚守。

关键词：法学教育四十年　卓越法治人才　法

---

* 基金项目：国家社科基金重大专项项目核心价值观融入法治建设研究：以公正司法为核心的考察（17VHJ007）、教育部人文社会科学研究专项项目新时代中国特色社会主义法治思想研究（18JF210）和吉林大学司法文明协同创新中心研究成果之一。标题仿照《篱笆·女人和狗》语序，文章主要研究中国法学教育四十年的篱笆、渴望和独立人格这三个问题，标题通常语序为：中国法学教育四十年之篱笆、渴望和“不惑”。

** 杨学科，吉林大学理论法学研究中心，法学院博士研究生，研究方向：法学教育。

学教育学　法学教育现代化　主流化

在改革开放四十年的历史节点，再回眸，四十年波澜壮阔的改革开放，取得了前所未有的历史性变革，无处不体现这四十载翻天覆地的巨变和国家社会的政治、经济、文化等全方位的举世瞩目的发展新局面。在改革开放的大潮中，中国法学教育与之相辅相成，也走过了40年不平凡的光辉历程，实现了从小到大、从弱到强的历史性跨越。

法学教育四十年成绩煌煌，然学者之责并不是称颂功绩、评功摆好，而应在晓知历史脉络和成绩基础上，不抹杀不足，进而理性反思，因此笔者尝试用“篱笆”“渴望”“不惑”作为关键词，回顾、反思乃至批判性审思中国法学教育四十年，为法学教育征程再出发提供些许镜鉴昭宣。改革开放以来，有两部各自代表改革和开放的引起较大反响的里程碑式电视剧，其中代表改革落后思想的电视剧1989年的《篱笆·女人和狗》，其影视片头曲《篱笆墙的影子》和片尾曲《苦篱笆》，在此剧此歌中，篱笆隐喻着保守、守旧、自己捆住了自己的思想樊篱，“篱笆墙影子咋那么长”，需要“冲开那层纱”。而1990年的《渴望》，则是代表着一种“真实”的开放，在社会动荡、是非颠倒的“文化大革命”时期，在爱情、友情、亲情的情感世界仍是“开放社会”，揭示了嵌入社会大时代艰难生活中人们对生活的渴望、真情眷恋、未来期盼。笔者借用篱笆和渴望来意指改革开放以来中国法学教育四十年的自己困住自己却无意识的问题和渴望“好”的法学教育现代化轨迹及其呈现特征。在我国，“不惑”一般意指自我人格的初立。中国法学教育的“不惑”应该是从改革开放新时期以来的对法学教育法学本科教育人才培养体系、法学教育发展规律，以及新时代法学教育所面临的发展机遇和改革走向，都有所理解、体悟、主见。

一、中国法学教育四十年之“篱笆”问题

中国法学教育四十年的“篱笆”问题是制约未来法学教育专、精、深发

展的根本原因,对中国法学教育的回顾研究得围绕着这几个问题做前提性反思。也许四十年来法学教育执著的“问题”,可能不是问题或者是错误的,甚至是学科意识不自觉,但这些“问题”不厘清、说明白、讲出来,依然会是未来法学教育征程“再出发”的塞途障阻,可见对中国法学教育四十年之“篱笆”问题的追问、批判与开放式的研究是有必要的。

(一)法律理论与法律实践

中国法学教育的研究论文对中国法学教育的评价一般千篇一律,都是“重理论、轻实践”,这种一元论的评价,没有考虑到不同教育模式背后的教育理念、培养目标、教学体系、课程体系的不同。在德法,其法学专业型教育模式侧重法律概念、知识的传授,注重对法学理论知识和学生法律思维、逻辑方法的培养,培养学生“像一个法学家那样去思考”,简言之,这是一种“重理论、轻实践”的教育模式。在美国,则是法律职业导向型教育模式,以法律职业需求为导向,以案例教学为主、辅之以诊所实践教学方法,来训练学生司法实践能力,培养学生“像一个律师那样去思考”,可以说是一种重实践、轻理论的法学教育模式。而对于我国,绝大多数法学院是以法学院(系)命名,很少的以法律院(系)命名,如果以此推论,这似乎说明我国的法学教育模式是以法学专业性教育模式为主,法律职业导向型教育模式为辅,但这种逻辑推理忽略了这种法学(律)院(系)命名的不自觉。中国的法学教育模式是复杂的,改革开放伊始,很多法律制度初立甚至没有,只能法学(部门法)基础理论先行,也只能先借鉴德法为首的大陆法系法学教育模式,重视法学基础理论和法律逻辑思维能力的培养。随着我国法律制度的完善,以及加入 WTO,与美国接触多了,从清华大学法学院重视普通法教育开始,重视法律经验和技艺,成为主流声音。但很难说中国法学教育模式是哪种模式,在很大程度上,中国法学教育模式是杂糅的。

从国家政策层面来看,也许已经开始注意到这种差异,在 2012 年 1.0 版的“卓越法律人才教育培养计划”将法学教育航向标指向职业教育①,

① 杨学科、周桂英:《卓越法律教育的兴起与法律职业尊荣的重塑》,载《煤炭高等教育》2014 年第 1 期。

重心是培养应用型、复合型法律职业人才。2014年党的十八届四中全会《中共中央关于全面推进依法治国若干重大问题的决定》对创新法治人才培养机制作出新要求，从法律人才到法治人才，再到教育部新近实施的2.0版的“卓越法治人才教育培养计划”，从着眼于服务法治中国建设需求而言，职业性和学术性法治人才都是需要的，应是多元法治人才培养体系、模式，而不应是矫枉过正、“一刀切”，全国法学院（系）都转向法律职业教育。必须明了的是，国家战略和行业需求对于法治人才的需求是多元的，并非只是法律职业人员，而是整个法治领域的人才战略资源需求。大学法学教育是整个法学教育教育链中最重要的一个环节而非全部的链条，不可能每一个“法学产品”一产出就是“成品”，毕业后的专门的定方向的法律职业教育也是重要的环节，大陆法系的法学教育链是“法学院（系）教育＋司法研修”，普通法系的法学教育链是“法学院（系）教育＋律师培训”。

综上可知，法律理论与法律实践脱节、“重理论、轻实践”，都是伪命题。“实践和理论之间的二分法被夸大了，而且往往具有误导性”。② 法学理论和法律实践是一体融合的，但不同的教育模式有不同的法律理论和实践教育侧重点，简单地臧否哪种教育模式都是存在问题的。法学院的教育一般是授人以渔，不布置你必须打鱼多少的任务，如果法律理论与实践差距不可调和，我们为何还要进入大学学习法学呢？但又为什么还会出现此争议呢？问题就在于我们的法学教育对自己教育模式欠缺规划或无意识，比如法学人才培养方案相互抄袭或者直接复制“教指委”的相关文件，再比如卓越法律人才培养方案出台之前，是“培养德智体美全面发展，从事政法实际工作的高级专门法律人才”，出台之后是“培养德智体美全面发展，从事政法实际工作的应用型专门法律人才”。

（二）法学教育规模与质量

法学教育规模过大，培养质量低，也是法学界乃至新闻媒体习惯性的评价，实际上这是个伪命题。在经济学理论中，有一个规模效应理论，规

---

② Michael Vitello, *The False Dichotomy between Theory and Skills Training: Why Good Lawyers Need to Pay Attention to Theory*, The University of the Pacific Law Review, 2017, p. 916.

模越大,效益越高,但边际收益会在规模达到一定的程度后递减,最佳的途径是不再继续追求规模,而是寻求专业化、特色化。我们的法学教育自从1998年后就进入了大众化教育阶段,现在有600多所办有法学本科专业的院校,在校生规模超40万人,每年毕业生(包括本科、硕士和博士)规模大约10万人,但从第一批大学扩招法学专业学生毕业时(2002年),就设立了国家司法考试制度(2018年改为国家统一法律职业资格考试制度),在考试通过率的调整下,法学规模是与法律市场需求人数契合的,在大众化的法学教育情势下用法(司)考保障法律职业精英化。所以说,就专业对口而言,只要法(司)考的考试调控机制存在,就不会规模过大,法学教育和国家统一法制职业资格考试组成的"双阀门机制"塑造了法学专业在大学大众化教育阶段的精英化法律职业人才遴选机制。

实际上,没有比较,就没有"伤害",与其他学科横向比较而言,在这个大学大众教育阶段,法学教育规模明显小很多。我们知道,经济学类包括理论经济学和应用经济学,统计学也可授予经济学学位,据不完全统计,开设经济学专业的大学600多所,据国务院学位办公室2015年发表的统计数据,我国当年毕业的经济学学士192,390人,占学士总数的6.12%,经济学硕士占硕士总数的4.82%,经济学博士占博士总数的3.81%,2018年理论经济学一级学科博士点42个,应用经济学一级学科博士点70个,经济学类一级博士点共117个,经济学CSSCI(2017~2018年)收录来源期刊75种。而2015年法学类(大法学,包括政治学、社会学、民族学、马克思主义理论、公安学等)法学学士才只有99,640人,2018年法学一级学科博士点48个③,法学CSSCI(2017~2018年)收录来源期刊23种。经济学类号称经邦济世的学科,学科规模人文社会科学最大,一般院校本科生就业几乎是销售之类,有人戏称"打工仔打工妹专业",但在其学科共同体内很少言称自己规模大,培养质量差,而法学也是一个治国理政的学科,与经济学相比规模小,加上自身学科的精英化筛选机制,拥有法

③ 原有40所,2018年1月国务院学位委员会学位授权审核新增8个法学一级学科博士点。除此之外,天津大学和西安交通大学自主动态调整拟新增法学一级学科博士点,正在走程序。统计截止时间为2018年11月22日。

律职业资格的普遍就业呈现高质量、高潜力、高水平的特征。还有就是在全面依法治国的今天，法学专业是个宽口径就业的专业，各行各业都需要懂法律知识的人才。实践中，法学专业学生也确实分布广泛，就业面宽，④何以经常自嘲法学教育规模过大？

以上可知，无论从自身学科的精英化筛选机制还是横向比较而言，我国的法学规模都是适中的。将规模大与培养质量低等同是一说就破的逻辑谎言，例如“五院四系”的法学招生肯定是最多的，难道他们相对于其他大部分法学院系，其培养质量就是低的吗？问题首先出在我国的法学教育参差不齐，专升本、自考、双学位（四加二）、二学位（四加一）、成人法学教育、继续教育学院类法学教育等办学层次太多太杂，虽然做大了法学教育规模，但有的严重拉低了法学教育培养质量。例如专升本，其本身吃的是“地方粮票”，并未纳入教育部正规的招生计划，这造成一些专科生（包括初中起点的五年制大专）以高考本科分数线一半的分数入读大专，再以50%升学率专升本。按照《国家统一法律职业资格考试实施办法》依然允许法学专升本参加国家统一法律职业资格考试，这对通过高考招录的本科生并非是公正的做法，也与国家统一法律职业资格考试建立初衷不符，不利于选拔合格法律职业人才。必须修改资格考试实施办法，坚决地将法律专升本排除在国家统一法律职业资格考试资格之外。再有就是，有的地方本科法学院系，无论从办学条件、师资水平、教学质量、科研水平等方面，都与好质量的法学教育存在差距，相应的国家层面也缺乏严格完善的准入和退出机制，必须建立严格准入的法学专业认证体系，围绕人才培养要素建立具有退出机制的评估制度。⑤ 以评促建，以评促改，办不好就退出，这才是法学教育提升质量、保底质量的可行之路。

（三）法学教育意识形态僵化与异化

改革开放是一个思想解放与破除教条主义束缚的无止境过程，教条

④ 参见阎亚林、余涛：《地方政法院校法学本科人才社会需求与培养质量研究》，载《法学教育研究》2009 年第 1 期。

⑤ 刘坤轮：《以认证与评估制度体系引领中国法学教育改革》，载《人民法治》2018 年第 16 期。

主义犹如“百足之虫、死而不僵”的思想顽症,是思想解放久攻不下的顽固堡垒。法学教育的教条主义主要表现在意识形态的高压、僵化,僵化地执行相关教育政策方针,却不具体问题具体对待。

法律与政治密切相关,突出马克思主义理论在法学的政治性和意识形态性的主体地位,是马克思主义法学理论的必然要求,但“对待马克思主义,不能采取教条主义的态度,也不能采取实用主义的态度”。⑥ “学术无禁区,课堂有纪律”是我国高校教师意识形态的指导方针,但这条方针在实际执行中,呈现出僵化、教条甚至异化的特征。改革开放之初,很长一段时间,中国的法学教育是没有法学教材的,实际上尘封图书馆的民国期间的法学教材,只要在意识形态上将马克思主义思想作为指导,稍加改变,整体的教材体例还是可以用的。现在法学很多的关键性概念,由于意识形态的原因,在改革开放后相当长的期间是不能讲、不敢讲,或者只能有余地的讲。例如人权,在改革开放初期人权是不能讲的,认为人权这个概念是西方口号,直到 2004 年人权入宪,“人权”一词从政治概念上升为法律概念,人权才脱敏,才能在课堂上讲,但还得有尺度地讲。实际上 1991 年《中国的人权状况》白皮书,已经以政府文件的形式肯定了人权的重要地位,将人权称为“伟大的名词,是长久以来人类追求的理想”,是“中国社会主义所要求的崇高理想”,⑦但 1991 年到 2004 年的 13 年,课堂甚至学术上,人权研究和讲授是存在风险的,也就说从国家大政方针到课堂的距离,存在僵化、保守、明哲保身等因素的束缚,有时这个时间距离是漫长的,这就是国家为什么经常讲“宣传国家政策方针进课堂、进教材、进头脑”的缘由。

法律的上层建筑属性决定了其与政治、时政关联密切,也极易让法学课堂成为风险课堂。政治错误是课堂纪律的第一大忌,但政治错误不能成为打压异己、恩怨报复、乱扣帽子和打棍子的工具。就教育生态而言,

---

⑥ 习近平:《在哲学社会科学工作座谈会上的讲话》,载《人民日报》2016 年 5 月 19 日,第 2 版。

⑦ 参见杨学科:《中西人权司法保障演变之比较》,载《广州大学学报》2018 年第 11 期。

还易于形成传染性的举报内斗连锁反应。我们必须警醒的是，法学教育的意识形态值得关注，但“不要把一般的学术问题当成政治问题，把学术问题和政治问题混淆起来、用解决政治问题的办法对待学术问题”⑧，不能上纲上线、别有用心的特别关照某人某事，让意识形态成为法学教育的外部性桎梏。

（四）法学教育学⑨的羸弱

在中国学界，教研类的成果是教学过程的附属品，是不属于科研成果的。这在高校职权划分中体现的十分明显，教学研究的成果一般是归于教务处管理，而科研成果则一般是科研处管理。这种二元的划分初衷可能是鼓励教学研究成果的产出，实际结果是，专门的教育类文章都归属于教学研究成果，对于法学教育研究而言，影响了专门的法学教育研究的积极性，严重点而言，影响了其作为一门学科的独立地位。我们通过知网的学术期刊数据库以法学教育为题名检索 1978～2018 年的全部 CSSCI 期刊论文，仅发文 392 篇⑩，年均不足 10 篇。从研究内容上，法学教育类的成果主要集中在教学经验的总结，即只是教学过程的附属品，附属品就意味着是教学之余的有感而发，无须专门研究。这造成了法学教育类成果的质量相对于专门的教育学成果低了不少，且在法学界，很少学者有能力或者有兴趣去从事实证类的法学教育研究。而实证类的法学教育研究其实是国内教育学的研究热点和国外的法学教育研究的主流，这里的实证研究不是简单的问卷调查或者小数据整理，更多是最新的实证研究工具

---

⑧ 习近平：《在哲学社会科学工作座谈会上的讲话》，载《人民日报》2016 年 5 月 19 日，第 2 版。

⑨ 学界一般称为法律教育学，定位于法学与教育学的交叉学科，主要以法律教育性质、目标、内容、方法等为主要研究对象，研究法律教育活动的产生、发展及其一般规律。笔者认为法律教育学与法学教育学是存在区别，一个以法律教育为研究对象，一个以法学教育为研究对象，法律教育包括法学教育、法务教育、法治教育、改造教育等，学科研究对象范畴远大于法学教育，法学教育是以法学院（系）的法学教育为主。结合本文的研究内容，本文适合采用法学教育学的称谓。关于法律教育学的分支，参见李振宇：《法律教育学浅论》，载《边缘法学论坛》2015 年第 1 期。

⑩ 文献总数：392 篇；检索条件：（CSSCI 期刊 = Y）并且年 between（1978，2018）并且［题名 = 法学教育或者 Title = 中英文扩展（法学教育，中英文对照）］（精确匹配），专辑导航：全部；数据库：学术期刊跨库检索。检索时间为 2018 年 9 月 29 日。

和方法的运用,实验研究、调查研究、数据分析、观察记录、经验筛选、计算机模拟、大数据等实证研究都存在欠缺,更不用说神经(脑)科学的实验方法运用了。不可否认的是,中国政法大学法学教育研究与评估中心、西北政法大学高等教育研究所两所专门化法学教育研究机构的建立,以及西北政法大学高等教育研究所《法学教育研究》入选了中文社会科学引文索引(CSSCI)(2017~2018)收录集刊(也是法学教育类的唯一核心集刊),这些对改变法学教研研究零散的、非组织化的状态有修整之力,对法学教育学的专门研究有助推之用,但整体上要改变法学教育学的羸弱,还需要学科的共识和学科意识的萌塑。

二、中国法学教育四十年之渴望

中国法学教育现代化是自身发展冲动、渴望和对中国法治人才的内在需求合力而为的结果。对中国法学教育自身发展的冲动、渴望是中国法学教育发展的动力源,也是一种对自身发展不足的焦虑感。作为一个法学教育后发劣势国家,我国有着强烈的变好、变强的渴望,这种渴望主要集中在一直执著探索一种好的法学教育、如何办好中国法学教育、中国法学教育如何让人觉得好这些问题上。好是一个完美的价值追求,这种完美性也容易让政策过于理想化,也让改革开放以来的四十年中国法学教育呈现出以下特点。

(一)政府推进型法学教育现代化

围绕"什么是好的法学教育"这个核心问题,在政府层面总体设计法学教育,大力推进法学教育改革,是四十年来中国法学教育的一个明显特征。政府总体设计法学教育的目标和实施方略,自上而下宏观导引法学教育现代化,在观念启蒙好的法学教育,动员法学教育发展能力,塑造指引法学发展偏好、目标和战略,乃至重塑法学教育发展模式上都具有宏观指导和建构功能,国家战略顶层设计牵引法学教育的显性功能也是显著的。

但四十年政府推进型法学教育现代化存在以下隐性问题。首先是政策的不确定性，主要表现在国家层面的法学教育政策的制度、顶层设计不断创新，会形成法学教育政策的路径依赖，陷入“没政策刺激则没自我发展”的制度锁定陷阱。1998 年前的法学教育基本上是计划性法学教育，法学毕业生就业不愁，国家包分配，以“五院四系”为首的少数法学院独享招生数量、部属财政拨款等特殊政策，比如 1978 级西南政法大学（简称西政）招生的人数比其他 4 校总和还多，在“文化大革命”十年法学人才断层极端匮缺的情况下，西政法学“黄埔一期”1978 级本科成为“神一样的存在”也就很容易理解了。改革开放初期，国家重视法学本科教育，经过 20 年的发展，掌握法律基础知识的人才基本能够满足社会需要。1998 年，国家本科生大扩招后，中国法学教育转向了办学院系、招生规模大跃进的阶段，在第一批扩招的法学本科生毕业的 2002 年，国家建立司法考试制度，有效维持了大众化法学教育阶段的法律职业精英化。这段期间，传统院校的政策优势逐渐变弱，财源成为支撑法学院（系）维持优势地位和快速崛起的首要条件。1997 年教育部设立法学学科教学指导委员会，1998 年设立全国法律硕士专业学位教育指导委员会，国家也开始进入法学（律）研究生教育新阶段，法律硕士在 2009 年应对法学就业问题首次分为法律硕士（非法学）、法律硕士（法学），其中法律硕士（法学）当年未提前纳入招生计划，主要是以法学研究生作为调剂生源。后来在 2017 年非全日制法律硕士[包括法律硕士（非法学）、法律硕士（法学）]又开始全国统招。从 1998 年后，法学研究生教育成为主流，规模持续扩大，甚至成为保就业的宏观调控机制。2012 年的卓越法律人才培养计划的实施，国家开始转向法学本科、研究生并重的阶段，教育部也要求狠抓新时代全国高等学校本科教育，同时研究部署人文社科高层次人才、博士研究生规模需要进一步扩大。四十年来法学教育的政策的不确定性在具体的法学教育话语体现的尤为明显，短期政策刺激不断，话语创新与时俱进，层出不穷，培养出一批高级、实务型、复合型、应用型、专门化、国际化、创新型、卓越法律人才及一流法学学科卓越法治人才。

其次是过度依赖于法学教育政策，但法学教育政策本身也无法保证法学教育成效是否优良,还可能影响法学教育发展的自主性。例如,“卓越法律人才培养计划”是一次国家层面试图将法学专业教育转向职业教育、从规模见效转型到质量卓越的法学教改教培计划,实践效果上,顶层设计层面渴望好的法学教育,但更多的法学教育问题往往是复杂、多维度的。比如,职业教育的转型成效如何?全面铺开法律职业教育是否是对过往多元的法学教育模式传统的不尊重?还有其采取的是重点突破的非均衡发展策略,集中资源哺乳“法学教育资源禀赋”较好的法学院系,这就存在一个问题,将大多部分的普通本科院校排斥在“卓越法律人才培养计划”之外,这些高校恰恰是最适合、最应该推行法律职业教育的,“法学教育资源禀赋”较好的法学院系,无论师资、学生水平等,恰恰是应该继续专业教育的院校,而结果是这些高校为了继续汲取资源,继续申请加入“卓越法律人才培养计划”保有资源优势,可实际上,这些高校“船大难掉头”,法学教育模式依旧保持原样。可能更好的顶层设计是多元化的法学教育模式,即法学专业办学条件较好的高校继续其原来的法学教育模式,绝大多数法学科研、教学一般的高校转型到职业教育。我们再看法律硕士政策,国家在政策上鼓励发展,但实际操作上设立法律硕士全国统考,专业考试的规范性、科学性上远远超过各校组织的法学硕士相关专业考试,导致每年法律硕士分数低于法学硕士分数线。很多高校为了生源,在法学硕士自主专业科目阅卷上“放水”严重,但国家分数线大多数相同,这导致报考法学硕士学位的落榜生需要调剂到法律硕士专业。而且,一般而言,法律硕士的考试能力是高于法学硕士的,但吊诡的是这并不影响社会、甚至法学界自身对法律硕士的歧视。

(二)理想化的法学教育

如何办好法学教育,是中国法学教育四十年的一个孜孜不倦探究的法学教育之术。如前所述,“好的法学教育”定义指挥棒牢牢地掌握在政府手中,是一种具有目标导向性的法学教育举国体制。如何办好中国的法学教育主要是法学院的职责,办好中国的法学教育,既不是毕业率100%,也不是一次就业率90%以上,这样的法学教育成效,稍有点常识的人都会存疑,没有毕业不了的学生吗?难道所有通过司(法)考的学生会毕业后就全部立即就业吗？国家干预模式渴望法学教育讯号的过程容易造成过于理想化，理想主义会带来各种“极端主义”。法学教育的理想主义倾向，主要围绕着官方渴望的表面光彩的法学教育数据，而国家干预模式恰恰是带有行政性和强制性的，一定程度上催化法学教育理想主义在落实过程中不考虑具体方案的可能性、机会和成效意义，走向极端的形式主义跃进，理想化流于空洞化。

学生是评价自身所受教育成效、法学院(系)教育如何的最佳判官。如何办好中国法学教育关键的一件事就是必须为学生提供“好的”法学教育。在如何为学生提供“好的”法学教育实践上，很多法学院校进行了卓有成效的探索。例如，中国人民大学法学院重视法律和前沿科技交叉融合的复合型人才培养，成立未来法治研究院。南京审计大学定位于行业院校特色培养，致力于培养“法学 + 会计学”和“法学 + 金融学”的复合型、职业型、创新型法治人才，就业层次高端，部分毕业生就职于全球四大会计师事务所，这都是一些远见规划、办有特色的法学教育典范。但国家干预模式下，存在通过政策干预导向一种模式的风险，容易遮蔽特色创新。要求好的法学教育没有问题，但是过于干预“如何办好中国法学教育”，则存在问题，行政在法学教育问题上要有所为有所不为，宏观指导可为，具体教育过程尽量不越位、不错位，尊重和体现法学教育教学规律，法学教育也不能要求强行合一，具体行政指导政策也不亦过于权力化、技术化。比如很多法学教育评估指标，要求教师有教案，尤其是要求有手写教案，有的教案完全模块化还耗时耗力，上课还必须多媒体教学，得用演示文稿(PowerPoint，PPT)，很多重复性的劳动让老师疲于应付，最终的结果是学校打印店的生意兴隆了，教师创新教学的积极性耗尽了。

(三)源自法学院内外的焦虑

第一，源自法学院内的焦虑。一般而言，办人民满意、人民尊重、人民信赖的法学教育，办好中国法学教育最有可能让人觉得中国法学教育好。但这也是一个法学教育之难题，毕竟经验感知或听到他者的好坏评判，与真正的好坏是不同的，也未必一致。同理，中国四十年的法学教育，也是难有一致的评价，对中国法学教育不好的评价泛见线上线下，在很大程度上让人觉得法学教育一般、有问题,反过来法学教育却无法舍弃被大众理解的渴望,为此法学教育师生、管理人员焦虑倍生,实际上这些负面评价观点的作者未必真正了解法学教育。笔者多次撰文批评这种现象,法学一次就业率低是专业的特殊原因,毕业后延缓就业专心备考司(法)考,实际上法学就业不差,且高质量就业,职业前景广。造成这种现象的原因,除了媒体无知的传播偏差,还有就是有的法学教授为法学规模过大、就业差这种观点进行站台、背书,无视法学专业真实情况,严重影响了法学教育的整体形象。

第二,源自法学院外的焦虑。就中国法学教育的焦虑而言,还有很大程度上是部分的司法不公的造成的。每当司法不公或者司法腐败案件发生后,民众习惯性将质疑的目光投到法学院(系)教育,认为是其没教育好。实际上,这种理由是站不住脚的。前已述及,法学院(系)教育只是法律教育的一部分,只要法学院(系)教育了,就完成了全部的法律教育。要正确认识法学教育所承担的职能,不要根据一时的社会效果随意臧否法学教育的成败,法学教育并不能完全承担所有的职业伦理训练职能。[11] 当然,法学院(系)教育重视法律职业伦理教育理应是法学教育不可或缺的一部分,为此,2018年教育部的《本科法学专业教学质量国家标准》也把法律职业伦理纳入十门法学核心课程之一。

三、中国法学教育四十年之"不惑"

中国法学教育历经四十年,已到达"不惑"的阶段,有思考才有不惑,至此中国法学应鉴往而不惑于未来,承继扩展中国特色社会主义法学教育新图景、新格局。四十年的法学教育基本框架基本形成,重新回顾法学教育的"独立人格"之经验、趋势,特别是未来发展的应对之策,这都是法

[11] 余涛:《我们需要何种法律教育——从法律职业伦理困境谈起》,载《法学教育研究》2011年第1期;余涛:《从法学的学科属性谈卓越法律人才培养——法律职业能力导向下的法学教育改革》,载《朝阳法律评论》2012年第2期。

学教育未来发展最应先予以考虑的。

一般而言，人要入流，独立人格主要体现为在类人格上是主流化的，在自我人格上是独立有特色的，实践上，为主流和创特色也确实是中国法学教育四十年“独立人格”塑造和所遵循的原则，值得重新检视并在未来持守。

（一）法学教育主流化

法学教育主流化的基本要求是在开放的语境中比较甄别、区分主流非主流，积极借鉴、批判学习主流化的制度举措，为法学教育的改革提供新的维度和视角。1978 年的改革开放，简而言之就是对内改革、对外开放，其中对外开放要求在全球化交流合作中，学习引进主流的经济、教育制度，为我所用。在法学教育方面，改革和开放为中国法学教育注入了不竭动力和活力，也一直是中国法学教育的大趋势、主旋律，四十年的中国法学教育无论改革还是开放，总体上都坚持了法学教育主流化，学习借鉴了发达国家主流的法律文明、法学教育经验和智慧，推动我国法学教育体制、政策和具体法学教育模式的调整，实现了从最初谨慎做西方法学教育的小学生，到兼收并蓄、批判融通西方法学教育的发展飞跃。前已述及，中国的法学教育模式，立足前沿，接轨国际，以开放的心态有益吸收国外先进法学教育经验，前后学习大陆法系和英美法系的法学教育经验，做到洋为中用，而不是改革开放前一边倒地照搬苏联法学教育体制。坚持主体性，向发达国家的主流化法学教育模式学习，而不是“一边倒”地与不发达国家非主流法学教育模式为伍，这应是中国法学教育四十年改革开放的重要基本经验。

未来的中国法学教育更要兼收并蓄，接轨主流。首先要入中国新时代之流，以马克思主义法学思想和新时代中国特色社会主义法治理论为指导，回应中国社会法治人才建设需要，建设新时代高水平、高质量、一流性的中国特色社会主义法学教育。其次入内涵发展之流，在稳定法学教育规模基础上优化法学教育结构、提升法学教育质量、增强法学教育效能。最后要入新科技革命之流，要立足前沿，接轨国际，借力人工智慧充盈传统人类智慧的法学教育,借势智能释放技术契合卓越法律教育转型,[12]以积极姿态及时调整法学教育模式,有效回应互联网、大数据、人工智能、区块链等新技术发展对法律制度的挑战。

(二)创特色

法学教育一味强调主流化,会存在陷入整体主义陷阱的风险,无形中会掩盖法学办学的个性和特色。改革开放的总设计师邓小平曾教诲到,改革和建设要走自己的路,中国式的现代化必须从中国的特点出发。四十年的中国法学教育,学习借鉴西方法学教育经验的同时,注重在面向中国和特色优培两方面实现有特色、有优势。面向中国意味着不能为了主流化而主动的自我教育殖民化,唯洋是尊,变成西方法学教育的试验田,特色优培表明需要进行特色办学竞争和个性化施教。

未来中国法学教育要在坚持主流化基础上为有特色下工夫。首先,法学院的发展要注重面向中国,实现特色的错位发展,努力做到人无我有、人有我优、人优我特,简言之,没有特色的法学院,在法学教育质量和优势方面是没有说服力的。其次,法学教育的过程也要注重学生个性化和特色培养,因特色施教,实现个性化法学学习。比如,前述的南京审计大学的"法学+会计学"复合型、职业型、创新型法治人才培养,培养相当有特色,在中国广大法律职业人员连财务报表都看不懂的情况下,其毕业生的就业供不应求也是可想而知的。当然,中国法学教育的发展,也不能为了特色而背弃主流化的路径,不能为特色而特色。

人之不惑最要紧的是形成明辨不疑的判断力。未来的中国法学教育既应继续接受为主流和创特色基本原则的指导,也应对前述的中国法学教育的篱笆问题和渴望问题作出回应。首先,应该明法学教育之事理、遵法学教育之常识、守法学教育之规律,对法律理论和法律实践、法学教育规模与质量、法学教育意识形态、法学教育学的学科共识都应有正确的明辨不疑的判断力,这是"拆观念篱笆"之要。其次,前已述及四十年中国法学教育管理体制对"好"执念过深过重、焦虑过深,形成了法学教育管理千

---

⑫ 杨学科:《论人工智能时代的法学教育新挑战、新机遇和新模式》,载《法学教育研究》2018年第4期。

篇一律、简单划一、管控过细的管控要求，这种法学教育细化指标管控的实用目的就是管理，不应再尊重法学教育规律，没有形成良好"控""放"平衡机制。中国法学教育的基本面是没问题的，在教育政策上则应日渐宽大松弛，不应再广布禁制措施。未来的中国法学教育应该形成科学的、开放性的弹性治理体制⑬，以多元视角审视中国法学教育，以开放心态对待中国法学教育，以整体维度治理中国法学教育，给予中国法学教育允许创新的弹性空间。

Fences, Aspirations, and Independent Personalities in Forty Years of China's Legal Education

Yang Xueke

Abstract: China's legal education has achieved remarkable results in the recent forty years, but the "fence" problem of China's legal education for forty years is always the fundamental reason for restricting the future development of legal education. The author believes that forward-looking reflections must be made on the following aspects, including: the relationship between legal theory and legal practice, the scale and quality of legal education, the rigid and alienated ideology of legal education, and the weakness of legal education. Forty years of Chinese legal education has focused and expected the following topics: exploring what is good legal education, how to do a good job in Chinese legal education, and how good Chinese legal education is. To this end, Chinese legal education has formed the characteristics of modernization, idealization and anxiety of government-

⑬ 参见杨学科：《弹性治理：枫桥经验生发的阐释》，载《治理研究》2018 年第 5 期。

advanced legal education. So the forty years of "independent personality" in China's legal education is based on the principle of mainstreaming and creating characteristics.

Key words: forty years of legal education, excellent legal talent, studies of legal education, modernization of legal education, mainstream

理论探讨

大学创新教学是实现“以本为本、四个回归”的关键*

王洪才**

摘　要:当下的大学本科教育质量正在面临严峻挑战,典型表现是教学无效化问题非常突出。问题的症结恰在于教学理念、教学管理和教学方式落后于大众化高等教育形势和信息化时代的技术魅力以及在物质富裕化时代的人的安逸趋向。通过加强“大学创新教学理论提出是致力于对传统教学理念、教学管理和教学方式的改造”这一认识,以期为成都本科教育会议上提出的“以本为本、四个回归”提供理论的支持和实践的指导。

关键词:大学创新教学　本科教育　传统教学

有关大学创新教学的理论与实践机制的探索,顺应了如今的国际学术发展的大趋势,也与国家如今的“双一流”建设大背景相呼应,大学创新教学是实现“以本为本、四个回归”的关键。它的理论意义

---

* 基金项目:教育部人文社会科学重点研究基地重大项目“中国特色的大学内部治理结构与质量保障机制建设研究”(项目编号:18JJD880005)。

** 王洪才,厦门大学高等教育发展研究中心教授,博士生导师,研究方向:教育理论与高等教育管理。

在于破解目前大学本科教学面临的难题,实践意义就是想指导大学该怎么做才能克服教学面临的难题。实际上也是在回答“在高等教育进入大众化之后,我们的大学教学该怎么办”的问题。

一、大学创新教学理论提出的背景

大学创新教学理论主要是针对中国大学传统教学的弊端进行的理论思考。在今天,传统大学教学弊端已经尽显,已经严重影响我国本科教育质量。正基于此,在2018年6月21日,国家教育部在四川大学召开了新时代以来首届本科教育工作会议,探讨了一流本科教育问题,并且在会议上签署了著名的《成都宣言》,会议提出的核心主题就是“以本为本,四个回归”,这个主题给所有教育学界人士和从事大学教育教学工作的所有人都提出一个问题:我们大学还是以本科教育为本吗?具体而言,我们大学本科教育是否遵循了基本常识?是否符合本分要求?是否违背了原来初心?是否还有梦想追求?

不久前,在曲阜师范大学召开的中国高教学会高等教育专业委员会年会上,有人就提出异议,说难道“常识”我们还要回归吗?难道“常识”我们还不知道吗?这就是一个很现实的问题,所以我们必须探讨:为什么要回归常识?为什么要回归本分、回归初心、回归梦想?以及该回归什么样的常识?我们所说的“本分”又是指什么?难道我们失去“本分”了吗?我们的“初心”又是什么?我们的“梦想”又在何处?这些问题都值得我们思考,如果真的是必须回归的话,那么我们就要思考一下该如何回归。

事实上,在“大学创新教学理论与实践机制探索”课题研究中,我们认为,传统的大学教学方式落后于高等教育大众化发展形势了,也落后于信息技术发展现实了,当然,也与我国社会经济发展水平要求脱节了。如此就造成了一个直接问题:大学教学的无效化。典型的表现就是大学生课堂上的“抬头率”非常低。要解答这样的一个问题,我们给出的处方是:大学必须开展创新教学。

大家都能够看到，传统的大学教学方式就是“老师讲—学生听”，似乎这也是人们最为认可的教学方式。但是，在信息技术高度发达的条件下，当老师所讲的内容都可以通过网络搜索查询到，那么学生就没有必要再听老师讲了，因为只要从手机上搜索就可以了。当老师讲不出新意，甚至不如网络上讲得全、讲得深、讲得好，那么学生对老师的尊敬感也就降低了。所以，这种简单的“知识输出—知识接受”模式已经失效了。要改变老师面临的被动局面，就必须开展教学创新。这就是提出“大学创新教学理论”的直接背景。

但如何开展创新教学？我们的基本思路是：教师首先必须要研究教学，这包括对教学内容、教学方式的研究，但前提是要研究学生，即研究学生的发展需求。如果不研究学生的发展需求，那么一切改变可能就是空的。所以，大学创新教学理论的出发点就是以学生为本。脱离了学生本位这个基本点，大学创新教学就无法开展。这实际上就是对传统教学的以知识为本和以学生为中心思想的极大挑战。显然，如果教师的教学观念不改变，开展创新教学就不可能。

在今天，传统的“老师讲—学生听”教学模式无处不在。无论是在大学课堂上，还是在研究生课堂上，老师对着 PPT 放映、不关心学生是否认真听讲的情况非常普遍，老师下课就走人，几乎与学生没有什么联系。另外考试就是首先把所讲的内容重点划一划，其次再象征性考一考，最后差不多都能够获得了一个好分数。这样，学生无须怎么努力，只要考前突击背一背就能够顺利过关。如此教学怎么会有效呢？怎么能够应对知识经济时代对高素质人才的要求？

教学改革必须从教学观念变革做起，没有思想观念变革，其他变革就无法指望。只有教师形成了新的教学观念才能引导自身的教学行为转变。教学行为真正转变是从教师投身教学研究开始的，只有真正研究教学，才可能做好教学。做好教学，具体而言就是做好教学改革设计，把教学改革设计一步步推向教学实践，即落实到每节课堂上。不仅如此，教师还需要在每节课堂上听一听学生的反馈意见，从而做好进一步的改革设计。由此可见，教学改革是一个不间断的行动研究，没有终点。创新教学理论首先就是鼓励教师们走出传统的“老师讲—学生听”的教学模式开展教学改革探索。

我们都知道,在教育活动过程中,课堂教学是一个核心环节,如果课堂教学是无效的话,那么大学教育质量就无法保证。如果不改变传统的教学观念、教学方式,就无法改变目前普遍存在的大学教学无效化情况,也就无法大面积地培养社会经济发展所需要的创新人才。正是社会经济发展对大批创新人才的呼唤,才促使我们必须要大力推进创新教学,开展创新教学探索,创立具有中国特色的大学创新教学理论。

二、传统教学管理制约创新教学开展

如何开展创新教学探索?最关键的就是要突破传统教学模式束缚,解除制约创新教学的障碍。不得不说,影响教学行为的最关键的因素就是教学考试评价机制,因为它对教师教和学生学的行为均具有导向作用。今天大学教学过程中之所以出现许多不尽如人意的地方,就在于现在的教学考试评价机制失灵了!所谓教学考试评价失灵,指考试成绩既不能反映教师教学水平,也不能反映学生的学习成效。进一步讲,教师评价制度也无法反映教师的教学业绩。正是教学考试评价机制失灵,从而无法吸引教师和学生投身于教学和学习,于是就出现了学生普遍以通过考试为目的,而非以知识获得、能力提升和素质养成为目的去应试的现象。故而尽管学生们普遍获得了比较好的分数,但并不代表他们的学习效果或者学习质量真的好,这就是人们所熟知的“分数虚高”现象。①

教学考评机制失灵带来的另一个直接后果是教师不关心课堂教学效果,一上完课后马上夹着公文包走人,也不会主动去问学生学习究竟怎样。换言之,目前大学师生之间存在严重隔膜,因为教师与学生之间普遍缺乏交流,教师不再关心学生是否真正学到知识,或所学内容对他们能力

① 王洪才:《论大学生评教中的文化冲突》,载《华中师范大学学报》(社会科学版)2014 年第 3 期。

提升是否具有促进作用。虽然说现在高校的网络建设足以开展立体化交流了,但事实上真正运用网络开展多方位交流的非常少,这不能不说是对校园网络建设的一个讽刺。

首先,这些现象说明当代大学教学管理已经落后于高等教育大众化发展形势了,学生群体素质已经发生了巨变,学生群体整体从精英型向大众型转化。人们可以直觉地感受到,在高校大扩招之前,学生学习的积极性普遍较高,因为当时大学入学机会非常少,从而学生非常珍视这个来之不易的学习机会。当大众化来临之后,大学入学的门槛越来越低,从而入学机会越来越容易,学生就不再珍惜这个学习机会了,直接表现就是学生的学习动力也下降了。所以,今天高校普遍面临的是大众型学生,他们缺失了原先的精英抱负,比较注重物质享受和自我陶醉,而大学教学观念、教学内容、教学设计并没有随之转变,大学教学管理没有担负起责任促进大学教学观念、教学内容和教学设计变革,这才是大学教学无效化的深层次的根源。

其次,大学教学管理对技术挑战带来的冲击估计严重不足。没有人能够否认,今天的网络技术手段已经非常发达,大学的网络建设已经改变大学校园的一切,可是网络技术所带来的负面效应却很少被预计到并进行防范。往往人们在享受网络化给人们带来的巨大便利时却忽视了它同时也给教学带来了巨大的挑战。可以说,目前课堂上学生抬头率低主要是智能手机影响的结果。因此,教师必须要面对智能手机的挑战,必须要与智能手机竞争吸引力。显然,如果我们的教学观念落后,进行内容陈旧,教学方法过时,就不足以对学生产生吸引力,因为现在的学生越来越会用挑剔的眼光来看待教师了,他要将教师所讲与网络内容进行比对,教师如果真能够胜过网络就会获得学生们的青睐,否则就会被学生忽视。这其中不仅是进行能力的比拼,也是教学伦理观的变化,但许多教师并未真正意识到这一危机。如果教学管理不能有意识地引导教师教学观念、教学内容和教学方法转变,就不可避免地被学生们冷落。

再次,大学教学管理对物质富裕化带来的挑战没有充分的认识。无疑我们今天已经进入了一个物质富裕的时代,恰恰是物质的富足也使人丧失了学习动力。在漫长的中华文明史上,“艰苦奋斗、刻苦努力”都是宝贵的精神财富,而在今天却遭遇尴尬,人们再也不能用传统的教条来教育今天的学生了。在物质富裕的时代如何促使学生设置远大的目标追求变成了一个教育难题。似乎唯一办法只能是从激发学生的学习兴趣入手,让学生享受到学习乐趣,从而调动学生的学习积极性。如此就不能采用灌输式进行教育了。因为要激发学生学习兴趣,只能从学生实际出发,即从学生的发展需求出发,从学生的切身利益出发,这也是今天大学必须确立“以生为本”理念的由来。如果教学内容、教学方法选择根本不顾学生的兴趣,那样教学无效化就难以避免了。

最后,不得不说,今天的大学生普遍对人生感到迷茫,而自身又缺乏探索的意志,教师又不能给以有效的引导,而学分又容易获得,这样大学就变成了“由你玩四年”了。在 2018 年成都本科教育工作会议上已经明确向这种现象说不,但具体如何实践还需要明确的理论指引。

三、传统教学模式形成过程及其影响

“老师讲—学生听”之所以能够形成一种传统的教学模式,就在于它也具有一系列内在的优点。首先它有利于开展大面积教学,教学效率非常高,这也是班级授课制兴起的首位原因,这在知识匮乏的时代是非常有利于知识扩散的;其次它与媒体不发达时代相适应,因为媒体不发达,知识传播手段短缺,而“老师讲—学生听”成了最有效的传播途径之一;再次它与当时的学习人数少的社会条件相一致,在学习人数少的时代,学习者大多具有很高的学习自觉性,正如马丁·特罗所言,他们要么是社会地位的精英,要么是智力上的精英,这正是精英高等教育时代的特征;②最后就学习内容而言,“老师讲—学生听”也是比较适宜的。因为传统高等教育均以尊崇经典为荣,而经典知识一般都义理深奥,需要名师的指点,如果

② [美]马丁·特罗:《从精英向大众高等教育转变中的问题》,王香丽译,载《外国高等教育资料》1999 年第 1 期。

没有老师的传授,经典的奥义就很难认识清楚。③

正是在当时的社会环境形成了关于传统教学模式的基本认识:(1)教学就是以系统知识传授为目标;(2)教师代表了学术权威,从而成为真理的代言人;(3)学生就是知识继承人,有义务把经典知识代代传承下去;(4)教学成败就是看教师所传授的知识深浅程度和学生掌握的多少。④换言之,传授知识越多、越高深则代表教师的水平越高,学生掌握知识越多、理解得越深刻则证明学习越成功。显然,这个教学观是与知识匮乏的时代背景相适应的,并不适用于知识爆炸时代、信息化时代和即将走入的人工智能时代,当然也与大众化时代学习人数剧增不相适应了。

可以说,传统大学教学观产生于精英高等教育时代,此时“教师的任务就是进行知识梳理并进行系统传授”,“教学是以理论知识为中心的”,认为“理论知识学习的最佳场所就在课堂上”。⑤ 这个说法在“知识生产模式Ⅱ”出现之后就显得落伍了。在“知识生产模式Ⅰ”时代,大学是社会的知识中心,知识从大学向社会扩散,大学所追求的是纯理论知识。而在“知识生产模式Ⅱ”时代,大学必须与社会合作才能实现有效的知识生产,因为此时的知识主流不是纯粹理论型的,而是以应用知识为主导的。⑥但今天大学发展观念普遍还没有转变过来,仍然把理论知识奉为至上,把知识积累作为学习目标,这对于当代大学生而言已经失去了吸引力。对于今天大学生而言,常常是“一吨的说教低于一两的行动”。我们过去太强调间接知识的接受、理论知识的传授了,从而忽视了学习者直接体验的获得,这恰恰是教学无效性的直接根源。加之,今天的大学生普遍存在学习目的不太明确的问题,当他们感到学习内容枯燥无味时就开始拒绝参与,这样课堂教学就容易变成无效教学。

---

③ 王洪才:《论大学传统性、现代性与后现代性》,载《高等教育研究》2017 年第 12 期。

④ 汤建:《大学传统教学模式演进与形成》,载《苏州大学学报》(教育科学版)2018 年第 1 期。

⑤ 王洪才:《论大学传统教学与大学创新教学》,载《苏州大学学报》(教育科学版)2017 年第 4 期。

⑥ 陈洪捷:《知识生产模式的转变与博士质量的危机》,载《高等教育研究》2010 年第 1 期。

传统教学管理制度是传统教学模式的实践载体,并在其中扮演了保驾护航的角色。因为传统教学管理最突出特征就是强调计划性,讲究按照教学计划来进行教学,只有事先把知识系统地编排好才能按照计划执行。当教学强调知识的系统性特征时,就无法照顾到学生的多样化、个性化的追求了,也不可能照顾到学生的经验基础了,因为在大班授课的情况下,在以知识传授为目的的理念引导下,根本无法顾及学生的个性需求。

传统教学理念讲究在单位时间传授的知识越深越好,越多越好,接受的学生越多越好,这种工厂化、大批量生产模式凸显了管理中心主义,因为没有照顾到学生个性需求,不是以学生发展为中心的。如果要突出以学生发展为中心,就应该强化个性化教学。这一点也是《成都宣言》的主旨之一,即引导大学教学走个性化、小班化路线。传统教学管理也与此教学理念相配合,非常注重课堂教学秩序,安静课堂视为好课堂,用以形容学生认真听讲,如在课堂上"掉一根针都能听得见"。今天课堂更讲究师生互动和生生互动,认为课堂讨论气氛热烈才是好课堂,没有师生互动的课堂可能就是浅层的灌输式课堂。但现在许多管理者和教师在观念上和管理方式上还停留在过去,仍然注重统一性而非多样化和个性化,注重技术运用,但并不注重学习者的感受,从而就加剧了学生从课堂教学中疏离出去,这也是传统教学无效性的另一根源。

由于过分强调教学的计划性,教师的教学自由、学生的学习自由没有受到重视,如此就大大限制了教师和学生的创造性发挥,也使教师满足于系统知识传授任务的完成和学生通过考试而获得较高分数。这种计划管理模式实际上就为灌输式教学提供了土壤。所以,在我们分析教学无效性之际,必须要对教学观念进行检讨,对教学管理方式进行检讨,找到影响教学有效性的各种重要因素,进而才能为提升教学有效性提供良方。

四、大学创新教学理论内涵及其机理

大学创新教学理论的基本内涵和宗旨是什么呢?创新教学的宗旨第

一是强调“以学生为中心”理念,它的核心内涵就是必须要根据学生的需要和学生能力水平去设计教学,从内容设计、方法设计到最后的一些评价方式的设计,都要以这个为基础才真正是以学生为中心。所以,具体而言,首先要把学生的学习兴趣激发放在第一位,要求教学内容和学习要求必须难易适度;其次因为理论课程很难吸引学生的注意力,所以必须增加实践素材,教学内容必须与现实联系起来;再次由于讲授式课程无法让学生进行深层次的学习,必须改为探究式教学,因为讲授式课堂的答案是现成的,学生都无须思考了,只要考试能够获得很高的分数即可,一般而言,“基于问题”的教学设计就更容易激发学生学习兴趣,让学生感受到学习的意义,也容易让学生参与探究;最后必须要加强实践环节教学,如果不加强实践环节教学,很难从根本上解决教学有效性问题。⑦

第二是承认每个学生都可以成为知识的建构者,而非知识的被动接受者,核心内涵是强调应该以建构主义知识观引领教学改革。一切的教学观念都是建立在一定的知识观基础上的,如果没有知识观作为基础,教学观就很难具有影响力。建构主义知识观认为,人们的知识获得过程事实上是一个自我建构过程,是个体对自我认知结构的改造。换言之,每个人对知识的接受都是基于自身的经验基础,没有教育基础的话,外来知识就变成了一个异己物的存在,就无法转化为自己知识系统的一部分。这意味着,脱离学生经验基础的知识传授往往是无效的,学生也只能采用死记硬背的方式进行学习。这样的学习自然是浅层的,容易遗忘的,也即无法内化的。知识的生成性逻辑说明,每个人所获得的知识都不是标准知识,都是按照个体经验进行了改造,唯如此才能转变为自己的知识。所以,要提升教学效果,就必须注重知识与学生经验的衔接性,必须注重学生的体验,否则学生就无法生成自己的知识。

建构主义还认为,每个人实质上都是知识探求主体,而非被动的受体,他也可以对事物发出自己的见解。我们认为,这一点是对学生主体性的真正尊重,如果不承认这一点,学生永远只能作为知识的接受者、知识

⑦ 王洪才:《大学创新教学:缘起·现状·趋向》,载《四川师范大学学报》(社会科学版)2017 年第 6 期。

的容器出现。可以说,只有学生形成自己的知识,才是对知识的真正掌握。这也是建构主义知识观的具体运用,同时也是对现代认知心理学理论的应用。不过在这一点上可能在我们国内的学者里面还没有达成一个共识,因为现在大学教师中比较普遍赞成的观点还是希望学生接受老师传授的知识或者权威的知识或者标准的知识,这一观念笔者认为已经落后了。学生的认识基础就是他现在的经验,他根据自己现在的经验来吸收知识、来同化知识,所以有必要扩大学生的体验来促进学生能力的提升。

第三是在教学目标上倡导"以能力为中心",转变传统的以知识为中心观念。创新教学理论认为,知识获得仅仅是一种手段,而非目的,能够应用知识才是教学的基本目标。因为知识积累不会自动转化为能力,能力培养是在知识的具体运用过程中形成的,也即是在解答疑难问题过程中形成的。显然,知识太深、太难、太多,都不利于学生消化吸收,无助于其应用能力的形成,所以,教师的知识传授难度和总量都不应该作为追求的目标,而应该把激发学生的求知兴趣作为起点,把学生真正能够应用知识作为目的。换言之,如果学生没有兴趣的话,学生学习是被动的,那么一切教学活动都可能是无效的。只有当学生求知兴趣被激发出来,其学习行为才是主动的,而这种兴趣形成很大程度上是在体会到知识的价值之后,如果学生没有实践的机会,就很难体会到知识的真正价值。不容否认,开展团队项目教学更容易培养学生的学习氛围,更容易让学生收获学习的快乐,也即更容易激发学生求知兴趣。从实践操作环节来讲,"以问题为中心"组织教学更容易培养学生的学习能力,因为这样的学习目的性更明确,更能够激发学生求知欲,从而学生学习动力就更足,那么能力培养就更容易。

要开展创新教学,教师的角色必须要转变,即教师要从过去的知识的传授者变成学习的引导人、辅导者和调控者。具体而言,教师要负责课程的总体设计,但是要调研学生究竟需要什么,社会需要什么,怎么与当前的科学前沿结合。老师的创造性贡献在于设计适合的探讨题目,时时刻刻为学生提供帮助,要把握和控制教学环节的发展动向。进而言之,老师要倾情投入教学,学生要投身学习,问题适宜是关键,理论结合实践是根本。传统教学中最根本的弊端就是理论脱离实际，而理论只有联系实际才具有生命力，创新教学的核心就是要把握好理论与实践的结合。

总之，实现“四个回归”需要创新教学，创新教学能够使教师回归本分、使教学回归常识、使教育回归初心，创新教学就是让教学和科研结合在一起，让教师认识到责任光荣，从立德树人这个根本标准出发来重新塑造自我，让教育回归到培养人的初心，让学生具有梦想、具有理想。

On the Innovative Teaching of Universities as the Key of Taking Undergraduate as Principal and Promoting the “Four Returns”

Wang Hongcai

Abstract: At present, the quality of undergraduate education is facing severe challenges. The typical manifestation of this phenomenon is that the problem of teaching invalidation is very prominent. The crux of the problem lies in the teaching philosophy, teaching management and teaching methods lagging behind the popular higher education situation and the technical charm of the information age and the ease of people in the era of material wealth. The theory of university innovative teaching insists that university teaching should be competence-centered instead of knowledge-centered, and problem-based teaching instead of lecture-based teaching, which is a response to the call of “Taking Undergraduate as Principle and Promoting the ‘Four Returns’” proposed at the Undergraduate Education Conference in Chengdu.

Key words: innovative teaching, undergraduate education, traditional teaching

坚持“以本为本”推进“四个回归”培养新时代德法兼修法治人才

——基于甘肃政法学院的探索

李玉基*

摘　要：习总书记在全国教育工作大会上讲话中的核心，集中在教育是培养德才兼备的社会主义接班人的问题上。教学工作应以培养“四有”好教师为抓手，以培养“德智体美劳”全面发展的学生为目标，坚持“以本为本”，推进“四个回归”。要抓好师资队伍的师德师风建设，培养德才兼备的“君子式”教师，提升教师教学能力、科研水平、学科建设能力，树立教师主动服务学生的意识，形成教师与学生的互动机制，建立科学、合理的评教制度。

关键词：“以本为本”　“四个回归”　德法兼修　法治人才

本科教育是大学的立命之本、发展之本。坚持“以本为本”，扎实推进“四个回归”，把人才培养的质量和效果作为检验一切工作的根本标准，是新时代全面振兴本科教育、建设高水平大学的基本遵循和指南针。甘肃政法学院作为甘、青、宁、新、藏五省

* 李玉基，甘肃政法学院教授，研究方向：经济法律制度。

区唯一一所政法类本科院校，在长期的办学实践中，始终坚持以立德树人为根本任务，积极发挥和强化学校在西部、特别在西北地区经济社会发展和法治建设中的作用，努力提升和加强学校在国家边疆治理的法律人才培养和法治研究中的地位，积极扩大学校在丝绸之路西向发展的实用人才培养和国别法治比较研究中的影响力，逐渐形成并确立了特色鲜明的“政法类、区域性、应用型”相结合的办学定位和办学特色，为西部经济发展、边疆治理培养“水土相服”的法治人才。

一、贯彻落实全国教育大会精神，推进以质量和特色为标志的内涵发展

当前，省属地方院校本科教育改革发展机遇与挑战并存，竞争之激烈前所未有。甘肃政法学院办学历史短，基础薄弱，决不能丧失发展中面临的任何机遇。一是要积极谋划，主动融入“成都—西安—兰州”西三角战略布局，通过提升对区域经济社会发展的贡献度、支撑度和引领力，聚集更优质的办学资源和发展空间。二是紧盯国家本科教育专项计划，储备项目，寻求突破。要在教育部一流专业建设“双万计划”（建设一万个国家级一流专业点和一万个省级一流专业点）、一流课程建设“双万计划”以及“六卓越一拔尖计划”2.0、“四新”（新工科、新医科、新农科、新文科）建设中积极作为，占据一定席位。三是主导甘肃省卓越法治人才教育培养计划2.0的制订，为甘肃法学教育贡献智慧和力量。

当前，甘肃政法学院正处于更名大学的关键时期，要不遗余力彰显办学特色：一是举“政法”之旗，永葆行业特色。与司法实务部门加强合作共建，加大刑事科学技术前沿研发力度，充分发挥行业特色的辐射效应，使其成为学校核心竞争力。二是务本土之实，强化区域特色。继续在西部和边疆治理、维护国家安全、维护民族地区团结稳定方面发挥更加重要的作用，提高学校在区域内的贡献度。三是育应用之才，彰显学科特色。要克服学校学科结构单一的不足，打破学科专业壁垒，积极推进跨学科培

养,提高毕业生的社会适应度,同时通过学科交叉强化学科特色。

二、坚持"以本为本",紧抓人才培养核心不放松

习近平总书记指出,教育是国之大计、党之大计,教育的根本任务是培养人。人才培养作为高校最本质的职能,其核心就是高校的一切工作都要聚焦到人才培养质量的提升上,聚焦到高水平人才培养体系的构建上,坚持社会主义办学方向,坚持改革创新,培养"德智体美劳"全面发展的社会主义建设者和接班人。坚持"以本为本",本质而言就是要全面贯彻落实好"八个首先",切实把注意力和精力聚焦到本科教育上,坚持将本科作为学校发展战略和办学理念的实践主体,在资源配置和教学条件上体现本科教育的首要地位,着力推进本科教育教学方法和激励机制的改革创新,不断提高办学核心竞争力,打造一流本科教育,这既是一项复杂的系统工程,更是一项实现中华民族伟大复兴、实现教育报国、教育强国的筑梦工程。

近年来,甘肃政法学院始终秉持"坚守人本理念、崇尚法治精神、践行社会责任、造就卓越人才"的办学理念,围绕学校"稳定规模、优化结构、突出特色、提高质量"的办学思路,以"咬定青山不放松"的精神,狠抓本科教育教学质量和全面提升人才培养能力建设,形成了一定的特色,取得了一定的成绩。顶层设计规划教学,在学校事业发展规划、本科教育教学发展规划和学校章程中,始终将本科教育和人才培养放在学校工作的首位,在全校上下逐步形成了"必须始终把人才培养作为学校工作的重中之重"和"牢固确立人才培养在学校工作中的中心地位"的广泛共识。学校每年的工作要点都将本科教学工作与提高人才培养质量作为核心任务进行部署,在思想上和行动上不断强化本科教学工作中心地位。党政领导重视教学,学校党政领导历来高度重视本科教学工作,把本科教学工作作为"一把手"工程,由校长亲自分管教学工作。学校教学工作委员会由校长任主任、分管副校长任副主任,对人才培养和教学工作负总责。党委书记和校长亲自抓教学质量、抓教学改革,将本科教学工作列入党委、行政的

重要议事日程。建立了校领导联系教学单位制度和听课制度,坚持让校领导深入本科课堂听课,掌握教师的授课情况,及时与教师交流思想,帮助教师改进教学方法。同时,确定各二级教学单位党政"一把手"为教学质量第一责任人,对本单位的教学管理、教学运行和教学质量负全责。经费优先支持教学,学校积极筹措办学资金,逐年加大对本科教学的投入力度。近三年,学校本科教学专项经费投入年均增幅达到17.73%,确保了本科教学的优先地位。同时,学校积极争取中央及地方财政的高校发展专项资金支持,全力以赴改善本科教学办学条件。职能部门服务教学。学校不断推进教学管理体制机制改革,成立教师教学发展中心,为教师的专业化发展创造良好的内部环境。教务部门进一步规范教学管理程序,增强服务意识,提升管理水平;人事部门重视师资队伍建设,加大人才引进和培养力度,不断提高教师待遇;财务部门积极争取资金,保障各类教学经费的及时到位;科研管理部门积极争取各类研究项目,形成科研反哺教学的良好氛围;学生工作部门建立健全奖助体系,积极解决学生的后顾之忧;图书馆等教辅部门采取有力措施,为本科教学提供全面支持;后勤部门不断改善教学条件,营造良好的育人环境。制度保障促进教学,学校持续实施本科教学质量提升工程,围绕本科教学建章立制。健全完善教学管理规章制度,为规范本科教学运行、推进教育教学改革、提升教学管理和服务水平提供了具体的规范指引。建立健全校、院两级教学督导制度,对教学过程和教学质量开展全方位的检查、督导。学校不断完善教学工作奖惩体系建设,定期开展教学名师、教学竞赛、教学成果奖、优秀教学奖、青年教师教学进步奖、"精彩一课"等教学评选表彰活动,激励广大教师潜心教学、重视教学、投入教学、研究教学,提升教学水平。当前,甘肃政法学院正以本科教学工作审核评估整改为契机,以更名大学工作为抓手,积极推进落实本科教育教学改革各项措施。

三、推进"四个回归",稳住本科教育中心地位不动摇

在新时代全国高等学校本科教育工作会议上,陈宝生部长强调,要推

进“四个回归”,把人才培养的质量和效果作为检验一切工作的根本标准。如果说,坚持“以本为本”是高等教育发展的“指南针”,那么推进“四个回归”就是振兴高等教育的“定盘星”。坚持“以本为本”,推进“四个回归”是甘肃政法学院发展的现实需要和时代要求,反映了学校争先进位、变轨超车,建设一流本科教育的迫切需要。现阶段,甘肃政法学院的首要任务是学校更名大学工作,最切实的要求是提高本科教育的质量和水平,只有牢牢稳住本科教育中心地位不动摇,才能确保学校持久稳定的发展。

(一)“回归常识”,引导学生求真学问、练真本领

在大多数高校的本科教育淘汰和分流机制尚未有效建立的宽松环境下,学生学习的紧迫感和压力感缺失,甚至迷失了学习动力和专业志趣。针对这一问题,学校采取了一系列举措,打出了一套组合拳。一是完善制度,规范管理。按照《中共教育部党组关于加强高校课堂教学建设提高教学质量的指导意见》的要求,结合我校教学工作规程和学分制教学管理特点,加强教学管理规范,修订完善了《甘肃政法学院本科教学调停课管理办法》《甘肃政法学院课程考核管理办法》《甘肃政法学院普通本科学生学籍管理规定》《甘肃政法学院学分制排课选课办法》等制度,把严抓课堂教学的规范立起来,把严管教学秩序的规矩强起来。二是建章立制,严格管理人才培养过程。针对教育部提出的“增加大学生学业难度”,改进学生学习评价机制,试点提高学习过程考核比例等要求,学校制订专项计划,整顿教育教学秩序,构建本科教育长效机制。继续实施学生学业预警机制,取消毕业生“清考”制度;严格实践教学环节,控制对学生分散实习的审批和监督,加强学生毕业论文(设计)指导和管理;重视创新创业课程的开展,引进国内外优质网络课程资源;严格考试纪律、严把毕业出口关,合力提升人才培养质量。三是积极探索转专业新机制,充分调动学生学习积极性。为激发学生的学习热情和内生动力,在师资和教学设备允许的条件下,逐步放开新生转专业限制,积极探索将转专业与人才培养模式改革、大类专业内分流相结合,采用“申请—考核”制,不再设定专门的接受条件,给予更多学生专业选择权。

(二)“回归本分”,引导教师潜心教书育人,做“四有”好老师

以甘肃政法学院为例,其“根”和“魂”在于本科教育,一流的本科教育需要一流的师资、一流的专业和一流的管理与服务做支撑，甘肃政法学院本科教学工作始终以培养“四有”好教师为抓手，以培养“德智体美劳”全面发展的学生为目标，明确工作方向，出台得力措施。

1. 抓师德师风建设。以本科教育思想大学习、大讨论为抓手，制定《甘肃政法学院本科教育思想大学习、大讨论工作安排》，进一步强化师德教育、践行师德规范、弘扬高尚师德，把师德师风作为评价教师队伍建设的第一标准，真正做到教育者先受到教育，使广大教师真正成为有理想信念、有道德情操、有扎实学识、有仁爱之心的“四有”好老师，成为先进思想文化的传播者、党执政的坚定支持者、学生健康成长的指导者。

2. 抓教师教学能力建设。学校通过以评促教、以研促教、以培促教、以导促教、以赛促教等机制，致力于提高广大教师教学能力和水平，不断完善和构建多层次、个性化的教师教学能力培训体系。依托教师教学发展中心，开展“学院周”活动，举办集体备课、教学方法研讨、教学经验交流、教学档案规范等专题教研活动。通过邀请国内知名的专家、学者作专题系列讲座，加强理论学习，引导全校教师更新教育理念，提高教学能力。同时，大力实施教师教学能力再教育工程，组织教师赴清华大学、中国政法大学等知名学府，参加教学及管理能力提升高级研修班培训，推进教师职业发展各项工作的常态化、制度化、专业化。

3. 抓师资队伍国际化水平建设。学校出台《教师海外访学（进修）管理规定》，加强师资队伍的国际化培养，大力支持青年教师赴海外访学、进修和参加国际会议。实施青年教师海外访学计划，每年选派10名左右青年教师赴国（境）外研修学习，不断提高师资队伍国际化水平。

4. 抓教师科研反哺本科教学工作建设。近年来，学校加大科研奖励力度，充分调动了广大教师的科研积极性，通过科研有力提升了教师的专业水平，促进了教师授课内容的专业性和时效性，凸显了科研反哺教学的实际效应。《甘肃政法学院科研项目管理办法》明确规定，鼓励项目成果向教学转化，为培养优秀人才服务。在政策引领下，教师将科研促教学内化为自觉行动，通过开设专题研讨课等形式，将最新科研成果及时融入教学内容，使学生了解学术前沿，产生了良好的课堂教学效果，提高了学生学习兴趣。

5. 培养教师主动服务学生的意识。建立健全科学、合理的评教制度,把服务育人的理念贯穿于高校一切工作的全过程。同时,始终把师生的需求作为工作的根本、行动的指南,坚持从师生中来、到师生中去,努力提升管理育人、服务育人的能力和水平。

6. 抓双师型师资队伍建设。学校认真落实“双千计划”,先后选派10名教师赴司法实务部门挂职锻炼,同时接收9名实务部门业务骨干来校挂职并承担实务类课程教学任务、指导实践类教学活动,加强了学校与实务部门的合作与联系,搭建了与司法实务部门合作的新平台。学校还与省内公安司法机关就互派教师、干部挂职建立了常态化机制。

7. 抓高层次人才队伍建设。学校不断健全高层次人才引进激励机制。结合“双一流”建设,通过“飞天学者”“领军人才”“文翰学者”等人才计划的有效实施,加快培养高水平师资和学术领军人才。以学科发展为导向,逐步推行年薪制、项目支付制、协议制等薪酬支付方式,完善各类人才的优绩优酬分配方式,加大引进高层次人才的力度。

8. 抓教师分类管理和评价机制建设。学校对教师岗位进行分类管理,将教师分为教学为主型和科研为主型两种岗位类别,建立相应的评价考核、绩效分配机制,最大限度调动教师的积极性,促进教师的多样化发展。

(三)“回归初心”,培养德法兼修、全面发展的社会主义建设者和接班人

学校坚持“以学生为中心”的理念,以理想信念教育、学业发展教育、实践创新教育、健康生活教育、职业发展教育等为重点,构建“三全”(全程、全员、全方位)育人体系,积极探索“招生—培养—就业—反馈”联动机制,着力培养富有家国情怀,掌握专业技能,具备职业素养,具有创新意识,身心健康、全面发展的时代新人。

1. 创新人才培养模式,建立协同育人的长效机制。近年来,学校创新校院、校局、校校合作人才培养模式,与甘肃省高级人民法院、甘肃省司法厅通过联合发文等形式共享资源、建立协同育人长效机制,共建法学、证据科学、监狱学等专业;在共同制定人才培养方案、共建教学团队、共建实践实习基地、共建教材、共建智库、共享资源、互聘挂职等方面开展全方位的合作,从制度上健全和完善了资源共享、协同育人的长效机制。2016 年以来,与甘肃省高级人民法院、甘肃民族师范学院联合培养“藏汉”双语法律人才,已招生 213 人;与甘肃省司法厅联合培养监狱学人才,已招生 270 人。

2. 健全保障机制,持续推进本科教学质量与教学改革工程建设。学校始终坚持以教研促教改、以教改促教学,建立健全保障机制,大力推进本科教学质量与教学改革工程建设。专项经费保障教学改革。学校加大经费投入,每年开展教改项目立项工作,对经评审获准立项的一般项目、重点项目和招标项目,每项分别给予 5000 元、8000 元和 30,000 元建设经费支持。同时,对获批立项的省级以上教改项目 1∶1 配套建设经费。政策激励促进教学改革。学校出台教师分类管理办法,鼓励教师潜心教学、教书育人;改革职称评聘办法,将专业建设、课程建设、教改立项、教研论文、教学获奖情况等教研教改工作成果作为教师晋职及岗位评定的重要依据,并给予奖励。项目建设推动教学改革。学校高度重视教改项目的培育、建设及研究成果的推广应用,注重发挥国家级人才培养模式创新实验区的辐射带动效应。针对人才培养过程中亟须解决的关键性问题,学校通过招标项目的形式予以立项,委托专人进行专题研究。教学改革成效显著,教学成果奖取得新突破。学校积极引导教师将教学研究和教学改革的成果服务于人才培养,坚持将教学改革过程贯穿于教学始终,重视校级教学改革成果的后续培育和提升,以项目建设推进教学改革研究,涌现出了一批创新型、有特色、具有较强示范辐射作用的优秀教学成果。2014 年以来,学校先后获批国家级人才培养综合改革项目 5 项,国家级特色专业建设点 3 个,甘肃省省级特色专业建设点 13 个,甘肃省省级教学团队 6 个,甘肃省省级教学名师 6 人,甘肃省省级精品课程 17 门,甘肃省省级精品资源共享课 5 门;获教育厅级以上教学成果奖 24 项,其中甘肃省级教学成果奖 7 项,一等奖 3 项,二等奖 4 项,部分研究成果或转化为学校教学顶层设计,或被推广应用,对人才培养效果的推动作用已初步显现。

3. 完善质量保障体系建设,建立教学质量管理闭环,实现教学质量持续改进。学校坚持以质量控制为核心,以持续改进教学质量为目标,不断完善质量保障体系建设。围绕学校办学定位和人才培养总目标,建立和完善质量保障4大系统、5大标准体系建设:质量管理决策系统、质量监控和评价系统、信息采集与反馈系统、教学质量执行改进系统;专业建设与评估质量标准、课程建设质量标准、实践教学质量标准、教学管理质量标准、学生学业质量标准。健全质量监控组织结构,成立教学质量监控中心,提升质量监控效能,实现教学质量管理的闭环运行,实现教学质量的持续改进。

4. 积极试点,卓越法律人才培养模式改革初显成效。2012年,学校获批国家首批卓越法律人才教育培养基地。2014年,开设卓越法律人才实验班,以点带面推进人才培养模式改革,为本科专业内涵建设注入新的活力。2018年,《"卓越计划"引擎驱动下的法学专业综合改革研究》获得甘肃省高校省级教学成果一等奖,为甘肃政法学院人才培养模式改革积累了可供推广的宝贵经验。

5. 依托证据科学交叉学科,成功打造特色鲜明的证据科学类专业课程体系和教学模式。甘肃政法学院公安高等教育自1989年4月举办,依托法学学科专业资源和优势,确立了"法学背景,法治情怀,扎根西部,贴近实战的应用型、复合型公安类人才"培养目标,形成了独具特色的"法学与公安高度融合"的教育模式,在人才培养、学科专业建设、社会服务等方面均取得了显著成效,受到了社会各界的广泛认可,得到了行业内的良好评价。随着依法治国的全面推进,学校紧盯社会对证据科学技术人才的需求,在"法学与公安高度融合"教育模式基础上,形成并发展了证据科学新型交叉学科。学校依托法学、公安学、公安技术、网络空间安全学科专业的资源和优势,充分利用证据科学技术省级重点实验室、司法鉴定中心、犯罪心理测试技术中心等科研和社会服务平台,确立了证据科学与法学、现代技术有机融合的"三结合"教学体系,突出人才培养"工与法"融合的特色;构建了"学术讲座+学科竞赛+司法鉴定"三位一体的第二课堂体系,提升专业人才的实践创新能力;以司法鉴定实践促进教学科研,培养“双师型”教师队伍;形成了较完备的证据科学类专业课程体系和教学模式,实现了人才培养、教学改革、特色科研协调发展的良好局面,成为学校本科人才培养中的鲜明特色。将“司法鉴定”模式融入证据技术类课程的理论与实践教学,获2017年省级教学成果一等奖。

6. 健全体系,促进第二课堂和第一课堂深度融合。学校注重发挥第二课堂思想育人、文化育人、实践育人功能,形成了涵盖思想教育、社会实践、志愿服务、学风建设、创新创业、体育运动、文学艺术、特色项目的第二课堂育人体系。同时,紧密结合专业特点,制定第二课堂培养方案,推进第二课堂有效服务第一课堂。通过开展本科生学科专业竞赛立项,不断促进第二课堂与第一课堂有机衔接,服务学生专业实习。

7. 以生为本,科学构建课程体系学校“十三五”本科教育教学发展规划对课程体系建设提出四个层面的要求:一是建好通识选修课;二是做精学科平台课;三是做实专业方向课;四是培育专业特色课。学校有计划、有重点进行教学内容与课程体系的改革和实践。学校历次专业建设发展规划中,均提出了课程建设的目标和任务,着力推进课程体系与教学内容改革,启动了精品课程建设工程,积极推动优质通识课建设。学校通过立项建设校级重点课程、精品课程,有意识地培育优质课程资源,并积极申报省级精品课程,以此带动课程建设水平的整体提高。同时,适时修订课程教学大纲,确保课程教学内容与学科发展前沿接轨。

8. 强化思政教育,启动课程思政示范课建设。为贯彻落实总书记全国教育大会上的讲话精神,贯彻落实“立德树人”的根本任务,建立健全全员、全程、全方位的“三全育人”育人机制,学校启动课程思政示范课建设,在每一门课程中有机融入思想政治教育元素,推出一批育人效果显著的精品专业课程,打造一批课程思政示范课堂,选树一批课程思政优秀教师,构建我校专业课教学与思想政治理论课教学紧密结合、同向同行的育人格局。

9. 加强教学督导专业化建设,确保“教”与“学”同向同行、协同推进。为确保有质量的课堂教学,推进教学督导工作的专业化发展,学校在2016年第五届督导委员会聘任时,聘请3位校外专家担任校级教学督导,在甘肃省内高校中尚属首次,真正发挥了第三方评价主体的作用。2018年10月,学校聘任第六届教学督导委员会委员,聘任校级教学督导6人,二级学院教学督导30人,其中校外教学督导9人。目前,学校的校院两级教学督导负责监督检查日常教学运行状况和教学档案,指导青年教师规范教学,帮助其提升教学能力,并在学校和二级学院专业建设、师资建设、课程建设、教风学风建设、教学内容和教学方法改革等重要教学环节参与决策咨询工作。通过教学督导的监控、引导和跟踪反馈,推动教学课堂质量的提升,规范和完善听课、观课制度,有针对性地组织优秀教师重点听取青年教师和教学相对薄弱教师授课情况,帮助提高授课水平。

10.推动课堂教学革命,高度促进现代信息技术与教育教学的融合。为深化课堂教学改革,加强和提高教师课堂教学组织信息化应用水平,学校健全制度,出台激励措施,加大推进力度,引导教师积极探索基于智慧教育背景下的课程建设与教学改革,促进传统教学与信息化技术的深度融合,将信息化教育理念、思维、方法引入课堂,构建线上线下相结合的教学模式,推广混合式教学、翻转课堂,增加课堂教学互动,倡导启发式、探究式、讨论式、参与式教学,促进学生主动学习、释放潜能、提高学习效率,提升自主学习能力,有步骤、有计划地在全校教师中推广利用智慧教学工具开展混合式教学。

(四)"回归梦想",建设高水平甘肃政法大学

习近平总书记指出,"法治人才培养上不去,法治领域不能人才辈出,全面依法治国就不可能做好。""高校作为法治人才培养的第一阵地,要坚持立德树人,德法兼修,培养大批高素质法治人才。"习总书记的重要论述为政法类院校的发展指明了方向,提出了更高的目标和要求。

当前,西部地区的法学教育和法治人才培养与党中央和总书记的期望还有很大差距。作为政法类高校,甘肃政法学院在落实全面依法治国战略、培养服务西部地区法治人才方面责无旁贷。学校更名大学,建设高水平甘肃政法大学,是积极响应习总书记号召的需要,是落实全面依法治国战略的需要,是提高西部地区法学教育水平和法治人才培养质量的需要,是服务"丝绸之路经济带"沿线国家国别法治、政治、经济、文化研究与人才培养的需要，是维护西北地区长治久安和推动地方经济社会发展的需要，是促进西部高等教育发展和优化甘肃高等教育布局的需要，是加快学校内涵发展和提高办学水平的需要。学校将抢抓这一历史性战略机遇，充分发挥学校的办学特色和较强的学科优势，坚持立德树人根本任务，坚持在政法类、区域性、应用型的结合中深化内涵发展，强化办学特色，提升教学科研水平，提高人才培养质量，增强社会服务能力，加快实施校园基础设施建设提升计划，走出一条有别于传统优势高校的发展路径，办好人民满意的大学。

On the Persistence of Taking Undergraduate Law Majors as the Principle and Promoting the "Four Returns" to Cultivate Legal Talent with Virtue and Law Knowledge in the New Era

—Based on the Exploration of Gansu Iustitute of Political Science and Law

Li Yuji

Abstract: The key points of General Secretary Xi's speech at the National Education Work Conference focused on the issue of education as a socialist successor with both ability and political integrity. The teaching work should focus on cultivating the "four-haves" good teachers, who have revolutionary ideals, sound morals, good education and a strong sense of discipline, aiming at cultivating students with "all-round development of moral, intellectual, physical", adhere to "taking undergraduate law majors as the principle" and promote the "four returns". It is necessary to do a good job in the construction of teachers' morality and ethics, and to cultivate "gentleman-style" teachers with both specialty and political integrity, to improve the teaching ability of teachers, to grasp the scientific research level of teachers, to improve the ability of discipline construction, and to grasp the awareness of teachers actively serving students. Form an interactive mechanism between teachers and students, and establish a scientific and reasonable evaluation system.

Key words: "taking undergraduate law majors as the principle", "four returns", promoting both virtue and law, rule-of-law talent

应用型法治人才培养的课程体系构建

吕　涛[*]　窦衍瑞[**]

摘　要:《中共中央关于全面推进依法治国若干重大问题的决定》提出了“创新法治人才培养机制”的重大命题。培养应用型法治人才,必须从法学专业的课程体系建设入手。应用型法治人才培养课程体系具有政治性、道德性、实践性、开放性的特点,必须坚持德法兼修、德法交融,对接法律职业资质,厚基础、宽口径、重实践、强能力的原则;以思政课程为引领,以理论课程为基础,以实践课程为重点,以职业助考课程为辅助,以全面素质教育课程为保障,进行立体化、全方位构建。

关键词:应用型　法治人才培养　法学专业　课程体系

“法治人才培养上不去,法治领域不能人才辈

* 吕涛,山东政法学院教授,法学博士,研究方向:宪法学与行政法学,法学教育。

** 窦衍瑞,山东政法学院副教授,研究方向:宪法学与行政法学。

出,全面依法治国就不可能做好”。① 党的十八届四中全会通过的《中共中央关于全面推进依法治国若干重大问题的决定》指出,“全面推进依法治国,必须大力提高法治工作队伍思想政治素质、业务工作能力、职业道德水准,着力建设一支忠于党、忠于国家、忠于人民、忠于法律的社会主义法治工作队伍。”“坚持立德树人、德育为先,推动中国特色社会主义法治理论进教材进课堂进头脑,培养造就熟悉和坚持中国特色社会主义法治体系的法治人才及后备力量。”这一论述既蕴含了对法治人才的需求标准,也对法治人才培养规格提出了明确的要求。早在2012年教育部、中央政法委启动的“卓越法律人才教育培养计划”中,对法治人才培养就提出了“坚持厚基础、宽口径,强化学生法律职业伦理教育、强化学生法律实务技能培养,提高学生运用法学与其他学科知识方法解决实际法律问题的能力,促进法学教育与法律职业的深度衔接”的基本思路。今年(2018年)教育部、中央政法委在《关于坚持德法兼修实施卓越法治人才教育培养计划2.0的意见》中又进一步强调“主动适应法治国家、法治政府、法治社会建设新任务新要求,找准人才培养和行业需求的结合点”。我们认为本科教育一般应当兼具学术性和实践性,在此基础上还应根据不同学科的特点有所偏重。基于法学学科的特点和法治实践的需求,法学教育更应偏重实践性,因此应将应用型法治人才作为培养目标。国家层面的人才培养模式设计大都为宏观理想模型设计,“其背后所蕴含的教育思想、教育理念、教育目标以及改革的思路等还都需要具体的、微观的教师的教学行为和学生的学习行为予以支持方能实现。”② 课程体系是专业人才培养方案有效落实的重要载体,也是学校教学建设的基本单元,直接关系到人才培养目标的实现。本科法学教育应当立足应用型法治人才定位,逐步建立完善与卓越法治人才培养目标相适应、具有“鲜明的中国特色、完整的知识结构、适度的学分要求、丰富的选择

① 习近平:《培养法治人才 促进青年成长》,载枝江市人民法院党务公开网:http://zjsfy.zhijiang.gov.cn/art/2017/5/31/art_9063_518778.html,最后访问日期:2018年12月2日。

② 吕涛:《深化法治人才培养模式改革》,载《法制日报》2015年8月26日,第12版。

空间”的法学课程体系。③

一、法学课程体系的特点

在遵循本科教学课程建设一般规律的基础上，基于应用型法治人才培养目标定位的内在要求，法学课程体系应具有自身特点。

（一）政治性

我国高等教育坚持为人民服务，为中国共产党治国理政服务，为巩固和发展中国特色社会主义制度服务，为改革开放和社会主义现代化建设的发展方向服务。就法学教育而言，习总书记在中央全面依法治国委员会第一次会议讲话中指出：“要加强法治工作队伍建设和法治人才培养，更好发挥法学教育基础性、先导性作用，确保立法、执法、司法工作者信念过硬、政治过硬、责任过硬、能力过硬、作风过硬。”这几个方面的“硬不硬”很大程度上取决于法学教育阶段打下的基础“牢不牢”。因此，法治人才培养直接关系着中国特色社会主义伟大事业建设和社会主义法治实践的成败，必须在法学课程体系建设中提升政治地位，坚守意识形态底线，融入思想政治教育和意识形态教育，推动中国特色社会主义法治理论进教材、进课堂、进头脑。法学教育具有鲜明的政治性，政治性自然成为法学课程体系的本质特征。

（二）道德性

社会道德渗透到各个职业领域，逐步形成了从事特定职业所必须具备的道德要求和道德规范。相对于其他职业，社会公众对法律职业的道德标准期待最高。法律人如若道德失范，自然就会削减全社会对法律的信仰。法治人才必须养成高尚的法律职业道德，应当成为宪法法律的信仰者、公平正义的捍卫者和社会道德的表率者。“德者，才之帅也。”道德性要求应当体现在课程体系建设之中。通过有德性的法学课程培养出有

③ 黄进：《创新法治人才培养机制》，载《人民日报》2014年12月12日，第7版。

德性的法治人才,不仅可以充分彰显法律的社会价值,更好地为社会提供法律服务,而且能够更好地体现和推动依法治国与以德治国的高度统一。因此,道德性是法学课程体系的社会伦理特征。

(三)实践性

在长期的发展过程中,法律职业已经形成具有统一的法律知识背景、模式化思维方式、共同法律语言和职业伦理共识的职业共同体。作为其中的从业者,应用型法治人才还应同时具备从事法律实务所必需的事实判断、证据收集与鉴识、法律适用、法律辨析、法律文书制作、法律程序操作、法律事务组织管理等职业技能。职业技能的传授和培养,是法学教育的重要组成部分。习总书记指出:“法学学科是实践性很强的学科,法学教育要处理好知识教学和实践教学的关系。”法学教育必须加强实践性课程教学,传授法律规范在实践中的运用技能,为学生从事法律职业或者法律职业之外的其他职业塑造基本的专业应用能力。实践性是法学课程体系的固有的学科特征。

(四)开放性

应用型、复合型、创新型法治人才,是未来法治人才培养的改革方向。从法学学科体系来看,整个法学的学科知识体系正在逐步变化,边缘学科、交叉学科和新兴法律学科发展很快,法学与其他相关学科互动交流、相互融通、相互促进的态势不可改变。随着改革开放的纵深推进和法治建设的逐步加快,大量的经济问题、社会问题、环境问题以及各类复杂多样的权利诉求,都将转化为法律问题,甚至是国际化背景下的法律问题。而这些法律问题的解决,单纯依靠法律知识技能往往是不够的。法治人才的知识结构面临着新的挑战,法学教育也必须适应和满足新发展、新形势、新任务的要求。反映在课程体系建设上,必须打破不同专业、学科的壁垒,加强开放性课程模块的设计和建设,不断完善课程体系结构,着力提升学生的自主学习技能。因此,开放性成为了应用型法治人才培养课程体系的可持续性特征。

二、应用型法治人才培养课程体系构建的基本原则

应用型法治人才培养的课程体系应当是一个理念先进、结构清晰、层次多元、静动结合的系统，必须体现自身特点，坚持以下原则：

(一)德法兼修、德法交融的原则

从“德”和“法”两个维度上去思考，中国特色法学教育的培养要求应当是德法兼备，培养过程是德法兼修、德法交融。山东政法学院历来主张“既要成才，更要成人”，把“人”的培养放在更加突出的位置上，提出德法兼修A型法治人才培养思路。[④] 我们理解“法治人”应该是由“德”和“法”两条腿支撑起来的人，将“人”字略加变型为“A”。“A”的左边竖线像“人”的撇，代表“德”，是第一笔，意味着“德为先”；右边竖线像“人”的捺，代表“法”，是第二笔，支撑着撇，意味着“法为基”；中间横线代表“综合素质”，将一撇一捺紧密连接，相互支持，意味着“德法交融”。只有“法治人”这两条腿坚强有力，步调一致，才能走得更加稳健，更加久远；中间的横线越粗，载体越多，交融越深，人才培养质量越高，越能提高一流(Apex)应用型法治人才培养目标的达成度。

(二)对接法律职业资质的原则

法律职业作为一种专门性很强的职业，具有独特的职业特征和专业独立性要求，因此国家实施统一的职业资格准入制度。若无“资格”，何谈“应用”？法律职业资格考试是应用型法治人才不得不跨越的一道门槛，也是对法学教育质量和法治人才培养目标达成度的一个检验。课程体系建设是创新法治人才培养机制的关键环节，应当成为贯通法学教育和法律职业的一座桥梁，需要着力解决教学与法律职业资格考试脱节的问题，实现课程体系建设与法律职业资格考试的深度对接。

---

④ 吕涛：《立德树人　德法兼修：培养A型法治人才》，载《法学教育研究》2017年第4期。

(三)厚基础、宽口径、重实践、强能力的原则

应用型的人才培养定位并不排斥一定的学术功底,反而必须要以系统的学科知识作为基础。法学课程体系建设应当适当提高专业核心课程的教学要求,推进通识教育课、专业基础课、专业核心课三类课程学分结构比例的进一步优化,提高学生的法学知识理解和运用能力,形成法律职业的基本素养。基于法学课程的实践性特征,必须在课程体系中注重实践教学,培育法科学生分析解决实务问题的能力。同时,应用型法治人才不仅要有娴熟的法律职业技能,还应当具备高尚的政治觉悟、深厚的人文精神、丰富的社会知识等综合素质。最后,应用型法治人才培养必须注重法治精神和法律运用能力的全面养成,培养学生提高说理能力、思辨能力、批判能力和写作能力等法律职业所必须具备的能力。

三、应用型法治人才培养课程体系构建的具体路径

按照上述原则,结合山东政法学院的具体实践,我们提出了“7 + 1”的课程体系构建模式。

(一)以思政课程为引领,深化德育改革

在课程体系建设中,必须坚持以马克思主义为指导,将习近平新时代中国特色社会主义思想和社会主义法治理论融入课程中,培养学生对党的领导、中国特色社会主义事业和社会主义法治理论的内心认同。我们建立了思政教师、专业教师和辅导员的联席会议机制,深入挖掘专业课程的德育元素,积极推动思政课程向课程思政的转变。为实现思政教学与学生互动,进一步增强思政的针对性和有效性,我们启动“学生热点话题排行榜”工作,定期调研征集学生关注的热点话题并公布,思政教师和法学教师及时把握学生关注的热点,将教学活动与学生关注的话题有机结合,帮助学生解决思想困惑,引导学生理性思考社会现实,进一步坚定社会主义理想信念,取得了较好的育人效果。

(二)以美育和体育课程为依托,塑造健全人格

高素质法治人才必须具有健全的人格,美育、体育和智育同等重要、

不可偏废。法治人才更需要提高审美能力、端正审美取向、提高生活情趣，才能增强明辨是非的能力，感受到法律的温度。而健康的身心则是学生走向社会担当法治建设重任的先决条件。在课程体系中，开设了文学、心理、音乐、舞蹈、美术、书法、戏剧、影视等大量的美育课程，与博物馆、剧团等各类文化艺术单位共建美育基地。在体育教学中，我们实施“项目式、选修化”的课程设计，探索将部分体能测试项目按比例纳入学生体育考评体系；推出“校园 APP 健康跑”项目，利用手机定位和线路设计，督促学生完成每天的跑步任务，同时也调动起了学生参与体育积极性。

（三）以理论课程特别是精品课程建设为基础，筑牢专业功底

应用型法治人才的培养过程首先要促进法科学生形成相当的理论功底和系统的知识体系，然后培养其将理论知识应用于社会实践的转化能力。法学理论课程或者法学课程中的理论部分必须注重理论传授、概念解释以及法条的内涵分析，为实践能力筑牢理论基础。在理论课程建设中，应当注重精品化塑造和精品化导向。2017 年教育部开始评估并公布国家在线精品课程，为高校教学质量的提升注入新的活力。我们也建设了高清虚拟演播室，整合校内法学课程资源和教师资源，积极开发建设适应学生和社会需求的新课程，大力推进精品课程建设，不断优化完善课程体系，为人才培养提供优质课程资源。

（四）以实践课程为重点，夯实应用能力

应用型法治人才培养必须由原来注重“学科知识掌握”为本位的理念转移为“应用能力培育”为本位的理念，推动学生应用技能的掌握和提升。有学者指出要实行同步实践教学模式，即“理论教学和实践能力训练从先后关系转向同步进行关系。实践教学在人才培养中的性质从检验理论知识的手段提升为人才培养的抓手，实践教学在人才培养中的定位从人才培养的末端环节提升为贯穿人才培养的全过程。”⑤对接应用型法治人才培养目标，法学本科课程体系必须强化实践、实训、案例课程建设，将实践类课程作为重点。学校成立了案例研究院，组建了山东政法学院法律援

---

⑤ 黄进、张桂林、李树忠、于志刚：《创新同步实践教学模式，培养卓越法律人才》，载《中国高等教育》2014 年第 17 期。

助服务中心和法律诊所教育中心,建有校内教学实训中心7个,在公、检、法、司、律所、企业等单位建设了200多个校外实践教学基地,搭建多层次多元化的理论与实务互动平台,全面提高学生实践能力。同时,鼓励引导学生参与社会服务,例如开展法律诊所教育,在教师的带领下,学生提供法律咨询、参与教师代理案件以及法治宣传等活动,不仅能够让学生体验真实的法律实务场景,亲历真实的司法流程,还能够强化学生的法律职业伦理、社会责任感和公共服务精神。

(五)以第二课堂为延伸,提升综合素质

包括实践能力、创新能力和综合能力在内的职业化素养教育是一个不断训练和经验积累的过程,不能单靠课堂教学而获得,需要充分调动学生的主观能动性,对已有的知识体系进行重新架构和升华,从而实现自我能力的拓展。第二课堂在实践能力、创新能力和综合能力培养上扮演着重要角色,往往集品德、知识、能力和身心养成于一体,成为课堂教学的重要延伸。为了保证第二课堂对综合素质的塑造效果,学校对校团委组织的第二课堂活动也实行学分制管理。比如,"扬帆团校"系列课程,实施"1+10"计划,要求每个"扬帆团校"骨干学员带动10个普通团员。"靛青工程"采取"6+1"模式,包含6项必选模块和1项自选模块,其中思想引领模块作为首要模块,而且学分赋分最高。该项工程年均活动项目500余个,年度参与25,000余人次,被中国共青团中央评为全国学校共青团重点工作"打造高校学生第二成绩单"创新试点项目。

(六)以助考类课程为辅助,衔接职业资质

应用型法治人才的培养过程、培养目标与法律职业资格考试的考核内容和检测目标高度契合,二者应当通过课程建设进行相互衔接。但是,法学教育毕竟属于综合性人才培养,与法律职业资格考试辅导并不完全等同,可以考虑三种途径对接法律职业资格考试。一是在理论课程和实践课程教学中引入知识点与考点融合串讲的教学方式,引导学生利用法学理论分析法律职业资格考试真题;二是开设选修课程,针对法律职业资格考试进行专项解读;三是借助社会办学力量,与学校教学共同助力法律职业资格考试,形成教学与助学的联动机制。2015年年底司法部颁布了

《关于完善国家统一法律职业资格制度的意见》,提出要改革法律职业资格考试的内容,“以案例题为主,每年更新相当比例的案例,大幅度提高案例题的分值。”这对教学与助学都提出了新的要求,在课程内容上应当更多地传授法律规范的运用方法、法律案件的分析方法,以及法律解释、法律推理和法律逻辑等法律方法,注重提高学生掌握法律实务的具体操作技能。近几年山东政法学院的法科学生司法考试通过率一直保持在40%左右,较好地满足了学生的就业需求。当然,完善的助考课程体系还应当包括公务员等公职考录、研究生考试等助考内容,以实现学生的多元发展需求。

(七)以个性化课程为补充,促进个体发展

高等教育应当以学生为中心,充分尊重和满足学生的个体发展需求。特别是在学分制教学管理的背景下,系列“私人订制”类课程的开发建设也不可或缺。一是适应学生自主学习需求,进行微课程建设。我们将法学学科的某一个疑难知识点甚至某个热点案例,通过一个或者两个课时进行讲解,并通过互联网上传至课程资源库,方便学生“碎片化学习”,为学生全程提供优质课外辅导服务。二是适应学生理论研究需求,开发建设以创新能力为培养目标的课程。我们鼓励教师将个人学术研究成果转化为小学分课程,依托教师的科研成果训练学生的科研及学术思维,培养学生的创新能力。三是适应学生创业就业需求,开发建设创新创业类课程。我们把创业教育课作为公共必修课,并通过系列论坛、讲座以及网络教学平台,强化法学本科学生的创新精神和创业知识,促进学生创业就业和全面发展。为进一步调动学生自主学习的积极性,我们还深入开展“学生期待课程调研”活动,向学生征集希望学校开设的课程或者课程内容,不断提高“私人订制”类课程和学生自主学习的实效。

(八)以“互联网+教学”等先进教学方法为手段,实现课程内容的有效传递

适应信息化的发展,法学课程教学也必须充分利用网络平台、慕课平台,建设慕课、在线课程,为学生自主学习提供丰富的课程资源。并以此为载体,转换教学模式,积极开展“自主探究与合作学习”相结合的翻转课堂、混合式教学等新模式。课前准备知识点、微视频、习题库等教学资源,并利用网络平台如 QQ、微信等与学生交流互动;课堂进行重点难点分析,与学生探究、讨论并进行案例研讨;课后进行在线拓展训练,以挖掘学生自主学习的潜力,启发学生自主思考能力,形成线上资源共享、线下疑难讲解、线上线下交流互动的教学模式,共同推动教学质量的提升。

综上所述,我们把应用型法治人才培养的课程体系归类分成七大模块,即以思政课程为引领,以美育和体育课程为依托,以理论课程为基础,以实践课程为重点,以第二课堂为延伸,以助考课程为辅助,以个性化课程为补充,同时以“互联网 + 教学”等先进教学方法为手段有效传递课程内容,并推动各组成部分有机联系、相辅相成,形成一个完整的课程体系,将这种体系称为“七加一”模式。根据“一流”本科建设和“四个回归”的要求,这一模式也将在实践中继续发展完善。

On the Construction of the Curriculum System for the Cultivation of Applied Rule-of-Law Talent

Lv Tao　Dou Yanrui

Abstract: The “Decision of the Central Committee of the Communist Party of China on Comprehensively Promoting Several Major Issues in Governing the Country According to the Rule of Law” puts forward a major proposition of “innovating the mechanism of the cultivation of the rule-of-law talent”. To cultivate Applied Rule-of-Law Talent, we must start with the construction of the curriculum system of law majors. The curriculum for the cultivation of applied rule-of-law talent should be political, moral, practical, and open. It must adhere to combination of promoting both virtue and law. For legal professional qualifications, the principle of emphasizing the learning capabilities, expanding the students' horizons, emphasizing practice and strengthening their performances should be attached to great importance. At the same time, the theoretical courses should be treated as the foundations and the political education courses should be treated as the guidance. Further, the wholesome quality-oriented courses should be guaranteed and the optional courses for students' future careers should be chosen by students. Only in this way, the authors suggest that the guarantee for three-dimensional and all-round construction of the curriculum can be realized.

Key words: application, cultivation of legal talent, law majors, curriculum

建设一流本科教育的基础与路径：基于中国政法大学的思考

卢春龙*

摘　要：高等教育的首要任务是培养人才，为新时代中国特色社会主义建设培养一流的人才。只有培养出一流人才的高校，才能成为世界一流的大学。关于如何建设好一流的本科教育，本文提出了三条基本原则。同时，国内关于一流本科教育的概念和内涵、评价指标和体系等问题的研究还有所欠缺，缺少相对明确和统一的标准等问题，本文在文献梳理的基础上对一流本科教育的定义和基本特征进行了归纳，同时，本文还整理了建设世界一流大学的研究和世界大学排名评价标准中与本科教育相关的特征，为一流本科教育的建设提供借鉴和补充。

关键词：一流本科　一流大学　人才培养　教学体系

党的十九大报告中明确提出："建设教育强国是中华民族伟大复兴的基础工程，必须把教育事业放

* 卢春龙，中国政法大学教授，博士生导师，研究方向：法学教育、政治传播、国家治理。

在优先位置，深化教育改革，加快教育现代化，办好人民满意的教育。要全面贯彻党的教育方针，落实立德树人根本任务，发展素质教育，推进教育公平，培养德智体美全面发展的社会主义建设者和接班人。”对于高等教育的发展，更是明确提出要“加快一流大学和一流学科建设，实现高等教育内涵式发展。”十九大报告从国家层面对高等教育建设做出了战略部署，为高等教育发展指明了方向。

在高等教育的众多社会属性中，人才培养是首要属性、本质属性，可以说，高等教育的首要任务是培养人才，为新时代中国特色社会主义建设培养一流的人才。只有培养出一流人才的高校，才能成为世界一流的大学。人才培养既包括本科教育，也包括研究生教育，而本科教育在人才培养中具有基础性的地位，一所大学要想把人才培养做好，首先要做好本科教育。陈宝生部长在2016年12月就明确提出“没有高质量的本科，就建不成世界一流大学”。一流的本科教育是一流大学的重要基础和特征，一流的本科教育是一流大学的底色，没有一流的本科教育，就没有一流的学科，也就无从谈起一流的大学建设。作为大学之本，稳固而优质的本科教育不仅是大学持续稳定发展的基础，更是学校学术声誉和社会声誉的重要载体。① 没有一流本科的“一流大学”是失去了灵魂的卓越！没有一流本科的“一流学科”是忘记了根本的一流。

一、建设一流本科教育需要坚持三条基本原则

如何建设好一流的本科教育，高等学校需要坚持这样三条基本原则：

第一，坚持人才培养在学校工作中的中心地位，坚持本科教学在人才培养中的基础地位。只有坚持本科教学在人才培养中的基础地位，才能真正确立起人才培养的中心地位。办出世界一流大学，必须牢牢抓住全面提高人才培养质量这个核心点，必须坚持本科教学工作在人才培养中

① 黄维：《本科立人本科立校——构建“中国特色世界一流”本科教育体系初探》，载《中国高教研究》2016年第8期。

的基础地位,以人才培养工作为中心,以此带动学校其他工作,形成其他工作服务于人才培养的基本架构,形成建设世界一流大学的立体格局。

第二,坚持立德树人、德法兼修,把培育和践行社会主义核心价值观融入教书育人全过程。坚持把立德树人作为中心环节,以立德树人为根本,以政治教育、理想信念为核心,以社会主义核心价值观为引领,以学生为主体,尊重教育规律、学生成长规律和思想政治工作规律,围绕学生、关注学生、服务学生,全员、全过程、全方位育人,切实形成课程育人、科研育人、实践育人、文化育人、网络育人、心理育人、管理育人、服务育人、资助育人和组织育人的"十育人"格局,把思想政治工作贯穿教育教学全过程,把理想信念教育摆在首要位置,深入开展社会主义核心价值观教育,大力推动习近平新时代中国特色社会主义思想进教材、进课堂、进头脑,使学生真正领会习近平新时代中国特色社会主义思想的科学内涵和精神实质,形成对中国特色社会主义的内心拥护和真诚信仰。我们要着力打造德法兼修的人才培养体系,强调课堂教学中的"价值引领"责任。教师应做到学为人师、行为世范,在课堂教学中"一课双责",既做好知识体系的教学,更要发挥价值引领作用,在学生成长成才过程中发挥积极的带动作用,成为学生锤炼品格的引路人、做学生奉献祖国的引路人,让学生阳光、健康成长。因此,课堂教学应当成为引导学生向上向善的主阵地。

第三,全面提高人才培养能力,关键点就是在于提高教师的教书育人能力。一流的本科教育体系要引导教师以德立身、以德立学、以德施教,要求教师坚持教书和与育人相统一、言传和与身教相统一、潜心问道和与关注社会相统一、学术自由和与学术规范相统一。我们要大力加强专业教师队伍建设,不断提升教师队伍的政治素养、学术水平、教学质量、育人能力,培养和造就一支有理想信念、有道德情操、有扎实学识、有仁爱之心的优秀教师队伍,打造在党的教育方略中有担当力、学校改革创新事业中有胜任力、国际发展中有竞争力的整体师资力量。

二、一流本科教育的概念和内涵

目前，国内外学术界对于高等教育改革的研究，较多的集中于世界一流大学和一流学科建设这一主题，而对一流本科教育的建设与发展关注较少。如前所述，尽管近年来国内官方和学界不断强调一流本科教育的重要性和必要性，但对一流本科教育的概念和内涵、评价指标和体系等问题的研究还有所欠缺，缺少相对明确和统一的界定。在这一部分，笔者在文献梳理的基础上对一流本科教育的定义和基本特征进行简单归纳。此外，笔者也把在建设世界一流大学的研究和世界大学排名评价标准中与本科教育相关的特征整理出来，为一流本科教育的建设提供借鉴和补充。

（一）世界一流大学的概念和内涵

自 1998 年以来，随着中央和部分地方高校明确提出建设世界一流大学的目标并制定了相关战略和改革措施，国内学术界开始涌现诸多关于一流大学的论述和研究，也设计了不少衡量一流大学的指标体系，但对于如何理解一流大学，国内外至今尚未有公认的定义和科学指标。北京大学前校长许智宏认为，衡量世界一流大学的主要指标包括以下三个方面：首先，这些大学拥有从事重要和高水平研究的国际著名教授；其次，这些大学能够产生影响人类文明以及社会经济发展的成果；最后，这些大学的毕业生对人类文明做出了重大贡献。[②] 时任世界银行高等教育专家萨米尔认为，一流大学一般具备三个基本因素。首先是包括学生、教师和研究者在内的一流人才的聚集；其次是拥有充足的经费，除了来自公共拨款，还包括科研经费和来自私人和社会团体的大量捐赠；最后是实施良好的治理，包括有效的学术支持系统、清晰和科学的长远发展目标、称职的院校领导层和大学自治等。[③]

---

② 许智宏：《中国目前没有世界一流大学》，载《印刷世界》2010 年第 4 期。

③ Jamil Samli, *The Challenge of Establishing World-Class Universities*, World Bank Publications, 2009, p. 7.

世界大学排名通过建立可测量的指标体系,对全球种类繁多、发展各异的大学进行统一评价,经过多年的发展已经形成了较为科学合理的评价体系,为我们研究世界一流大学的概念和特征提供了新的角度。目前,具有较强公信力的世界大学排名分别由国际高等教育研究机构Quacquarelli Symonds(简称 QS)和英国刊物《泰晤士高等教育》(Times Higher Education,THE)制定,笔者将以这两种排名的评价标准作为框架,对世界一流大学的概念与特征进行简要分析。

世界大学排名 QS 认为指标应该尽可能简单,这样才能对全世界的大学都适用,因此其排名仅包括学术声誉、雇主评价、教师/学生比例、师均引用率、国际学生比例、国际教师比例等 6 个指标(见表 1)。THE 则提倡多元化的评价方式,相较于一直保持不变的 QS 排名体系,THE 还对指标和权重进行过微调,最新的指标体系包括教育教学环境、科学研究能力、引文影响力、产业收入和国际化 5 个一级指标及其下属 13 个二级指标(见表 2)。

表 1　QS 世界大学排名指标体系④

评价指标	权重
学术领域的同行评价(Academic Peer Review)	40%
全球雇主评价(Global Employer Review)	10%
单位教职的论文引用数(Citations per faculty)	20%
教师/学生比例(Faculty student ratio)	20%
国际学生比例(International Student Ratio)	5%
国际教师比例(International Faculty Ratio)	5%

---

④ "QS World University Rankings", Accessed September 30, 2018. https://www.topuniversities.com/qs-world-university-rankings/methodology.

表2　THE世界大学排名指标体系⑤

指标构成	定义	权重	评价方法	权重
教学	学习环境	30%	声誉调查	15%
			师生比	4.5%
			博士学士比	2.25%
			师均博士学位授予数	6%
			师均收入	2.25%
研究	体量、收入与声誉	30%	声誉调查	18%
			师均科研收入	6%
			师均科研论文量	6%
被引次数	研究影响力	30%	归一化的影响因子(Field - Weighted Citation Impact, FWCI)	30%
国际视野	员工、学生和研究	7.5%	国际国内学生比	2.5%
			国际国内教师比	2.5%
			合作者为外国人的论文比	2.5%
工业收入	创新—知识转移	2.5%	师均来自工业界的科研收入	2.5%

两种排名都主要从教学和科研两大方面对大学进行考量,但指标、权重差别较大。在衡量教学水平时,QS排名"师生比"这一指标权重高达20%,THE排名则对"师生比"仅赋予了4.5%的权重。QS认为师生比虽然简单,但却是衡量教学质量误差最小的指标;而THE则认为师生比只能作为衡量教学质量的简单指标,数量不能完全反映质量,因此还要从教学声誉、师均机构收入、博士/学士学位比等多个角度进行衡量。⑥ 在评判

⑤ "The World University Rankings Explained", Accessed September 30, 2018. https://www.timeshighereducation.com/student/advice/world-university-rankings-explained.

⑥ 戚巍、缪亚军:《世界大学排名方法解构与比较研究——基于THE与QS的分析》,载《研究生教育研究》2012年第3期。

科研水平时,QS排名除"学术声誉"(不区分教学和科研)外,主要倚重"师均引用率"指标,其权重高达20%;THE排名则强调指标的多元化,包括研究声誉、科研经费、论文数量、引文影响力等多个角度。两种排名都关注大学的国际化水平,QS排名使用国际学生比例和国际教师比例两项指标,权重各为5%;THE排名在国际教师、学生比例之外,还引入国际合作论文比例,三项指标权重各为2.5%。此外,THE排名还包含产业收入,计算一个机构人均从产业界获得了多少研究收入,以此来衡量"知识转化"的程度。

(二)一流本科教育的基本特征

黄福涛把影响和决定一流本科教育的因素分为三大部分:第一,外部影响,主要包括社会、政府、学科专业委员会、市场、校友会、捐助人等;第二,组织影响,主要包括学位课程之间的关联、学位课程资源、课程管理或治理等;第三,内部影响,主要包括教师、学生、学科、学科课程使命或目标。⑦ 这种分类方法对本科教育影响因素的分析是十分全面的,不仅涵盖了高等教育自身的性质和特点,还考虑到了社会环境对教育系统产生的结构性影响。图1摘自黄福涛的论文,它展示了影响本科教育质量的主要因素,换言之,这张图也是推进一流本科教育的路线图,因为只要解决好这些影响因素,本科教学质量就会得到提升。

按照黄福涛的这张图对比目前的研究文献后,笔者注意到,研究者们更多地关注了组织影响和内部影响对本科教育产生的作用,而对外部影响的研究相对较少。也就是说,以往的研究文献,更多的是重视高等学校内部的因素,强调高等学校如何优化治理结构、重视内涵建设,强调内部治理中的专业建设、师资队伍建设、课程建设等内容。比如,黄维通过研究分析国外八所一流大学本科教育的人才培养理念、专业设置模式、课程设置方式和教学制度体系,为建设"中国特色,世界一流"的本科教育体系提出了四点要求:一是要明晰本科教育定位,让学生"全面发展,诗意栖居";二是要改革教师评价制度,让教师"从容治学,优雅从教";三是优化

---

⑦ 黄福涛:《什么是世界一流大学的本科教育》,载《高等教育研究》2017年第8期。

通识课程内容，打造“中国特色，世界一流”通识课程；四是完善通识课程管理，推行“行政协调，学院承担”管理模式。⑧ 王强等人分析研究了国内外研究型大学本科教育改革的实践，总结出一流大学本科教育的六个基本特征：即精英教育的人才培养理念、高质量的生源、通识教育的课程体系、研究性的教学模式、高水平的教学队伍和严格的淘汰制度。⑨

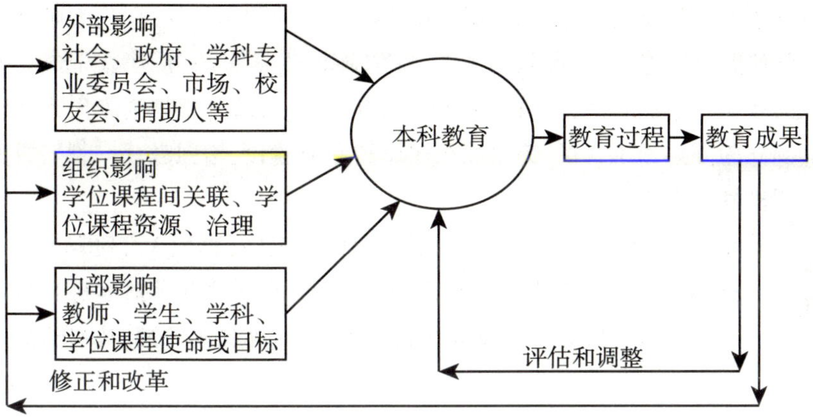

图 1　影响本科教育质量的主要因素⑩

对于一流本科建设中的关键点和着力点，以往的研究也有着不同的看法。教育部前高等教育司司长张大良认为，创建一流本科教育应当抓住教师这个关键要素，应当紧扣培养创新创业人才这个目标任务而展开。他认为，评定高等学校是否办出一流本科教育，有五个最核心的观察指标：一是学校是否具有一流的师资队伍；二是学校是否有制度保障一流的师资配备到本科教育；三是学校是否把一流学科优势和一流科研优势转化为教学优势；四是学校的一流科研成果是否及时转化为教学内容；五是

⑧ 黄维：《本科立人本科立校——构建“中国特色、世界一流”本科教育体系初探》，载《中国高教研究》2016 年第 8 期。

⑨ 王强、周刚、朱启超、仲辉：《一流大学本科教育的基本特征》，载《现代教育科学》2009 年第 5 期。

⑩ 黄福涛：《什么是世界一流大学的本科教育》，载《高等教育研究》2017 年第 8 期。

学校是否培养出一大批优秀创新创业人才。⑪ 陈德良认为,高等学校要建设一流本科教育的基础,首先要解决教学与科研的关系问题,让科研为本科教学服务,让科研优势转化为教学内容,让学生参与科学研究,让教师为了教学而进行科学研究;其次要解决课堂教学问题,把学生能力培养作为教学的根本目标,将知识传授成为富有挑战性的专业活动,将素质教育贯穿于教学的全过程;最后要解决课堂教与学的积极性问题,使教师回归教学研究,使学生成为课堂的主人,让兴趣催生学习动力,使教学成为有效的教学。总而言之,建设一流本科的有效途径,就是要把高素质人才培养确立为办学根本目标,突出课程建设和专业建设,增强教、学、管三方面的积极性与动力。⑫

基于上述研究文献,笔者绘制了下面这张表格(见表3),列举了一流本科教育的十个关键特征。诚然,这些关键特征并没有囊括本科教育教学的所有领域,但是,高等学校如果能够在这些领域做好,就基本达到一流本科教育的要求了。

表3　一流本科教育的十个关键特征

项目	特征
人才培养目标与理念	制定符合学校情况的人才培养目标、服务于国家社会经济发展;重视学生的思想政治教育工作,坚持德法兼修、把社会主义核心价值观贯穿于本科人才培养全过程
人才培养模式	人才培养模式的创新,因材施教,给学生提供更多的选择权
学生来源	高质量的生源、科学合理的招生录取制度
师资队伍	相对合理的师生比,教师的学术声誉(论文数量、引文影响力)
教师考核聘任制度建设	保障一流的师资配备到本科教育,确保优质师资投入本科教学一线,加大教学奖励力度,建立点面结合的奖励体系
人才培养质量保障	形成校内校外相结合的人才培养质量保障体系,切实保障人才培养质量的实时监控、及时反馈和稳步提升

⑪ 张大良:《创建具有中国特色世界水平的一流本科教育》,载《中国高教研究》2016年第6期。

⑫ 陈德良:《建设一流本科教育的基础与途径》,载《高等理科教育》2017年第6期。

续表

项目	特征
科研与教学的关系	学校要建设一批能够反映学科最新研究成果的课程,使科研优势能够转化为教学优势;要利用科研成果充实更新教学内容,不断更新课程教学大纲
教学方法的改革	以学生为中心,实现教学路径与学生需求的契合;积极推进信息化教学创新,促进信息技术与教学深度融合,推广混合式教学方法;建设一批有较大社会影响力的精品视频公开课;提高小班授课的比例、推广研究性的教学模式;坚持三三制的教学理念:教师引导、学生主体、参与主线
本科生科研能力	系统化的本科生科研训练;本科生参与学校教授的研究课题
实践教学与创新创业教育	体系化的实践教学模式,培养学生兼具理论能力与实践能力;相对完善的创新创业课程体系、创新创业训练活动体系,培养学生的创新精神、创业意识和创新创业能力

三、建设一流本科教育的具体举措

基于对一流大学与一流本科教育的讨论,以及表3中所列出的一流本科教育的十个关键特征,笔者从中国政法大学的角度勾勒出了建设一流本科教育的具体举措,抛砖引玉,供学界同仁批评指正。

(一)符合学校情况的人才培养目标与理念

高等学校要以服务国家重大急需为己任,恪守"为人民服务,为中国共产党治国理政服务,为巩固和发展中国特色社会主义制度服务,为改革开放和社会主义现代化建设服务"的办学方向,制定符合学校情况的人才培养目标,服务于国家的社会经济发展以及重大战略需求。

以中国政法大学为例,学校的人才培养目标经过多年发展逐渐凝成为:坚持德育为先、能力为重,培养具有厚基础、宽口径、高素质、强能力的复合型、应用型、创新型、国际型的高级专门人才。为了不断提高人才培养质量,促进学生自由而全面发展、促进学生健康成长、促进人才培养适应社会需要,学校大力推行“健全人格教育”,以“健全人格教育”为统领,通过培养品德、传授知识、提升能力、启迪智慧、健全身心“五位一体”的健全人格教育观,着力培养学生的法治精神、人文情怀、科学理性、创新潜质、实践能力、批判性思维和社会责任感。

(二)坚持德法兼修、把社会主义核心价值观贯穿于本科人才培养全过程

在本科教育中,价值引导是第一位的,是育人的根本。⑬ 高等学校在人才培养中要坚持把立德树人作为人才培养中心环节,把社会主义核心价值观贯穿教育教学全过程,把理想信念教育摆在首要位置,深入开展社会主义核心价值观教育,大力推动习近平新时代中国特色社会主义思想进教材、进课堂、进头脑。既要重视提高学生的专业知识水平,更要培养学生的思想道德素养,使“德法兼修”成为学校人才培养的基本遵循。

学校专设“思想政治理论课教学指导委员会”,制定《思想政治理论课程质量标准》。继续推进思想政治理论课课堂教学改革,安排校级领导干部直接走进思想政治理论课课堂,进行相关教学互动,建设和培育一套思想政治理论课的“金牌”课程体系。通过微课堂教学、翻转课堂教学等方式,着力打造一批深受青年学生欢迎的思想政治理论课。设立思想政治理论课创新工作室,鼓励教学创新,积极探索思想政治理论课改革。结合教育部“万个示范课堂”建设工作,着力打造“权威示范课堂”、“特色示范课堂”及“名师示范课堂”,确保教育教学充分体现习近平新时代中国特色社会主义思想。通过学生理论社团建设,形成与第一课堂相互促进的思想政治理论课第二课堂教学体系。通过思想政治理论课微课堂教学和翻转课堂教学,以及构建“微引领”“微学习”“微服务”的“微学工”体系,打造网络思想政治教育“微模式”。

(三)创新人才培养机制、完善人才培养模式

人才培养模式是大学本科教育的中心,它主要回答“培养什么人”和

---

⑬ 清华大学校长邱勇:《一流的本科教育是一流大学的底色》,载《光明日报》2016年6月21日,第13版。

“怎样培养人”的问题。[14] 高等学校的人才培养模式创新需要紧紧围绕本科人才培养核心任务进行资源整合与要素重组，应以学生为中心，给予学生更多的自由选择权，因材施教，服务学生富有个性的全面发展。高等学校需要对人才培养流程中的关键环节、重点部位进行持续不断的改进，形成与学校校情相符合的、独具特色的人才培养模式。

以中国政法大学为例，2007 年，学校开始实施“跨专业、跨学位、跨学校、跨国家”的“四跨”人才培养模式，如今优化成为“跨学科专业、跨理论实践、跨学院学校、跨国家地区”的新“四跨”人才培养模式。“四跨”人才培养模式是学校本科教学的重要标志和特征，在“四跨”模式中，学校创造性地实施“双专业双学位”人才培养模式，学生可以选择在五年内自由修读两个专业，获得记载两个专业学习经历的毕业证书和两个学位证书，且毕业证上两个专业顺序由学生选择。“四跨”模式有力支撑了“复合型、应用型、创新型、国际型”的“四型”人才培养目标，显著提升了人才培养质量。

学校法学专业为了给学生发展提供更多的选择，坚持因材施教的理念，实行“一个专业、多个培养方案”，积极推动法学人才培养的特色化建设。其中，“法学人才培养模式改革实验班”侧重于六年制两阶段贯通式法律职业人才培养；“涉外法律人才培养模式实验班”侧重于涉外法律职业人才培养；“西班牙语特色法律人才培养实验班”侧重于面向西班牙语国家的复合型法律职业人才培养；“学术精英人才培养实验班”侧重于法学学术精英人才培养。

此外，学校还积极推动法学相关专业的特色化发展，为法治人才培养提供了多学科的有力支撑。学校将侦查学专业改造为侧重网络犯罪方向的侦查学专业；在翻译专业设立法律翻译方向，将英语专业改造为法律英语方向；2016 年，结合法治信息管理人才的社会需要，学校和最高人民法院合作共建了信息管理与信息系统（法治信息管理）专业。

---

⑭ 汤俊雅：《我国一流大学和本科教学改革与建设实践动向》，载《中国高教研究》2016 年第 7 期。

（四）完善综合素质与特长并重的招生制度

一流的生源是一流本科教育的基础。生源质量很大程度上影响着一个学校的本科教育质量。因此，高等学校需要深入改革招生制度，在保证公平、公正、公开的基础上，注重统筹布局，坚持素质导向，提高人才选拔水平，完善综合素质与特长并重的招生制度，遵循科学的人才选拔与培养规律，科学评估学生综合素质状况，坚持学生全面发展导向，逐步建立多元、多维评价体系，构建与学校人才培养模式特色化改革紧密衔接的招生新模式，不断提高生源整体质量。同时，招生制度改革要兼顾边远贫困地区、少数民族地区，关注农村学生、贫困学生，体现高校的社会责任担当。

（五）重视师资队伍建设、完善教师考核聘任制度

学校需要加大力度进行师资队伍建设，通过成规模的师资引进，将学校的师生比提升到比较合理的水平，切实保障一流本科教育师生比的基础配置。

学校需要进一步完善教师分类评价制度，积极强化结构性考核机制，进一步理顺教学、科研因素权重，确保优质师资投入本科教学一线。督促二级教授、博士生导师为低年级本科学生授课，使其承担一定的本科教学任务。要调动教学积极性，必须加强教师教学考核，以教学考核主导年度考核，将高质量的教学工作作为年度考核是否合格的刚性标准，实行教学考核一票否决制度，教学考核不通过，其他考核再优秀都不行。除了对教学工作量的定量要求外，还应参考学生意见、督导意见、教学研究、教学奖励、指导学生等方面的情况，将考核结果与薪酬分配、岗位聘任等结合起来，以人才培养质量和教学表现决定教师的个人发展。进一步强化教学事故意识，加强师德建设，严肃教学纪律，建立规矩意识。

加大教学奖励力度，建立点面结合的奖励体系。点上奖励那些教学上取得重大显著性成果的教师，面上奖励一批长期坚持在本科教学一线、教学工作量大、学生满意度高的优秀教师，通过宣传提高获奖教师的影响力，提升获得感与荣誉感。真正贯彻教学奖项与科研奖项一视同仁，教学项目与科研项目一视同仁，教学带头人与科研带头人一视同仁。

（六）完善人才培养综合评价体系与人才培养质量保障体系

学校需要建立并完善包括课程学习、学生学习满意度调查等在内的

人才培养综合评价体系。围绕人才培养的关键环节和影响教学质量的关键要素，建立健全涵盖学生课堂教学质量评价，教师课堂教学质量评价，学期期初、期中、期末教学检查，专项监控，专业评估，教学院（部）教学评估以及学生学习满意度调查等在内的人才培养综合评价体系，切实保障人才培养质量的实时监控、及时反馈和稳步提升。

学校需要进一步完善校内校外相结合的人才培养质量保障体系。坚持"质量兴校"的理念，走以质量提升为核心的内涵式发展道路，实施"结果导向的教育"，重视教学质量标准及其评估指标体系的建设，建立和完善教学质量保障体系，以实现对人才培养全过程、全方位的监测与控制，多渠道、多方式反馈质量信息，培育"课比天大"的大学共识和大学文化，在"科学建课、认真备课、专心讲课、积极听课、公正评课、规范管课"的要求上树立人才培养压倒一切的价值定位，推动教学质量持续不断地提高。

建立人才培养综合评价体系和人才培养质量保障体系，首先，要根据教授治学的要求，加强学术委员会等组织机构在发展教育教学中的重要作用，建立党委、行政、学术三者共同治理教学的有效机制。其次，要扩大二级学院办学自主权，激发二级学院自主办学的活力。最后，要探索建立本科生参与教学治理的专门机制，发挥本科生的教学主体作用。

（七）及时将科研优势转化为教学优势

学校要建设一批能够反映学科最新研究成果的课程，使科研优势能够转化为教学优势。教学与科研是高校两大常态化的核心工作，两者皆服务于高校人才培养工作。理顺教学与科研的关系已成为高校发展中必须面对和解决的重大课题。课程是人才培养模式的核心要素，全球大学教改的一个重要趋势是淡化专业、强化课程。[15] 我们认为科研发展应及时推动专业课程建设，为课堂提供优质教学资源，科研建设应成为一所大学核心课程建设的有力支撑。我们要根据学科的科研最新进展，不断改造与完善课程体系，把学科的最新发展转化为课程内容。专业内涵建设是一流大学发展的根本，课程体系建设是专业的支柱，课程体系构建和改革

---

⑮ 周光礼：《"双一流"建设中的学术突破——论大学学科、专业、课程一体化建设》，载《教育研究》2016年第5期。

要体现经济与社会的发展,要反映社会人才需求的内涵。专业内涵的提升需要以前沿的科学研究为动力,需要将前沿的科学研究积极转化为专业课程,构建起反映专业前沿研究的专业课程体系,将学科前沿的科研进展,通过课程载体,融入培养方案,培养适应社会变化的专业人才。

要利用科研成果充实更新教学内容,不断更新课程教学大纲,把最新的科研成果融入到教学大纲中去。一流本科教育的一大特征在于专业知识的创新性和前沿性,科研成果的创新性在专业知识的更新方面具有不可替代的作用,随着学科前沿研究成果的不断更新,专业课程教学大纲要及时跟进,根据专业科学研究的最新成果更新教学大纲,将专业前沿的最新研究成果融入到教学大纲中去,实现专业知识的更新换代,以适应社会发展变化和前沿研究的需要。

(八)不断改进教学方法、持续提升教学质量

要对教学方式方法深化研究,不断改进教学方法,紧跟教学信息化的潮流,加快推广混合式教学方法,提升课堂教学的效果。了解学生成长规律及学习需求是深化高校教学方法改革的总前提。高等教育教学是一项集价值观培育、知识传授和能力培养于一体的特殊理论教学类型,要以学生为本,深深立足于服务学生成长成才。因此,深化高等教育教学方法改革的首要任务就是要真正读懂学生,实现教学路径与学生需求的契合。想要真正读懂学生需要尊重学生的主体地位,鼓励多样化发展,增强教育过程中的人文关怀,既要摸清学生的现实物质需要,又要摸清其深层次精神需要。

教学方法研究永远在路上,在教学方法的研究方面,既要继承传统,更要紧跟潮流,既要发挥好传统教学方法的既有优势,又要积极利用信息技术创新教学方法。随着信息技术的飞速发展,教学技术手段更加丰富多样,教学生态更加开放,教学方法的更新要以“互联网+”为时代契机,积极推进信息化教学创新,促进信息技术与教学深度融合,加快推广混合式教学方法,发挥新理念、新技术、新工具的优势,不断创新课堂教学模式、创新知识获取方式、创新学习形式,通过多种方式,尤其是信息化技术,提升课堂教学效果,打造一流本科教学课堂。

（九）提高小班授课的比例、推广研究性的教学模式

研究性教学是一种学生自主、合作、探究性的教学模式，强调学生在教学过程中的主体地位。学校应依托案例课、研讨课、启发式教学等多种方式，积极推广研究性教学模式，用研究性教学模式去讲授专业内容，培育学生的创新意识与创新能力，培育学生的问题意识，将知识传递和科研研究的基本要素紧密融合。研究性教学需要积极提高小班授课比例，通过各种措施，提升教学设施利用效率，实现小班授课比例的大幅提升，增强师生互动，提升本科课堂教学效果。

实现高效的课堂教学要坚持三三制的教学理念：教师引导、学生主体、参与主线，充分释放学生学习的自主性、主动性和创造性。打造高效课堂的关键在于培养学生的学习能力，只有会学才能减少学生对教师的绝对依赖，打破教师专业水平对学生发展的框定。在三三制教学理念下，教师不是课堂教学的全部，而是课堂的组织者、引领者、参与者。学生也不再是消极、被动的知识的接受者，而是主动、积极的知识的探索者和参与者，全程参与课堂学习，在课堂学习中具有主体地位。在整个课程学习过程中，通过教师引导、学生主体和参与主线的教学理念，全面激发学生学习的自主性、主动性和创造性，激发学生学习的认知需求，培养学生的创新精神和实践能力，促进学生各种能力的提高和发展。

另外，教师还要关注学生的学习过程。在教学中不仅要追求教学的结果，更要关注学生参与课堂教学活动的全过程，关注学生全过程的内在体验与满意度。教学要从学生实际情况出发，始终要以学生为本，关注学生创新思维和独立思考能力的培养，真正实现专业知识的传递和学生学习全过程的深度融合。

（十）提升本科生科研能力

要着眼于促进学生参与科研活动，培育学生的科研意识和科研能力。科研训练是提高大学生科研能力、创新意识、创新能力及综合素质的重要途径，早在 20 世纪 60 年代，美国大学率先将本科生科研参与制度化、规范化，各高校陆续出台了本科生科研计划，分别于 1977 年、1987 年成立的本科生科研理事会（Council on Undergraduate Research，CUR）和全美本科

生科研大会(The National Conference on Undergraduate Research,NCUR)也极大地促进了全美高校本科生科研的蓬勃发展。进入 21 世纪以来,作为创新型人才培养的重要途径,本科生科研逐渐成为一种全国性的趋势,席卷全美各大高校,本科生参与科学研究成为美国本科教育的重要组成部分。

目前全国高校范围内,本科生在各类科研活动中的整体参与度仍然偏低。学校要通过政策引领、平台搭建、资助引导等多种方式,鼓励本科生参与科学研究,尤其需要鼓励本科生参与到学校教授的研究课题中去,系统培育学生的科研意识和科研能力,使学生能够掌握从事科学研究的基本方法与思维方式,提高学生对科学研究的兴趣,激发学生的创新意识。

(十一)完善实践教学体系、建立多层次的创新创业教育

当前,创新驱动发展已上升为国家战略,创新要素跨国流动,创新资源全球配置,创新活动日趋活跃,以知识资源为基础、以创新能力为决定力量的新的国家竞争格局正在形成。各国都在寻找科技创新的突破口,抢占未来发展的先机,一个共同的战略选择就是大力提升高校创新能力,培养创新型人才。⑯ 学校要进一步完善以开放、共享为目标,以“同步实践教学模式”为核心的实践教学体系。一方面,大力推进实验室建设和改造,完善实验课程体系,完善包括庭审同步直播及录像观摩、案卷阅览及网上查阅、法律诊所、模拟法庭、学科竞赛和校外人才培养基地六大模块的实践教学体系,不断创新工作机制,提升实习实训、社会实践和毕业论文工作的实效性;另一方面,完善创新创业课程体系,组织创新创业大赛、讲座、报告等活动,引导学生开展创新创业。继续完善大学生创业园、创业基金,为学生创新创业提供政策资金等支持。统筹社会资源,全面加强创新创业实践基地建设,为学生提供更多实践机会。

---

⑯ 张大良:《创建具有中国特色世界水平的一流本科教育》,载《中国高教研究》2016 年第 6 期。

The Foundation and Path of Building First-class Undergraduate Education: Reflections on China University of Political Science and Law

Lu Chunlong

Abstract: The primary task of higher education is to cultivate talent and cultivate first-class talent for the construction of socialism with Chinese characteristics in the new era. Only a university that has developed top talent can become a world-class university. With regard to how to build a first-class undergraduate education, this paper puts forward three basic principles. At the same time, there are still some shortcomings in the domestic research on the concept and connotation of first-class undergraduate education, evaluation indicators and systems. Based on the literature review, this paper summarizes the definition and basic characteristics of first-class undergraduate education. At the same time, the author also organizes the research on the construction of world-class universities and the characteristics of undergraduate education in the evaluation criteria of world university rankings in order to provide reference and supplement for the construction of first-class undergraduate education.

Key words: first-class undergraduate, first-class university, talent cultivation, teaching system

立德树人　课程育人　培养具有政法特色的高素质法治人才

——西南政法大学关于新时代中国特色法学教育路径的探索*

张建文**　章晓明***

摘　要：党的十九大报告把“依法治国”作为新时代坚持和发展中国特色社会主义的基本方略之一，我们要深入领会全面依法治国的精神实质和丰富内涵，要建设中国特色法治体系和社会主义法治国家，离不开高素质法治队伍的培养和高水平的法学教育。新时代中国特色法学教育路径的探索，西南政法大学从思想政治课程建设、课程思政、分类培养、创新创业教育四个方面作为重要抓手，培养法学专业学生德法兼修，根据学生发展和法学教育特点，凝练出分类培养以及训赛为主要手段的新时代中国特色法学教育路径。

关键词：新时代　思想政治课程　课程思政

* 基金项目：本文为重庆市高等教育教学研究重点项目——基于“双创”背景的大学生转专业制度改革和实践探索研究（项目编号：162014）的研究成果。

** 张建文，西南政法大学教授，法学博士，研究方向：高等教育管理、民法学。

*** 章晓明，西南政法大学博士研究生，助理研究员，研究方向：高等教育管理、劳动法学。

分类培养 创新创业教育

党的十九大报告把“依法治国”作为新时代坚持和发展中国特色社会主义的基本方略之一，我们要深入领会全面依法治国的精神实质和丰富内涵，要建设中国特色法治体系和社会主义法治国家，离不开高素质法治队伍的培养和高水平的法学教育。2017年5月3日习近平总书记在考察中国政法大学时发表的重要讲话中强调，全面依法治国是坚持和发展中国特色社会主义的本质要求和重要保障，事关我们党执政兴国，事关人民幸福安康，事关党和国家事业发展，法治人才培养上不去，法治领域不能人才辈出，全面依法治国就不可能做好，法学教育要处理好知识教学和实践教学的关系。法学教育要坚持以立德树人为根本任务，坚持以马克思主义法学思想和中国特色社会主义法治理论为指导，使“德法兼修”成为法学人才培养的根本培养理念，全面提升法治人才培养质量。① 西南政法大学（以下简称西政）主动对接新时代对法治人才培养的新要求，从法治人才培养的德育入手，从以下几方面全面探索法治人才培养的新模式与新机制。

一、坚持立德树人，推动学校思想政治理论课教学改革

思想政治理论课是立德树人的最直接途径，在培养法学专业学生“德法兼修”的路径中是第一位的。我们在推动开展思想政治理论课的过程中，建立了“三个课堂”的体系，其中第一课堂即指思想政治理论课的必修课学习；第二课堂即以我校大学生讲习所为载体推动的学生讲习活动；第三课堂即指以传习经典为主题的学生研修活动。

---

① 《习近平总书记在中国政法大学考察时的重要讲话引起热烈反响》，载人民网：http://cpc.people.com.cn/n1/2017/0505/c64387-29255375.html，最后访问日期：2018年10月10日。

(一)思想政治课程教学

1. 全面梳理思想政治课的教学状况

学校将2017年确定为“思想政治理论课教学质量年”,为全面提升思想政治课教师的教学水平,学校在认真落实《西南政法大学听课制度》基础上,组织校院两级领导干部、教学督导专家、教研室主任全方位开展思政课教学专项检查。要求实现对全体任课教师、全体教学班的听课,不留死角,全面了解掌握教师教学水平、课堂秩序、学生收获等课堂效果,认真统计和分析听课情况反映、及时反馈听课结果。学校党委书记、校长亲自牵头制定和带头实施《西南政法大学〈形势与政策〉课程教学改革实施方案》,通过专题讲授、开设校级公开课、实践教学等多种灵活形式提升课程质量。将学校党政领导、学院院长书记、马克思主义学院专任教师、学生辅导员纳入任课教师队伍,吸引、鼓励校内相关专业学术带头人和专业课教学骨干,专职或兼职承担形势政策课教学任务,积极争取从社会各界聘请党政领导、企事业单位负责人、行业专家和先进模范、社科理论界专家进行部分专题讲座的讲授,以强大合力为思政课落实提供保障。

2. 推动思政课程教学改革

为鼓励思政课教师积极探索教学方法改革,学校自2016年11月出台《西南政法大学本科课程教学改革办法》以来,在已开展的两次本科课程教学改革项目工作方案制定和立项组织中,将思政课纳入课程改革范畴进行统一规划。截至目前(2018年),《马克思主义基本原理概论》《形势与政策》《思想道德修养》《中国近现代史纲要》四门思政课程先后进行了教学模式改革探索并取得了良好成效。法学专业专门开设了“中国特色社会主义法治理论”专业必修课,将第一课堂作为习近平中国特色社会主义思想“进校园”的主渠道予以推进。

(二)开设大学生讲习所

2017年12月13日,《光明日报》等主流媒体转载刊登了新华社题为

《让青年人发出新时代强音——西南政法大学“大学生讲习所”活动见闻》②的报道，从以思辨激发思想的火花，“学生讲给学生听”讲出新时代强音，让“青年之声”更加响亮三个方面，对我校“讲习所”宣讲党的十九大报告活动进行了详细报道。新华网、光明网、搜狐网等多家主流媒体网站也转载了新华社这一报道。习近平新时代中国特色社会主义思想大学生讲习所旨在深入学习宣传贯彻党的十九大精神，推动习近平新时代中国特色社会主义思想进教材、进课堂、进头脑，在全校迅速掀起学习宣传贯彻十九大精神的热潮，培养和造就一批青年马克思主义者和马克思主义传播人才。

针对政法院校的特点，讲习所活动充分利用学校传统的论辩文化，鼓励学生在学习过程中表达自己的观点、对疑点进行讨论，通过思辨方式加深对“十九大”精神的理解。讲习所围绕“学习、宣讲、践习”三大工作任务，开拓宣讲阵地，建立活动制度，制定工作计划，完善工作档案，保证宣讲效果，努力做到先习后讲、以讲促习、讲习结合、边讲边习，已经成为西政校园里习近平新时代中国特色社会主义思想的宣传队、播种机，让十九大精神在校园落地生根，引导全校师生坚定“四个意识”，增强“四个自信”，更加自觉地在思想、政治、行动上与以习近平同志为核心的党中央保持高度一致。

（三）研习经典，引领提升学生思想道德素质

马克思主义三大组成部分——哲学、政治经济学、科学社会主义，是对人类社会发展规律的深刻把握，需要我们认认真真、反反复复研读原文，从中品出经典著作的原汁原味，准确理解其原意，掌握其基本原理，领会其精神实质。新开设了《中华传统文化经典选读》（1 个学分）、《马克思主义法学经典著作选读》（1 个学分）等通识必修课，传播传统经典著作中所蕴含的思想政治教育元素。2013 年马克思主义学院发起成立了“辅仁读书会”，以中国古代文化经典为研读的主要内容，兼顾西方哲学经典，以

---

② 黄豁、柯高阳：《让青年人发出新时代强音——西南政法大学“大学生讲习所”活动见闻》，载央视网：http://www.sohu.com/a/210136833_428290，最后访问日期：2018 年 11 月 16 日。

“传习经典,修养身心;以文会友,以友辅仁”为宗旨,把经典研读和提高自身人文修养结合起来,把学术探究和生活反思结合起来,长期致力于传统文化的研读和传播。成立五年来,读书会各类学术文化活动约进行220多期,其中“四书”研读活动约100多期,组织暑期经典研读活动40余期,组织人文主题的学术讲座近10场,近4000人次参加活动。

二、制定学校专业课程育人工作方案,优化课程设置

(一)制定学校课程育人工作方案

人才培养方案是专业教学的规范性文件,具有稳定性、时效性、法规性等特征,是课程教学准确、有效实施的基本制度。学校在2018年版人才培养方案修订过程中,注重培养目标、培养规格和课程体系与教育部2018年3月出台的《普通高等学校本科专业类教学质量国家标准》高度契合,做好课程体系的优化设计。为了提高学生的思想品德、人文素养、认知能力,此次培养方案的本科课程体系分为思想政治理论课程、通识必修课、通识选修课、专业必修课、专业选修课共五大课程模块。其中,法学专业作为我校体量最大的专业,在专业选修课中设置了新时代中国特色社会主义法治思想课程、法学新兴课程、法学交叉课程、法学基础课程以及法学拓展课程等模块。在全校通识选修课中,设置了社会科学类、人文艺术类、自然科学与技术类、就业创业与健康教育类共四类课程供学生选修。学校积极鼓励法学专业开设双语课程、专业交叉融合类课程、与实务部门联合开发实务课程、中华传统文化类课程和创新创业类课程。

在法学专业核心课程中增设“法律职业伦理”必修课以突出法律职业伦理教育在人才培养中的地位,实现法律职业伦理教育贯穿法治人才培养全过程,让法治国家未来的建设者心中有道德律令、眼里有职业准则,在踏入职业生涯之前扣好人生第一颗扣子。将法学专业教育与创新创业教育相融合,在专业教育中通过教学理念、教学方法、教学内容的改革创新,培养学生的创新精神、创新意识,训练学生发现问题和解决问题的创

新思维，提升学生的创新能力，以能够让学生以创新带动创业，以创业带动就业。根据国家"双一流"建设、中央相关部署、国家创新驱动战略、国家的人才培养规格等要求，此次修订坚持以学生为主体的多样化个性化培养，适当调减法学专业必修课的学时学分，增大选修课学分学时比重。新培养方案为实现培养创新型、复合型、应用型人才的目标奠定了良好基础。

（二）课程改革专门立项

学校出台了《西南政法大学本科课程教学改革办法》激发二级学院和本科任课教师教学积极性，持续创新本科教学模式和教学方法，不断提高本科课程教学质量。在办法中，主张"凡是纳入人才培养方案的本科课程，都可以申请改革"，"对于学生反响强烈的核心专业课程和全校性通识课程，由教务处分期分批指定相应学院施行改革"。在办法中，强调对课程改革的过程管理以及改革效果，建议分 A、B、C 三个类别参照《西南政法大学高等教育教学改革研究项目管理办法》（西政校发〔2016〕226 号）关于校级重大、重点和一般教改项目经费支持规定，分别给予 4 万元、3 万元和 1.5 万元资助，主张"经验收评为优秀的课改项目，学校将作为校级精品类课程项目予以提高性建设，并纳入重要成果培育计划"。课改项目以提高本科课程教学质量、培养卓越创新人才、取得可推广的良好教学效果、实践前沿性教育教学技术成果、培育提炼重要教学成果等为目标。建立课程负责人制度，由课程负责人负责组建教学团队，申报课改项目，制定、组织实施课改方案。截至目前，学校共有 36 门课程实施了教学改革，其中法学类课程 20 门。

（三）将"课程思政"融入特色示范课堂建设

2017 年年底，学校立项建设 25 堂"特色示范课堂"，覆盖学校 12 个本科专业类，其中法学专业特色示范课堂共 10 门。我校"特色示范课堂"旨在以立德树人为指引，以服务经济社会需求为导向，以知识传授为基础，突出强化学生职业能力的培养与训练，着眼于学生的全面成长。"特色示范课堂"强调加强专业课教师的思想政治工作，一方面结合不同学科、专业的特征，强化专业课教师对本学科、本专业的内在价值、社会价值的充分认识,引导教师自觉将立德树人根本任务贯穿教育教学全过程;另一方面尊重各类课程的差异性和独特性,在坚持其本身的学科、专业特征基础上,将党的十九大精神,特别是习近平新时代中国特色社会主义思想有机融入课程讲授,与思想政治理论课程相互映衬、相互支撑,全面实现知识传授、能力培养与价值塑造的有机统一。"特色示范课堂"推行课堂教学模式的全面变革,采用"课前课中课后"一体化教学设计,注重案例教学和翻转课堂相结合,以问题为导向进行教学活动,更有将课堂教学与训赛结合的方式,提升学生学习兴趣和自主学习能力。课前要求学生阅读精选的必读案例和文献材料,指引学生分析提炼学习内容和发现问题,形成问题意识和学习意识;课上注重师生互动和生生互动,借助案例进行启发式、探究式、讨论式、参与式的教学方式,同时综合运用PPT、网络资源、"雨课堂"等契合学生兴趣的新型智慧教学解决方案,指引学生分析问题和解决问题,强化学生职业能力的累进式训练;课后通过学习小组互助讨论和团体研究形成学习总结报告和团队专题报告,指引学生对知识要点总结归纳和反思分析。

从目前建设的效果来看,第一,拓展了学生价值塑造的新路径。"特色示范课堂"坚持"立德树人"是大学的立身之本,注重在知识传授的过程中,让马克思主义成为高校的主流价值、主导观念、主体精神,以价值目标引领教书育人的全过程,践行知识传授、能力培养与价值塑造的有机结合,全面实现了全程育人与全方位育人。第二,深化了学生对专业的价值认同。"特色示范课堂"通过多样化的教学方式,注重提升学生的阅读兴趣和自主学习能力,增长学生的知识储量,并通过完善理论知识与实践方法相结合的课堂教学模式,引导学生在理论学习基础上,通过实践深化对理论的认知和理解,并在实践过程中加强对专业的价值认同,完成价值内化。第三,增强了学生的专业思维能力和创新能力。"特色示范课堂"一般不仅要求学生需要在规定时间内阅读指定参考文献,而且需要经过小组讨论后撰写发言提纲,准备课堂展示,或者根据个人兴趣,按照规定的要求撰写小论文,提出自己的所悟所得和疑问,并通过课堂研讨和师生互动,不断增强专业思维能力,并在分析、归纳、综合运用中培养创新能力。

“特色示范课堂”通过完善教学要求，协调规划和统筹教学内容适应对人才培养所需的“知识”“能力”“素质”规格要求，训练学生的科学理性、人文关怀、社会责任、创新潜质和批判性思维。不仅提炼理论知识、丰富教学内容、构建体系化的知识格局，还鼓励学生参与分组研讨、课堂发言、制作课件、撰写小论文等课堂教学活动，有效地提升了学生的团队协作意识、语言表达能力、使用分析研究工具等职业所需的综合能力。

三、培养具有政法特色的复合型、应用型、创新型、国际型高素质人才

（一）探索举办跨专业法治人才实验班

学校以法学人才实验班建设为切入点，集中全校优势资源先行先试，探索卓越法律人才培养的路径。民商法学院本科生中开办的“资本市场法务”与“企业法务”两个专业方向的实验班，在分类建设的基础上，进一步推进法学专业与其他专业的融合，从学校层面推动复合型人才培养的深化，在卓越法律人才培养项目中设立交叉培养项目，建立跨专业培养的模式。这两个实验班，充分依托西政民商法学院与经济学院及商学院的学科专业交叉融合优势，通过整合民商法学院与商学院、经济学院优质师资，在保证法学专业的专业基础课、主干课正常开设的基础上，加强面向“资本市场法务”与“企业法务”两个专业方向选修课和能力拓展课的开设，以培养既懂法学又懂管理和经济的复合型人才。在2018年，西政开设了全国首个监察调查法律人才实验班、监察法学实验班。在《中华人民共和国监察法》颁布实施的背景下，紧扣国家法治建设人才需要，制定专门的监察调查法治人才实验班培养班，目前已经完成首批学生招录。

（二）打造协同育人共同体

学校整合雄厚的师资及优秀校友的力量，不断丰富和完善实践教学内涵，将教学、学术交流中的论辩特色与重实践的教学风格结合起来，形

成了具有西政特色的务实教育风格。学校通过设立丰富多样的卓越人才培养项目,让更多的学生有机会进入卓越法律人才培养工程,扩大卓越法律人才培养计划的推广效应。学校与最高人民法院和最高人民检察院共同开办"中国大法官讲坛"和"中国大检察官讲坛",与律师校友联谊会共同开办"西南实务大讲坛之律师讲坛",邀请法学实务界的卓越精英引领学生把握司法实务前沿。自2013年至今,举办"中国大法官讲坛"11次、"中国大检察官讲坛"3次,西南实务教育大讲堂42次,惠及法学专业本科学生1万余人次。学校与重庆市司法局、共青团重庆市委权益部、重庆市泰和泰律师事务所、静昇律师事务所建立长期合作机制,定期由专业律师为法律诊所的同学开展培训和案例指导,形成了"课程教学+模拟教学+诊所教学"的校内实践教学模式,全面提升学生法律文书写作、诉讼策略、法庭辩论等实践技能。

(三)依托中国东盟法律研究基地,培养涉外卓越法律人才

在涉外卓越法律人才培养上,学校以中国—东盟法律研究中心为依托,打造具有西政特色的涉外法律人才培养模式。该中心在我校涉外法律人才培养中承担两方面任务:为东盟国家培养法律人才,为国内培养涉外法律人才。中心既承担中国法学会"中国—东盟高端法律人才培养基地"建设任务,定期举办"东盟法律人才研修班",为东盟国家培养了一批高端法律人才,为国家"一带一路"战略在东盟国家的实施提供法治保障,同时开办"涉外法律人才实验班",培养一批具有国际视野、通晓国际规则并能够参与国际法律事务和维护国家利益的涉外法律人才。通过培养,学生能够基本掌握一门东盟国家的语言,能熟练知晓东盟国家法律,课程教学以案例和实务教学为主,除涉外法务专业知识外,紧密结合实践教学环节,开展以培养涉外法务素质为目标的法律谈判、辩论和其他法律技能竞赛的活动,举办法律英语竞赛等活动。截至目前,学校已经举办东盟国家高端法律人才培训班7期,培训法官、检察官、律师、政府官员140余人,招收培养东盟"1+4"本科生项目等"一带一路"国家留学生300余人。

(四)立足区域发展需要,培养西部基层卓越法律人才

"一带一路"线上有广大的西部地区,西部基层法律人才教育培养基地着眼于西部基层法治实践的需求，充分体现实务部门对法律职业人才培养质量的要求和因材施教的教育原则，为西部基层特别是少数民族区域和其他经济欠发达地区的县（市）级以下基层法律职业领域培养合格法律人才，通过招生、培养、就业等一系列改革，为国家培养一批具有坚定社会主义法治信念和奉献精神、具有良好司法职业素养和较强实践能力的服务西部、扎根西部的法律人才。截至目前（2018 年），学校已为西部地区培养各级各类法律人才 8 万余人。

学校吸纳通晓民族语言的行业部门实务教育师资，实现课程教学和人才培养目标。一方面，聘请通晓民族语言的行业部门实务师资，通过定期或不定期的交流互访，与校内师资合作承担课程教学和论文，并以讲座、研讨、指导实习实践、参与论文评阅与答辩等方式开展与少数民族基地法律实践相关的课程教学任务，吸纳资金；另一方面，以科研合作为平台，汇聚各地区民族学院的民族法学教育专家与学者，开展民族法教育研究，邀请其定期到校为学生授课、讲学，开展少数民族法律语言课程教学。充分利用学校与西部基层公、检、法、司及律师行业的密切联系和学校广大校友资源，在西部地区校友会基地广泛开展就业宣传、就业推荐、就业辅导等活动，积极开拓就业市场，为西部基层法律人才基地学生提供更多的到西部基层就业信息。对到西部基层机关事业单位就业的学生实施返还学费等奖励措施，学校就业主管部门和辅导员应加强到西部基层单位就业的政策引导和舆论宣传。

四、将创新创业教育贯彻于法治人才培养全过程

（一）政法院校特色的创新创业人才培养体系

具体可分为如下四个金字塔式层次以实现：第一个层次为创新创业课堂教学（针对所有法学专业本科生），即在全校开设覆盖全体学生的成体系并融入专业教育培养体系的相应课程，目标是通过课程教学奠定创新创业教育理论基础，培养学生创新精神、创新意识、创新思维和创新能

力;第二个层次为创新项目研究实践(针对所有本科生),即将“三创”调研项目设置为法学专业本科教育的必修项目,目标是通过教师指导下的项目组形式,让法学专业本科生都有创新项目调研的经历和锻炼,以实践创新创业教学理论、进一步培养学生的创新精神、创新意识、创新思维和创新能力;第三个层次为创新创业“训赛”,以学校名义实施,由各学院申报、承办,但面向全校学生开放,学生自主选择参与,从而让那些在前两个层次理论教学与调研实践基础上的学生,在校内外理论和实务专家指导下,通过系列培训、练习和比赛,实现创新精神、创新意识、创新思维的实践和创新创业能力的锻炼和提升,以“训(培训)、练(练习)、赛(比赛)”一体化为路径,2017年以来先后推出18个创新创业教育“训赛”营,参赛学生达8000余人次,切实建成一条跨界思维培养、专业技能实训和以赛促学相得益彰的创新创业教育高速路;③第四个层次为创新创业实业(针对全校极少数学生),即在创新创业训赛项目等基础上,设立众创空间实业,通过工商注册和对外服务,将创新创业项目孵化为创业实业,让部分想自己创业的学生可以以此拓展为就业,这可以由校内外创新创业导师联合指导完成。目前建起上千平方米的众创空间1.0版,每年孵化20余个模拟律所、创业企业和大学生创新创业训练计划项目,创业带动就业效应日渐明显。

(二)“训赛项目”硕果累累

在创新驱动上升为国家战略的背景下,西政把深化创新创业教育改革作为“培养什么人,怎样培养人”的重要任务摆在办学的突出位置;以支撑创新驱动发展战略、服务经济社会发展为导向,以提高人才培养质量为核心,以改革人才培养模式为重点,以“法学+”和“+法学”为特色,以创新创业教育为抓手,以创新制度机制与政策保障为支撑;坚持理论教学和实践教学并重并举,实现创新创业教育与专业教育的有机融合,将创新精神、创业意识和创新创业能力作为人才培养质量内涵的组成部分,打造一流专业,不断提升西政对法治中国和创新中国的支撑度和贡献度。学校

---

③ 《西南政法大学大力推进创新创业教育》,载重庆市教育委员会网:http://www.cqedu.cn/Item/32660.aspx,最后访问日期:2018年11月29日。

出台了《西南政法大学本科创新创业教育管理办法(试行)》,并以此为基础推出了十大创新创业教育“训赛”项目,跨年级、跨专业、跨学院参训、参赛的学生达到3000余人次,促进了人才培养的交叉融合,走出了一条跨界思维培养、专业技能实训与以赛促学相得益彰的创新创业人才培养道路。这既激发了法学专业学生参加创业实践与创业孵化活动,又实现了西政传统办学特色项目“法律诊所”的升级与扩容,丰富了学生参与社会主义法治建设的方式方法。2018年,学校开办了一流“新社科”法治人才证据技术实务训赛营、一流“调解”法治人才训赛营、企业法律风险防范实务训赛营、劳资博弈与集体谈判实务训赛营、创业企业品牌传播实务训赛营、民事司法审判实务训赛营、国际人权交流与合作实务训赛营、市场竞争与经营决策仿真训赛营等实务训赛项目。

总体来说,新时代法治人才的培养首先从学生的德育入手,注重思想政治教育课程的内容入脑入心;其次,从专业课程体系来说,更强调课堂的育人功能;再次,卓越法治人才的培养适应多样化法律职业要求,坚持厚基础、宽口径,强化学生法律职业伦理教育、强化学生法律实务技能培养,提高学生运用法学与其他学科知识方法解决实际法律问题的能力,促进法学教育与法律职业的深度衔接;最后,如何在法治人才培养中融入创新创业元素是我们新的探索。

On the Promotion of Both Virtue and Law and the Cultivation via law Courses with the Purpose of Cultivating High-Quality Legal Talent with the Unique Characteristics of Chinese Law Schools

—The Exploration of the Path of Chinese Legal Education in the New Era at Southwest University of Political Science and Law

Zhang Jianwen　Zhang Xiaoming

Abstract: The report of the 19th National Congress of the Communist Party of China regards "governing the country according to law" as one of the basic strategies for adhering to and developing socialism with Chinese characteristics in the "New Era". We must thoroughly understand the spiritual essence and rich connotation of comprehensively governing the country according to law, and build a rule of law system with Chinese characteristics and socialism. The rule of law country is inseparable from the cultivation of high-quality rule of law team and high-level legal education. The exploration of the path of legal education with Chinese characteristics in the New Era, Southwest University of Political Science and Law from the ideological and political curriculum construction, curriculum ideological and political management, classification and cultivation, innovation and entrepreneurship education as the important starting point, training law major students to promote both virtue and law, according to student development and the characteristics of legal education, concise the classification and training and training as the main means of Chinese characteristics of legal education in the New Era.

Key words: new era, political education courses, political courses, categorized cultivation, innovation of career design education

基于全人教育理念的书院制教育改革

——以华东政法大学为例*

杨忠孝**

摘　要:为了回应国家、社会和行业对复合型法治人才日益增长的需求,华东政法大学于2017年启动了书院制教育改革。在全人教育理念的引领下,华政确立了四大改革要素,包括以实体化书院为基础的全过程书院教育体系、以通识课程为核心的博雅教育体系、打造四度空间的书院社区、构建以良好师生互动为前提的导师制,从而实现全过程、全方位、全员育人,夯实对学生的宽口径培养。

关键词:华东政法大学　书院　全人教育

进入21世纪以来,我国不少拥有卓越专业学院的大学积极开办书院,华东政法大学(以下简称华政)也于2017年5月成立了文伯书院,以贯彻立德树人教育理念、创新本科人才培养体系、推动书院制

* 基金项目:2019年上海市哲社规划教育学一般项目"师生共同体理念下的高校书院导师制研究"(A1913)。另特别感谢外审专家提供的宝贵修改意见。

** 杨忠孝,华东政法大学经济法学院教授,博士生导师,研究方向:商法学、经济法学和法学教育。

教育改革。作为我国政法类高校中第一所尝试书院制教育改革者，华政秉持“开放”和“创新”的精神，在遵循教育规律、借鉴他校成功经验的同时，紧密结合办学实际和特色，打造具有华政烙印的书院品牌。

一、书院制教育改革的动因：宽口径培养复合型法治人才

华政之所以在十三五期间开展书院制教育改革，主要是为了解决国家、社会和行业对复合型法治人才日益增长的需求与传统专业教育模式下人才培养的短板之间的矛盾。具体而言，依法治国战略的全面推进和实施，有赖于高校在培养大量优秀法治人才上的努力。习近平总书记在2017年中国政法大学考察期间即指出“建设法治国家、法治政府、法治社会，实现科学立法、严格执法、公正司法、全民守法，都离不开一支高素质的法治工作队伍。法治人才培养上不去，法治领域不能人才辈出，全面依法治国就不可能做好。”而作为法学人才培养的第一阵地，政法大学在人才培养上的“造血能力”在极大程度上决定着新时期我国法治人才队伍持续发展壮大的能力。① 同时，全球社会处于快速发展和变化中，人工智能、“互联网+”、大数据时代的到来，对法治人才的复合素养提出了更高的挑战。例如，“在大数据时代，法律理性与技术理性的高度融合，使传统司法优势与现代技术优势的碰撞与交融日益凸显，加之法律本身天然的滞后性、原则性，这就要求法律人必须具有较强的将理论运用到实践中的能力，即将‘纸面的法变成生活的法’的能力。”②更为重要的是，政法实务部门的工作内容日益复杂化、综合化和开放化，迫切需要引进各类法律功底扎实，同时具有管理、外语、经济等特长的复合型法律人才。③

然而，我国高校以往过度的专业教育模式影响了学生的综合素质和

---

① 曹文泽：《积极打造法治人才培养重镇》，载《光明日报》2017年5月26日，第11版。

② 叶青：《高等政法院校的责任与担当》，载《光明日报》2017年9月19日，第13版。

③ 张叶荷：《源起“精英” 从“通识”到“通才”——法学教育四十年是教育方式改变的四十年》，载《上海法治报》2018年12月14日，第A02版。

毕业后的持续成长能力。在传统模式中,大学专业的划分过窄、过细、过早,强调从大一开始便实施专业化训练,这就使得学生的素养较为局限于专业领域,在打破思维边界和学会自主思考、选择、创新等方面存在一定的欠缺,导致缺乏发展后劲的现象较为突出。在以服务行业为主的特色型高校,更是专注于学科性知识和技能的传授,通识教育和跨学科交叉培养做得很不够,多学科协调发展的优势没有得到充分发挥,毕业生在就业单位"上不去"的问题因而更明显。而且,值得注意的是,公、检、法、司等传统用人单位很难再容纳由于大学扩招而产生的大量政法高校毕业生,许多学生也自主选择就业领域,并不局限于对口行业。事实上,不少政法类高校的毕业生近几年进入非司法机关工作的比例超过90%。因此,面对国家、社会和行业的发展诉求,作为人才培养输送站的大学、特别是行业性大学,必须主动做出回应,克服过度聚焦于专业教育在人才培养上产生的短板。

华政在本科阶段推行书院制教育改革,即是基于分科教育与综合培养的不同价值,主张以书院博雅教育与专业学院教育的二元组合方式构建现代大学组织,从而既延续人才培养上的厚基础传统,也落实宽口径培养的特色。这实际上亦是回归高等教育使命和遵守学生的成长成才规律。因为人才培养是高校本科教育的首要职责,注重学生在知识、能力与素质上的全面发展是大学本科教育的真正使命。例如,牛津大学、剑桥大学、哈佛大学、耶鲁大学等世界一流大学均以书院或文理学部/本科生院作为实施博雅教育理念的载体,培养学识、道德、精神、身体等全方位发展的"完整的人"(a whole person)。这也是华政前身——圣约翰大学的办学宗旨。而且,圣约翰大学在1879年成立时即命名为"圣约翰书院",揭示华政与书院教育之间有着天然的历史联结。

此外,在大类招生成为我国高校主流招生方式的趋势下,华政于2017年开始调整招生政策,由以往只按专业招生的模式,转向按专业大类招生和按专业招生两种模式并行。所有法学专业(方向)归并为法学类、法学类(卓越法律人才实验班)两个法学专业大类,而法学类、法学类(卓越人才实验班)、公共管理类、社会学类、新闻传播学类以大类进行招生,经济学、国际经济与贸易、金融学、会计学等其他专业则仍然按专业招生。这就要求华政采取积极的对接机制，协同推动学校的事业发展，而书院制教育改革实施的法学大类统一招生和新生统一培养、接受通识教育等举措能够与招生政策的调整有机衔接。

二、书院制教育改革的理念：开展全人教育

确定开展书院制教育改革后，鉴于改革关系着学校事业和师生的未来发展，华政历经近两年的广泛调研和深入论证，明确了以全人教育作为指导改革的理念。全人教育的哲学基础为联结、整体性和存在，倡导教育目标不应只重视知识传授和技能习得，而更要培养完整的人，实现个体在身体、知识、技能、道德、伦理、创造性、精神等各方面的发展。④ 开展全人教育则是世界高等教育界在人才培养上的共识，也是中国高等教育改革的趋势和方向。实际上，行业特色型高校更加需要强化全人教育的理念，在紧抓专业教育的同时，开展奠定宽厚知识基础的博雅教育和培育良好行为习惯的养成教育，提升学生的综合素养，促进全面发展。华政选择以全人教育为书院制教育改革的指导理念，为学生提供完整的教育，并全面构建成才体系，契合了大学教育的真正使命。

为了落实全人教育的理念，华政树立了全面培养知识、能力和素质的改革目标。首先，书院教育模式需要开展兼具学科和通用维度的教育，打造既博又专的复合型人才。在学科维度上，作为政法院校，华政既要培养学生扎实的法学理论知识和司法技能，更要注重法治信仰、法治理念、法学价值观等法律素质的提升。一如叶青校长指出，"我们培养的法律人绝不能仅仅成为'法律工匠'，而应该成为传播社会主义法治理念、践行公平正义、自由平等的社会主义法治精神，维护社会转型期和复杂国际环境下国家利益和人民权益的法治人才"，同时德法兼修的法治人才需要有过硬

---

④ 刘宝存：《全人教育思潮的兴起与教育目标的转变》，载《比较教育研究》2004 年第 9 期。

的思想政治素质、有良好的职业道德和个人良知。[⑤] 在通用维度上,华政培养的人才除了具备政法人的特色性烙印,还需要具备适应个体发展和社会发展所需的广博知识、必备素质和关键能力。因为学生作为一个全面发展的人,应该在自主发展、社会参与、文化基础三个方面有所养成,其中自主发展包括学会学习、健康生活,社会参与包括实践创新、责任担当,文化基础包括人文底蕴、科学精神。

其次,书院教育模式需要集知识、能力、素质教育于一体,使之成为学生全面发展的重要支撑点。就知识而言,华政书院制教育模式下培养的学生应该掌握通用知识与专业知识、常识与非常识、实用的知识与不实用的知识、丰富的法学知识以及交叉学科的复合型学科知识、基本的人文社会科学知识和自然科学知识。就能力而言,除了对社会生活的敏锐观察力、逻辑思维能力、口头表达能力和文字写作能力等较强的法律实践操作能力,领导力、可持续发展能力、独立思考与跨界移动的能力等也很重要。就素质而言,除上述法律素质外,由于当下大学教育出现了功利化、冷漠化等问题,关心他人、志愿服务、社会责任感等公民素质显得尤为重要。所谓"德以配位",没有爱国情怀和责任担当等素质,大学培养的终究是精致的利己主义者。另外,审美情趣、艺术修养等人文素质,理性思维、尊重科学等科学素质,国际视野、身心健康,等等,也是书院养成教育的重要目标。

三、书院制教育改革的四大要素

在全人教育的理念引领下,华政统筹规划,整合各条线资源,确定了实体化书院、通识课程体系、书院社区和导师制作为学校书院制教育改革的四大要素。其中,实体化书院成立是基础,通识课程体系是核心,书院社区发展是特色,导师制构建落实是关键,四大要素相辅相成,共同推动

⑤ 叶青:《高等政法院校的责任与担当》,载《光明日报》2017年9月19日,第13版。

华政书院制教育改革的进程。

(一)以实体化书院为基础的全过程书院教育体系

实体化书院指华政成立了专门的教学机构——书院,将其作为一个实际新增的实体单位,与其他学院并列存在,拥有固定的办公场所与物理空间、专门的师资教学队伍、专业的领导和行政教辅团队、有序的运行保障机制,承担知识文化传承、思想科学创造、助力个体完善与发展空间的重要功能。其中,作为育人主体的专任教师来源为整合人文学院等校内已有通识教育师资力量,以及根据育人目标和课程设置计划专门招聘的新进教师。在实体化书院的基础上,华政构建了"1 + 0.5 + X"的全过程书院教育体系和融合通识教育、养成教育、专业基础教育、专业提升教育的一体化培养模式。

首先,在大学第一年,全体学生进入新生书院(文伯书院)学习,接受统一的博雅教育与集中管理。新生书院的设计意图在于通过改善原有办学体制在大学生初期培养中的多元、分散的工作机制,高效、优质地完成大学生君子人格养成、角色认同、通用知识教育与通用能力的培养任务,从而既有利于解决高中生转变至大学生过程中的适应性问题,也为学生后续的专业学习和生涯规划奠定基础。考虑到与专业学院的对接性和学校总体资源的有限性,华政采取"新生书院 + 分院"的模式,即在新生书院总院下,根据法学、政管、商经、人文不同专业大类设置四大分院,分别以学校的校训——笃行、致知、明德、崇法命名("文伯·笃行书院""文伯·致知书院""文伯·明德书院""文伯·崇法书院"四个分院),以延续学校的办学理念,体现鲜明的华政特色,新生则根据高考志愿进入相应分院。2017 年作为书院制教育改革元年,华政选取法学专业先行先试,招收了 1173 位新生进入"文伯·崇法书院"学习。另外,为了体现政法院校的人才培养特色,所有新生在大一必须接受"专业"基础教育,例如"文伯·崇法书院"新生大一上学期必须修读法学的学科基础课《中国法制史》,并在大一下学期修读法学的专业方向课。

其次,完成大一学习后,实行以双向选择为基础的专业分流,学生从大二开始进入专业学院接受专业提升教育,其中大二第一学期与大一阶段为半年的衔接过程,完成从新生书院到专业学院的过渡。专业分流机制为先由学生依据本人意愿申请所在学科门类内的专业(但专业学院有权结合自身培养要求等确定是否接受学生的专业申请),学校再按照学生的综合成绩——高考成绩(50%)+大一书院学习成绩(40%)+个人综合表现(10%)——从高到低排序,依据各专业最大可容纳学生数及学生申请志愿的顺序分流到专业。之所以实行学生与专业学院之间的双向选择机制,最主要的原因为鼓励学生在面临专业分流的动力和压力下,利用大一充分锻炼与提升自己,并对各专业(方向)获得理性认识,从而主动把握二次选择的机会,修读自身感兴趣且适合的专业。以往相当一部分学生在高考志愿填报时对所学专业并不了解,进入大学后亦有很高比例的新生对所学专业不感兴趣,或者表现出"专业不适性"。二次分流的设计不仅客观上为学生选择专业(方向)提供了缓冲期,还为学生发挥自主性奠定了基础。因为学生能够通过一年努力自主选择专业(方向),改变"一考定终身"的现状,切实参与自己未来发展路径的设计中,发挥其兴趣的积极引导作用。为此,学校也将大幅提高转专业的比例(从5%提高到10%),同时不限制法学专业方向之间的流动比例,以赋予学生更多的专业选择权。实施双向选择机制的另一个原因为以允许分院学生选择进入非对应专业学院学习的机会为契机,激励专业学院提升教育教学质量来更好地吸引学生,并重视新生的入门教育,注重入门教育与专业教育之间的衔接,根据书院教育的需要积极主动提供必要的课程与其他教育内容。

最后,学生在大二到大四阶段不仅拥有专业学院的学生身份,而且仍然保有大一取得的书院身份,接受书院教育多形式、多时段的熏陶。换言之,学生在大二至大四接受专业学院和书院的两头管理,既参加专业学院的培养和管理,又参加原所在书院的系列教育教学活动,享受助力个人长远发展的通识教育、素质训练、成长支持等服务。书院身份为四年制(也为终身制),书院教育以新生阶段为基础,并贯穿大学四年的全过程。

(二)以通识课程为核心的博雅教育体系

华政通过两个举措,构建了涵盖第一课堂和第二课堂的博雅教育体系:一方面,大力拓展第一课堂,即在整合学校原有的文化基础类课程(如大学外语课程、体育课程)和思想政治类课程(如军事理论、马克思主义基本原理)的同时,通过校内新开和校外引进的方式,开发系统成套的通识课程,以使学生接受体系化的博雅教育训练;另一方面,积极建设第二课堂,不仅组建调研部、职业发展部、实践部、辩论队、演讲俱乐部、文学社等多样化的团学组织和提供“感知上海”、读书会等丰富的团学活动,充实学生的大一生活,还开设新生导航系列、讲座系列、沙龙系列、美育心理系列等不同主题的教育活动,以补充博雅教育体系的要素和开展形式。例如,在新生导航系列中,开展入学前的经典阅读和社会调查、入学后的校史校情教育和生涯规划教育等活动,使学生尽快融入大学生活中。在讲座系列中,启动文伯大讲堂,邀请名家走进书院开设讲座,同时陆续开展人文系列讲座、学者讲座、当代中国系列讲座、当代世界系列讲座等。在沙龙系列,开展通识教育沙龙、学科沙龙(哲学沙龙、历史沙龙、文学沙龙、社会学沙龙等)、青年成长沙龙。在美育心理系列,陆续开展文伯书院音乐教室、书法教室、画廊、情感教室。

在上述博雅教育体系中,经过精心设计的通识课程体系是核心,也是实体化的文伯书院的关键教学任务。具体而言,为了建立更符合现代教育学、认知科学和落实书院全人教育理念的通识课程体系,华政在设计时有着多重考虑:一为向“同行看齐”,参照哈佛大学、香港中文大学、复旦大学、华东师范大学等国内外多所通识教育和书院教育先行者的操作经验;二为向专家取经,汲取马早明、庞海芍、理查德·莱文、李曼丽等诸多对通识教育有持续、深入研究的学者的真知灼见;⑥三为面向国家、社会和行业当下及未来的发展需求,思忖复合型法治人才应具备的视野、能力、素养等;四为立足本校实际,既发扬政法特色,又回应长期以来作为单科院校对人文素养教育的期待;五为兼顾大一阶段学情,帮助学生快速适应大学学习。因此,文伯书院确定了以下四个建设目标:(1)引导学生从不同学

⑥ 参见马早明、高皇伟:《大学通识教育价值取向的演进与转向》,载《教育研究》2016年第4期;庞海芍:《通识教育内涵解读》,载《北京大学教育评论》2010年第12期;理查德·莱文:《通识教育在中国教育发展中的角色》,载《国家教育行政学院学报》2010年第7期;李曼丽等:《我国高校通识教育现状调查分析:以北大、清华、人大、北师大四所院校为例》,载《清华大学教育研究》2001年第2期。

科领域汲取各种知识和思想,完善知识结构;(2)学习世界文学、艺术和历史知识,帮助学生形成本土思维与全球视野;(3)培养学生的批判性思维和创新能力,学会理性思考和认知判断;(4)通过不同的课程设置,培育学生的健全人格,提高道德素养。基于设计逻辑和建设目标,文伯书院目前开设了通识主干课和一般通识课两种类型下的八大模块通识课程,并确定了各模块的教学目标和学分修读要求(见表 1)。

表 1　文伯书院的通识课程体系

课程类型	课程模块	学分	修读要求
通识主干课	历史文化传承与人文素养	6 学分	17 学分(第一学年至少完成 13 学分)
	法治精神和专业养成	7 学分	
	创新思维与创业能力培育	2 学分	
	新生研讨和跨学科前沿讲座	2 学分	
一般通识课	当代中国与世界视野	—	6 学分(三年内完成,至少选三类,第一学年至少完成 2 学分)
	社会研究与公共管理		
	科学思维与科技发展		
	艺术修养与运动健康		

在课程类型和模块上,通识主干课是体现学校政法特色的核心通识课程,不仅设有专门的"法治精神和专业养成"模块,其他模块也均含有不少彰显学科特色的课程供学生选择,比如"历史文化传承与人文素养"模块下设法律与艺术课程、"创新思维与创业能力培育"模块下设电子数据取证导论课程、"新生研讨和跨学科前沿讲座"模块下设法律与金融系列前沿讲座课程等,同时将法古文选读、信息素养与法律文献检索、逻辑作为必选课,以切实培养复合型法治人才必须具备的基础知识、能力和素质。例如,部分课程属于工具与方法类课程,有助改变学生过于依赖知识教育的习惯,学会利用工具和方法自我探索;部分课程属于开拓视野类课程,有助学生尽早了解社会和行业发展规律和动态。另外,通识课程体系并非百家讲坛,而是注重探索强调师生互动、多元灵活的教学方式,突出体现为开设专门的新生研讨课程。新生研讨课不设固定教材,学生以小

组方式与开课教师共同开展专题研究。专题可以涉及任何学科领域，并鼓励交叉学科选题，从而既拓宽学生思维，又帮助学生顺利完成从高中到大学的过渡，还便于学生在大一学年末进行专业方向的选择。相比之下，一般通识课是体现学校多元发展理念的拓展性通识课程，包括当代中国与世界视野等四个模块，各模块下设课程——如代议制民主与各国议会制度、社会调查与社会管理、法律大数据计算之美、审美与人生等——主要培养通用性的社会科学知识、公民素质、科学素养、可持续发展能力、创新能力等。

在学分修读要求上，结合大类招生政策改革和书院制教育改革，华政对人才培养方案做了大幅度调整，主要措施之一即为在保持不突破总学分(160 学分)的情况下，压缩必修课程，提高选修通识课程的比例和可选择性。目前，通识课程共占 23 学分，其中通识主干课和一般通识课分别占 17 学分和 6 学分。基于大一以通识教育为主，文伯书院建议学生第一学年修满 15 学分(第一学期完成 7 学分、第二学期完成 8 学分)，其余 8 学分可根据个人情况分散在其他学年修读。同时，除了三门通识课程为必选，⑦其余课程均由学生自主选择修读，但不同模块的学分不能互相冲抵。文伯书院在实行改革的第一学期开设了第一批通识类课程 54 门，赋予了新生广泛的选择权，同时后续课程也在不断建设中。按照学校十三五规划的设想，华政将增开近 400 门课程，并以通识课程的开设为主，从而构建层次多元、内容丰富、功能齐全的课程体系。

(三)打造四度空间的书院社区

大学本身是非常重要的教育空间，是教师和学生共同生活学习、进行思想文化交流的场所。然而，一直以来学生的生活区域、学习区域以及教师的工作区域都相对独立，不利于相互之间的沟通交流。书院制教育改革不仅重视建设关注学习的第一课程和关注学生活动的第二课堂，还大

⑦ 大一第一学期中有 3 学分为必修课程，包括历史文化传承与人文素养模块中的《法古文选读》(2 学分)以及法治精神和专业养成模块中的《信息素养与法律文献检索》(1 学分)。大一第二学期也有 3 学分为必修课程，为法治精神和专业养成模块中的《逻辑》(3 学分)。

力建设充分挖掘“书院社区”功能的第三课堂,以构建从博雅教育到专业教育、从课内学习到课外养成、从第一课堂到第三课堂的全方位育人机制,形成实体化书院、书院社区和专业学院共同支撑的教育空间。具体而言,书院社区是以学生宿舍为载体的传统生活空间,为学生提供住宿场所是其基本功能,但通过学习空间、社交空间、文化空间的更多方位共享空间建设,书院社区还可以发挥环境育人、文化育人的衍生功能,成为学生学习讨论、社会交往、组织文化活动的重要场所,从而提供多功能、多维度的社区教育。

首先,四度共享空间的营造是通过建立功能各异的社区活动室实现的。华政对文伯书院新生的宿舍进行了改造,在一楼增加了自习室、研讨室、健身房、咨询室、咖啡吧、书吧、图书报刊阅览室等多个功能性房间,大大改善开展社区教育活动的空间,方便学生直接在社区开展各种活动,打造富有书院特色的社区文化。

其次,在环境育人上,书院社区是充分发挥学生主体作用、培养学生自我管理能力、促进学生自我成长的教育平台,即在社区事务管理上给予学生自主权,由学生组建社区自我管理委员会,自主设立各职能委员会,履行自我管理、自我服务、自我教育的各项职能。例如,在社区活动室的管理上,学生自行担任管理者,并参与制定预约等规章制度。另外,大一是新生进入社会化的关键阶段,多方位共享空间的形成,可以促进学生的自主学习能力、社交能力和同伴互助习性等优秀习惯的养成。

最后,在文化育人上,书院社区可以作为“文化特区”⑧,实现文化的浸润,即积极开展各类文化活动,以文化来吸引和陶冶学生。目前书院社区开展了文伯状元榜、名师进社区等活动,并将陆续推出更多的活动,强化文化空间的属性。值得指出的是,书院社区不仅仅是学生共享的公共空间,也是师生共享的公共空间。书院将安排辅导员、导师和“我心目中的最佳教师”等进驻社区,让社区成为师生共同成长的场所,加强师生的联系。概言之,书院制教育改革改变以往学生宿舍区仅作为生活空间的

---

⑧ 张应强、方华梁:《从生活空间到文化空间:现代大学书院制如何可能》,载《高等教育研究》2016年第3期。

观念,将宿舍区活动纳入育人体系中,打造集生活空间、学习空间、社交空间、文化空间四度空间于一体的书院社区,成为全方位育人的重要一环。

(四)构建以良好师生互动为前提的导师制

书院制教育改革目标的达成,除了构建全过程育人、全方位育人的机制,还需要全员育人的合力。文伯书院因此设立了特色鲜明的导师制,包括兼顾专与通的全员育人组合、个别具体指导与团队集体指导并举的多样化指导方式、引入朋辈导师的方式。首先,在育人组合上,文伯书院创造性地设立“2 个专业导师 +1 个管理导师 +1 个文史哲艺导师 +1 个校外导师 +2 个导生”的导师团队架构,对应书院的每一个班级。换言之,书院为每个新生班级配备 5 名导师,组成一个导师组,其中校内导师 4 名、校外导师 1 名,而校内导师队伍在身份构成上兼顾专业与管理、法学与非法学的组合。专业教师、管理教辅人员、校外专家、朋辈学生、辅导员等全员参与至导师制工作中,通过自身的学识和阅历,给学生提供学业层面、社会实践层面、同辈层面、生活生涯规划和心理辅导层面等多维度的指导,帮助学生解决个人成长、发展上的困惑,扮演人生引路人和学业指导者的角色。另外,导师制在一定程度上还可以实现“教学相长”,即导师在引导学生成才的同时,也可以促进自身的发展。

其次,在指导方式上,每一位导师对其负责班级中的 8 ~ 10 名书院学生开展类似师徒制的个别指导,同时每个导师组对其对应班级开展集体指导,而且每四个班左右的导师又组成导师团,对几个班级的学生进行组合、交叉指导。就交流频率而言,校内导师与指导学生进行面对面答疑的频率为每两周一次,校外导师则为每学期不少于四次。导师也可以在见面指导之余,通过电话、邮件、“网络交流平台”等方式进行个别指导,并鼓励校外导师利用社会资源开展各种类型的指导活动。另外,校内导师需要参与所在导师组的集体指导,每学期不少于 4 次,并考虑在书院社区条件成熟的基础上实施住楼辅导,即每学期有 1 ~ 2 次入住书院,在社区导师工作室集中开展与学生的交流与指导。

最后,书院充分发挥朋辈教育的优势,为每个班级配备 2 名导生,协助班级导师和辅导员开展指导工作。导生中 1 名为大二或大三年级的本科生,1名为研究生(以硕士生为主、兼有少量博士生),由两名辅导员共同对报名者进行面试筛选,筛选标准包括学业优秀、有团队活动经历(学生领导者为佳)、有指导热情、对指导工作有较为清晰的认知和规划。优选出的导生不仅很好地帮导师和辅导员分担部分责任,作为相应教学班导师团队导师、辅导员和同学沟通的桥梁,同时在学习、生活、职业规划中拥有面对类似困惑和难题的经验,能在很多方面为新生提供有益的建议。

四、结语

为了宽口径培养复合型法治人才,华政在全人教育的理念指导下,通过全方位组织、全过程实施的博雅教育和养成教育,融合学生全面发展与专业教育两大领域,实施大类培养、基础培养、综合培养、个性化培养等创新举措,着力解决学生的专业养成与全面发展之间的平衡问题,实现“卓越成就未来”(with wisdom comes bright future)的教育理想。书院制教育改革的落实以实体化运作、通识教育、社区制、导师制为要素,其中每一项举措有各自的内涵与建设内容,并都在不同程度上体现高等教育的规律、文伯书院的特点与华政的特色,例如以实体化书院为基础构建全过程书院教育体系、以通识课程为核心打造博雅教育体系、以包含四度空间的书院社区营造多功能的社区育人环境、以促进良好师生互动为前提的导师制助力学生成长。通过四大要素的设计,书院制教育改革旨在让每一位华政学子在全过程、全方位、全员育人的良好氛围中,获得学科与通用两个维度下的知识、能力、素质三个层次上的全面增长,实现教育增值。目前,华政正着手设计对书院制教育改革进行增值评价的科学方案,并以此为契机形成全面的质量监控与保障体系。可以说,书院教育模式的建设虽然“路漫漫其修远兮”,但是华政将扎实地“上下求索”,以使“法学教育的东方明珠”在未来散发出更加夺目的光辉。

On the Reform of the Academy System Based on Student-Centered Holistic Education Model

—An example of the East China University of Political Science and Law

Yang Zhongxiao

Abstract: In order to respond to the country, society and industry's common increasing need of compound type of law talents, the East China University of Political Science and Law initiated an academy system reform in 2017. Under the guidance of the idea of holistic education, the university has carried out the following four elements in the reform: 1) forming a whole-process academy system with the foundation of the hypostatization of the academy; 2) forming a liberal arts education system with the core of general courses; 3) forming an academy community with four-dimension spaces; 4) constructing a tutoring system with the premise of good interaction between tutors and students. In this approach, a whole-process, full-scale, and all-member participating education can be achieved, and students' wide-scope cultivation can be firmly established.

Key words: East China University of Political Science and Law, academy system, holistic education

“德法兼修”式法学教育与传统书院精神的契合与对接*

蔡科云**　邹爱华***

摘　要：“德法兼修”正日益成为法学教育内涵式发展的重要内容之一。德法融合式教育是新时代反映法学培养目标和教学内容系统性、全面性的重要指标。中国书院是集德性教育与智识教育一体的教育机构和学术机构，在其千年的发展历程中既能与私学相伴又可与官学为伍。当代法学教育与书院教育亦有精神的契合和对接点。“德法兼修”式法学教育可嵌入大学书院平台，以士君子精神激发法科师生关系的活力，拓展卓越法律人才培养中教与学的空间，涵养塑造具有中国文化个性、德法融合的法学人知识群体。

关键词：德法兼修　法学教育　书院　卓越法律人才

---

* 基金项目：本文是湖北省教育厅教研项目“书院文化与大学卓越人才培养之整合理论与实践研究”（项目编号：060－013945）；湖北大学荆楚卓越法律人才培养计划研究的阶段性成果。

** 蔡科云，湖北大学政法与公共管理学院教授，法学博士，研究方向：法律社会学。

*** 邹爱华，湖北大学政法与公共管理学院教授，法学博士，研究方向：经济法学。

引　言

“没有道德滋养，法治文化就缺乏源头活水。”①“德法兼修”是习近平总书记在视察中国政法大学时对我国法学教育坚持立德树人，培养高素质法治人才的殷切期望。当前，中国法学教育的改革发展要回应“从法律之治到良法善治”的新发展理念，建设更高水平的法治文明。② 改革开放四十年的法学教育从恢复到繁荣，既有学贯东西也有本土主体化意识的彰显。从法学人才培养到法治人才培养目标的转型，需要坚持质量、特色和内涵式发展之路。③ 而不容忽视的是，当前大学人文的发展态势与主流文化入脑入心的软实力竞争正日益成为高校内涵式发展的重要内容。是否能在法治正义、善道、义利以及是非的教化、传导过程中，渗透人文价值观与主流价值观偏好，将“修私德、守公德、循道德”的人文价值观和人伦偏好展现在受教育的法科大学生们面前，亦是反映大学综合实力的重要指标。本文拟从书院传统与现代大学法学人文教育的契合点分析出发，对高校层面嵌入书院文化，赋予传统书院办学空间及学规以新的时代涵义的必要性与可能性进行分析，并主张推广“知”“情”“理”相结合的法学教育，在“大学、学者、学生”教育关系中，挖掘“构书院、诠宗旨”的软实力，探讨“学院”与“书院”对接的大学卓越智识传承体系之建立。

一、传统书院的大道之知：德性教育与智识教育

中国优秀传统文化是华夏民族的精神标识。中华传统文化中的一个

---

① 习近平：《加快建设社会主义法治国家》，载《求是》2015 年第 1 期。

② 参见张文显：《中国法学教育的改革发展问题》，载《北京航空航天大学学报》（社会科学版）2018 年第 2 期。

③ 参见徐显明、黄进、潘剑锋、韩大元、申卫星：《改革开放四十年的中国法学教育》，载《中国法律评论》2018 年第 3 期。

重要内容——书院,是我国具有悠久历史和辉煌成果的地方教育与学术组织。以培养士子的士气("位卑未敢忘忧国")和骨气("富贵不能淫,贫贱不能移,威武不能屈"),涵养传统中国知识分子的天下情怀("先天下之忧而忧,后天下之乐而乐""苟利国家生死以,岂因祸福避趋之")的书院,讲究思想自由平等,以"讲会"制度推动论辩与争鸣。书院教与学的良性互动和彼此启迪,成为学子们的向往之地。而士子精神的养成是中国传统君子教育、仕君子教育的优良与闪光之处。

(一)书院文化中"知、情、意"的"尊德行"教育

阐发书院文化精髓,最应挖掘的是书院的德性教育。德育所体现出来的是书院在"知育、情育、意育"上的努力。知育要应对学之乃知,不问不识,教人"不惑"。情育要解决的是感情上的纷扰,教人"不忧",意育则要提升意境,奠定荣辱观、生死观,教人"不惧"。通过知育、情育、意育,达到士子们成智者、仁者和勇者,追求"知者不惑,仁者不忧,勇者不惧"的境界。中国古代士子的性格心理特征或群体形象特质是"自立自强""注重修身""忠君事上""安分守己""容忍谦恭""重视读书""生活严谨""文弱和平",这些都在书院的"全人教育"的大道之知中得以体现。当代学者的研究指出,"中国古代有不同群体举办的皇族、家族、乡村书院,也有不同级别的县、府、州、道各级书院。这些书院具有文化性和民族性,教人以修身、齐家、治国、平天下之道,不仅传承文化而且启发民智,是文明教化中的风神秀骨,有些还提供经天纬地、经世安邦之策,补官学与私学之不足。"④基于文化性和民族性以及族群德性和德行的书院教育,在中国社会具有极强的融合性和带动性。

书院基于德育的大道之知,基本上是文献研读与思考讨论并行,融贯事实判断与道德判断,是学生主体性的觉醒与完整人格的建立过程。对于书院的教育理念与目标,台湾地区学者黄俊杰总结道:传统书院的教育理念是使受教育者的身与心合而为一。受教育者经过外在书院德育教育理念的内在转化,把对世界看法升华为天人合一,继而对生命的知、情、意

④ 陈谷嘉:《中国书院制度研究》,浙江教育出版社1997年版,第1357页。

的统合和整合，以实现天人合一、身心一如的全人教育。⑤ 传统书院教育目标是学生主体性的觉醒与完整人格的建立。德性教育与智识教育的落脚点在人，其宗旨在于化人、成人、全人。这种全人，在一定意义上讲，可以用来指称“以心支配身”、身心一如的君子。而书院教育“尊德行”教育，“知、情、意”在教育者（老师）身心的流淌，以及在受教育者（学生）身上的统合和整合，恰恰是使教与学中的人达到环境的转化、自我的转化再到完成世界的转化之德性教育过程。

（二）书院文化中“天下、山水、人心”的“正智慧”教育

对传统书院文化精髓的挖掘，还应聚焦其教育过程的仪式感和天人、自然和人互动及体验的经历感。“文照四方”“以天下为己任”的责任教育和“正人心”的人格教育，如果只是流于单纯的说教，肯定无法达知、情、意的统合与整合。一般而言，传统书院都有知行合一的勾连，以及环境的浸润，挖掘“天下、人心、山水”的联系。在山水环境之中，见微知著、以小见大、触类旁通。透过自我的转化以完成世界的转化。在自然美之中“悟道、悟学”是书院教育身心一如、天人合一，人与自然互动，教与学互动且相长的重要原因。

智者乐水，仁者乐山，传统士君子以自然山水来比喻文人的智仁。“居山水为上”是书院营建的理想环境观，以此实现天下、山水与人心的联系。传统书院的建筑选址也大多以依山傍水作为营建的首选。水者地之血气，如筋脉之通流者也。书院环境尤其以“得水为要、得水为上”。书院环境中有了水，不仅水自成景，还可以使院内院外草木茂盛、树林葱郁、温度湿度适宜。更重要的是可以在水上建桥、建亭，楹联绝对、书法石刻，以此营建书院的生态美和文物氛围。比如，白鹿洞的自然环境清秀，四面山水。而白鹿洞书院的建筑选址就是“傍山带水，尽幽居之美”的场所。历史上对其学习环境的描述是“清邃环合，无市井之喧，有泉石之胜，真群居讲学遁迹之所”。白鹿洞书院还有著名的钓台亭一景，其由来是在白鹿洞书院新聘府学教授蔡希渊为洞主，李梦阳到书院督学、考察时提出“钓可

⑤ 参见黄俊杰：《传统书院的“全人教育”与现代大学的建立》，载《高教发展与评估》2017 年第 2 期。

以喻学”。之后书院专门在白鹿洞的钓台石上修建这座“钓台亭”⑥来喻学。书院在营造水景水趣等物文环境方面,逐渐孕育出“山水、人心、天下”的为学问道、审美风度。集教育、学习、生活一体的书院,为教育者与受教育者在依傍山水环境、生活返璞归真的自我找寻中,连接物文,观乎人文,见微知著,参悟道学,化成天下。这正是我国传统书院人文物文相结合的“正智慧”教育之雕琢和发展。

通过以上分析,传统书院在中国古代教育史上集藏书、教学、研究为一体,在其发展历程中既与私学相伴又能与官学为伍,具有丰富的认识和改造世界的教育思想和教化理念。书院的教学形式与“大道之知”,可为我们现代大学卓越人才的人文培养提供有益启示,也可在教育过程中提升读书治学、授业解惑、怡养身心的人文水准以及提出“德润人心”的时代命题,提供办学形式上的有益启发。

二、当代大学的人文塑造:大学校办书院的发展与现实之间

文化品格是一所大学凸显特色的要素和精神标识。高校在历史渊源、办学定位、人文塑造过程中所形成的风格,是其独特性存在的文化标签和名片。在一定程度上讲,每一所有风格和品格的大学都是一部独特的、连续的高等教育文化记录簿,也是这一所大学存续与发展的生命力和活力所在。⑦ 近些年来在“去中国化很悲哀,传承中华文化基因”理念的引导下,一些高校校办书院,以高等教育改革的姿态在大学内部试行、实行“书院制”,力图推动具有人文属性的中国特色高等教育模式。一定程度上讲,“高校校办书院”在当代大学教育中的显性化是对中国传统书院教育的自信和价值回归。以下五所高校探索书院的办学方式灵活多变的空间和轨迹,具有高校办书院发展的典型性和代表性:

---

⑥ 参见闵正国主编:《儒林大观》,江西教育出版社 2016 年版,第 105 页。

⑦ 参见孙存昌:《中国近代大学职能演化与教师发展》,复旦大学出版社 2015 年版,第 79 页。

(一)湖南大学:岳麓书院

湖南大学岳麓书院就是在古岳麓书院的原址及空间上建立的,是大学校办书院的最典型样本:古岳麓书院创建于北宋初年(公元976年),有1000多年的历史。湖南省人民政府在20世纪80年代确定了岳麓书院由湖南大学管理。湖南大学立足现实,探索古代书院在现代发展的模式。首先对古岳麓书院主体建筑和周边环境进行修复整治。从1986年到2012年岳麓书院进行三期的修复,申报并建设中国书院博物馆,展示书院文化和文化教育史,作为书院文物收藏保护和研究中心。

湖南大学在修复和保护古代建筑与文物的同时,也在书院空间里融入了当代大学的教学和学术研究功能:岳麓书院文化研究所(1984年成立)是最早恢复的研究机构,聚集研究人员,组成古建筑、书院、文物、理学四个研究室。岳麓书院凸显专业研究功能,在经学史、宋明思想学术史、书院文化、礼制史以及湖湘文化史等研究领域有比较突出的表现。并且为了凸显教育功能,又以历史学、哲学以及考古学为专业平台,建立学士、硕士、博士到博士后完整的人才培养体系:1986年岳麓书院开始招第一届学生,恢复教学功能。1990年获得专门史的硕士授予权,2005年获得古代史以及中国哲学的博士学位授予权,2009年开始招收本科生。此外,湖南大学岳麓书院还力图恢复书院的社会教化功能,和媒体合作,开设第一个面向社会公众的电视讲学节目,例如岳麓书院讲坛等,邀请海内外学术大家讲学将近400场。岳麓书院还成为5A级风景区,承担更多社会功能,形成社会功能与教学科研相结合的文物保护兼利用的"岳麓书院模式"。

整体而言,岳麓书院模式就是以岳麓书院为代表的,将古代书院优秀教育传统与现代大学管理体制相结合,人才培养、学术研究、文物保护、社会服务四大事业相互支撑、良性互动的建设、管理、运行发展的模式。

(二)清华大学:新雅书院

2014年清华大学"通识教育实验区"新雅书院成立,其办学理念为:渊博雅正、器识为先。

首先,新雅书院办学模式:以通专融合、学科交叉为导向,新雅书院为具有较大综合发展潜力的学生提供优质文理通识教育和跨学科的专业教育,以达成“文理兼修、中外会通”的世界一流、中国特色、清华风格的人才培养新模式。新雅书院的决策系统是院务会、学术指导委员会、教学指导委员会、办公室的组织机构,共同落实书院内的各项事务。值得一提的是院务会除和其他书院一样设置院长、书记、副书记外还设立有总监一职。

其次,新雅书院工作方式主要以讲席、讲座为纽带,凸显中华优秀传统思想的“文明与价值”,跨文学、历史、哲学、艺术和科学,甚至以世界文明优秀成果为传播和育人基础,由新雅书院举办新雅讲座、新雅论坛,定期交流和传播。在学生中,则组织人文、科学、音乐、美术和体育兴趣小组与讲座、论坛对接。新雅书院以通识教育的融会贯通高度,在课程水准和育人实效上,强调学科交叉、自主学习、师生互动、有效研讨等教育要素,以加深学生对传统文化的综合理解。

最后,新雅书院开展课外活动,包括学生自我设计和管理的社团组织,定期组织以学术和领导力为导向的课外学习、社会实践和校园文化活动,如新雅讲座、新雅论坛、新雅公益、新雅读书会、新雅科技成果展、新雅创客展、新雅画展、新雅设计展、新雅风采大赛、新雅合唱团、新雅乐团、新雅体育、新雅征文比赛、新雅演讲和辩论赛等。以书院平台跨班级、跨年级、跨专业,在全校各院系的交流和联谊活动中锤炼学生的参与、服务、组织和领导能力。

整体而言,清华大学新雅书院的特色在于:文理相长、通专融合、自择专业、跨越发展。学生入学时不分专业,首先接受强化式数理基础和人文社科基础的小班通识教育,以培养文理基础雄厚、具备创新能力的跨学科人才。新雅书院的学生在一年后可自主排列和组合清华大学任何一个学科专业或者交叉学科,进行方向式培养:(1)书院学生集中住宿,享有书院制所独享的优质学习和生活环境。(2)书院学生个性化发展,在认识自己的基础上自由选择真正喜欢的专业。(3)文理通识课程培养学生全面发展的气质和修养。(4)实现通识和专业之间的有机衔接。(5)名师云集、理工、人文、社科共同构成最强、最优的师资阵容,包括中科院院士、长江特聘教授和“973项目”首席科学家等。

（三）复旦大学：复旦学院

20世纪80年代，谢希德校长提出要借鉴国际先进的本科生培养经验，试行“通才教育”。2005年9月，复旦学院正式成立。复旦学院采用书院作为载体，所有一年级本科新生入学后不分专业，在复旦学院接受通识教育。学校率先在国内实质性地推进通识教育改革，在校内成立志德、腾飞、克卿和任重四所书院。2006年成立彭康书院，之后由于教育卓有成效，又先后成立了启德、文治、仲英、励志、崇实以及宗廉六所书院。

首先，复旦学院办学理念仍是以通识教育为基本定位。传递科学与人文精神的通识教育，重在低年级学生的文化和思维方式、对自然和社会更高境界的把握、学习思考和探索习惯以及独立和完全人格的养成方面。复旦学院作为通识教育学院，其核心课程基本围绕以上几个方面的通识教育而开设。而其通识教育培养体系的落实，一是上述通识核心课程的主轴作用，二是住宿书院制和导师制的辅翼作用。各书院拥有住宿、管理和公共教学活动和生活的环境以及设施设备。为给书院学生提供学业、思想以及创新创业等方面咨询和指导，打造联系通识教育第一课堂和书院生活的桥梁，复旦各书院配置专职、兼职和特邀导师组成的导师团队。

其次，复旦学院通识教育核心课程有七大模块并以讲座课程、讲习课程的方式开设出来，即文史经典与文化传承、哲学智慧与批判性思维、文明对话与世界视野、科学精神与科学探索、生态环境与生命关怀、艺术创作与审美体验、社会研究与当代中国。讲习课程中的核心课程倡导“大班授课、小班研讨”。为提高讲座讲习课程的权威性，一般由长江学者、国家级教学名师以及知名教授等担任主讲教师和课程负责人。另外，为提高课程的实效性，则推行经典导读、助教制度、小班讨论、多元考核、网络互动等富有互动色彩的教学模式，注重学生表达、主动参与讨论、自主交流的实际演练。

最后，复旦学院的院内书院模式一方面借鉴西方住宿学院通识教育制度，另一方面承续中国古代书院传统，成立了志德、腾飞、克卿、任重、希德等发扬复旦历史文化特色的院内书院。复旦学院的院内书院以“读书、修身”为价值核心,以四年制书院为特色,全面推进“转变、关爱”的大学通识教育,着力建设富有新意的当代大学书院内师生学习生活一体化模式。院内书院的书院长,由有学界影响力和社会知名度的资深教授担任,对书院重大事务有决策权,对书院与学院之间的工作有协调指导权。书院实行四年一贯制,其生源从本科生入学后根据大类融合和学科交叉的原则进行学习选拔。而为了处理好与复旦大学各专业学院的关系,学生的学籍管理和党团组织关系管理则依托专业院系进行。

整体而言,复旦大学复旦学院下设书院的特色在于:开展特色化的院内书院建设,以书院服务于学校的通识教育。复旦大学六所书院强调师生共同体的交往行为多样性,学习行为主动性,参与活动积极性。全方位培养人才的住宿制书院,延伸了导师导学的关系链,也拓展了学生自治的空间。院内书院师生关系结合的核心在于:“自主学习、生活育人;专业为主、全方位教育;混合居住、多层次交往;师生共处、学生自治”⑧的通识教育理念的落实。

(四)西安交通大学:仲英书院

2009 年西安交通大学成立仲英书院。书院的基本定位是服务于本科教育第二课堂的学生社区式学习组织形式,是大学通识教育的贯彻和落实平台。

首先,西安交大书院的模式是大学书院与专业学院并行。西安交大设立的仲英书院以及后来成立的各个书院,在学校的领导下均有各自所属的不同的院徽、院标,在书院的核心精神、培养体系、教育方法有所侧重。在书院位置和办学空间上,每个书院以学生住宿社区为基本单位,由集中的并且可与其他楼宇间隔开的宿舍楼组成。以学生生活社区为依托,尽量根据文理兼容、专业学科分布、男女适当比例进行书院住宿社区组合,开展通识教育和践行学生自我管理的学生管理体制。⑨ 西安交大本

---

⑧ 乐毅:《简论复旦学院的书院学生管理模式》,载《国家教育行政学院学报》2008 年第 8 期。

⑨ 曹洁:《西安交通大学书院制学生管理模式研究》,湖北大学教育学院 2014 年硕士学位论文,第 134 页。

科阶段的大学生在专业教育上，属于各专业学院的学生，而在课外活动、第二课堂上则是书院的学生，以书院学生主人身份自主参与书院的各项通识教育活动。

其次，在西安交大书院的管理方面，书院长由西安交大校内德才兼备、德高望重、有特定领域修为的教授担任。书院导师是“第二课堂”的重要推动力量。导师们由各书院结合自身情况，从校内、校外聘请教学水平高、实践能力强的优秀教师作为书院的通识、常任导师，定期开展讲座、学业专项辅导、心理咨询、创新创业规划等。书院把学校的学工部门的工作职能，比如学生活动的组织、社团活动的监管、党建工作、奖助勤补贷工作等纳入日常工作内容。因此，西安交大书院承担了原来由专业学院负责的部分育人任务，内设有完整的党团组织及各类学生组织和社团，并在书院宿舍区内设置辅导员进行日常办公，以分担专业学院的部分职责，尤其是学生课外活动、党团学活动。

最后，西安交大书院的工作方式注重书院师生相长、朋辈领航。作为常任导师、通识导师的书院辅导员与学生同处书院空间，同吃同住，解决学生日常问题及困扰。学业导师定期在书院社区进行辅导，解决学习困难。书院社区“第二课堂”的开展：(1)每个书院都有特色一贯的品牌活动。这缘于西安交大的各种学生社团挂靠在书院的校内体制。学生社团组织以“居住共同体”为基础，根据每个书院风格，结合跨学科专业领域因素，师生共研打造品牌书院活动。(2)书院启动“综能提升”计划，采取开展品牌活动的方式来提升学生的综合素质。“综能提升”计划目前包含感恩教育、人格德性修炼、心理健康教育、审美培养、辩论与演讲、文化艺术体育活动、职业生涯规划在内的11个项目。(3)以选修课的模式来完成通识教育。通识教育课程有书院独立开设的课程，也有与学院联合开设的课程，并统一纳入学校选课平台。学生在通识课程选择上自主，适当打破书院、学院的界限，不仅可以选本书院提供的课程，而且也可以实现对跨书院通识课程、学院专业选修课程的自主选修。

(五)大连理工大学：国栋书院

国栋书院所在的盘锦校区与大连校区在主要管理体制上完全贯通，

师资水平完全一致,所设置学院和专业与大连校区互不雷同,符合条件和程序的学生可以在校区和专业间互转,所颁发学位证和毕业证与大连校区完全相同。但盘锦校区作为新设立的校区,在教育体制改革上有了更大的空间,书院制即是其中之一。

首先,在大连理工大学国栋书院的办学理念方面,大学书院是实施知识传承的教育机构,也是进行充满想象力而探索的研究机构。大连理工国栋书院就是在学习知识和追求生命的热情之间架起桥梁的住宿制书院。书院拥有属于本书院的相对集中的若干栋公寓楼。大学的每个书院的建筑群集中分布在校园的不同区域。公寓按男女生分别入住,每栋有几十个单元。每单元的设计按现代化居室设计,包含六个寝室,分为上、下两层,有两个独立卫生间和两个客厅及若干阳台。单元由不同专业不同年级的学生组成。书院鼓励以单元为单位,建设单元文化,树立单元荣誉感,传承单元历史,加强交流,共同成长。书院在自己的建筑群内设有会议室、谈话室、学业辅导室、心理辅导室、书院行政办公室、党团活动室,甚至有健身房、咖啡吧、创业场所、文化沙龙等,倡导社区式大学生活模式。在书院所属的每栋宿舍楼中,都有胡国栋先生的生平介绍、大幅油画。书院成立大会时亦有胡国栋家人和弟子作为代表参加,且与学生座谈,学生则在假期组织多次活动寻访胡国栋先生工作的足迹,探访其家人、弟子。

其次,在大连理工大学国栋书院的办学模式方面,书院与学院同为学校下属的一级管理单位,和学校内部的部、处同级,学院主要负责教学和科研,书院主要负责生活和党团。对学生而言,学院负责培养计划中的教学任务,而书院则负责学院教学之外几乎所有有关学生成长的事务。国栋书院的决策系统为:书院由校级领导兼任书院院长,由部门领导兼任执行院长,并设有院务委员会等管理机构。国栋书院的执行系统为:书院有成长导师若干名,负责学生及学生党、团、学生组织的日常管理及辅导。书院内设若干团总支,每名成长导师负责书院下属的一个团总支的工作。书院全部学生均名列某一团总支之下,每个团总支包含了不同专业和不同年级的学生,每个单元设团支部,辖六个寝室,每个寝室四名学生。单元内的学生亦由不同专业和不同年级的学生组成,旨在促进学生间的交流、互助、“传帮带”。

最后,大连理工大学国栋书院的工作方式为:书院聘有学业导师几十名,由各专业学院各领域方向的教授组成,负责学生的学业指导、学术讲座、科研指导等工作。书院另聘有校外兼职导师,定期或不定期为学生提供学业、就业、科研、生活、社会实践和创新创业指导。团委、学生会、自强社等学生组织由书院负责组建和管理。在书院活动的开展上:(1)国栋书院定期开展“我与院长面对面”特色育人活动,由大连理工大学副校长兼国栋书院院长朱泓教授与书院学子进行面对面的座谈,就学生自身关心的大学规划、专业发展、人际交往、心理世界、读研留学、兴趣选择等涵盖大学生活各个纬度的问题进行深入探讨。(2)在校区内首创性地开展多门类的“书院兴趣小组”活动。校区党工委副书记兼管委会副主任郭金明教授开设的“中外神话比较研究”,校区教学事务部部长贺明峰教授开设的“桥牌”兴趣小组,校区学生工作部部长兼国栋书院执行院长杨晓英开设的“批判性思维”兴趣小组,知识产权学院张志刚教授组织的诗词曲联小组等,均有效地拓展了学生的课外视野,促进了综合素质的全面提升。(3)国栋书院举办“秉文沙龙”活动,以沙龙为形式,通过设定特定主题,凝聚师生自由对话、深刻思辨的文化氛围。“《资治通鉴》中的管理智慧”“中国政治发展的思路与走向”“辛普森案折射的法律问题”等主题秉文沙龙,推动学生对专业领域以外多元性社会问题的深入关注,践行“宽视野、博文识、综文理”的书院育人观。

整体而言大连理工大学国栋书院的特色在于:质量中心(师生相长),即国栋书院在育人工作中重视对学生的个体指导,充分尊重学生发展问题上的个体性与差异性,通过整合教育资源,为学生量身定制个体化的发展方案,并依托兴趣小组、文化沙龙为形式,搭建培育学生综合素质的通识教育平台。另外,书院还有监督反馈系统,即书院实行院务委员会的管理体制,由书院领导、学院教师、书院成长导师及学生代表构成的院务委员会,在负责书院内各项事务的提案与议定的过程中,充分保障学生对书院事务的知情与参与。

(六)当代“大学办书院”的实践之问

据统计,目前我国有各类实体书院近600所,网络虚拟书院100余所。但绝大多数书院是社会创办的私学书院。[10] 大学办书院,面临体制、机制以及办法上的多重压力和突破可能性。前文所分析的五所大学的书院办学理念、教学规程、运作的方式方法具有共性,也有各自学校的特点。尤其是湖南大学岳麓书院打通本科、硕士、博士教育的体制,进行办学方式灵活多变和全教育层次参与的尝试具有极大的现代意义。高校办大学书院,特别是如何将书院形式嵌入专业学院专业人才培养平台,面临自身定位、经费来源、人员落实上的实践之问:

首先,高校办书院,是将书院实体化,还是虚体化?是书院自选、直选的山长负责制,还是教育行政体制化运行?试行书院制的各个学校的书院一般都有自己的办公楼、宿舍楼,例如:湖南大学的岳麓书院、复旦学院院内书院、西安交大的仲英书院都有自己的书院楼,尤其是大连理工大学书院楼是以学校的新校区盘锦校区校园规划进行整体设计,有自己的办学场地。书院设置有负责书院工作的院长、副院长、书记、教学办公室、党委组织部等组织机构,是典型的教育行政化体制。当然,学生第二课堂教学、生活空间的集中、选课平台的自由自主化以及学生社团兴趣组织的纳入,也增加了学生主人翁意识和对书院的归属感。

其次,如何制定书院的经费来源体制以及经费的管理与分配方式?是否需要突破现有的教育经费体制内运转的封闭循环,而进行开放化、绩效化、魅力学者个人掌控化的改革、开新?当前各地书院的尴尬处境就是因为高额的教育补贴和管理运营费用让它们成为一块烫手的山芋或无人问津的遗址而被忽略。[11] 以上五所高校的书院都挂靠在其隶属大学的下设分院。其书院运行的经费都是由大学来支持,包括教学运行费用、教师工资及学生的奖学金及游学助学经费。书院的培养模式在整合现有的学校通识教育、学院专业教育上,还缺乏应有的贯通性体制,尤其是如何将通识教育、德性教育、专业精英教育等现有平台放在一盘棋中考虑,高校各项打通式的经费体制管理创新还不足。

---

[10] 刘海燕、张哲:《“现代大学书院制的改革与发展”会议综述》,载《南京审计学院学报》2017年第1期。

[11] 范双利、彭远威:《论现代大学书院制的建设》,载《高教探索》2014年第6期。

再次，书院明星学者、魅力教师如何遴选？又如何采用制度的方法在“人、财、物”上进行鼓励、激励“魅力型教学”？魅力型教学凭借教育者的学术威望、德行品质以及切实的精力付出来开展开创性的个性教学活动，但其缺点是教学规模的难以扩大和魅力消解后的不可持续性。个性化教学对教育者的个人依赖无法从根本上克服。制度型教学是依靠程式化课程安排、标准化教学内容、普适性教学纪律而使得教学活动依章按轨运行。其优点是不依赖于个别教师的个体存在，教学规模可以扩大，而且教学过程持久。但制度型教学的弱点则是知识传递的机械性以及学问探究的被轻视。“制度型教学的弱点是否可通过书院教育(通识教育、德性教育、君子教育)来弥补，还没有达成共识。”⑫书院以何种形式突破现有程式化、标准化、普适性的第一课堂培养方案和教学规范，又如何在“人、财、物”集中基础上在书院教育中自由开展通识、德性、智识方面的特色教学活动创新，还在探索之中。

最后，书院学生如何遴选？门槛如何设定？是否能够突破现有的招生、学制、专业，甚至学籍等方面的限制，而采取挂单、入门、采用“过程来去自由，出山门则严格控制”的方法，保证书院的士子精神和院门自主民主？书院是否要区分长住者、短住者、游学者，对此又如何安排？这些问题上书院的自主招生、选取学生，无法脱离当前的高等教育招生、就业体制。书院全日制、书院旁听制、书院游学制的人才选拔、招收学生也有不足，一是书院的选择空间不大，二是学生亦因书院机构知名度太小，在书院中可以利用的资源比学生会少。本身在大学里参加学生会组织的活动是有综合加分进而参加评优评先，学生向往的是能够加入校学生会、校社联等组织，或取得学院学生助管等岗位，这样能够为学生带来发展上的权力感满足和实际的助学岗薪金支付，⑬而这些在绝大多数的书院是没有的。在现有的高校学生优秀评价体系下，书院学生的测评分与奖学金和三好学生评选在直接的加分上处于劣势，让其有一定的挫折感。

---

⑫ 田建荣:《现代大学实行书院制的思考》，载《江苏高教》2013 年第 1 期。

⑬ 张应强、方华梁:《从生活空间到文化空间:现代大学书院制如何可能》，载《高等教育研究》2016 年第 3 期。

而反观国外,其德才兼备的人才培养亦是一流学府存在的意义。世界多数一流综合性大学在人才培养过程中不断探索。剑桥、耶鲁大学选择社区式的住宿学院模式。剑桥大学的寄宿制学院具有地方性特点和本校历史底蕴特色,是独立的跨学科性院系的联合治理体,自主性很强。不同的寄宿制学院所开设的学科专业在数量和类别上有所不同,并与每个学科性院系有一定交叉关系。而耶鲁大学的住宿学院则是学校的子系统,自主权不大。学院院长、教导长、导师、学院建筑管理员(管理人员的人数相对要少)的人事聘任、教学安排等大小事皆听命于大学。这种理念被称为“耶鲁精神”。⑭ 由此可见,无论国外经验还是国内样本,针对教育模式和高校内部治理,地域化、特色化和传统传承都是重要的发展因素。

三、“德法兼修”背景下法学书院与法学院对接的理想构建

当前中国政法大学及若干著名大学的法学院在立德树人、德法兼修式法律人才培养上,进行了学科体系、学术体系、教师队伍建设方面的各种实践和“卓越计划”改革试验,并依托立格联盟高峰论坛进行了经验分享。⑮ 德法融合与德法兼修,是新时代法治发展理念与法学教育的协调发展的根本要求,也是主流法学院校践行法学学科专业国家标准的根本路径。法学本质上是人学,法学教育的人文素质的培养包括人文精神、人文

---

⑭ 刘虹、张端鸿:《中美综合性大学住宿学院制度比较研究——以耶鲁大学和复旦大学为例》,载《河北科技大学学报》(社会科学版)2015年第3期。

⑮ 参见黄进:《坚持立德树人、德法兼修 培养高素质法治人才》,载《法学教育研究》2017年第4期;付子堂:《弘扬法学教育优势 培养德法兼修法治人才》;叶青:《以立德树人为本 以德法兼修为要——政法院校高素质法治人才培养的思考与实践》;杨灿明:《基于培养高素质法治人才视野下的法学分层分类教育研究》;杨宗科:《坚持立德树人根本任务 培养德法兼修高素质法治人才》;李玉基:《“德法兼修”高素质法治人才培养体系的构建和创新》;刘晓红:《立德树人为本 德法兼修为要——以上海政法学院探索法治人才培养为例》;吕涛:《立德树人 德法兼修 培养A型法治人才》,载《法学教育研究》2017年第4期。

情怀和健全人格塑造。⑯ 问题的关键是：当代大学办书院以书院涵养大学人文的学校行动⑰，大学举办的法学书院如何与法学院明法笃行的学院法科特色（端品行、明法理、重辩判、务笃实）上进行法律思维和人文浸润的对接。我们认为，当代大学办“德法兼修”式书院，以书院“涵养德法兼修的法治人才”要继承传统书院将德性教育与智识教育融合的大道之知，进行“守正”和“创新”。

（一）法学书院的建制与编制：与法学院“人、财、物”并立

书院的发展离不开“人、财、物”的支持。中国传统书院以房舍、田产、经费等作为其教育发展的经济基础，即有“学田学产（书院不但花费、消费而且生产和经营）”“社会各阶层的倡捐兴学”“地方长官监督财政”等经济来源和监督保障。“书院的财务经费收支条文明晰。书院的机构设置简单行政开支较少，监督成本低。书院经济的这些做法，值得我们认真研究与整理。”⑱

当前，从高等教育的物质、财力支持角度看，无论它能产生多大的实在及潜在经济效益，从现实来看，都是一种高消费的事业。高等教育的维持和发展，尤其是它的启动，需要有较为雄厚的物质、财力保障。目前我国高校的编制方式及其组织形式是校院系三级建制。⑲ 教学、科研等工作及工作经费都是以一定的学科专业为单位进行。大学办书院，在原有的学科学院、系的基础上又加入了书院这一教育组织。大学专业学院与书院的建制性质不清、职能不明。学院中有书院，会因层次过多而造成新的

---

⑯ 王利明：《法学教育的使命》，载《中国法学教育》2017 年第 1 辑；另参见王利明：《读书人的家国情怀》，载《财经法学》2016 年第 2 期。

⑰ 除了拥有书院传统的湖南大学较早即办岳麓书院（教学层次涵盖本科、硕士、博士）外，2009 年西安交大的仲英书院开始“聚徒”。2011 年复旦大学在在个别学院试点四年“书院制”教育。苏州大学也以“敬文书院”试行“书院制”的全新管理模式。南方科技大学“致仁书院”2011 年也揭牌招生。2011 年华中科技大学“阳光书院”宣告成立。2012 年武汉大学亦成立“合众书院”。2014 年香港中文大学、台湾清华大学、台湾政治大学、复旦大学、西安交通大学、华东师范大学及北京航空航天大学 7 所高校书院共同发起设立“高校书院联盟”，并在 2015 年（北京航空航天大学），2016 年（澳门大学），2017 年（西安交通大学），2018 年（香港中文大学）连续召开合作交流、协同创新、资源共享的联盟会议。

⑱ 胡青：《书院的社会功能及其文化特色》，湖北教育出版社 1996 年版，第 258 页。

⑲ 周川：《高等学校建制的组织学诠释》，载《教育研究》2002 年第 6 期。

混乱。书院和学院对接、协同育人,尤其是在现有教育资源之下进行学院与书院"人、财、物"的分立,是当前中国内地大学书院制改革必须正视的关键性问题。

作为一种嵌入式的组织结构,书院要打破大学原有的校院系组织架构和单一第一课堂运行方式。作为"新生"的教育组织,书院要承担学生思想引领、德性修炼、兴趣支持、综合能力提升、就业力保障等工作,必须要有相应的书院导师投入保障、教学运行经费保障和办学空间保障。书院的重要特点就是高度融合教育空间与生活空间,这更需要有更多的人财物投入,以激励、促进老师走向学生,与学生在同一性的书院空间中共学共研、切磋学问,浸润式地实现高等教育的教化目标。由此,在当前高校"校院系"三级建制的基础上,应在一定程度上渗透分权管理理念,把书院与学院的"人、财、物"并立、分立。书院主要落实课外生活、教育,而学院主要落实课内教学和专业,[20]二者的经费都由学校进行垂直管理。只有建立"人、财、物"相对独立的法学书院,才能让法学书院真正具备现行大学高等教育体系中的内在性秩序。

(二)"德法兼修"式法学书院中魅力学者(明星教师)的打造:授徒讲学

传统书院的精神灵魂是山长或称院长、掌教。书院在遴选山长时,除了德才的要求外,也要根据书院的学术、学派特色和教育主旨及偏好,而选择相应的贤德、专业人士作为书院的精神领袖、实际掌管者。书院负责人的产生,既可以自任也可以聘任,还可以由官方指派。这主要跟书院本身的私学或官学特点相对应。山长、洞主一般是私学色彩比较浓厚的书院负责人。负责人或是该书院的举建者,或是家族宗族的长者、学者,或者就是该家族宗族的族长本人。而院长、掌教,一般是作为官学的府、道、州、县及各类以地域命名的书院之负责人。此类书院负责人更多的是举办方聘任的或者官方任命的。院长、掌教在书院发展上地位重要,其影响力也相对较广,尤其是书院在掌教学者中推行每年推举一人为大讲会,每

---

[20] 海燕:《双院协同育人:现代大学书院制可持续发展的关键》,载《江苏高教》2017年第3期。

月推举一人为小讲会的会约之制，让书院的思想性、学术性与教育性功能得以激发。书院由此也在精神灵魂和山长或院长、掌教的感召、推动下，成为教学教化活动与社会学术活动紧密结合的平台。

当前大学办书院，法学院对接书院，也应该利用好书院的精神灵魂和学术智慧导师的作用，解决好授徒讲学和智识的传承问题。魅力学者、明星教师、高级导师、专业学科导师是在本科生、硕士生、博士生中通过道学问、行礼节传承中国法文化和价值观念，是在法治人才培养方面具有鲜明特色的弘道讲学中心的精神引领者。当代"德法兼修"的法学书院之魅力学者、明星教师打造路径，可按照"内外结合，共谋发展，人才优先"的指导思路，进一步加大德法兼修法学书院师资队伍的建设力度。尤其要配合各个大学法学书院自身特色师资及国家整体师资政策项目，以目标分解、分段实施的方式进行书院人才队伍建设：(1)通过实施学校书院的"校内特聘教授"师资项目，夯实特色书院的特定、特色师资力量。(2)通过贯彻实施国家及教育部的"高等学校优秀青年教师计划"等，积极鼓励青年教师进入书院项目，鼓励和组织书院教师广泛开展对外学术交流活动，拨出专项基金支持书院教师继续深造，考察国内外法学人文教育发展状况。(3)与大学内部的书院教师队伍优化充实同步的同时，还要积极搜求外部高素质、高水平的书院教师资源。这些专职或兼职的外聘教师在学科分布上可体现政治学、哲学、商学、人类学、历史学乃至宗教、心理学的交叉。书院长期聘任这些学识丰厚，又具有丰富经验的校外法务专家、当代文化学者、传统儒释道法研究专家、知行合一的企业家、实业家等为书院导师。校外的书院导师人选，主要从优秀校友、友好单位领导和专家教授，涵盖党政机关、海内外高校科研院所、企事业单位、新闻媒体、金融机构进行"宁缺毋滥"式地选聘。[21] 且书院教师人才的来源应不拘泥于是源于体制内还是体制外。[22] 书院的长聘教职人员也应不拘泥于在职的或退休的，或

---

[21] 陈曼青等：《国内外书院制下导师制的发展与启示》，载《新教育时代电子杂志：教师版》2014年第35期。

[22] 参见毛俊响：《引进优质外部实践资源　培养德法兼修法治人才》，载《人民法治》2018年第16期。

者有博士学位或者无博士学位,更重要的是考察是否有智识、有思想、有术业专攻且能有时间和精力带学生共研。这些"不拘一格"的人才一旦经过大学书院的正式聘任,则建章立制,用现代契约精神和劳动人事制度,落实大学书院与书院教职人员之间的责、权、利。

而劳动人事关系稳定的教职人员则在大学书院平台上,通过师生之间"诠宗旨、定规制"明确自己的教育、学术目标,打通自己的课堂教学与课外教学,借助学校层面的书院制度凝聚人、财、物,推动书院作为学术梯队发展中心和学术创新中心的建设。[23] 不过,为了保障法学书院的法学人文属性,大学的法学院,作为法学专业教育实施主体,要对接大学所办的法学书院,负责制订书院法学师资队伍建设和发展规划,负责实施对书院导师法科专业素养评鉴、书院法学类公开课质量评鉴,参与书院"魅力学者、明星教师、标杆教师"的品牌价值及魅力、影响力打造活动。

(三)"德法兼修"式法学书院中"学者、学生"的问道:德性智识修炼

大学办书院,法学书院对接法学院,其核心在于人文化成和智识教育。也就是说,与法学院对接的德法兼修式的书院教育不仅是青年法治人才的职业本领教育,更重要的是培养学生的"风神秀骨",即公平正义的良知、法律人共同体的职业荣誉感和中国法治、德治、自治的精神。而这些需要一定的法文化符号来提高其辨识度和吸引力。中国"法"字的繁体字是"灋",其寓意是法度公平如"水"之"平"。而传统书院亦有"得水为要、得水为上"的书院环境营建观。因此,与法学院对接的法学书院,可在书院建筑和内外部空间装饰风格上以"水"为核心文化符号,在水景、水趣、水主题上融入法治的文化元素和中华法系物文风格。法学书院可挖掘1300年来中华法系律家精神中的"提倡法律之平等与司法之公正、对法律职业的忠诚与执著,以民为本、宽猛相济、刑赏公平,依法治吏"[24]等代表性观点与人物及其事迹事件,提炼大学法学书院环境装饰和装潢的精神记忆和法文化符号,以物文来营造、渲染新时代法治人文氛围。让法学书院师生身处以"水"之"平"的"灋"文化主题元素和体现中华法系律

---

[23] 参见蔡科云:《论大学通识教育的君子风》,载《通识教育研究》2015年第2辑。

[24] 何勤华:《弘扬中华法系之律家精神》,载《检察日报》2018年4月3日,第3版。

家精神的书院人居建筑环境中，感知、体会中华法系“法律世家”的自豪感、天下观，培育、内化当代法治背景下“良法善治”的使命感、责任感。

而当代法学书院制下的老师与导师之间的关系、师生关系、学生与学生的德性智识修炼关系，重点在“大学、学者、学生”关系中，以德性修炼为基本连接点形成好德秩序、进而展现合人为群。法学院与法学书院相比，在德法融合教育上的侧重点不同：“法学院的标准化专业教育是在法学教育培养方案中的课程设计上包含法律职业伦理必修课程。”㉕而法学书院则是把法律职业伦理且不限于职业伦理的法治德治教育，贯穿在整个书院学习生活的全方位培养过程之中。大学办法学书院之道，既是教法科学子的为学之道，又是教其为人、成人之道。首先在为学之道上，大学书院人文的价值在于承担“以文化人”的教化责任，凸显当代中国法治德治自治价值观和人民民主法治观。从主流价值观的认同角度看，这是“大学教育对国家治理结果的公正性和良效性的道义性认同与回应”。㉖ 当前法治人才的培养，就是要把国家法治德治精神和主流价值观内化为法学人知识群体的信念、品质，使其不仅有法律专业知识，更有尊法、守正、辩判、笃实的德性修养。大学办法学书院落实“知、情、意”结合的“尊德行”教育，以及“天下、山水、人心”的“正智慧”教育，对于法学全日制本科和硕士研究生教育落实“塑造君子德风”、保障“君子携才”非常重要。因为法学本科四年、硕士研究生三年，正是青年法治人才人生观价值观的稳定期和“人格学科化”的奠定期。面向全日制本科、研究生的大学法学书院之德性修炼模块及智识教育模块，落实为书院师生共同体在书院工作室内外的学术活动、实践活动和书院如家庭的书斋住宿、结伴游学等。其中，价值观成熟的书院明星教师、知识精英的浸入式教与化，以师为范的身体力行、上行下效、学法体悟，恰恰是法学书院学生正心修身、德法兼修的丕基和门路。

㉕ 陈云良：《新时代高素质法治人才法律职业伦理培养方案研究》，载《法制与社会发展》2018 年第 4 期。

㉖ 江畅：《核心价值观的合理性与道义性社会认同》，载《中国社会科学》2018 年第 4 期。

(四)“德法兼修”式法学书院精英学生(团队)的孵化:卓越培育

与法学院实施的“专业为基”“学科为本”的法学专业教育课堂对接,“人文化成、德性修炼的书院对法科精英学生课外课程模块和生活智慧学习大纲的落实有重要补充意义。”㉗首先,在教育内容的对接上:法学院的专业知识教育以及大部分专业知识课堂教学,更多的是面向大部分甚至全部的法科学生学习的普遍性学习需求,是普适性教育。法学院专业教育讲究的是法学教育的标准化、系统化,尤其凸显的是其专业性。而法学书院教育,则是回应“法学是杂家”的特质。在教授的内容上只要是与该大学的人文底蕴和法学院办学历史和渊源一致,法学书院所开授的课程可以不拘一格,可讲求特色和地方性。一方面可以是中华法系律家精神解读、商事财规资本运营的认知、人工智能及电商合规性的前沿探索、司法裁判文书的研判;另一方面也可以是国学解码、儒释道法家应用、领导艺术领导力修炼、为学之道探讨、经典名著名作研读等课程内容模块;其次,在学术团队建设和师生共研共同体的组建上,法学书院师生一方面可以是追求“阳春白雪式”的法哲学、法历史、法社会领域的基础性“大道之知”共同体,另一方面也可以是“务实致用式”的针对民商法、经济法、环境法、知识产权法、劳动与社会保障法等部门法的“对策之问”共同体,甚至可以对接学校教务部门和学工部门的“大学生创业创新项目”“辩论赛”“知识竞赛”等组建综合训练和比赛的团队。法学书院是以分层教育、特色培养、因材施教、重点培育等“个性化”教育、“项目式”指导,来弥补法学院普适性专业教育“过度标准化”的不足。尤其是在突破“专业枷锁”“学科外套”方面,法学书院能把师生以“兴趣点”“项目”为纽带进行特色化平台化整合,配套资金和扶持政策。这对推进“卓越主体”培育计划以及学校的“学生自育工程”具有重要意义。这也是“学校加强和改进大学生多元化教育、个性化培养和卓越化精英教育的有益创新探索”。㉘

㉗ 王会金:《书院制人才培养:逻辑架构与系统创新》,载《南京审计学院学报》2015年第6期。

㉘ 张玉虎:《文化承继:内地高校书院制学生管理模式的思考》,载《高等理科教育》2014年第5期。

尤其重要的是:作为对书院特色化、个性化教学模块内容的落实和对师生共同体平台化、项目化的保障,法学书院应在办学空间和财权上“实体化”。首先,在办学空间上,以相对独立的书院建筑和办学空间为中心,大学的后勤部门应保障书院师生自主学习、学生生活日常对接、互动的物理空间便捷性。无论是法学书院的讲会中心、图书中心、自主学习教室、书院导师工作室,还是斋舍、宿舍、公寓,都应发挥“第一社会、第二家庭、第三课堂的社区化教育功能”。[29] 其次,在资源分配上,法学书院提供专项津贴,激励朋辈领航、年轻创新创业导师入住书院宿舍、公寓,与青年学生有共住空间和日常交流。用制度落实书院学术导师工作室开放日和师生见面制。以奖代补,对师生共同体的学术联谊、思辨讲会、读书会、司法实践团队、创业创新项目等进行制度化奖励。

法学书院学术导师和社会导师的确定,首先由法学院选拔本院学者、教师或推荐校外适宜人选,然后法学书院对法学院推荐的学术导师人选,进行“择优、公开”聘任。学校层面则以年度专项预算配套专项经费培育书院聘任的魅力学者和各类明星教师工作室。按照聘任制明确权利责的魅力学者、明星教师,既应是书院组织学术研究的引领者,又应是书院学生在学术研究上的导师,每一年度由法学书院和法学院协同进行考核。一方面,年度考核结果是下一年度经费配套的重要依据;另一方面,法学书院的学生来源,则面向全校公开选拔生源,经各学院审核推荐、书院的笔试和两轮面试环节后,最终确定来自不同专业的大学二年级的学生进入法学书院的“卓越法律培育团队”,团队成员 80% 以上为法学专业学生。在师生联系、导师选择和师生共同体组建问题上,实行“公开、互选”的导师制,让师生自主选择并组建团队。魅力学者、明星教师在书院的工作室除了自己的学术研究外,有一个重要的岗位职责是为书院的精英学生培养和创新创业团队成员解惑答疑,进行卓越培育。书院办公室通过组织化的读书会、讲会及各类校内外理论与实践活动和竞赛,密切师生关系。

大学卓越主体培育背景下的“德法兼修”式法学书院是以德性修炼为

㉙ 王太芹:《高校学生公寓文化建设的历史梳理及当下发展——以北京大学为样本》,载《中国政法大学学报》2018 年第 2 期。

主线,小班化、个性化教育的典范。与大班、普适的法学院专业教育相比,法学书院能提供给受教育者求学的个性选择与深度探求的可能。比如建立人文底蕴深厚的修德明法、精研学术,追求人文真谛、人生价值的讲习法哲学、国学专修型的法学书院,或者建立回应时代,与政道、商道、管理之道对接的进德修业的应用型法学书院。这些特色书院体现了当代大学教育的多元化和书院模式功能的灵活多样化。一些高校采取高端游学、移动课堂[30],采用网上开庭教室、电子刑侦模拟等司法大数据教育资源,与法院检察院司法机构、知名企业、海内外著名高校进行协同联合培养,这些都可以整合到法学书院的浸入式德性、智识、人文教育功能当中。整体而言,大学办法学书院与法学院对接,其基本路径在于:对内整合、对外拓展,运用大学整体的"人、财、物"优势,适当突破高校"人事、师资、教务、学工、后勤"的体制壁垒,为法科精英学生、创新创业团队"主体探究、深度参与、德业兼修"提供精选师资、团队、项目的"全天候"书院育人平台。

结　语

"有才无德会败坏党和人民的事业,但有德无才也同样会贻误党和人民的事业。"[31]德法融合、德法兼修时代,对于法学教育而言是一个新的起点。"改革开放四十年来,我国教育法治事业从空白到初步成型。"[32]当代大学办师生教学与生活一体的书院,以德法兼修的法学书院对接法学院,是通过极具传统精英教育的精神记忆、文化符号——书院,来突破高校内外部体制机制壁垒。从一定意义上讲,这是"书院涵养法律人的人文精神"的合理性、综合性、适应性,"经由历史积淀而成的广义教育传递给后代,是历史经过实践经验及其意识、思维的承继而生成的积累性。"[33]这也

---

[30] 参见孙正嘉:《基于导师制的大学生创新创业教育实践研究——以苏州大学敬文书院为例》,载《人才资源开发》2016 年第 4 期。

[31] 张文显:《习近平法治思想研究》,载《法制与社会发展》2016 年第 2 期。

[32] 管华:《教育法治四十年:回顾与展望》,载《法学评论》2018 年第 4 期。

[33] 李泽厚:《历史本体论》,生活 · 读书 · 新知三联书店 2002 年版,第 38 页。

是当前一些高校的通识教育、跨专业人文教育以及卓越人才培育在“普遍主义与相对主义、现代与后现代”办学模式、方法上的“致中和”。从站在未来布局的角度看，德法兼修式法学教育中书院文化的嵌入，为摆脱依附于西方法学专业学院教育单一模式，发展“学院—书院”对接的德法兼修的中国新时代法治人才教育提供了机会。

On the Integration and Connection between the Legal Education of Promoting Both Virtue and Law and the Spirit of Traditional Academy of Classical Learning

Cai Keyun　Zou Aihua

Abstract: "Promoting both virtue and law" has been increasingly becoming an important part of the current connotative development of legal education. The legal education of "Promoting both virtue and law" is an important indicator of the new era reflecting the systematic and comprehensive nature of legal education's objectives and cultivation content. The Chinese traditional academy of classical learning is considered as an educational institution and academic institution that integrates moral education with intellectual education. In its over thousand years of development process, it has accompanied by private schools and with official studies. Contemporary legal education and academic education also have a spiritual fit and connection point. The legal education of "Promoting both virtue and law" can be embedded in the platform of a university's traditional academy of classical learning. It can stimulate the vitality of the relationship between teachers and students in the spirit of gentlemen, expand the space of teaching and learning in the cultivation of outstanding legal talents, and cultivate legal scholars with Chinese cultural personality and the promotion of both virtue and law.

Key words: promoting both virtue and law, legal education, traditional academy of classical learning, legal talent

环渤海六省市区法律硕士教育的现状、问题与对策*

朱海珅**

摘　要:法律硕士教育质量关乎国家卓越法律人才培养和依法治国战略的实施。本文选取环渤海六省市区43个法律硕士授权点为研究对象,研究发现大部分院校法律硕士教育存在着起步晚、评估任务重、培养经验不足等影响法律硕士人才培养质量的深层次问题。因此,立足于地区经济和社会发展的实际,坚持“德法兼修”的育人原则,本着从治疗法学向预防法学的改革方向,注重培养学生的法律思维和法律方法,凝练专业方向,发挥教学实践基地和实务导师的优势,加强学生实践能力的培养,把好应用型学位论文的质量关,是保证法律硕士研究生培养质量的关键。

* 基金项目:本文是2015年度内蒙古科技大学教育教学研究重大项目“职业化导向下的法律硕士培养研究”(项目编号:JY2015016)的阶段性成果。感谢内蒙古科技大学法律硕士教育中心燕晓婕老师提供统计数据,感谢匿名审稿专家的宝贵意见。环渤海地区是指环绕着渤海全部及黄海的部分沿岸地区所组成的广大经济区域,包括北京、天津、河北、辽宁、山东、山西和内蒙古中部地区,覆盖七个省市自治区,由于北京地区高校没有参与“环渤海法学教育论坛”,故本研究仅限于环渤海六省市区。

** 朱海珅,内蒙古科技大学教授,研究方向:民商法、法学教育。

关键词:法律硕士　培养质量　规范化　专项评

1995年5月,国务院学位委员会第13次会议发布了《关于开展法律专业硕士学位试点工作的通知》(学位办〔1995〕36号),中国法律硕士专业学位教育(JM)1996年开始试办,2006年转入正式实施阶段。① 对2007年前的中国法律硕士教育,王健(2007年)将其划分为初步创办时期(1995~1998年)、探索和积累经验时期(1998~2004年)、规范化、制度化和深化改革时期(2004~2006年)②。事实上,一直到2014年,中国法律硕士教育都处于规范化、制度化和深化改革时期。自2014年开始,中国法律硕士教育进入了以专项评估为手段的质量提升期。③ 在这个关键时期,有必要对环渤海地区六省市法律硕士教育进行一个系统的反思,以期更好地把中国法律硕士教育提档升级到一个更高的阶段。

一、环渤海六省市区法律硕士专业学位授权点现状

我国法律硕士授权点的地域分布与我国高等教育格局高度趋同,总体呈现“东中较多、西部稀少”态势。④ 截至2018年3月,全国共有十四批次243个法律硕士教育授权点,基本情况见图1、图2。

---

① 曾宪义:《中国法律硕士专业学位教育的创办与发展》,载《法学家》2007年第3期。

② 王健:《中国法律硕士教育的创办、发展与成就:1996~2006》,载《法制与社会发展》2007年第5期。

③ 以国务院学位委员会、教育部《关于开展2014年学位授权点专项评估工作的通知》(学位〔2014〕17号)为依据。

④ 李永林:《学位授权评估视角下的法律硕士培养机制优化》,载《法学教育研究》2017年第2期。

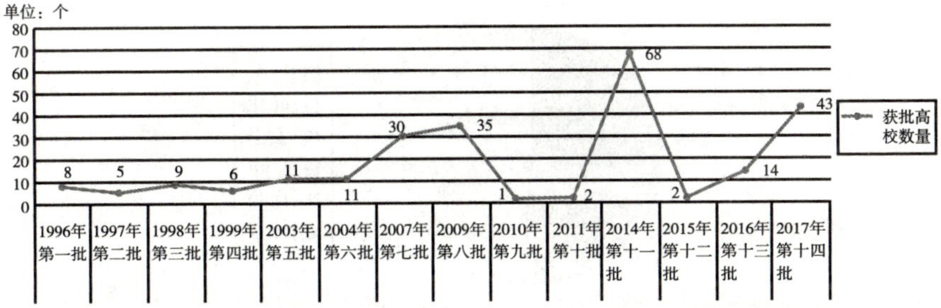

图1　1996～2018年全国法律硕士授权点各批次获批数量

注:2010年属专项评估撤销,2011年属服务国家特殊需求人才培养项目,2015年属动态调整增列。

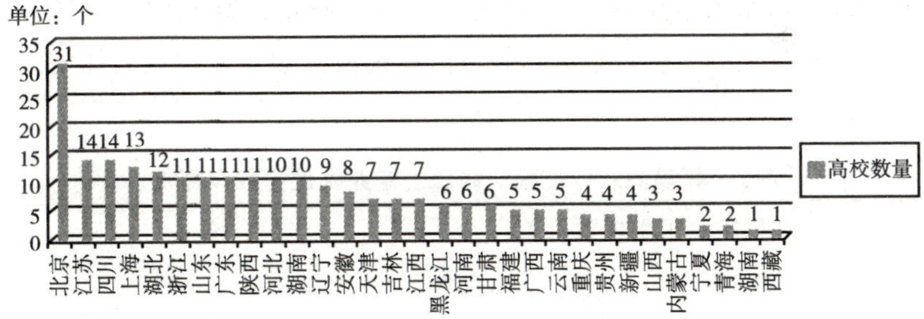

图2　全国各省市法律硕士授权点数量

通过图1、图2统计可知,环渤海六省市区共有43个法律硕士授权点,占全国243个授权点的17.7%。各省市区法律硕士授权点具体情况见图3。

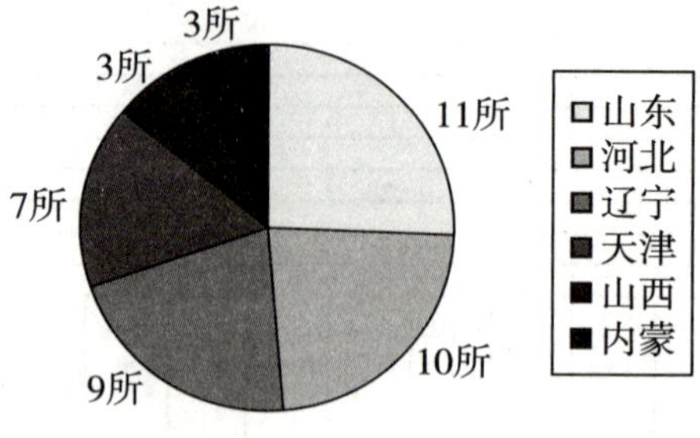

图3　环渤海六省市区法律硕士授权点分布情况

由图3数据可知,1996年首批8所试点院校以及1997年批准的第二批5所院校中没有环渤海地区六省市区高校。1998年第三批批准的9所高校中仅有山东大学获批招生,这是环渤海六省市区高校中第一所举办法律硕士教育的高校。环渤海六省市区获批法律硕士授权点具体情况见表1。

表1　环渤海六省市区法律硕士专业学位授权点概况

获批时间	批次	学校数量	学校名称
1998年	第三批	1所	山东大学
1999年	第四批	3所	南开大学、辽宁大学、山西大学
2003年	第五批	1所	烟台大学
2004年	第六批	4所	大连海事大学、东北财经大学、内蒙古大学、河北大学
2007年	第七批	6所	中国海洋大学、天津师范大学、青岛大学、沈阳师范大学、河北经贸大学、中国刑事警察学院
2009年	第八批	3所	天津财经大学、山西财经大学、山东科技大学
2011年	特需项目	2所	山东政法学院、中央司法警官学院

续表

获批时间	批次	学校数量	学校名称
2014年	第九批	18所	天津工业大学、天津商业大学、河北联合大学、河北师范大学、石家庄铁道大学、燕山大学、太原科技大学、内蒙古科技大学、大连海洋大学、辽宁师范大学、渤海大学、青岛科技大学、山东师范大学、山东财经大学、中国人民武装警察部队学院、天津大学、中国民航大学、河北科技大学
2016年	动态调整	1所	辽宁科技大学
2017年	新增列	4所	河北工程大学、内蒙古财经大学、济南大学、山东建筑大学

上述统计数据显示，第一批、第二批没有环渤海六省市区的高校获批法律硕士授权点，第三批有1所、第四批有3所、第五批有1所高校获批法律硕士授权点，说明该地区法律硕士教育起步较晚。2004年之后，第六批有4所、第七批有6所、第八批和服务国家特殊需求人才培养项目有5所、第九批有18所、2016年动态调整和2017年新增列5所，说明该地区法律硕士教育进入了快速发展阶段。

图2数据也显示，在全国各省市法律硕士授权点数量排行上，作为人口大省、教育大省的山东省与浙江、广东、陕西四省并列排在全国第6位；河北省与湖北并列排在全国第10位；辽宁省排在第12位；天津市排在第14位；山西省和内蒙古自治区并列排在第26位。如果以三个序列划分等级，山东省法律硕士授权点排在全国第一序列，排名靠前；河北、辽宁、天津排在全国第二序列，排在中等；山西和内蒙古在排在全国第三序列，排名靠后。

按照学校类别划分，环渤海六省市区43个法律硕士授权点中，工科类高校14个、综合类高校13个、财经类高校7个、师范类高校5个、政法类高校4个，说明工科类、综合类院校法律硕士教育发展相对较快，而财经类、师范类、政法类院校法律硕士教育相对落后。

另外，43个法律硕士授权点中有38个授权点是2004年规范化、制度化和深化改革后批准的，说明该地区法律硕士点建设起点高、规范化程度高，同时大部分院校也存在着起步晚、评估任务重、培养经验不足等影响法律硕士人才培养质量的深层次问题。

二、环渤海六省市区法律硕士教育存在的问题

对于中国法律硕士教育存在的问题,一直是法学界持续关注的一个重点问题。王利明、韩大元(2014年)等曾指出我国法学教育存在十个主要问题,其中与法律硕士教育有关的问题主要有:学校特色不鲜明,存在千校(院)一面的现象;学位教育项目与法律职业准入相互脱节,学非所用,用非所学;法学教育规模急剧扩大与确保法学教育质量之间矛盾增大;课程体系和教学内容设置不合理;全球化法学教育的挑战与国内法律人才国际视野的局限性。⑤ 付子堂(2014年)认为现行法律硕士专业学位教育制度存在着课程设置僵化,难以充分满足多样化的职业需求;实务教学缺乏运行保障机制,学生实践能力提升受限;专业导师转型意识不强,教学方法落伍;培养评价标准模糊,人才培养质量堪忧等问题。⑥ 冀祥德(2011年)认为多数院校在法律硕士的培养上与法学硕士的培养没有区别,授课内容相同,法律硕士的"实践性"与"复合性"没有得到体现;法律硕士就业面临着与法学硕士的竞争;法律硕士从师资配备上、后勤保障上往往得不到重视;法律硕士的培养质量无法保障。⑦ 冀祥德(2014年)甚至认为,中国法律硕士教育没有完成担当法学教育直接服务于法律职业的重任,其声誉有江河日下之虞。⑧ 夏新华、周洋(2015年)专门研究了法律硕士学位论文存在的问题,如论文形式单一,纯学术性文章居多,应用

---

⑤ 王利明、韩大元等:《新时期法学学位体系和人才培养模式改革的探讨》,载张文显主编:《中国法学教育年刊》(2012~2013),法律出版社2014年版,第35~41页。

⑥ 付子堂、李燕:《论法律硕士教育与职业资格考试衔接机制》,载《西南政法大学学报》2014年第5期。

⑦ 冀祥德:《诊所法律教育:中国法律硕士培养制度改革的基本方向》,载《法学杂志》2011年第2期。

⑧ 冀祥德:《从以培养法学硕士为主转向以培养法律硕士为主——论中国法科研究生培养模式之转变》,载张文显主编:《中国法学教育年刊》(2012~2013),法律出版社2014年版,第64页。

性论文偏少;分类培养效果不明显,全日制法律硕士论文质量不理想,在职法律硕士论文质量堪忧。[⑨] 时斌(2016 年)对河南省四所地方院校法律硕士研究生进行了调查,发现研究生对学校实践能力培养的整体满意度,"非常不满意"的人数占 16.22%,"不满意"的人数占 37.46%,"基本满意"的人数占 21.24%,"比较满意"的人数占 20.35%;"非常满意"的人数占 4.72%。[⑩] 李友根(2017 年)以中国知网收录的 2014~2015 年以"惩罚性赔偿"为标题的 83 篇学位论文为对象,专门研究了法律硕士论文质量问题,发现在选题来源方面偏重制度研究,研究思路存在立法论的偏好,对于中国司法案例关注甚少,而对外国文献的研读较为肤浅等问题。[⑪] 邓海峰(2017 年)认为法律硕士的培养环节中存在与学术型研究生培养差异化不明显,知识灌输多、实践性不强,采取与学术型研究生相同的毕业论文形式等问题。[⑫] 卢明威、李图仁(2017 年)也专门研究了法律硕士研究生实践教学现存的不足。[⑬] 冯果(2018 年)认为,传统的法学教育难以满足大数据时代的社会需求,需要教学内容、教学手段、教学评价及课堂组织等多方位的变革。[⑭]

环渤海六省市区法律硕士教育存在着上述共性问题外,也存在诸多具体问题。

(一)法律硕士授权点数量少,不能完全满足地区经济和社会发展需求

2017 年环渤海六省市区人口总数 22,559 万人,占全国人口数

---

⑨ 夏新华、周洋:《法律硕士学位论文存在的问题及写作的规范化——以某校 2014 年法律硕士学位论文答辩为分析对象》,载《时代法学》2015 年第 4 期。

⑩ 時斌:《地方高校法律硕士研究生实践能力培养困境与探索——基于河南省四所高校的实证分析》,载《学位与研究生教育》2016 年第 9 期。

⑪ 李友根:《法律硕士论文质量与案例研究:现状考察与改善建议——基于 83 篇"惩罚性赔偿"学位论文的研究》,载《中国法学教育研究》2017 年第 1 辑。

⑫ 邓海峰:《法律硕士培养中的精耕细作与彰显风格》,载《研究生与学位教育》2017 年第 10 期。

⑬ 卢明威、李图仁:《法律硕士研究生实践教学现存不足及解决措施》,载《研究生与学位教育》2017 年第 3 期。

⑭ 冯果:《大数据时代的法学教育及其变革》,载《法学教育研究》2018 年第 2 期。

138,271万人的21.3%;国民生产总值171,405.74亿元,占全国国民生产总值744,127.2亿元的23.03%,而六省市区的法律硕士授权点43个,仅占全国的17.7%,明显偏少。六省市区中,仅天津市、辽宁省基本满足了经济和社会发展需求,山东、河北、山西、内蒙古满足不了经济社会发展需要,山东尤为甚之。具体情况见表2。

表2　六省市人口数量、国民生产总值全国占比与获批法律硕士授权点高校数量对比

省份(区)	人口数全国占比(%)	国民民生产总值全国占比(%)	获批高校数量(所)	获批高校全国占比(%)
山东	7.19	9.14	11	4.53
河北	5.40	4.31	10	4.12
辽宁	3.17	2.99	9	3.71
天津	1.13	2.40	7	2.88
山西	2.66	1.75	3	1.24
内蒙古	1.82	2.44	3	1.24

注:上述数据系作者根据《2017年中国统计年鉴》整理。

再以普通高等学校数量进行统计分析,截至2017年5月31日,全国高等学校共计2914所,全国有法律硕士授权点的高校占全国高等学校数量的8.3%,环渤海六省市区无一达到此比例。再以分省高等学校数量与法律硕士授权点数量对比后发现,仅天津市超过了学校占比,河北基本持平,山东、辽宁、内蒙古差距很大,山西差距最大。说明山西、辽宁、山东、内蒙古还有办点上升空间。具体情况见表3。

表3　环渤海六省市法律硕士授权点与全国高等学校数量对比

省份(区)	高等学校数量(所)	高等学校全国占比(%)	法律硕士授权点占比(%)
山东	145	4.98	4.53
河北	121	4.15	4.12
辽宁	115	3.95	3.71
天津	57	1.96	2.88
山西	80	2.75	1.24
内蒙古	53	1.82	1.24

另外,环渤海地区法学博士授权点少,堵塞了法律硕士研究生进一步

深造的通道。2018 年 1 月 8 日，国务院学位委员会发布通知，确认全国范围内新增 8 个法学一级博士点，天津大学、山西大学申报未获批。至此，环渤海六省市只有山东大学、南开大学、河北大学、辽宁大学、大连海事大学 5 所高校有法学博士授权点，占全国 48 个法学博士授权点的 10.4%。许多法律硕士研究生想读博深造，但因本校没有法学博士点，去外校攻读又困难重重，因而法律硕士研究生想进一步深造的通道被堵塞。

（二）全日制法律硕士（法学）培养中存在职业导向不强、实务导师参与度低、课程设置不合理、实践环节效果差等问题

以职业化为导向培养法律硕士研究生是由中国高等教育的根本性历史转向所决定的，亦完全契合国家为法律硕士设定的人才培养目标。⑮ 徐胜萍、田海鑫（2014 年）通过对北京 9 所培养单位进行问卷调查，发现在法律硕士（法学）研究生培养实践中存在的主要问题是：培养工作职业导向不强、课程设置不够合理、师资配备及教学方法运用不够得当、实习环节缺乏有效安排等问题。⑯ 孙昊亮、唐诗（2016 年）提出了法律硕士（法学）研究生培养存在着学制设置不科学、培养模式无特色、双导师制难落实、考核标准不匹配等问题。⑰

根据国务院学位委员会 2017 年 8 月 2 日关于转发《法律硕士专业学位研究生指导性培养方案》的通知（学位办〔2017〕19 号）精神，大部分院校法律硕士（法学）的培养不分专业方向，而是进行同质化培养，职业导向不明。即使是所谓分领域培养的院校，其实际做法是将学生同导师的专业方向绑定，整个课程设置、培养过程体现不出专业方向，研究生将来选择的职业与专业方向无关，甚至专业实习单位也与专业方向无关，唯一有所体现专业方向的就是学位论文。如该地区某高校将法律硕士（法学）分为政府法务、企业法务、司法实务、环境资源法务、知识产权法务、医事法

---

⑮ 杨德桥：《职业化导向下的法律硕士人才培养机制化研究》，载《法学教育研究》2017 年第 2 期。

⑯ 徐胜萍、田海鑫：《法律硕士（法学）培养的限制与思考——基于对北京 9 所高校问卷调查的分析》，载《学位与研究生教育》2014 年第 12 期。

⑰ 孙昊亮、唐诗：《法律硕士（法学）研究生培养的困境与出路》，载《中国法学教育研究》2016 年第 4 辑。

务六个专业方向。因为没有设置刑法学、诉讼法学专业方向,刑法学方向导师指导的学生学位论文是刑法案例研究,诉讼法学方向导师指导的学位论文是证据研究,难以归为哪个专业方向。从就业情况来看,专业方向也与职业导向无关,如企业法务方向培养出的学生,无一在企业工作,而是在政府机关、司法部门、法律服务部门工作;政府法务方向培养出的学生,大多数在律师事务所工作。

法律硕士培养均表面实现了“双导师制”,但实际上实务导师在研究生培养中的参与度极低,不利于应用型法律人才的培养。遴选的实务导师均来自法律实务部门,法律实务工作经验丰富,社会影响力大,但由于学校缺少对实务导师参与教学过程的有效措施,加之实务导师职责不清、工作繁忙等原因,很难有精力做到全程指导和有针对性的实践指导,充其量是做个实务讲座,审阅一下研究生学位论文而已。

根据《法律硕士专业学位研究生指导性培养方案》的要求,法律硕士必需修满6门必修课、8门选修课、5门实践教学与训练和学位论文,总计54学分,可谓是课程满满。两年内既要上满全课程,还要有不少于6个月的实习,同时还要完成学位论文,有的还要通过法律职业资格考试(原司法考试),还要考公务员等,这种课程设置方案使学生没有时间进行实践训练。王泽鉴(2009年)⑱提出法律人必须具备法律知识、法律思维、解决争议三种能力,因此,法律硕士研究生课程体系中应该包括《马克思主义哲学》、《普通逻辑学》、《法律思维和法律方法》、《法律谈判》和《法律诊所教育》等课程,现实中的课程设置满足不了培养研究生运用法律思维和法律方法解决法律问题能力的需求。

应当说,研究生专业实习记录体现出大部分学生完成了6个月以上的专业实习任务,但事实情况未必如此。因为在专业实习期间,学生准备法律职业资格考试(原司法考试)、撰写毕业论文、公务员考试面试等占据了学生的大部分时间,难以保证6个月以上专业实习的时间。且实习单位对研究生专业实习的安排与法学本科生实习并无二致,也是专业实习

⑱ 王泽鉴:《民法思维——请求权基础理论体系》,北京大学出版社2009年版,第2页。

效果差的原因之一。另外,有些指导教师没有做兼职律师和仲裁员,也就没有机会给学生提供诊所教育,法律硕士实践环节效果差亦属必然。

(三)全日制法律硕士(非法学)教育培养中还存在课程设置不合理、法学基础知识差、法律职业资格考试(原司法考试)任务重、学位论文质量低、专业方向不明确等问题

诚然,全日制法律硕士(非法学)教育有其优势,如研究生对法学兴趣更浓厚、本科专业思维优势、就业面广(如工科学生考取知识产权代理师、经济类学生考取证券从业资格、会计学专业考取注册会计师)、学制三年等复合型人才培养的特点。法律硕士(非法学)教育培养中除了上述法律硕士(法学)存在的问题之外,还有一些特殊性的问题,如刘俊敏、姜晓双(2014年)对上海大学法律硕士(非法学)人才培养进行研究后,提出了法律硕士(非法学)存在专业学位定位不准确、缺乏培养特色、师资力量不足、课程设置不合理、实习效果与预期脱节、学位论文评价指标流于形式等问题。⑲

不可否认的是由于非法学本科考取法律硕士研究生,必然存在法学基础差的问题,导致授课教师授课时基本是以本科生授课内容和授课方式进行,但因课时限制,又不能向本科生那样系统讲授,导致法律硕士(非法学)法学基础知识差的问题。

法律硕士(非法学)学生本科阶段极少通过法律职业资格考试(原司法考试),因此在研期间通过考试就成为学生重中之重的学习任务,导致对课程学习的深度、广度不够,学位论文撰写的时间安排不足,学位论文质量堪忧。由于学生在本科阶段没有撰写法学论文的训练,学位论文无论是从选题还是从论文规范性、法理论证方面,都存在很大的差异。加之实践环节的时间无法保证,法律硕士(非法学)培养目标难以实现。

法律硕士(非法学)研究生选择专业方向时,没有结合本科生专业类别、基本素养、职业取向等因素考量,而是以导师专业方向为选择依据的,导致与本科教育脱节,专业方向不明确,对研究生未来发展负面影响很大。

---

⑲ 刘俊敏、姜晓双:《法律硕士人才培养困境及其破解——以上海大学全日制法律硕士(非法学)为例》,载《长春理工大学学报》(社会科学版)2014年第6期。

(四)非全日制法律硕士(法学、非法学)培养的共性问题

2017 年是非全日制法律硕士招生的第一年,与以前在职法律硕士截然不同的是绝大多数学生是应届毕业生,是从全日制考生中调剂而来。由于没有实际工作经验,给培养带来诸多难题。郭洁(2008 年)曾对在职法律硕士研究生进行调研,有 42.3% 的人认为当前法律硕士的课程设置不合理,其中 61.9% 的人认为选择应用性不够、实务类课程少,56% 的人认为选择专业方向课程少、针对性差;在"法律硕士独立开设专业方向课程需要考虑哪些因素"这一问题上,38% 的人选择与法学硕士课程不同,68% 的人选择实践性强,79% 的人选择专业深度加强,65% 选择专业复合性强。[20] 非全日制法律硕士(法学、非法学)培养的共性问题主要有:

一是非全日制法律硕士与全日制法律硕士地位不同、待遇不同。非全日制法律硕士社会认可度不高,普遍存在着过去在职法律硕士的单证思维和混文凭思维,而且在校期间没有宿舍、没有助学金和奖学金,不调档案,不能加入党组织和研究生会等。在读期间,与老师、学长、同学接触少,特别是法律硕士(非法学)学生,有的甚至有退学的想法。

二是非全日制法律硕士授课方式无法保障培养质量。从授课内容上看,非全日制法律硕士(法学、非法学)一同上课,存在非法学吃不好、法学吃不饱的问题。非全日制法律硕士授课方式一般采取两种方式,一种是周末授课的松散式授课方式,另一种是每学期集中一个月左右集中授课方式。无论是哪种方式授课,都存在知识碎片化、交流短暂化、实习可控性差、学位论文质量低等问题。

三是有实际工作经验的在职人员和应届本科生需求差异化问题。有实际法务工作经验的在职人员就读研究生,其目的在于提高理论水平,丰富实际工作遇到问题的解决方案,希望在读期间学到更深入、更广泛、更贴近现实的知识,授课方式偏好于讨论式、纠问式的案例分析与研讨,喜欢诊所式教育。应届本科生则偏好于以通过法律职业资格考试(原司法考试)为目的的教科书式教育。

---

[20] 郭洁:《在职法律硕士的培养目标与课程设计的原则》,载《中国法学教育研究》2008 年第 1 期。

四是不能凸显硕士生导师"导"的问题。全日制研究生经常参与导师的课题和研究,协助导师对案件进行处理,代写法律文书,整理案件材料等,是师傅带徒弟式的传代关系。非全日制研究生除了上课时与导师见面外,平时几乎没有师生见面的机会,师生形同陌路,导师无法把理论知识和案件经验亲手传授于学生。

三、大多数学位论文不符合法律硕士教指委培养应用型法治人才的要求,理论研究型论文多,实务研究型论文少

《法律硕士专业学位研究生指导性培养方案》要求学位论文应以实务研究为主要内容,提倡采用案例分析、研究报告、专项调查等形式,研究方法上鼓励采用多样的研究方法,如社会调查与统计方法、规范实证方法等。李友根(2017 年)曾对中国知网所收录的 2014 ~ 2015 年以"惩罚性赔偿"为标题的 83 篇法学硕士、法律硕士学位论文具体内容进行研究,发现法律类研究生学位论文在选题来源方面偏重制度研究,全国法律专业学位研究生教育指导委员会主导的优秀学位论文评审方向指引着我们法律硕士论文撰写方向,对《全国法律硕士专业学位研究生优秀论文集》第一卷、第二卷所载 41 篇论文[21]阅读研究后发现,实务研究型论文居多,理论研究型少。有的学位论文从题目上就能够看出属实务研究型论文,如《高淳地区风俗习惯在法院处理民事纠纷中的适用》《三亚市"外嫁女"征地补偿纠纷司法解决的调研报告》《关于刑罚执行变更的调研报告》等;有的学位论文从研究对象上看属于实务研究型论文,如《对宁夏农民犯罪问题的犯罪学研究》《吴英集资诈骗罪案法理分析》;有的从研究方法上看属于实务研究论文,如《农村婚约财产返还纠纷的法社会学法学——以豫南 H 县法院相关司法判决为例》(2009 ~ 2014 年)、《乡村秩序:村社自

---

[21] 全国法律专业学位研究生教育指导委员会编《全国法律硕士专业学位研究生优秀论文集》(第一卷、第二卷)共刊载 41 篇论文,2016 年 1 月 9 日公布的是优秀学位论文 42 篇(其中一等奖 18 篇、二等奖 24 篇)。

治与政府治理——以漳州市朝阳镇“庙会宴客禁令”的个案分析为近路》等。本研究对某高校2017年、2018年学位论文进行统计后发现,实务型论文占比不到50%。

四、提高环渤海地区法律硕士教育质量的对策

提高法律硕士研究生培养质量,是人才培养的时代命题。黄进(2012年)早就提出了卓越法律人才教育培养计划的目标定位。[22] 公丕祥(2014年)曾提出卓越法律人才的时代标准:忠诚的政治本色、坚实的法律素养、高超的法律技能、真诚的为民情怀、宽厚的人文底蕴、良好的职业形象。[23] 早在2011年,冀祥德、李庆明就提出,诊所法律教育作为法律硕士教育的必修课,有助于对法律硕士学生职业技能、职业道德的培养,也是诊所法律教育本土化和可持续发展的必然要求,诊所法律教育是中国法律硕士培养制度改革的基本方向。[24] 黄振中(2012年)提出了完善与推广“双导师制”在法律硕士教学与培养中的举措。[25] 邓海峰、魏晶(2013年)提出锻造“顶天立地”的精英型法律实务人才,需要加强国际视野开拓、加强专业素质积淀、加强实践能力培养、加强自律敬业引导。[26] 王崇敏、刁晓平(2014年)构建了全日制法律硕士专业学位研究生实践能力培养体系。[27] 张洪成、黄瑛琦(2014年)基于法学法律硕士和非法学法律硕士的不同学

㉒ 黄进:《卓越法律人才培养的目标、观念、模式与机制》,载《法学教育研究》2012年第1期。

㉓ 公丕祥:《变革时代的司法需求与卓越法律人才教育培养计划》,载张文显主编:《中国法学教育年刊》(2012~2013),法律出版社2014年版,第8~10页。

㉔ 冀祥德、李庆明:《诊所法律教育:中国法律硕士培养制度改革的基本方向》,载《法学杂志》2011年第2期。

㉕ 黄振中:《“双导师制”在法律硕士教学与培养中的完善与推广》,载《中国大学教学》2012年第2期。

㉖ 邓海峰、魏晶:《锻造“顶天立地”的精英型法律实务人才——清华大学全日制法律硕士研究生教育综合改革与创新》,载《学位与研究生教育》2013年第12期。

㉗ 王崇敏、刁晓平:《全日制法律硕士专业学位研究生实践能力培养体系的构建与实践——以海南大学为例》,载《学位与研究生教育》2014年第1期。

科背景,提出非法学法律硕士生应注重课程体系的综合设置和诊所法律教育模式的全面运用,以达到培养复合型人才的目的;对于法学法律硕士生应进行课程体系的分方向设置和教学方法的多元化运用,以凸显法律人才的应用性特点。[28] 黄忠(2016 年)提出了法商融合、从治疗法学到预防法学的法律硕士教育改革的新思维。[29] 邓海峰等(2017 年)提出"精耕细作,注重智能技能的培养,因材施教,发挥学生特长、彰显清华风格"的教育改革新思路。[30] 哈书菊(2017 年)研究了法律硕士实践基地建设模式。[31] 朱继萍(2018 年)提出"互联网 +"时代信息技术与法学教育融合背景下,在人才培养模式、教学模式与方法等领域改革的必然选择。[32] 上述对策建议对法律硕士人才培养很有启迪,应该在教育实践中力推施行。结合环渤海六省市法律硕士教育现状及存在的问题,本研究提出以下提高法律硕士教育质量的具体对策。

(一)制定科学的招生录取政策,提高生源质量,把好入口关

生源质量是培养高素质、应用型、复合型法律人才的前提,制定好招生政策,有助于提高生源质量。具体做法有五:一是扩大本科生推免研究生资格指标,给予优秀本科生特别是本科生导师推荐的优秀学生推免读研的资格,可实现培养的连续性;二是优先录取法律职业资格考试成绩高的法学本科生,免除了读研期间法律职业资格考试的考累,集中精力、高质量地完成好法律硕士培养全过程;三是录取法学学科专业排名靠前和政法类院校的本科生,有助于今后的继续培养;四是选择录取第一志愿报

---

[28] 张洪成、黄瑛琦:《全日制法律硕士研究生课程体系和教学方法改革探索》,载《学位与研究生教育》2014 年第 10 期。

[29] 黄忠:《法商融合:法律硕士教育改革的新思路》,载《学位与研究生教育》2016 年第 2 期;《从治疗法学到预防法学:法律硕士教育改革的新思维》,载《学位与研究生教育》2016 年第 10 期。

[30] 邓海峰等:《法律硕士培养中的精耕细作与彰显风格——清华法学院法律硕士教育改革的新探索》,载《研究生教育研究》2017 年第 5 期。

[31] 哈书菊:《法律硕士实践基地建设研究》,载《黑龙江教育》(高教研究与评估)2017 年第 5 期。

[32] 朱继萍:《"互联网 +"时代法学教育改革的踌躇与抉择》,载《法学教育研究》2018 年第 1 期。

考一流大学法学学术型研究生的考生进行调剂录取;五是非法学法律硕士尽量录取工科类、经济学类、管理学类、医学类等理科考生,非全日制法律硕士尽量录取有工作经验的考生。

(二)制定科学的研究生导师遴选和学生选导师制度,把好专业方向选择关

遴选"双师型导师"是法律硕士研究生培养的关键,也是研究生确定专业方向的前提。没有通过法律职业资格考试的导师,由于没有参与案件的实践经验,无法开展诊所教育,不利于应用型人才的培养。没有法律实务经验的导师,指导的论文多偏重于理论研究型,少采用案例分析、研究报告、专项调查等全国法律专业学位研究生教育指导委员会倡导的论文形式。

学生选导师往往根据导师介绍、网上导师资料盲目选择,有的高校甚至根据教师职称用行政命令的方式分配学生,其结果是学生根据导师的研究方向撰写毕业论文,学生专业方向不明,与其将来从事的工作也没有关系,不利于卓越法律人才的培养。为了确定学生专业方向,本着双向选择的原则,正确科学的做法:一是根据学生未来职业生涯规划,结合学生基本素养选择导师,如将来有志于作法官的学生,应该配备有诉讼、仲裁经验或研究诉讼法的导师;有志于做律师工作的学生,应该配备有着丰富律师经验或研究民商法、刑法、诉讼法的导师;有志于作公务员的学生,应该配备研究宪法、行政法的导师;有志于到企业工作的学生,应该配备研究公司法、经济法、劳动法的导师,等等。二是根据学生本科专业方向配备导师,如法学本科专业,应配备有着丰富实践经验和理论研究成果的导师;工科专业配备知识产权法方向导师;医学专业本科生应该选择医事法务方向,配备医事法务导师;工商管理类本科专业,应配备企业法务法学导师;公共管理、行政管理、社会学、思想政治教育等专业应配备政府法务法学导师;金融学本科专业,应该配备金融法方向的导师;国际贸易专业本科生应该选择国际经济法方向,配备国际经济法方向导师,等等。所有学生也可以根据基本素养和兴趣选择司法实务方向,这样才符合培养复合型人才培养目标。三是根据学生专业方向,导师和学生共同拟订培养方案,确定选修课程,制定阅读书目,初步确定研究选题。

(三)改革授课内容和授课方式,发挥实务导师的职业训练和引领作用,办好法律诊所,把好培养过程关

法律硕士专业方向确定后,其整个培养过程分为三个阶段:课程授课阶段、实践训练阶段、学位论文撰写答辩阶段。

课程授课阶段应重点抓好以下几个问题:一是设计安排授课内容,先由任课教师编写课程大纲、教案、课件、案例集、参考文献、优秀法硕论文等授课资料,经法律硕士教育中心审核通过,交导师组执行;二是授课避免满堂灌,案例教学不少于三分之一,考核内容要体现案例教学内容;三是组织好模拟法庭训练课程的开设,分案件性质、分角色进行实体法和程序法的教学训练;四是为培养学生团队意识,分学习小组,5 人为宜,便于法理研究和案例讨论;五是圆桌式课堂授课方式,便于交流讨论,拉近师生距离,甚至可以要求正装授课、带牌授课,正装听课、挂牌听课,以培养学生的职业意识、规矩意识。

实践环节是培养应用型法律人才的关键,除了安排若干次旁听现场法庭审判外,还应有计划组织旁听"中国庭审公开网"(http://tingshen.court.gov.cn/live)公开审理的案件,最重要的是发挥实务导师的职业训练和引领作用。安排实务导师时,根据学生就业取向,选择高素质、最相近职业、有着丰富实践经验的担任实务导师,如法官、检察官、律师、公证员、公务员、企业法务主管等,采取师傅带徒弟式的培养方式。另外应制定激励实务导师深度参与研究生培养制度,如评选优秀实务导师等。

设置科学的法律诊所,也是法律实践环节的关键一环。法律诊所可以根据案例性质分为若干分所,如民法诊所、刑法诊所、商法诊所、行政法诊所、诉讼法诊所、仲裁诊所等,还可以细分为婚姻家庭纠纷诊所、物权纠纷诊所、合同纠纷诊所、劳动纠纷诊所等。坐诊导师最好由双师型导师担任主任、实务导师担任顾问、导师组成员参与。

(四)科学选题,严格程序,把好学位论文质量关

学位论文是法律硕士教育的最后环节,也是严格把控好培养质量关最后也是最关键的一环。夏新华(2015 年)参加 2014 年某高校的法律硕士学位论文答辩,发现在 132 篇学位论文中,纯学术性论文有 117 篇,占总数的88.64%,案例研究和调研报告形式的学位论文偏少,仅11篇案例研究和4篇调研报告,分别占当年论文总数的8.33%及3.03%。同时答辩结果欠佳,最终答辩的126人中只有97人顺利通过了答辩,占答辩总人数的76.98%。[33] 因此,学生选择好导师、确定专业方向后,应该确定初步的选题,选题最好以案例分析、案件研究、调研报告、专项调查的形式,尽量避免纯学术研究型论文。在撰写环节,严格规范开题、中期检查、预答辩、答辩各环节,特别应力推外审制改为盲审制。

2014年获批的18所高校的授权点正在进行法律硕士专业评估,评估材料已经上报,其结果如何无法得知,但相信每个授权点都会把评估材料做得很扎实、很细致。新增列法律硕士授权点的5所院校也面临着将来的评估。因此,在全面依法治国宏观大背景和国家司法改革、法律职业资格考试改革的微观背景下,我们应该以习近平总书记讲话精神为指引,坚持立德树人、德法兼修的培养原则,坚持"以评促改、以评促建、评建结合、重在建设"的十六方针,发挥所依托高校的办学优势,结合各授权点的办学特色,明确专业方向,调整课程设置,重视实务训练,发挥实务导师的作用,严把学位论文质量关,培养新时代高素质、应用型、复合型的法律人才,为地区经济和社会发展服务提供法律人才支撑。

The Current Situation, Problems and Countermeasures of Juris Master Education in Six Provinces and Cities of the Bohai Rim Region

Zhu Haishen

Abstract: The quality of the Juris Master has an important influence on

---

[33] 夏新华、周洋:《法律硕士学位论文存在的问题及写作的规范化——以某校2014年法律硕士学位论文答辩为分析对象》,载《时代法学》2015年第4期。

the training of excellent legal talent cultivation and the implementation of the strategy of rule of law. The author selected 43 universities authorized by the Juris Master in the six provinces of Bohai Rim as research subjects. The author finds that there are a series of profound problems in the education of law students in many colleges and universities, such as: late start, heavy evaluation tasks, lack of training experience and so on. These problems have had a serious impact on the cultivation of the Juris Master graduates. Therefore, the author believes that legal education should be based on the reality of regional economic and social development, adhere to the principle of promoting both virtue and law. Taking the changing direction of from treatment-orientation of law to prevention-orientation of law, domestic legal education should focus on a good variety of measures to guarantee the cultivation quality of Juris Master education, such as, cultivating students' legal thinking and legal research method, positioning their major direction, exerting the advantages of teaching practice base and practice tutors, strengthening the cultivation of graduates' practice capability and paying special attention to the quality of applied-type Juris Master.

Key words: juris master, cultivation quality, standardization, special assessment

法律硕士教育的时间之维*

刘振宇**

摘　要:《法律硕士专业学位研究生指导性培养方案》的执行,并没有显著改变法律硕士生培养的时限和强度。但是,为了实现高层次、应用型法治人才的培养目标,本次指导性方案通过学分配置、专业实习和论文写作的修订,重新规划了法律硕士教育的制度时间。这些措施造就了在读法律硕士生的"无时间"感,进而引发了学生和培养单位双向的时间困境。有必要认识到这一困境的生成逻辑,并在实施性培养方案的可行限度内予以改善。

关键词:培养　时间表　规训　困境

2017年7月,教育部修订《法律硕士专业学位研究生指导性培养方案》并执行。这是首次同步发布适用于法学专业毕业生和非法学专业毕业生的培养方案。尽管其在"附则"中强调这一方案只是"指导性方案",允许各培养单位根据该方案制(修)订属

* 基金项目:本文系教育部政策法规司2017年度司局级委托课题"高校依法治校实践问题(学生管理领域)研究——高校管理过程中的学生权利保障"、上海师范大学校级文科一般项目"高校学生的时空规训和权利保障"阶段性成果。

** 刘振宇,上海师范大学哲学与法政学院副教授,法学博士,研究方向:社会治理、权利理论。

于各自的实施性培养方案，但是，“应根据”中的“应”字不可避免地为各培养单位设立了遵从该指导性方案的义务，这就意味着实施性方案必须在指导性方案的框架内予以调配。于是，自 2017 级起，法律硕士专业学位研究生在就读期间都将接受这一指导性培养方案的指导。这就意味着，他们在培养单位接受培养的阶段性时间域内，相关学习活动是由这一指导性培养方案予以规划的。“与作为外感官显象形式的空间相比，时间涵盖了更广泛的范围。”①因此，有必要以“时间”维度来考察这一培养方案的规范内容和实施状况，以求完善法律硕士专业学位研究生的教育培养工作，塑造全新的应用型法律人才。

一、时间构架：修订方案中的不变因素

本次指导性培养方案修订幅度较大。其中，有两部分内容值得关注。一是培养学分的调整，二是学位论文要求的调整。前者降低了法律硕士生（法学）和法律硕士生（非法学）的总学分要求，后者则统一了两类法律硕士学位论文标准。尽管它们在教义规范层面变化明显，对法律硕士教育内容提出新指引，如将“法律职业伦理”列为必修课，培养学生的职业荣誉感，树立社会责任意识，但更为关键的是，这一修订重新规划了法律硕士培养的时间界分，在实质上是一种针对“教育时间”的重新塑造。

鉴于《关于转发〈法律硕士专业学位研究生指导性培养方案〉的通知》（学位办〔2017〕19 号），指导性培养方案修订之后，“原《法律硕士专业学位研究生指导性培养方案》（学位办〔2006〕39 号）、《在职攻读法律硕士专业学位研究生指导性培养方案》（学位办〔2009〕10 号）和《全日制法律硕士专业学位研究生指导性培养方案》（学位办〔2009〕23 号）终止执

① 李科林：《时间概念与形而上学——比较康德、海德格尔和德勒兹的时间理论》，载《中国人民大学学报》2014 年第 6 期。

行。”[②]这不仅意味着,先前三份指导性培养方案基于历史原因曾经并行不悖,也意味着,本次修订是一次统合性修订;同时,鉴于修订版明确规定“非全日制法律硕士基本修业年限一般应适当延长”,这标志着非全日制法律硕士的培养时间规划主要由各培养单位自行负责分配,具有较大的不确定性,因此,本文关注的时间规划以全日制法律硕士的时间规划为主,进而,培养方案修订的比对也以学位办〔2006〕39 号文件和学位办〔2009〕23 号文件为主。

指导性培养方案的时间规划,是一个多层次多维度的结构功能系统,[③]在最基本的构架上可分为培养时限和培养强度。二者有着内在的联系和区别。联系在于,只有确定了培养时限,才能以这一时限作为时间段来分配具体的培养方案,进而确定下一级时间单位(学期)的培养强度;而区别在于,培养强度是针对培养时限下一级时间单位产生的相关变量,而指导性培养方案并没有严格规定每门课的开课学期,这就意味着,在不同的培养单位,同一级学生在同一学期的培养强度有很大可能是差距明显的。于是,为了分析需要,本文将用“平均培养强度”替代“培养强度”这一变量,即基于确定的培养时限确定具体的培养学期数,并对培养方案的整体强度进行平均分配。尽管这一假设不可避免地存在偏差,但鉴于“截止 2018 年 3 月统计,全国共有法律硕士专业学位授权点 243 个”[④]以及各培养单位匹配的实施性指导方案尚未完成一个完整的培养时限(从 2017 年起算,至 2020 年才予以完成),因此,以平均培养强度作为中位回归分析参照,是一种可以接受的处理方式。

在培养时限方面,最大的变化是适用于法学专业毕业生(以下简称法本法硕)的指导性方案,将学位办〔2009〕23 号文件中的“一般为 2 年”修改为“基本修业年限为 2 ~ 3 年”;而适用于非法学专业毕业生(以下简称

② 《关于转发〈法律硕士专业学位研究生指导性培养方案〉的通知》,学位办〔2017〕19 号。

③ 宋秋前:《教学时间的结构化多维分类研究》,载《浙江海洋学院学报》(人文科学版)2004 年第 2 期。

④ 《全国法律硕士培养单位名单(2018.3)》,载全国法律专业学位研究生教育指导委员会网:http://www.china-jm.org/article/? id = 701,最后访问日期:2018 年 7 月 21 日。

非法本法硕）的指导性方案，则沿袭了学位办〔2006〕39号文件的“3年”规定。因为教育部并未如同2006年修订一般出台修订说明，所以并不知悉这一调整的理由为何。但在培养单位的传统实施性培养方案中，都依然沿袭法本法硕2年的培养时限。这当然可以归因于培养强度（排课）的惯性，课程调整对于新入学接受教育的法律硕士生来说属于无所谓“新旧”的首次体验，毕竟他或她只需要在培养时限中体验一次；而对于进行教学的老师来说，则是一次从备课到授课、从无到有的全新历程，其付出的时间成本远超学生，会明显影响老师的时间规划。但同时，也是考虑到法本法硕和非法本法硕的培养基础差异，以及法本法硕和法学硕士的培养目标差异。

而在平均培养强度方面，法本法硕和非法本法硕的平均培养强度基本未予调整，但法本法硕的强度略高于非法本法硕。因为在各培养单位的教学管理中，学分数和学时数是相互匹配的，所以，平均培养强度以平均学期的学分数予以呈现。鉴于未能获取全部243所培养单位的实施性培养方案，在已知的范围之内，尚未发现有培养单位在临近毕业的最后一个学期安排课程，因此，以标准培养时限为准，原则上推定法本法硕的课程培养周期为3个学期，非法本法硕的课程培养周期为5个学期。根据指导性培养防范，在这段时间内，他们要分别完成除去毕业论文（5学分）的其他授课内容。此时，法本法硕的平均培养强度为49/3，约16学分/学期；非法本法硕为68/5，约14学分/学期。而在此前，根据学位办〔2009〕23号文件和学位办〔2006〕39号文件，这两项指标也分别为17学分/学期（52/3）和13学分/学期（65/5），基本没有改变。而平均每学期3学分的差异，则意味着平均每周法本法硕至少要比非法本法硕多上3个课时（一般为一门专业课）的课程。以绝大多数培养单位的教学安排来看，这意味着多出一个教学时段（上午、下午或晚上）。但是，考虑到自2009年至今（2018年），这一平均培养强度依然无变化。可以认为，这一强度差异是必要且合理的。

二、时间规训:应用型法律人才的塑造

学位办〔2009〕23 号文件和学位办〔2006〕39 号文件将法本法硕和非法本法硕的培养目标表述分别为“具有社会主义法治理念、德才兼备、高层次的专门型、实务型法律人才”⑤和“具有社会主义法治理念、德才兼备、高层次的复合型、实务型法律人才。”⑥而学位办〔2017〕19 号则将培养目标对指导思想(“具有社会主义法治理念”)的强调转换为对执业领域(“立法、司法、行政执法和法律服务领域”)的强调,并用“应用型”这一更为接近学术表达的方式⑦替代“实务型”这一倾向日常语言的表达方式。于是,指导性培养方案的时间规划,都是为这一培养目标服务的,唯一的区别在于,法本法硕的特性是培养“专门型”人才,而非法本法硕的特性是培养“复合型”人才。

“时间表是一项古老的遗产……它的三个主要方法——规定节奏、安排活动、调节重复周期——不久就出现在学校、工厂和医院中。”⑧这便是针对时间的制度化处理,即明确接受这一制度管理的人员在什么时间做什么事情,而且,这一时间和事情是可重复的。对于法律硕士培养来说,就是指导性方案通过切分培养时限,借助培养强度,塑造出学习场域中的教学管理秩序,俗称“课程表”。这一秩序,既是教师的教学秩序,也是学生的学习秩序。而归根结底,是学生的学习秩序,因为他们是被培养的对象,是实现指导性方案培养目标指向的群体。这一生成性的过程,是培养对象嵌入到持续时间中的外在体现。正是在这些被这一时间规划培养成为“高层次、应用型法治人才”的法律硕士生身上,才能够体现出“生成性”生成到了何种程度。如此,也就可以理解,为何在各级各类的教学评

⑤ 《全日制法律硕士专业学位研究生指导性培养方案》,学位办〔2009〕23 号。

⑥ 《法律硕士专业学位研究生指导性培养方案》,学位办〔2006〕39 号。

⑦ 参见姜红仁:《对实现法律硕士(JM)培养目标的思考》,载《北京理工大学学报》(社会科学版)2007 年第 6 期。

⑧ [法]福柯:《规训与惩罚》,刘北成、杨远樱译,三联书店 1999 年版,第 169 页。

估中，就业和升学指标都受到重视，因为它们是评估结果最终的展示。

为了达成培养目标，本次指导性培养方案进行了较大的调整，不仅重新规划了培养单位的制度时间，而且在维持平均培养强度的情况下，实质性地降低了法律硕士生的自由时间。

首先，制度时间最为直观的就是基础学分的变化。法本法硕的基础学分从57学分下降到54学分，非法本法硕的从75学分下降到73学分。但是，这一直观的下降实际上具有迷惑性，毕竟，按照平均培养强度，非法本法硕还略有提高，因为其总学分下降的直接原因不过是将学位论文的学分值从10分下调到5分。其次，法本法硕的课程结构进行了大幅调整，和非法本法硕的必修课学分数（32分）和选修课学分数（13分+8分）未予更改相比，法本法硕的必修课学分数从27学分显著地下降为18学分，选修课学分则从10学分上调为16学分。这意味着，对于各培养单位的实施性培养方案来说，非法本法硕的培养方案具有相当程度的一致性，毕竟13学分的推荐选修课是在9门给定课程中进行选择；而法本法硕的培养方案则具有更大的自主性，指导性培养方案中给定的10门课程仅供参考。这一区别对待，体现了法本法硕和非法本法硕培养的差异，即前者的培养目标是“专业型”，而后者的培养目标是“复合型”。专业型要求法本法硕在既有的法学本科基础上，选择某一专业领域进行更为深入的探索；而复合型则要求非法本法硕将本科专业和法学基本知识架构结合在一起，进行跨领域的交叉研究。但是，鉴于两类培养方案的目标具有一致性，即将法律硕士生塑造为不同于法学硕士的高层次、应用型法律人才，因此，最后的制度时间调整便落实在了实践能力与训练这一部分的规划之上。法本法硕的实践学分维持在15学分，而非法本法硕也从曾经12学分提高到了15学分。更为关键的是，这一次修订不仅明确了相同的学分数，同时明确了具体的相同的专业实习标准：“各培养单位统一组织学生在第二学年（含第一学年暑期）完成，专业实习时间不少于6个月。”⑨而在学位办〔2009〕23号文件中，并未强调实习的具体时间段；学位办

⑨ 《关于转发〈法律硕士专业学位研究生指导性培养方案〉的通知》，学位办〔2017〕19号。

〔2006〕39号文件中,更是仅要求2～3周法律实践即可。可以确定的是,先前非法本法硕规定的2～3周的法律实践,确实不足以满足"高层次、应用型人才"的培养需要,毕竟,法学本科专业的毕业实习也不仅这些时间。但是,恰恰是这一改变,和学位论文的要求变化一起,压缩了法律硕士生个体予以掌控的自由时间,将其更多地纳入制度时间的规训中来。

表面上看,非法本法硕的自由时间被显著减少,因为2～3周尚且不足1个月,而如今却要求有6个月,这是相当幅度的提升;而法本法硕不过是维持了曾经的6个月,并没有改变。但实际情况,却并非如此简单。因为这6个月的专业实习是自动匹配6学分的,并且在律师事务所、企事业法务部门或司法机关来完成,所以,其和课堂教学在时间上相排斥,而6个月的时间选择或者是2个假期,或者是1个假期配合1个学期。但是,问题在于,当指导性培养意见将专业实习的时间段限定在"第二学年"的时候,法本法硕就不仅仅比非法本法硕减少了第二学年暑期这一时间选项(此时理论上已毕业),而且很大可能还同时减少了第二学年第二学期这一时间选项,因为理论上只有完成学分要求才能够进入毕业答辩流程,否则就会出现学位答辩通过但学分未修足导致无法毕业的情况。而原本可以作为选项的第一学年寒假被指导性培养方案排除掉了,其实际结果会导致两种可能:其一,在不改变平均培养强度的前提下,法本法硕选择在第一学年暑期和第二学年寒假进行专业实习,即从第一学年第二学期开始进入连续一个自然年的无自由时间状态;其二,改变平均培养强度,在第一学年完成剩余的43学分(54分－5分－6分)或至少39学分(法律写作和法律检索课程前置,模拟法庭和法律谈判与专业实习一起),这意味着培养强度将达到20学分/学期左右,在第一学年的学期内基本维持无自由时间状态。与之相对,拥有3个假期的非法本法硕反而更加从容,因为在已知的范围之内,尚未发现有培养单位仅要求他们进行2～3周的实践体验,而基本上也是3个月的实习安排。当然,不可否认的是,即便根据实践指向,非法本法硕的自由时间也至少被减少了3个月,只不过,各培养单位有更多的选择去安置这3个月专业实习而已。

与此同时,学位论文标准的提高,进一步规划着法律硕士生的自由时间。2014年,国务院学位委员会、教育部印发《博士硕士学位论文抽检办法》。而后,学位办〔2017〕19号文件统一了学位办〔2006〕39号文件和学位办〔2009〕23号文件差异性的表述标准。其中,实体性标准(如选题、研究方法等)和时间规划的关联并不直接,但是,字数标准,却和时间密切相关,毕竟,即便在最为简单的角度出发,码字本身就是需要时间成本的。曾经的标准为在1.5万字至2万字为宜,但最新的标准则是“不少于2万字”。5000字的提升,对于学术写作来说,并不是一个小数字,以2万字为基准,占据1/4,而按照曾经的1.5万字为基准,则提高了1/3。虽然在此次指导性培养方案中,取消了曾经必修课考试课不得低于总科目的80%的规定,但制度惯性依然存在,而且,法律硕士专业类课程本来也很难以论文写作作为考察标准,毕竟,同时上课的法律硕士生可能选择不同专业作为其学位论文的主攻方向,因此,基本上可以认为,在培养时限之内,学位论文写作之前,绝大部分法律硕士生的平均培养强度中并不包含学术型论文写作能力的提升。但同样基于培养时限的限制,法本法硕有必要在1年半的时间里,将自身的论文写作能力从本科毕业的8000~10000字提升至20000字,而非法本法硕,鉴于本科学位获取可能来自毕业设计、毕业论文等多种方式,甚至可能面临着在2年半的时间里,将自身的论文写作能力从0字提升至20000字。于是,这一论文写作能力的提升,只能更多地依赖于法律硕士生的课后时间。而且,考虑到论文写作一般需要连续时间而非分散时间以便提高时间深度,[⑩]这一课后时间在理论上还要排除专业实习6个月中的工作日。这一排除,对于非法本法硕来说,尚可接受,因为他们可以选择在第三学年第一学期用整个学期的时间来处置,但对于法本法硕来说,则意味着他们有必要根据专业实习6个月的安排来调整学位论文的写作时间。

由此,根据指导性培养方案的时间规划,为达成“高层次、应用型法治人才”的培养目标,法律硕士生在读期间的时间安排如下表。其中,法本法硕根据自身的基础情况,存在两种选择的可能性,而非法本法硕则有一

⑩ 参见李琳琳:《时不我待:中国大学教师学术工作的时间观研究》,载《北京大学教育评论》2017年第1期。

个相对普适的时间表(见表 1):

表 1　法本法硕与非法本法硕的学年时间安排

培养类型	第一学年第一学期	寒假	第一学年第二学期	暑期	第二学年第一学期	寒假	第二学年第二学期	暑期	第三学年第一学期	寒假	第三学年第一学期
法本法硕	听课	写论文	听课	实习	实习	自由	毕业	—	—	—	—
	听课	自由	听课	实习	听课写论文	实习写论文	毕业	—	—	—	—
非法本法硕	听课	自由	听课	实习	听课	实习	听课	实习	听课写论文	自由	毕业

考虑论文写作本身的持续性,即不可能一定性定稿,在正式提交存档版本之前一直要予以修改,且越来越多的培养单位在最后一学年的第一学期末会开展预答辩,以确保法律硕士生的论文写作基本符合要求。因此,最后一个学年的寒假,即便在本表中体现为自由时间,在现实中也越来越多地被“论文修改”这一潜在的制度时间所替代。在这个层面上,可以发现,指导性培养方案基本上仅将第一学年的寒假留给了自由时间,而其他时间都被隐性地纳入制度时间之中,以便能够更好地规训法律硕士,使其通过培养时限内有强度的训练,成为立法、司法、行政执法和法律服务等实务领域需要的德才兼备之人。

三、时间迷图:法律硕士生的“无时间”

康德强调:“时间本身不能单独被知觉到,只能在经验对象上被理解。”⑪学校和工厂、医院最大的差别便是，毕业生虽然可以认为是学校规训后产生的产品，但毕业生的层次除了学校加成之外，不可避免地涉及学生自身的内在要素。在工厂中，工人经由规训，和工厂融为一体，工厂的产品就是工人的产品；在医院中，病人经由规训，将病变的组织和个人的肉身区分开来，而病变的组织是由医院的医生决定的。但是，在学校里，学生只有在缺乏其他选择的时候，才会接受学校的规训，比如，统一的升学考试，此时，老师在年复一年对考试题目的研读中，将获得远远超越学生的知识，进而构成一种强的权力控制：听课，则通过考试。而以“高层次、应用型人才”作为培养目标的法律硕士生，恰恰缺乏这样一种确定的、同质化的选择，他们面向的是广阔的就职岗位——尽管立法、司法、行政执法和法律服务都归于中国特色社会主义法治体系之中，但每一个领域却又存在较大的差异，于是才有了“新法治十六字方针”⑫——“科学立法、严格执法、公正司法、全民守法”——的界分。也就是说，最终检验人才的标准，不是学校的期末成绩也不是学校学位论文答辩的好坏，而是就业市场的可接纳程度。因此，指导性培养方案试图对法律硕士生进行的时间规训，就不可避免地面临学生对这一制度安排的迷惘：学生表示自己“没有时间”参与到制度化的学习规划中来。这是“物理时间”和“心理时间”的持久争论⑬在法律硕士教育中的投影。

对于法本法硕和非法本法硕来说，这一“无时间”的迷茫图景是有所区别的。

法本法硕的“无时间”图景，来自“自由时间”的匮乏，即没有时间做自己想做的事情。根据指导性培养方案，法本法硕阶段性的自由时间，理论上只有一个时间段，其他时间都属于制度时间。但困境在于，虽然培养单位内部缺乏统一的规训指向（每位老师、每堂课的规训程度是不同的，不同培养单位、不同届别的学位论文要求基于不同的答辩委员会也是不

---

⑪ 刘凤娟：《康德时间观的三个维度》，载《自然辩证法研究》2016年第9期。

⑫ 参见刘作翔：《关于社会治理法治化的几点思考——“新法治十六字方针”对社会治理法治化的意义》，载《河北法学》2016年第5期。

⑬ See Yuval Dolev, Michael Roubach, eds., *Cosmological and Psychologcical Time*, Switzerland, Springer International Publishing, 2016, Introduction, pp. vii – ix.

同的),但是,在他们即将进入的、作为培养目标检验环节的应用型法律领域,却有着一个外在于培养单位的评判标准,那就是法律职业资格考试,曾经的司法考试。对于法律硕士生来说,自身的就业,虽然也需要获得专业硕士学位,但是,还需要获得法律职业资格证书。鉴于培养单位并非法律职业资格考试培训机构(根据指导性培养计划的课程安排,其也不可能是这类培养机构,当然,这并不排除部分培养单位或部分老师在课堂授课过程中承担此类培养的相关教学工作),因此,在第一学年未能获得法律职业资格证书的法本法硕同学,就只能将希望寄托于第二学年这唯一一次机会,以确保自己在毕业的时候,有成为立法、司法、行政执法或法律服务人员的资格,毕竟,根据《国家统一法律职业资格考试实施办法》第 2 条第 2 款规定⑭,进行执法、司法和法律服务工作都需要先行取得法律职业资格。这并非意味着,法本法硕一定要获得法律职业资格证书才能够找到工作,但是,这意味着,获得法律职业资格证书的法本法硕将在就业中获得优先考量。甚至于,在专业实习阶段,拥有法律职业资格证书的法律硕士生也处于优先考量的位置。于是,业已入学报到的法本法硕就面临着如下两种"无时间"的困境。

第一种情况,如果他或她在第一学年之前没有获得法律职业资格证书,那么,就必须运用自由时间进行自我提升,使自己能够在第二学年获得法律职业资格证书,而根据考试的复习周期,这一自由时间只能在第一学年第二学期到第一学年暑期来进行。但是,根据先前的表格,这两个时间均为制度时间,这就导致或者"无时间"准备法律职业资格考试,或者"无时间"进行制度规划的培养。第二种情况,如果他或她在第一学年之前已经获得法律职业资格证书,那么,理论上来说,就可以参照前面的时间表进行安排,但是,根据《国家统一法律职业资格考试实施办法》,随着法学本科大三学生不再具有报名资格(不考虑过渡期因素),这就意味着,

⑭ 《国家统一法律职业资格考试实施办法》第 2 条:"初任法官、初任检察官,申请律师执业、公证员执业和初次担任法律类仲裁员,以及行政机关中初次从事行政处罚决定审核、行政复议、行政裁决、法律顾问的公务员,应当通过国家统一法律职业资格考试,取得法律职业资格。"

对于绝大部分直接攻读硕士学位的法本法硕来说，他们也同样只有一次机会来通过这一考试，否则，便不可避免地面临自由时间和制度时间的冲突困境。更为关键的是，随着国家统一法律职业资格考试改革为客观题和主观题两考，且客观题考试合格成绩在本年度和下一个考试年度内有效，这就意味着，在第一学年第一学期的9月、10月两个月份中，法本法硕的自由时间和培养的制度时间也是存在冲突困境的，并且，这一冲突困境可能要延续到第一学年的暑期和第二学年第一学期的9月、10月两个月份。

而非法本法硕的“无时间”图景，原本也存在一定程度的“自由时间”匮乏，但随着法律职业资格考试资格要求的改变，将逐渐转变为“制度时间”的匮乏，即依照制度时间做事无法达成培养目标的结果。根据《国家统一法律职业资格考试实施办法》，非法本法硕在就读时间不再具有报考资格，非法本法硕在三年的培养时限中就将拥有较多的自由时间予以支配。只不过在过渡期阶段，这一自由时间也同样面临着和制度时间的冲突，毕竟，早一年获得证书，在实习、工作方面就早一年具有优势。但是，在读期间没有国家统一法律资格考试压力的非法本法硕，同样面临着和法本法硕一样的就业问题，而在就业环节，就业单位不会关心应聘者是法本法硕还是非法本法硕，而优先考虑他们是否具有法律职业资格证书。也就是说，法律职业资格证书是就业门槛，未能获得这一证书的非法本法律硕士，虽然依然有机会进入到法律实务领域，但是，可选择的职位空间却被大幅度地限缩了，而且，还要面临着和未能通过法律职业资格考试的法本法硕的竞争。于是，这就意味着，在现有的制度时间规训之下，排除法律职业资格证书这一因素的考量，经过为期3年的制度培养，非法本法硕在应用型业务能力上和经过为期2年的制度培养的法本法硕是大体相当的。然而，这一推论只能存疑，因为在法本法硕平均培养强度高于非法本法硕的情况下，即便能够预设两类法律硕士生因为通过了全国法律硕士专业学位研究生统一入学考试所以具有基本相当的法律知识水准，也需要进一步预设仅凭借多出一年的19个学分学习就可以使非法本法硕达到和法本法硕基本相当的水准。这或者意味着，中国法学本科教育在时间规划上未能有效助力学生法律专业能力的提高，或者意味着入学考试的选拔标准偏低。更何况,根据指导性培养方案,和法本法硕的课程设置不同,非法本法硕的课程设置在相当程度上借鉴了法学本科教育的相关设计。这也就意味着,培养方案的基础预设更倾向于,非法本法硕3年的硕士时间规划足以和法学本科4年的本科时间规划达到大致相当的效果。也只有如此,才能够理解“复合型”与“专业型”的区分,以及《国家统一法律职业资格考试实施办法》对报考资格的认定。只不过,在这一预设指导下形成的制度时间规划,和评价检验“复合型、高层次、应用型”法治人才的就业市场对“高层次、应用型”的参照有较大差异,毕竟,法本法硕是历经了6年培养才符合这一“高层次、应用型”要求的。原本这一差异可以借助在读期间通过法律职业资格考试来予以消解,而现在则只能通过非法本法硕在毕业当年或次年通过法律职业资格考试来予以消解。由此,非法本法硕培养方案中的制度时间所能够达到的培养程度和就业市场所欲求的培养程度之间就存在了鸿沟,凸显了这一类法律硕士在制度时间层面的“匮乏”。

而这一“无时间”的迷图,随着公务员考试和事业单位考试的介入,变得更加复杂,进一步考验法律硕士生的“未来时间洞察力”⑮。在法律应用领域,除了律师之外,其他职业无论法官、检察官、公证员,还是行政执法人员,都必须通过国家或省级的公务员招考,部分基层执法人员的任职可能还会涉及事业单位招考。而且,和国家统一法律职业资格考试不同的是,这些考试并不是“全年唯一”的,每一次的考试都将重新界分法律硕士生对自己在读期间的时间规划。仅以公务员招考为例,就起码分为国家公务员考试和各省公务员考试,尽管国家公务员考试时间相对固定,但各省公务员考试却每年都会有一定程度的调整。这就导致如果一位法律硕士想要成为法官、检察官、基层综合治理的执法人员,在最后一个学年的两个学期内,都将面临着公务员考试的压力。无论指导性培养方案还是各培养单位的实施性培养方案,都没有也不可能有专门的制度时间留给公务员考试培训。这一点,尚且不如法律职业资格考试占用的时间,因

⑮ 参见杜刚、吕厚超:《青少年未来时间洞察力和学业成绩的关系:时间管理倾向的中介作用》,载《心理科学》2017年第1期。

为在制度时间之中,或多或少会为一些在法律职业资格考试中有益的知识、思维和观点预留培养的空间。如果该培养单位的某学科老师恰好是法律职业资格考试的辅导老师(乃至于名师),对于该培养单位的法律硕士生来说,便是将他们从“无时间”的困境中解脱出来。然而,当法律硕士生面临公务员考试的时候,就不存在这一解困的可能性。同样的情况,也存在于事业单位招考之中。这些招考都只会进一步增强他们的“无时间”感。

四、时间困境:“主人”之争

指导性培养方案为了达成培养目标的时间规训和作为培养对象的法律硕士生“无时间”情景交织在一起,恰好反映出对培养时限中所蕴含的“时间”两种不同的理解:“是坚持从笛卡尔以来近代形而上学对时间的空间化理解,还是突破这一传统束缚而进入对时间的生存论理解?”⑯这不仅是时间观上的差异,更是对主体塑造认知上的区别,即谁才是掌控法律硕士教育时间的真正主体?当然,虽然指导性培养方案来自教育部,但教育部并不会真的认为自己是时间的主人,否则就不会采用“指导性”作为定语而将“实施性”下放到各培养单位处置。而对于各培养单位来说,虽然它掌握着制度时间的规划,但却不控制制度时间的实施,于是,这一时间的控制权力又被进一步下放到了具体的授课老师和论文指导老师身上。但是,教育的场域主要通过知识这种文化资本得以维系,当判定学生培养成果的统一标准并非来自于培养制度之内而是培养制度之外的时候,这一来自老师的时间控制就面临着被学生反对的困境——因为只有在这一反对的行动中,学生才能够将“无时间”转化为“有时间”并重塑自身。

鉴于法律硕士生本身是“无时间”的,因此,他们针对制度时间的行

---

⑯ 邓晓芒:《康德时间观的困境和启示》,载《江苏社会科学》2006年第6期。

动,就并不旨在翻转课堂,[17]也不旨在弥合共时性和历时性的矛盾,[18]他们并不关心制度时间中课堂规划的主体性是否存在、如何存在的问题,也并不致力于将老师的单向知识传授改变为双向知识共享、参与到培养活动中去。他们的目标并非和制度时间的规训产生对抗进而改变自身在这一课堂教育中的客体地位、获得主体性承认——这不过是主动选择嵌入到制度时间但并不能改变"无时间"状态——而是通过将制度时间进行"无时间"化的处理,将更多的物理时间纳入到对自身发展有利的自由时间中来,即在制度时间之内,行使原本应该在自由时间中所做之事,进而祛除制度时间对其的社会影响——而非物理影响。在他们的眼中,并没有培养强度的概念,因为这是制度时间"强加"在他们身上的,不是他们自己选择的,只有培养时限(无论2年还是3年)才是他们自己在入学前就已经确认知悉的存在。于是,他们所要做的便是,将这一培养时限作为一个整体时间,而不关心其中的具体时间规划,只为达成两个目标:作为"高层次"认证的硕士学历/学位证,和作为"应用型"认证的"法律职业资格证书"。于是,就出现了这样一批人,他们会在制度时间规划的时间段内来到课堂这一空间,但是在课堂之中,他们反而隐去了自身,不希望老师注意到自己,而看自己想要看的书籍,比如法律职业资格考试用书等,因为他们知道,最终评价自身的,不是来自课堂的优异表现——课堂只需要没有拙劣表现就好了——而是来自是否通过法律职业资格考试、是否通过公务员考试、是否通过事业单位招考等培养制度外的"规训"标准。甚至于,有一些法律硕士,开始倾向于在老师不点名的情况下,进行"逃课",因为不点名的老师本身就不知道这个班级有哪些学生,姓名不过是一个代码,坐在下面的不过是人头数,于是,一个学期只在考试的时候出现便成为了"隐匿"的另一种方式。毕竟,考勤不严格或者懒于记住"庸常之人"名字的老师没法证明"一直缺勤的学生就是这一位学生"。

---

[17] 参见曾明星等:《"翻转课堂"教育场域:主体异质性、惯习冲击与价值建构》,载《高等工程教育研究》2015年第5期。

[18] 参见董云川、沈云都:《两种课堂时间:教育行为与知识发生的时间性反思》,载《高等教育研究》2013年第6期。

当然，在制度时间内隐藏自身，也不是彻底的隐匿，成为“无名之人”。尽管法律硕士会选择“无时间”化制度时间，但是，作为已经经历过4年本科制度时间规训的人，他们已经不再是懵懂少年，对自己的兴趣或者未来多少抱有一定的选择和预期，因此，一般情况下，他或她不会将所有的制度时间“无时间化”，而是根据自身的选择和预期，将一部分和自己未来发展规划无关的制度时间“无时间化”。这一点在法本法硕中体现的尤其明显，毕竟，他们的培养目标就是“专业型”，或许是“预见”到了这一点，法理学、宪法、法制史等几门“应用型”不高的、理论性较强的课程被从学位办〔2009〕23号文件中的必修课中转移到了推荐选修课序列。但未曾预见，或者即便预见也不方便处置的问题是：这种涵盖实践性、技能性以及真实办案环境的“学徒制”模式的相关借鉴，⑲虽然有助于“应用型”人才的培养，但是，刑法、民法、行政法及其诉讼法的实践指向之间，本身就呈现出互相排斥的关系。比如，对于目标明确想要从事刑事辩护的学生来说，除非他或她对授课老师的风格很欣赏，否则民事和行政的相关课程就缺乏吸引力。考虑到法本法硕中的部分学生原本报考的是法学硕士，这一现象更加突出。与之相应，尽管因为缺乏法学本科的基础，非法本法硕在这一方面相对会好一些，但是，经过一个学年的制度时间规训，当他们进入到第二个学年的时候，也多少对自己未来的方向有了大体的关切（或者来自自身对相关专业内容的兴趣，或者来自对相关专业老师授课风格的兴趣），进而产生出和法本法硕类似的对制度时间有选择的“无时间”化。如果再考虑到毕业论文指导老师主攻方向这一因素，这种带有明显差异性的“无时间化”就会愈发普遍。这是学生内在意识时间的感知、体验和期待，是一种偶然性视域下的时间观。⑳ 于是，原本试图经过制度时间培养标准统一的法律硕士生的培养方案，就这样被作为培养对象的法律硕士生按照自己的兴趣和未来规划转化为了定制化的自由接收方案。

---

⑲ 参见陈麟：《全日制法律硕士培养模式改革的思考——基于学徒制的分析》，载《中国高教研究》2012年第6期。

⑳ 参见鲁正一、张广君：《偶然性视域下的教学时间观：反思、诠释与重构》，载《教育发展研究》2016年第4期。

而在这一“无时间”对制度时间的反规训困境中,被消解最多的制度时间,是在规范上归入制度时间但在实际上却无法纳入课堂时间规划的学位论文写作时间。学生在此时,终于具有了自主掌握时间的现实可能性。尽管授课老师未必真的会管理课堂,比如,通过点名、课堂测验、学生展示等方式,但是,如何掌控课堂时间的权力由老师自身掌握,他或她拥有使用或不使用的权力,只不过排除学生对这一段时间的使用而已,于是,学生在不出现在课堂的时候,以及出现在课堂但不希望引起老师注意的时候,他在心理上都是“担心”的。而学位论文写作的情况却与之截然不同。论文指导老师只能给出一个长时间的规划,这一长时间的规划通常以“截止日期”为界,即在 × 年 × 月 × 日前提交论文初稿(二稿/三稿……定稿)。而这一长时间的规划,本身在制度时间规训中就处于不利地位,因为它更加接近于学生对自由时间的掌控:一旦确定了这一截止时间,其他时间就都是自由时间。这是正常的。因为老师自己的科研活动也是如此处置。但是,当学位论文写作时间和专业实习、法律职业资格考试、公务员考试、拟就业单位实习(包括但不限于律师事务所)时间纠缠在一起的时候,法律硕士终于有了名正言顺的“无时间”理由,毕竟,这一次和先前制度时间中的课堂时间不同,缺席课堂时间是有无法获得学历的风险,而论文写作则只是名义上的制度时间,具体的进程实际上只能由学生自己掌握。更为关键的是,这一至少 2 万字的文章,对于不准备继续攻读博士研究生的来说,和自己的未来没有任何关联,其所指向的,只是一个学位证书而已。与之相对,法律职业资格证和意向就业,则和自己的未来息息相关。而根据指导性培养方案,就业指标是“高层次、应用型”人才的评价标准中的重要一环,这也是一个制度规划,尽管它不是时间规划,但却规划着试图通过实施性培养计划规划制度时间来培养学生的培养单位,因为,在一个更大的系统之中,就业率和培养单位是否能够继续生存和发展息息相关。与之相对,学生学位论文的“高层次、应用型”标准,则没法传达到真正写论文的学生身上,在只有截止日期的时间规划中,他们的理由依然是“时间”性的:“有比我更差的同学获得学位证了啊,我比他或她投入的自由时间更多,更应该通过。”至于这一时间投入是有效时间还是无效时间、至于学术能力基础的差异,在此时都失去了意义。毕竟,一方面,培养单位确实没有办法对这一写作时间制度化;另一方面,培养单位还要在培养学生的就业率和缺乏一致性的“学术共同体标准”之间进行选择。时间困境,就这样从作为培养对象的法律硕士生身上转移到了实施培养的培养单位身上。

五、结语

指导性培养方案的时间规划,试图借助培养单位对制度时间的有效实施将法律硕士生培养成符合社会需要的高层次、应用型法治人才,但是,鉴于认定“高层次、应用型法治人才”的主要标准并非来自于培养单位自身而是来自社会评价,因此,法律硕士生为了应对这一困境,以“无时间”作为手段,对制度时间进行重新组合,将其纳入到自由时间中来,并最终将压力传到了培养单位判断“高层次、应用型法治人才”最为核心的标准——面临教育部抽检的硕士学位论文写作之上,使培养单位同样陷入时间困境之中。从时间维度来说,减少专业实习时间(如将统一实习从6个月压缩到3个月,毕竟,学生为了寻求工作,在最后一个学期会积极投身到实习之中)、寻求学位论文制度时间的替代方案(如每年上半年新增国家法律硕士统一测评考试,其通过者和国家统一法律职业资格考试的通过者仅需提交不少于1万字的学术论文,即可申请学位),甚至,可以参照普通法系法律硕士(L. L. M & J. D.)为典范代表的应用性法律人培养模式,取消法律硕士生的学位论文制度。当然,这些建议还有待充分论证——毕竟,也有学者指出这不仅是制度的问题,同时也是信念的问题,“公正世界信念对大学生学习的影响部分通过时间管理倾向来实现,当他们感知到不公正时会显著减少学习时间,增加娱乐等时间”[21]——但指导性培养方案时间规划中的困境确实有必要引起重视。

---

[21] 张梅、黄四林、孙铃、窦东徽:《公正世界信念对大学生学习成绩的影响:时间管理的解释》,载《心理发展与教育》2018年第3期。

The Time Dimension of the Education of Juris Master in China

Liu Zhenyu

Abstract: The implementation of the *Guidance Training Program for Juris Master* did not change the time period and intensity of the training of Juris Master significantly. However, in order to achieve the goal of training high-level and applied talents of rule of law, this *Guidance Training Program* re-planned the institutional time of Juris Master education through the revision of credit allocation, professional internship and essay writing. These measures have created a sense of "no time" for students, which has led to a two-way time dilemma between the students and the educational institutions. It is necessary to recognize the logic of the generation of this dilemma, in order to improve the implementation of the *Guidance Training Program*.

Key words: education, schedule, discipline, dilemma

教学研究

培养涉外卓越法律人才

——西安交通大学"中澳丝路班"的实践与反思*

丁　卫**

摘　要:着眼于卓越法律人才教育培养计划的实施,以西安交通大学"中澳丝路班"的创办及其教育教学实践为例,从培养方案的制订、招生工作的展开与遴选/退出机制的运行三方面总结涉外卓越法律人才教育培养的成功经验,反思"中澳丝路班"办学实践中教育资源跨境整合不足、教学效果表达彰显不充分、学生的学术雄心亟待提振等既存问题,旨在为新时代培养德法兼修的卓越法治人才提供可资参考镜鉴和展开比较研究的一例典型个案。

关键词:卓越法律人才计划　涉外法律人才　中澳丝路班　教育教学实践　反思

---

* 基金项目:本文是2017年西安交通大学教学改革研究专项项目"哈佛/复旦本科生院运行机制比较研究"(项目编号:17ZX0-12)的系列研究成果之一。感谢西安交通大学法学院单文华院长和本科生教务秘书王德霞,西北政法大学高等教育研究所闫亚林所长、余涛副研究员,西北政法大学行政法学院常安副院长为本文写作所提供的帮助,尤其感谢西北政法大学高等教育研究所张蕴华研究员20多年前对我的教导。

** 丁卫,西安交通大学法学院副教授,法学博士,研究方向:法律社会学、法理学。

一、问题的提出

2011 年 12 月 23 日,教育部和中央政法委联合发布《关于实施卓越法律人才教育培养计划的若干意见》,文件明确指出:“我国高等法学教育还不能完全适应社会主义法治国家建设的需要,社会主义法治理念教育还不够深入,培养模式相对单一,学生实践能力不强,应用型、复合型法律职业人才培养不足。提高法律人才培养质量成为我国高等法学教育改革发展最核心最紧迫的任务。”①自此,国家卓越法律人才教育培养计划正式启动——计划“经过 10 年左右的努力,形成科学先进、具有中国特色的法学教育理念,形成开放多样、符合中国国情的法律人才培养体制,培养造就一批信念执著、品德优良、知识丰富、本领过硬的高素质法律人才。”为达到这一总体目标,摆在我们面前的首要任务是“分类培养卓越法律人才”,其中,培养应用型、复合型法律职业人才是实施卓越法律人才教育培养计划的重点,培养涉外法律人才被作为培养应用型、复合型法律职业人才的突破口,培养西部基层法律人才则作为培养应用型、复合型法律职业人才的着力点。

显而易见,确定卓越法律人才教育培养基地(以下简称卓越基地)是贯彻落实上述文件精神的关键环节。按照申报 2012 年卓越基地的程序要求,经中央部委属高校直接申报、省级教育行政部门推荐申报,教育部、中央政法委组织专家通讯评审和会议评审,并经网上公示,2012 年 11 月 23 日,教育部办公厅和中央政法委员会办公室公布首批卓越基地名单。卓越基地被区分为三大类别,包括 58 个应用型、复合型法律职业人才教育培养基地(以下简称应用复合基地),22 个涉外法律人才教育培养基地(以下简称涉外基地)和 12 个西部基层法律人才教育培养基地(以下简称

---

① 《教育部　中央政法委员会关于实施卓越法律人才教育培养计划的若干意见》(教高〔2011〕10 号),载教育部网:http://www.moe.edu.cn/srcsite/A08/moe_739/s6550/201112/t20111223_168354.html,最后访问日期:2018 年 8 月 30 日。

西部基地)。[②] 92 个卓越基地集中分布于 66 所高等院校(分类名单参见表 1),其中"985 工程"大学 24 所,"211 工程"大学 45 所。截至 2012 年,全国共有 624 所高校设置了法学本科专业,法学本科在校学生数突破 30 万人,[③]由此匡算,拥有卓越基地的高校占比法学院校总数的 10.58%。

表 1　全国首批卓越法律人才教育培养基地分类名单[④]

基地类型	入选学校	总计
应用复合基地+涉外基地+西部基地	中国政法大学、华东政法大学、中南财经政法大学、西南政法大学、西北政法大学	5
应用复合基地+涉外基地	北京大学、中国人民大学、清华大学、北京师范大学、对外经济贸易大学、中央财经大学、吉林大学、复旦大学、上海交通大学、南京大学、浙江大学、厦门大学、山东大学、武汉大学、西安交通大学	15
应用复合基地+西部基地	四川大学	1
应用复合基地	中央民族大学、中国人民公安大学、北京航空航天大学、中国青年政治学院、南开大学、河北大学、山西大学、大连海事大学、辽宁大学、沈阳师范大学、吉林财经大学、黑龙江大学、同济大学、上海财经大学、苏州大学、南京师范大学、浙江工商大学、安徽大学、江西财经大学、烟台大学、郑州大学、河南大学、中南大学、湖南大学、湘潭大学、湖南师范大学、中山大学、华南理工大学、暨南大学、广东商学院、广西大学、海南大学、重庆大学、西南财经大学、贵州大学、云南大学、兰州大学	37
涉外基地	北京外国语大学、外交学院	2
西部基地	内蒙古大学、西南民族大学、云南民族大学、甘肃政法学院、青海民族大学、新疆大学	6

资料来源:http://www.gov.cn/zwgk/2012-12/19/content_2293555.htm (2018 年 8 月 30 日访问)。

---

② 《教育部办公厅　中央政法委员会办公室关于公布首批卓越法律人才教育培养基地名单的通知》(教高厅函〔2012〕47 号),载中华人民共和国中央人民政府网:http://www.gov.cn/zwgk/2012-12/19/content_2293555.htm,最后访问日期:2018 年 8 月 30 日。

③ 高法文:《创新机制　共同培养卓越法律人才》,载《中国高等教育》2012 年第 15~16 期。

④ 《教育部办公厅　中央政法委员会办公室关于公布首批卓越法律人才教育培养基地名单的通知》(教高厅函〔2012〕47 号),载中华人民共和国中央人民政府网:http://www.gov.cn/zwgk/2012-12/19/content_2293555.htm,最后访问日期:2018 年 8 月 30 日。

从上表可以看出,西安交通大学同时拥有“应用复合基地”和“涉外基地”,是为国家培养卓越法律人才最为重要的20所政法院校之一,地位重要、责任重大,任务艰巨、使命光荣。面向新时代,如何回应国家需求,打造具有西安交通大学国际化特色风格的人才培养模式?如何加强与海外高水平法学院校的交流合作,创新“国内—海外合作培养”机制,培养一批“适应世界多极化、经济全球化深入发展和国家对外开放的需要”,“具有国际视野、通晓国际规则,能够参与国际法律事务和维护国家利益”的涉外卓越法律人才?这是西安交通大学法律人必须直面回答的问题。

二、“一带一路”倡议背景下“中澳丝路班”的创办

2013年9月7日和10月3日,习近平主席在哈萨克斯坦纳扎尔巴耶夫大学和印度尼西亚国会发表演讲时先后提出共同建设“丝绸之路经济带”和“21世纪海上丝绸之路”的愿景。作为对“一带一路”倡议(The Belt and Road Initiative)的回应,着力培养区域研究和国别研究领域高素质专业性人才显然是其中一项亟待贯彻落实且须长期坚持的基础性工作。

2014年12月,西安交通大学牵头和商务部、陕西省共同建设成立了“丝绸之路经济带法律政策协同创新中心”,⑤旨在打造一个卓越人才培养基地、交叉学科研究平台和和中国特色高端智库。为了培养卓越法律人才,2015年12月13日,西安交通大学法学院首倡,联合其他20所海内外著名综合性大学法学院成立“新丝路法学院联盟”。⑥ 联盟面向“一带

---

⑤ “丝绸之路经济带法律政策协同创新中心”2016年入选首批CTTI来源智库,2018年入选“陕西省2011协同创新中心”。

⑥ “新丝路法学院联盟”成员共21所:(1)中国大陆和港台地区法学院12所,西安交通大学法学院、中国人民大学法学院、清华大学法学院、复旦大学法学院、武汉大学法学院、上海交通大学法学院、厦门大学法学院、南京大学法学院、吉林大学法学院、山东大学法学院、香港大学法学院、台湾大学法学院;(2)“一带一路”沿线国家法学院9所,新加坡国立大学法学院、澳大利亚新南威尔士大学法学院、芬兰赫尔辛基大学法学院、印度德里大学法学院、俄罗斯人民友谊大学法学院、巴西FGV大学法学院、韩国首尔国立大学法学院、南非开普敦大学法学院、吉尔吉斯国立大学法学院。

一路”,以法科学生和教师交流、联合办学、合作科研以及法律信息交换共享为重点合作领域。在“新丝路法学院联盟”框架下,西安交通大学法学院选择和QS大学排名第45位,法学专业排名第16位的澳大利亚新南威尔士大学法学院(The University of New South Wales,UNSW)洽谈联合办学事项。“一带一路”建设为中澳教育交流合作提供了极为广阔的空间,澳方积极回应,行动迅速,但对于实质性合作抱持审慎态度,新南威尔士大学法学院时任副院长Colin B. Picker教授为此曾经两次专程来访考察。经过多轮谈判协商,两院就培养攻读双学位(中国法学学士+澳大利亚J. D.)项目的高端法律人才达成共识。2016年1月27日和1月31日,新南威尔士大学主管学术工作的副校长Iain Martin教授和西安交通大学主管国际交流的副校长席光教授分别签署两校“中澳丝路班”联合办学协议(见图1)。

UNSW AUSTRALIA

LETTER OF INTENT

Between

THE UNIVERSITY OF NEW SOUTH WALES

and

XI'AN JIAO TONG UNIVERSITY

This Letter of Intent confirms that the Faculty of Law at the University of New South Wales, Australia (hereafter referred to as UNSW) and the School of Law at Xi'an Jiao Tong University, (hereafter referred to as XJTU), have had preliminary discussions regarding opportunities for teaching collaboration between the two institutions.

UNSW and XJTU intend to develop a pathway for students to progress from an undergraduate qualification in Law at XJTU to the Juris Doctor (JD) at UNSW. The parties have already held detailed discussions about the proposed collaboration and while the final details are still to be completely worked out, and would be subject to explicit agreement from the two parties, the general idea was that XJTU would create and run a new law undergraduate degree program starting this year which could permit those students that successfully completed that program to than be admitted into UNSW Law's Juris Doctor program. To ensure that those XJTU students were well prepared for the UNSW Law program, and if the parties could agree on suitable terms and details, the XJTU degree would include a few courses taught in English, perhaps even co-designed and co-taught by instructors from UNSW Law. Thus, the idea was that the two law schools would work closely together to create a well-crafted and seamless experience for the Chinese students that would enrol in the XJTU and UNSW degrees.

The roles and responsibilities of each institution and the terms, conditions and key academic, administrative and financial arrangements shall be agreed between UNSW and XJTU and shall be contained in a separate Teaching Memorandum of Understanding and Articulation Agreement.

The individuals with authority to sign this Letter of Intent on behalf of their universities are the Deputy Vice-Chancellor (Academic) of the University of New South Wales, Australia and the Vice President of Xi'an Jiao Tong University, China (or delegate).

图1 “中澳丝路班”联合办学协议

为了整合校内资源，更好地推进涉外卓越法律人才招生培养工作，2016 年 3 月 25 日，西安交通大学校长助理兼法学院院长、国际教育学院院长单文华教授召集西安交大招生办公室、教务处、研究生院、国际交流处和法学院负责人围绕“中澳丝路班”招生、办学模式及培养方案等关键内容进行深入探讨，形成初步方案。4 月 1 日，教务处组织召开“中澳丝路班”培养方案专家论证会，法学院负责人分别就培养方案和招生工作中面临的具体问题回答专家组质询。在前述两次会议基础上，4 月 5 日，西安交通大学主管教学工作的副校长郑庆华教授主持法学本科招生与培养工作协调会议，法学院院长、招生办公室主任和教务处处长参会，会议就“中澳丝路班”招生与培养工作达成共识。4 月 25 日，郑庆华副校长再次召集主持工作协调会，会议明确“中澳丝路班”同时从高考文、理类考生中招生；教务处于第七学期为“中澳联合培养计划”学生出具资格证明时须和法学院及赴澳留学生签署三方协议等事项。自此，“中澳丝路班”正式启动运行。

三、“中澳丝路班”的运行实践

“中澳丝路班”自 2016 年开始面向高考招收本科学生，致力于涉外卓越法律人才培养。同年 8 月中旬，首批 30 名法学本科学生入读该班。现就“中澳丝路班”培养方案制定、招生工作实效及其教育教学过程的展开等具体内容略作阐述，由此窥得该班运行之实践。

（一）涉外法律人才培养方案制定

培养方案是学校实现人才培养目标的总体计划和各专业教学的实施方案，是学校教学理念、人才培养模式和对学生知识结构及能力培养要求的具体体现，也是学校教学管理、教学任务安排的基本依据，更是学校对人才培养规格和教育教学质量进行监控和评价的基础性文件。早在第一批“中澳丝路班”学生进校之前，学校就已经组织专家对“中澳丝路班”培养方案进行了两轮评审论证。该方案以“卓越涉外班”培养方案为基础，回应“一带一路”倡议，面向“21 世纪海上丝绸之路”，着力培养贯通中国法和英美法系(澳洲法)的涉外卓越法律人才。从培养目标看,该班旨在培养“适应21世纪全球化背景下社会主义现代化建设需要的,具有健全人格、人文情怀和社会责任感,法学基础扎实,贯通中国法和英美法(澳洲法)两大法系,具有国际视野和国际竞争力,能够胜任国际组织、跨国公司、国际律师事务所等跨国法律业务工作,能够服务‘一带一路’特别是海上丝绸之路建设的高端国际型法律精英人才”。

具体而言,该方案着重强调对以下三个方面素质和能力的培养:

1. 具备坚定的法治信仰和高尚的道德品质,具有良好的文化修养、较强的团队协作意识以及过硬的身体素质和心理素质。

2. 了解法学发展现状,掌握法学基本理论知识,熟悉法治建设动态,具有良好的表达能力和逻辑思辨能力,能够运用所学专业知识独立分析和妥善解决实际问题。

3. 了解普通法与中国法基本原理,熟悉中国与澳大利亚法律制度,熟练掌握英语,具备应对中国拓展对外关系尤其是中澳关系所需要的人文社会科学知识和法律实践能力。

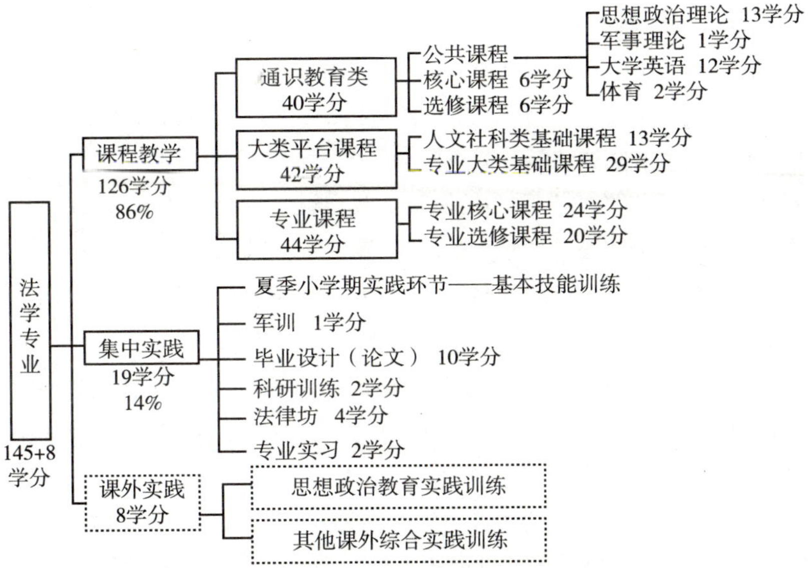

图2 “中澳丝路班”课程设置与学分分布

从图2可以看出,法学专业课程设置由课程教学、集中实践和课外实践三大板块组成。

1. 课程教学板块,包括通识教育类课程、大类平台课程及专业课程三部分,共125学分。(1)通识教育类课程共41学分,由公共课程(全校必修课程,共29学分)、通识教育类核心课程(在自然科学与技术、世界文明、社会与艺术、生命与环境、文化传承等规定的模块内选择学习6学分的课程)和通识教育类选修课程(在全校开设的通识类选修课程中任意选择学习6学分的课程)组成。(2)大类平台课程共42学分,包括人文社科类基础课程(必修课程,共13学分)和专业大类基础课程(必修课程,共29学分)。(3)专业课程共42学分,由专业核心课程(必修课程,共26学分)和专业选修课程(选修课程,共16学分)组成。

2. 集中实践板块。集中实践主要包括夏季小学期实践环节(基本技能训练和专业实习)、军事技能训练、毕业论文、科研训练和法律坊,均为必修环节,共20学分。

3. 课外实践板块。课外实践包括思想政治教育实践训练和其他课外综合实践训练,共8学分,不计入总学分。

与2013年版"卓越涉外班"培养方案所要求的170学分相比,2015年版"中澳丝路班"培养方案最为突出的特征是强调通识教育的重要性,本科生毕业所要求修读的学分数下降为145学分。大幅度削减总学分这一表象的背后,意味着办学重心的调整和教育教学理念的更新,即从过往的"专业教育"转向当下的"通识教育"。这种转变尤其体现在具有西安交通大学特色的"一二三四"阶梯式、个性化、模块化的人才培养方案和全新的课程体系之上:

"一",是指形成一套体现学校风格的通识教育体系,其特色是强化科学素养与人文情怀,核心是塑造崇德尚实、追求卓越、家国情怀、敢于担当的价值观;"二",是指实现通识教育和专业教育二者的相互渗透和有机衔接;"三",是将本科人才培养分为三个阶段——基础通识教育阶段(通识教育与科学、人文、医学类基础课程,时间1.5~2年)、宽口径专业教育阶段(学科平台与专业核心课程,时间1~1.5年)、个性化模块学习与毕业设计阶段(1年);“四”,是指适应本科毕业生四类出口——攻读本专业研究生、跨专业攻读研究生、就业和自主创业,建立相应的选修课程模块,适应不同出口学生的自主选修学习。⑦从上图可以看出,即便将通识教育类课程中的“公共课程”(俗称“两课”)排除在外,通识教育类核心课(6学分)、通识教育类选修课(6学分)和人文社科类基础课(13学分)三类通识课程累计达到25学分,占总学分的17.24%,占比相当可观。

按照“中澳丝路班”培养方案,第一学年为“通识教育”阶段,着重学习通识课程,主要包括大学语文、高等数学、综合英语、英语视听说、大学计算机基础、自然科学概论、体育、国防教育等课程。本科生从第二学年开始进入“专业教育”阶段,系统学习法理学、法律史、宪法学、行政法学、刑法学、民法学、诉讼法学、国际法学、国际私法学、国际经济法学等专业课程。通识教育阶段以书院管理为主,专业教育阶段则以学院管理为主,由此构成颇具西安交通大学特色的书院、学院“双院育人”模式。⑧ 在总学分大幅度减少的前提下,通识教育的重要性反而进一步凸显,与之相适应,法学专业课程学时被迫压缩,例如经济法学、环境与资源保护法学、劳动与社会保障法学、知识产权法等法学主干课程均统一调整为2学分,专业教育色彩明显淡化。

“中澳丝路班”培养方案的一大亮点在于3门全英文课程 Introduction to the Common Law(2学分)、Advocacy and Legal Reasoning(2学分)和 Introducing Law and Justice(3学分)的增设。上述3门课程分别在大一、大二和大三的夏季小学期开设,由新南威尔士大学法学院委派专职教师来校讲授,全部免费面向“中澳丝路班”学生开放。如果该班学生顺利通过全部课程,他们在申请澳方 JD 项目时则可获得免考雅思(IELTS)试的

---

⑦ 《西安交通大学2015年本科生培养方案修订工作指导性意见》(西交教〔2015〕70号),2015年6月30日。

⑧ 西安交通大学现有彭康、文治、宗濂、启德、仲英、励志、崇实、南洋、钱学森九大书院,各个书院人数不等,均居住着1000名以上来自理、工、医、文、管等多个学科专业的本科生。书院破除专业壁垒,有利于不同学科思想的交流与碰撞;强调全员培养与社区生活,旨在为本科生提供自我教育、自我管理、自我服务的平台、广阔的知识天地和个人成长空间。书院拥有一批在大学生思想政治教育领域具有丰富经验的学生工作人员,常任导师、学业导师、兼职导师三支队伍在各个层面发挥育人作用。

优遇,这无疑意味着备考时间和报名费用的双重节省。更为重要的是,Introducing Law and Justice(3 学分)是澳方 JD 项目 16 门必修核心课程(Core courses)中的 4 门基础课程(Foundational compulsory courses)之一,[⑨]而 Introduction to the Common Law(2 学分)和 Advocacy and Legal Reasoning(2 学分)则是选修课。一旦"中澳丝路班"学生进入 JD 项目学习,就可以免修上述课程,不仅节约大量学习时间,亦可因此减免 7 个学分的 7210 澳元学费。[⑩] 2017 年 7 月和 2018 年 7 月,澳方先后委派讲师 Mark Duffy 前来教授大一、大二夏季小学期课程 Introduction to the Common Law 和 Advocacy and Legal Reasoning,教学效果较好。

另外,培养方案还设置了 4 门全英文专业核心课程 Legal English、Public International Law、Private International Law 和 International Economic Law,以及 19 门专业选修课程 Introduction to Comparative Law 和 Comparative Jurisprudence/Legal Theory,等等。

(二)高考招生工作成效凸显

从"中澳丝路班"高端双学位项目正式启动到 2016 年 6 月中下旬高考招生工作全面铺开,其间可用于招生宣传的仅有 2 个月时间。不过,就最终录取结果而言,"中澳丝路班"的生源质量很好。该班在陕西、内蒙古、北京等 9 个省、自治区和直辖市招录的首批学生总共 30 人:(1)文科生 24 名——陕西省 8 名、北京市 2 名、内蒙古自治区 2 名、安徽省 2 名、河南省 2 名、湖北省 2 名、湖南省 4 名、重庆市 2 名;(2)理科生 6 名——陕西省 2 名、甘肃省 2 名、河南省 2 名。这些学生高考成绩优秀,平均超出录取分数线 94 分,最高超出 169 分,最低也超出 50 分。许多文科考生的高考成绩在各自的省区排名居于前 500 位次,最好的排名是内蒙古自治区刘姓学生,名列 204 位次(参见表 2)。比较西安交通大学在陕西省招录的 3 个文科类专业班级,"中澳丝路班"的生源质量最好——若论"平均

---

⑨ 参见 http://www.law.unsw.edu.au/future-students/unsw-jd/programs/unsw-jd-program,最后访问日期:2018 年 12 月 24 日。

⑩ 新南威尔士大学法学院 JD 项目的收费标准是:(1)国际学生,1030 澳元/1 学分;(2)本国学生,875 澳元/1 学分。参见 http://www.law.unsw.edu.au/future-students/unsw-jd/cost,最后访问日期:2018 年 12 月 24 日。

分”，该班为616分，文科试验班为611分，外国语言文学类专业则为608分；若以“最低分”为参照，该班为613分，文科试验班为606分，外国语言文学类专业则为604分。⑪

表2 2016级“中澳丝路班”学生基本信息⑫

序号	姓名	性别	生源地	高考分数（分）	一本线（分）	高考排名	学籍变动与境外交流
1	蔡××	（女）	陕西省	613	511	419	澳门大学
2	曹×	（女）	陕西省	613	511	414	澳门大学
3	陈×	（女）	安徽省	596	521	675	—
4	陈××	（女）	湖北省	591	520	960	台湾东海大学
5	党××	（女）	陕西省	621	511	297	澳门大学
6	段××	（女）	重庆市	597	527	848	—
7	金××	（女）	陕西省	613	511	409	—
8	李××	（女）	河南省	636	523	386（理）	—
9	李××	（女）	安徽省	599	521	540	台湾东海大学
10	刘××	（女）	湖南省	592	530	960	—
11	柳××	（女）	陕西省	639	470	2372/理	台北大学
12	卢××	（女）	陕西省	623	511	271	威斯康星大学麦迪逊分校
13	潘××	（女）	湖北省	593	520	865	—
14	蒲×	（女）	陕西省	638	470	2338/理	—
15	田××	（女）	河南省	589	517	1065	澳门大学
16	田×	（女）	河南省	590	517	1013	—

⑪ 西安交通大学2016年在陕西省各专业录取信息，载西安交通大学本科招生网：http://zs.xjtu.edu.cn/info/1038/3163.htm，最后访问日期：2018年12月24日。

⑫ 2016级“中澳丝路班”原有学生31人（包括少年班学生转入1人），第二学期结束后其他学院转入4人，共计35人。第四学期结束后转入“卓越复合班”8人。“中澳丝路班”现有27人（其中11人有出国出境经历），该班学生全部通过澳方课程1，有1人未通过澳方课程2。

续表

序号	姓名	性别	生源地	高考分数（分）	一本线（分）	高考排名	学籍变动与境外交流
17	熊××	（女）	湖南省	595	530	860	香港城市大学
18	袁××	（女）	北京市	635	583	1054	—
19	张×	（女）	湖南省	593	530	900	—
20	张××	（女）	北京市	633	583	1140	—
21	张×	（女）	甘肃省	604	490	2000/理	—
22	赵××	（女）	陕西省	615	511	378	—
23	钟×	（女）	湖南省	593	530	951	—
24	高××	（男）	湖北省	—	—	少年班	—
25	施××	（女）	陕西省	608	511	489	他院转入/澳门大学
26	李××	（男）	湖北省	642	512	3036/理	他院转入
27	李××	（女）	江苏省	383	355	951	他院转入/加州大学伯克利分校
28	冯××	（男）	内蒙古自治区	584	474	231	—
29	胡××	（男）	河南省	638	523	3860/理	—
30	李××	（男）	重庆市	597	527	848	—
31	刘×	（男）	内蒙古自治区	586	474	204	台北大学
32	司××	（男）	甘肃省	619	490	1200/理	—
33	王××	（男）	陕西省	614	511	402	台北大学
34	鱼××	（男）	陕西省	619	511	331	—
35	马××	（女）	新疆维吾尔自治区	575	487	370	他院转入/荷兰乌特勒支大学、台湾东海大学

表 3　2017 级"中澳丝路班"学生基本信息⑬

序号	姓名	性别	生源地	高考分数（分）	一本线（分）	高考排名	学籍变动与境外交流
1	仵××	（男）	北京市	612	555	1146	—
2	柳×	（女）	北京市	616	555	1006	—
3	田××	（女）	内蒙古自治区	583	472	240	—
4	易×	（女）	安徽省	608	515	582	—
5	程×	（男）	河南省	609	516	870	—
6	赵××	（女）	河南省	610	516	890	—
7	张××	（男）	陕西省	594	509	1043	—
8	郭××	（男）	陕西省	619	509	440	—
9	李××	（女）	陕西省	606	509	550	—
10	杨××	（女）	陕西省	617	509	475	—
11	屈××	（女）	陕西省	618	509	468	—
12	张××	（女）	陕西省	618	509	468	—
13	闫××	（女）	陕西省	620	509	420	—
14	向××	（女）	陕西省	618	509	460	—
15	阮××	（女）	台湾省	台湾生	—	—	—
16	刘××	（男）	陕西省	618	509	460	休学/新加坡管理大学
17	厉××	（女）	浙江省	少年班	—	—	—
18	陈××	（男）	浙江省	少年班	—	—	他院转入
19	汪××	（女）	陕西省	615	509	525	他院转入
20	王××	（女）	重庆市	602	525	721	他院转入

⑬ 2017 级"中澳丝路班"原有学生 32 人，第二学期结束后从其他学院转入 3 人，共计 35 人。同期申请转入"卓越复合班"的有 15 人。"中澳丝路班"现有 20 人——该班除了休学去新加坡管理大学攻读本科学位的 1 人以及从其他学院转入的 2 人外，其他 17 人全部通过澳方课程 1。

续表

序号	姓名	性别	生源地	高考分数（分）	一本线（分）	高考排名	学籍变动与境外交流
21	韩××	(男)	内蒙古自治区	587	472	182	转入复合班
22	郑××	(男)	安徽省	613	515	454	转入复合班
23	王××	(男)	河南省	577	484	1100/理	转入复合班
24	谢××	(女)	河南省	599	484	1700/理	转入复合班
25	赵××	(男)	湖北省	604	528	1133	转入复合班
26	廖××	(女)	湖北省	605	528	1000	转入复合班
27	李××	(女)	湖南省	621	548	886	转入复合班
28	易××	(女)	湖南省	621	548	886	转入复合班
29	皮××	(女)	重庆市	604	525	629	转入复合班
30	徐×	(女)	重庆市	603	525	635	转入复合班
31	范××	(男)	陕西省	620	509	420	转入复合班
32	李××	(女)	陕西省	621	509	419	转入复合班
33	师××	(男)	甘肃省	570	505	452	转入复合班
34	陈×	(女)	甘肃省	580	505	358	转入复合班
35	常×	(女)	陕西省	621	509	421	转入复合班

一如既往，2017级“中澳丝路班”生源质量依然很好，该班学生高考成绩排名在各自所在省区市前500位次的占比为53%，其中一位来自内

蒙古自治区的韩姓同学高考排名高居本区182位次(参见表3)。在陕西、内蒙古、北京等9个省、自治区和直辖市一共招录学生30人:(1)文科生28名——陕西省12名、北京市2名、内蒙古自治区2名、安徽省2名、河南省2名、湖北省2名、湖南省2名、重庆市2名、甘肃省2名;(2)理科生2名——河南省2名。此外,“中澳丝路班”还吸引了1名交大少年班的学生,另有来自台湾地区的1名学生申请入读,总计人数32名。

该班高考招生工作连续两年成效凸显,这表明,“中澳丝路班”是一个深受考生及其家长青睐的高端双学位项目——可以说,该班开创了中外一流大学联合培养JD高端双学位学生的先河。[14] 在很多人看来,澳大利亚完全能够比肩北美和西欧国家,是值得优先选择的留学目标国。新南威尔士大学及其法学院的QS排名都很高,双双进入世界前50名之列,法学院更挤进前15名;学校地处澳大利亚最大城市悉尼,学术氛围、地理条件和生活环境俱佳。考虑到“中澳丝路班”学生在申请新南威尔士大学JD项目时可免考雅思,可获学费减免,可缩短修读学位的年限,这些优惠条件显然颇具吸引力。

更为宏大的背景是,党的十八大以来法治进程加速,十八届四中全会通过了《中共中央关于全面推进依法治国若干重大问题的决定》,2013年9月之后“一带一路”倡议的提出,使“中澳丝路班”的创办完美契合了21世纪海上丝绸之路建设与法治中国建设对涉外卓越法律人才的需要。

(三)遴选/退出机制的实践逻辑

在办学理念上,“中澳丝路班”开放进入,严格考核,配套有健全的遴选机制和灵活的退出机制。该班招生与培养工作的大致流程如图3所示。

---

[14] 稍后有清华大学法学院与悉尼大学法学院启动的3+2联合培养项目。该项目签署于2016年9月20~21日,学生在清华进行3年本科学习后,赴悉尼大学进行2年的法律博士(J.D.)项目学习,完成学业后将被授予清华大学法学学士学位(LL.B.)与悉尼大学法律博士学位(J.D.)。

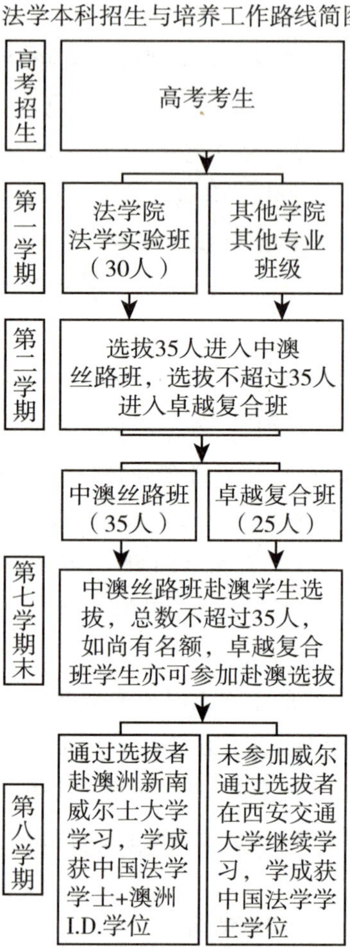

图 3　法学本科招生与培养工作路线

“中澳丝路班”每年从高考生中直接招录 30 人。第一学年结束后,该班学生可以自行退出,分流至“卓越复合班”乃至其他诸如哲学、社会学、中国语言文学、英语、新闻传播学等非法学专业班级。与此同时,“中澳丝路班”从全校所有非法学专业的一年级本科生中选拔有志于攻读澳大利亚 JD 学位的学生,无论他们是理科、工科、医科还是经济学管理学背景。为保证教学效果,该班总人数不超过 35 人,这是中澳联合办学协议所载明的刚性条款之一。

“中澳丝路班”选拔学生最为基础的条件是英语成绩好，否则，即便侥幸进入JD项目，因为语言不过关，也会面临巨大的难获学位的风险。从大学英语四级考试（CET 4）成绩看，2016级和2017级报名参考的“中澳丝路班”同学都是一次性通过CET 4，[15]大学英语六级考试（CET 6）的一次通过率也达到92%以上。新南威尔士大学法学院教师Mark Duffy专为“中澳丝路班”讲授的一年级夏季小学期课程Introduction to the Common Law，2016级和2017级选修的学生全部通过；二年级夏季小学期课程Advocacy and Legal Reasoning，2016级学生共有27人选修，1人未通过。对于两班同学在全英文课堂教学环节中所展现出来的语言能力，Mark Duffy老师表示满意。

关于2016级和2017级“中澳丝路班”学生自主选择和自愿退出该班的故事尤其值得在此一叙。按照既定的选拔标准，2016级“中澳丝路班”注定有3位同学会退出该项目，或因“挂科”或因英语成绩不达标，而这几位同学也已经做好了转入“卓越复合班”学习的准备。[16] 2017年6月，该班某位（些）学生给交大党委书记和校长的电子邮箱写信，信中表示他们高考时即冲着“中澳丝路班”的品牌以高分考进来，现在让某些学生退出该班并不公平，因为选拔标准并没有在入学初即广而告之（大三年级如何进入澳方JD项目？该遴选标准也未告知），使其误判无须专门选拔就可以自动留在该班，由此导致他们在大学一年级降低了对学业成绩的要求，并置自己于当下的不利境地。党委书记对来信做出明确批示，要求学院慎重对待同学们的诉求，在深入调研的基础上妥善处理，确保稳定。经此曲折，全班31名同学明确表示都不愿意退出，于是悉数保留，并从其他学院选拔4名外专业优秀学生进入，组成了包括35名同学在内新的“中澳丝路班”。2018年6月，该班8名同学向学院递交申请，声言不适应“中澳

[15] 2016级“中澳丝路班”有2名同学没有报名参加大学英语四级（CET 4）考试。

[16] 绝不能因此认为“卓越复合班”不如“中澳丝路班”，二者的培养目标和培养规格不同。后者在英语表达能力上有更高要求，所开设的全英课程更多更集中；而前者在国内法专业课程设置方面的广度与深度也会略胜前者一筹。

丝路班”学习要求,自愿转入“卓越复合班”。这种情形实属第一次发生,经请示学校教务部门,准予办理学籍变动事项。至此,2016级“中澳丝路班”实际学生数降至27人。

与此同时,2017级“中澳丝路班”学生正面临究竟选择哪个班级这一现实问题。学院特别声明,类似2016级同学中途退出的申请今后将不予受理,希望同学们审慎抉择。出人意料的是,2017级“中澳丝路班”最后竟有15人自愿退出并转投“卓越复合班”。加上从其他学院申请转入的3人(包括1名交大少年班学生),2017级“中澳丝路班”实际学生数只有20人(参见表3),远少于2016级的27人。事实上,自愿转入“卓越复合班”的原“中澳丝路班”同学绝非学习成绩不好,相反,很多同学表现优异,英语能力超群,他们表示仅仅是因为专业兴趣转移,自己更愿意待在国内发展,并无打算介入涉外法律事务——这种趋势意味着越来越多的学生在经历为期1年的通识教育之后,可以更加理性地看待自己的未来,并有更加充分的理由选择今后3年适合于自身发展规划的专业教育类型。

四、“中澳丝路班”办学实践的反思

在培养涉外卓越法律人才的具体实践中,“中澳丝路班”不可避免地会遭遇一些或隐或显的办学困境——既存在教育资源跨境整合不足这个短板,也有教学效果表达不充分不彰显的遗憾,还包括学生的学术雄心亟待提振。

(一)教育资源跨境整合不足

培养涉外法律人才,必须探索行之有效的“国内—海外合作培养”机制。其中一条便捷可行的路径就是加强国内法学院校与海外高水平法学院校的交流与合作,积极推进协议双方教师互派、学生互换、学分互认和学位互授联授,积极利用海外优质法学教育资源,形成灵活多样、优势互补的涉外卓越法律人才培养体系。

以2016级“中澳丝路班”为例,该班出国出境交流学习3个月以上的学生占比全班总人数的40%,这个数字看上去还不错,但仔细探究就会发现访问交流的目标学校多为港澳台大学，仅有2名同学分别前往美国顶尖高校加州大学伯克利分校和威斯康星大学麦迪逊分校交流学习6个月（见表2）。这种状况显然不能很好地满足涉外卓越法律人才培养的迫切需求，可称为教育资源"跨境整合"不足。

尽管西安交通大学和新南威尔士大学签署了联合办学协议，但该协议并不支持"中澳丝路班"学生在进入JD项目之前（大三之前）去往澳方学校访问交流。颇为遗憾的是，西安交通大学（以下简称西安交大）目前尚未和海外高水平法学院校签订国家留学基金委（China Schlorship Council，CSC）给予经费支持的法学本科生互派互访协议，没能建立起稳定的海外学习交流基地，教师互派、学生互换、学分互认、学位互授联授以及暑期国际游学活动等项目没有逐一落到实处。"对于涉外型法律人才而言，其还应当具备一定的国际视野和处理国际事务的能力。因此，应当为学生提供更多的国际交流机会。"[17]显然，在为"中澳丝路班"学生提供国际事务实习机会，建设海外实践教学基地方面，西安交大亟须弥补更大的短板。事实上，西安交大法学院拥有相当丰富的国际资源，例如该院"长江学者"讲座教授Crawford James现任国际法院（International Court of Justice，ICJ）大法官，院长单文华教授现任国际投资争端解决中心（International Centre for Settlement of Investment Disputes，ICSID）调解员和仲裁员，学院青年拔尖人才苏金远教授担任世界经济论坛外空全球未来理事会成员，等等。在跨境整合法律教育资源方面，可以积极创造条件，在学校和联合国总部及各分支机构、国际法院、国际仲裁机构、其他国际组织、国际知名律师事务所乃至海外高水平法学院校之间搭起一座座桥梁，为"中澳丝路班"本科生前往上述机构实习观摩提供行之有效的帮助和支持。

（二）教学效果表达彰显不充分

教学效果表达得以彰显仰赖于两个重要因素，一是师资力量，二是教学投入，二者互为表里，相辅相成。师资队伍过硬，教学上肯投入，教学效果一定好；反之，一定不好；若二者仅居其一，则教学效果不一定好，也不

⑰ 王利明：《卓越法律人才培养的思考》，载《中国高等教育》2013年第12期。

一定不好。“培养涉外型人才的师资,不仅要注重理论与实践的结合,还必须结合好国内和国外两个平台,整合好国内和国外的优质教学资源”,尤其“应当通过长聘和短聘、全职和兼职聘用相结合的方式,引进全职的外国教师或外籍离退休教师授课”。[18] 西安交大法学院曾经同时拥有4名全职和2名兼职外国教师,由于外籍教师人才引进尚存一些体制上的障碍,3名全职教师 Marina Lostal Becerril(西班牙)、Guilherme Vasconcelos Vilaça(葡萄牙)和 David Holloway(英国)先后离职,他们所承担的 Cultural Heritage Law、Transnational Law、Moot Court 等6门全英文课程或因为无人可以接续而形同虚设,或因为术业专攻不同而导致教学效果不佳。西安交大法学院师资队伍体量还不够大,教师与课程之间大致呈现一一对应关系,“一个萝卜一个坑”,即便是某些专业核心课程也不能满足两位教师可以同时开课的要求,这意味着,一旦某位课程主讲教师出国访学或因其他原因离校或休假,因其教学任务无人可以接替,该门课程势必延期。面对这个现实,“中澳丝路班”培养方案在执行过程中未免会有种种变通,课程延宕所导致的后续问题日积月累,使教学效果的表达既不够充分也很难彰显。

科研是“硬指标”,教学是“软指标”——这一断言业已成为高校教师的共识,毋庸讳言。按照大学现有的学术评价体制与成果奖励机制,老师们会毫不犹豫地把工作重心转向科研,对待教学的态度往往停留在满足“不出事故,完成任务”的底线伦理阶段,追求最佳教学效果的动力明显不足。至于投身教育教学改革,关注教育理念更新与教学方式方法的改变,提高课堂教学质量,引导课外教学实践这一系列创新工作,大多不会被老师们列为优先选择项。具体就“中澳丝路班”而言,要说教师对教学工作投入“严重不足”肯定不符合事实,但教学投入“不够”这个判断还是基本成立的。最近几年,琢磨着申报相关的教育教学改革项目和教学成果奖的老师非常少见;在实践教学环节,指导学生撰写毕业论文和开展科研训练时,老师们的主动性略显不足;辅导学生备战“互联网+”“挑战杯”等各种课外科技竞赛以及模拟法庭与模拟仲裁庭辩论赛时,教师能够主动担当

---

[18] 王利明:《卓越法律人才培养的思考》,载《中国高等教育》2013年第12期。

的并不多见。凡上述种种,皆可以说明教学效果表达得不够彰显,“中澳丝路班”在培养涉外卓越人才方面的亮点和特色尚有待进一步发掘和提炼。

(三)学生的学术雄心亟待提振

卓越法律人才是信念执著、品德优良、知识丰富、本领过硬的高素质法律人才。信念执著、品德优良是形而上层面的伦理道德要求;知识丰富、本领过硬则是形而下层面的专业知识技能要求。如何兼顾上述要求培养卓越法律人才?既要依靠精巧严密的培养机制和系统优化的培养环节,更要重视大学精神的涵养、学生道德规范的提升和人文素质的培养。⑲ 在培养造就大批高素质法律人才方面,作为本科创新人才培养核心部分的科研训练是提高大学生研究能力、创新意识、创新能力及综合素质极为关键的途径之一。

“中澳丝路班”从培养方案抓起,课堂知识讲授和课外专业训练并重,从通识类核心课、选修课到专业选修课,再到集中实践,辅以学生社团组织的学术经典读书会和研讨班,各个教学环节先后相继、首尾呼应(见表4),通过强调“从实践中学”来培养学生的动手操作能力和学术表达能力,由此提升他们的学术规范意识和法律职业伦理精神。

表4　与科研训练相关的课程设置

课程类型	课程名称	学分	学时	开课学期
基础通识类核心课	当代中国法治热点问题及其解读	2	32	3~7
基础通识类核心课	国际法与当代中国	2	32	3~7
基础通识类选修课	计算机信息检索	2	32	3~7
基础通识类选修课	数据库基础及应用	2	32	3~7
专业选修课	法学研究方法与论文写作	2	32	4
专业选修课	国内法前沿问题(讲座)	2	32	夏季小学期-2年级
专业选修课	国际法前沿问题(讲座)	2	32	夏季小学期-2年级
集中实践	科研训练	2	—	5~6
集中实践	毕业论文	10	—	8

⑲ 参见贾宇:《抓住关键环节　培养卓越法律人才》,载《中国高等教育》2013年第12期。

但在教学实践中,“中澳丝路班”的学生对于研究新知识探索新领域缺乏显而易见的好奇心,他们倾向于满足甚至追逐更务实更容易短期内见到成效的知识学习方式,面对这批禀赋极好、能力特强的聪明学生,从他们身上较少能够看出溢于言行的学术雄心或学术野心。此种情形,恰如麦克尼尔(William H. McNeill)教授笔下美国一流大学威廉姆斯学院的本科学生,能力十足却对课程学术研讨了无兴趣,“他们写得一手好文章,对如何突击准备考试一清二楚,但是不熟悉也不愿意接受课堂讨论。总之,他们一直在准备加入美国高端的劳动大军——华尔街或之类的行业。探索奇怪而陌生的伊斯兰世界似乎与他们无关。我在威廉姆斯遭到的惨败使我恍然明白在芝加哥大学享有的优遇,在那里本科生求知的雄心是常见的,而体育总是第二位的。”⑳缺乏学术雄心,绝不仅仅意味着“求知”层面的动力衰减,它同时也表征着“求真”层面对学术道德规范和法律职业伦理的忽视乃至漠视。由此不难看出,提振学生的学术雄心,对于立德树人,对于培养德法兼修的高素质法律人才有多么重要。

五、结语

在围绕卓越法律人才培养展开的一系列讨论中,存在诸如“重视宏大议事和概念探讨,轻视操作层面的中观和微观设计;重视宏大口号,轻视实际操作;想法层出不穷,办法虎头蛇尾”之类的隐忧。㉑ 本文以西安交通大学“中澳丝路班”的创办及其教育教学实践为例,从培养方案的制订、招生工作的展开与遴选/退出机制的运行三方面总结涉外卓越法律人才教育培养的成功经验,反思“中澳丝路班”办学实践中教育资源跨境整合不足、教学效果表达彰显不充分、学生的学术雄心亟待提振等既存问题,

⑳ [美]威廉·麦克尼尔:《追求真理:威廉·麦克尼尔回忆录》,高照晶译,浙江大学出版社 2018 年版,第 145 页。

㉑ 参见王晨光:《卓越法律人才培养计划的实施——法学教育目标设定、课程设计与教学安排刍议》,载《中国大学教学》2013 年第 3 期。

旨在为新时代培养德法兼修的卓越法治人才提供可资参考镜鉴和展开比较研究的一例典型个案。

On the Cultivation of Excellent Legal Talent in International Affairs

—The Practice and Reflections of "China-Australia Silk Road Program" at Xi'an Jiao Tong University

Ding Wei

Abstract: The main topic of this paper is to examine the implementation of the education program for outstanding legal talents. Taking the es-tablishment of "China-Australia Silk Road Program" of Xi'an Jiao Tong University and its education and teaching practice as an example, the author summarizes the success of the training of foreign legal excellence talents from the aspects of the formulation of training programs, the development of enrollment work and the operation of selection/exit mechanism. experience. At the same time, the author also reflects on a series of problems in educational practice, such as the existing problems in the practice of running schools, the lack of international integration of educational resources, the inadequate expression of teaching effects, and the need to improve the academic planning of students. The author hopes to provide a typical case for the reference of mirrors and comparative research in the training of outstanding rule of law talents in Germany and France for the new era.

Key words: excellent legal talent cultivation plan, legal talent in international affairs, china-Australia silk road program, education and teaching practice, reflections

“卓越”导向下留学生法学本科专业课程建设与教学方法*

——以中国行政法全英文课程为例

骆梅英** 韩 宁*** 罗文燕****

摘 要:伴随着我国法学教育国际化水平的提高,开设留学生法学本科专业的高校日益增多,本科阶段留学生法学教育中存在的困难也日渐凸显。以中国行政法全英文课程为例,其面临着英文版教材缺乏、留学生背景多元与“前置知识”不足、实习实践限制较多等问题,提出了“国际化”与“在地化”衔接的基本需求。对此,结合行政法的课程特点,任课教师在授课过程中应寻找法律规范的权威英文译本,引入普适性案例作为授课的切入点,对案例教学法进行适度改造,并利用慕课、翻转课堂等新型教学方式,实现“原理性”与“案例式”的结合,进而提升和促进留学生法学本科专业课程建设的水平及教学方

* 基金项目:本文是浙江工商大学卓越法律人才教育培养基地资助(项目编号:1100JF2310004P-001)项目的阶段性成果。

** 骆梅英,浙江工商大学法学院教授,博士生导师,研究方向:行政法、比较法。

*** 韩宁,法学博士,浙江工商大学法学院讲师,研究方向:行政法。

**** 罗文燕,浙江工商大学法学院教授,法学博士,研究方向:行政法。

法的革新。

关键词：留学生　全英文课程　中国行政法　案例教学法

在全球化背景下，全面提高我国法学教育的水平与国际竞争力，在推进“一带一路”建设中，不断提升我国法治领域的国际影响力和“制度输出”，已成为时代赋予当代法学教育工作者的重要使命，而开设全英文中国法学课程，是实现上述目标的有效途经与重要举措。① 随着“卓越法律人才培养计划”的推进和中国法学教育国际化水平的不断提高，为留学生开设全英文中国法课程的高校日益增多，且不同学历层次的教育供给日趋多元，设置法学本科全英文专业的高校也在日益增多。然而，留学生法学本科专业的培养方案、课程设置及教学方法却仍处于探索、实践之中。2016 年 7 月 13 日，教育部印发了《推进共建“一带一路”教育行动》的通知，明确指出要“全面提升来华留学人才培养质量，把中国打造成为深受沿线各国学子欢迎的留学目的地国”，随着来中国学习法律的留学生数量不断增长，②进一步向我们提出了推进法学教育国际化、留学生法学本科专业设置、全英文中国法课程建设的全新命题。为此，笔者拟从为本科留学生讲授五年中国行政法课程的教学实践出发，以中国行政法全英文课程为样本，试图“解剖一只麻雀”，为推进留学生法学本科专业全英文课程建设提供参考。

一、留学生法学本科专业建设的现状

在全国范围内，已有不少高校开始为留学生开设本科全英文专业。部分高校以国际学院为大本营，发挥本校特色专业的优势开设全英文授

① 霍政欣：《全英文中国法学课程若干问题的思考——以国际私法为视角》，载中国政法大学国际法学研究网：http://sil. cupl. edu. cn/info/1050/1826. htm，最后访问日期：2018 年 4 月 24 日。

② 胡浩：《2017 年“一带一路”相关国家来华留学生突破 30 万》，载《人民日报》（海外版）2018 年 5 月 1 日。

课本科专业,如暨南大学国际学院拥有国际经济与贸易会计学、金融学、药学等八个专业。[③] 部分高校则依托学科性学院的国际化优势,针对留学生开设了全英文授课的本科专业,如北京外国语大学国际商学院拥有工商管理(国际市场营销)、工商管理(中国商务研究)、国际经济与贸易(国际经济与贸易)等五个专业。[④] 除此之外,部分高校的学科性学院直接以优势专业为依托开设全英文授课本科专业,如山东大学经济学院开设了全英文授课的经济学专业、机械工程学院开设了全英文授课的机械设计制造及其自动化专业,等等。然而,从留学生法学教育来讲,目前致力于开展留学生法学教育的高校,大部分仍然以法学硕士(LL. M, Master of Laws)即研究生教育作为主要着力点。例如,清华大学法学院较早开设了中国法(LL. M. Program In Chinese Law)、国际仲裁与争议解决(LL. M. Program in International Arbitration and Dispute Settlement)两个法学硕士项目。[⑤] 总体来看,为留学生开设法学本科全英文专业的法学院校数量相对较少,但近几年来,随着来华留学生数量的不断增长和需求的不断多元,法学本科全英文专业也呈现出增长之势。

在留学生法学本科专业建设方面,浙江工商大学法学院相对实践探索较早。作为全国首批卓越法律人才教育培养基地,自 2013 年,学院开设了法学(国际法方向)全英文授课本科专业,经过五年的发展,培养工作取得了一定成效,已完成了一个学制周期的培养,形成了较为固定的培养计划,在课程设置、讲授方面也累积了较为丰富的经验。同时,在教材、课程内容、教学方法等方面,也呈现出系列问题和挑战,这些问题和挑战在当前探索开设法学本科全英文专业的高校中具有典型性,审视和解决这些问题和挑战对于我国留学生法学教育多元供给体系的形成具有意义。

---

③ 《暨南大学 2018 年招收华侨、华人及其他外籍学生简章》,载暨南大学官方网:https://zsb. jnu. edu. cn/99/22/c3469a170274/page. htm,最后访问日期:2018 年 4 月 24 日。

④ 《北京外国语大学招生简章》,载北京外国语大学官方网:https://lb. bfsu. edu. cn/archives/831,最后访问日期:2018 年 4 月 24 日。

⑤ 《清华大学招生简章及简介》,载清华大学官方网:http://www. tsinghua. edu. cn/publish/lawen/7057/index. html、http://www. tsinghua. edu. cn/publish/lawen/8090/index. html,最后访问日期:2018 年 4 月 24 日。

进一步讲，党的十九大报告指出，要推进国际传播能力建设，讲好中国故事，展现真实、立体、全面的中国，提高国家文化软实力。无论是本科项目还是硕士项目，如何为留学生讲好改革开放四十年法治发展的中国故事，如何全面审视、更新留学生法学专业课程建设的理念、方法和路径，均是摆在我们面前的重要任务。

二、问题与挑战：全英文《中国行政法》的课程设置与教学难点

相对于LLM项目，法学英文本科项目呈现出基础性更强、学制更长、内容更综合等特点，而相较于面向中国学生的法学本科项目，其在对象、教材、教学方式和手段等方面又呈现出完全不同的需求。因而，全英文法学本科课程所面临的课程设置的体系性与教学方法的科学性等难题更为突出。

首先，是课程设置体系的问题。当前高校在制定全英文法学本科项目的培养方案时，主要是照搬或参考面向中国学生的本科培养方案，这一复制可能面临专业课程分布不均衡的问题，同时其实施的成效也受制于高校能够开设的全英文课程的数量和质量。以《中国行政法》课程为例，行政法与行政诉讼法学是法学专业的十四门核心课程之一，针对本国学生的教学，行政法与行政诉讼法学课程一般会被拆分成《行政法学》（3学分）、《行政诉讼法学》（2学分）两门课程，通常安排在第二学年的下学期和第三学年的上学期连续进行授课。从教学效果来看，一是照搬中国学生的本科培养方案，学生在第一学年和第二学年、第三学年的专业课程数量呈现明显的不平衡，与留学生的知识承受能力、学习习惯等形成冲突；二是受制于师资等因素，目前很多高校开设全英文课程的数量仍然有限，形成全覆盖的法学本科全英文课程体系仍存在一定的困难。

其次，是教材短缺的问题。由于行政法这一部门法的特殊性，中国行政法全英文课程难以直接采用英文原版教材，故主要依托自编教材开展教学活动。目前，已有部分双语或全英文的法学类教材面世，前者如中国

人民大学出版社的“21世纪法学系列双语教材”,包括《冲突法》⑥《公司法》⑦《合同法》⑧等,后者如中国法制出版社的“普通法案例教学系列英文教材”,包括《财产法》⑨《侵权法》⑩等。与上述部门法相比,行政法的“在地性”较为明显,故中国学者编撰的英文版教材极少,目前仅有大连海事大学出版社出版的《中国行政法》(英文版)。⑪ 然而,随着十年来,特别是十八大以来我国在全面依法治国、推进法治政府建设上的加速,该教材已经明显落后于国情和现实。诚如有论者指出:“全英文中国法课程很难找到英文原版教材,为此,拟开设此类课程的高校应当要求任课教师撰写与课程配套的英文材料或教材,将授课材料或教材作为考核课程的重要依据,并在资金、政策上给予扶持,鼓励相对成熟的材料或教材在国内外发表、出版。”⑫于此,中国行政法全英文课程的任课教师需要自行撰写教案,并通过教学实践对其进行“反哺”、对授课内容进行进一步的充实。在授课过程中,任课教师必须借助自编教材将行政法的“中国故事”翻译成英文,方才能引导学生搭建起基本的行政法知识体系。

再次,是教学内容的问题。美国著名行政法学者Sidney A. Shapiro教授曾经发表过一篇名为《法科学生不喜欢行政法的十大原因及其对策》的论文,其中提及的下述几点问题,已在中国学生的行政法教学过程中体现得颇为明显:其一,行政法内容广泛,老师们不可能讲授所有的内容;其二,行政法包括大量的制定法,学生不愿意去阅读;其三,学生不太了解行政机关的运作实践,行政法学的现实性与复杂性也使学生感到学习相当

---

⑥ 参见[英]阿德里安·布里格斯:《冲突法》,杜焕芳、张文亮、李沣桦注释,中国人民大学出版社2016年版。

⑦ 参见[美]肯尼思·S.费伯:《公司法》,中国人民大学出版社2012年版。

⑧ 参见[美]亚当·爱波斯坦:《合同法》,中国人民大学出版社2015年版。

⑨ 参见郑小军:《财产法》,中国法制出版社2017年版。

⑩ 参见郑小军:《侵权法》,中国法制出版社2018年版。

⑪ 阎铁毅、王馨德、谭万成、许民强:《中国行政法》(英文版),大连海事大学出版社2005年版。

⑫ 霍政欣:《全英文中国法学课程若干问题的思考——以国际私法为视角》,载中国政法大学国际法学研究网:http://sil.cupl.edu.cn/info/1050/1826.htm,最后访问日期:2018年4月24日。

吃力。[13] 事实上,在中国行政法全英文课程的教学中,留学生相对于中国学生的“前置知识缺陷”,致使上述问题表现得更为复杂。

留学生的生源国往往极具多样化,与行政法最为明显的“在地化”特征形成了矛盾。行政法具有明显的“地方知识”特点,对课程内容的原理性与深入性有较高的标准,相较于民商法等部门法而言,行政法对学生的“前置知识”储备量的要求较高。质言之,学生必须要对一个国家的政治制度、行政体制以及法治文化有一定的了解后,才能更好地掌握行政法的相关原理,而这势必就要求任课教师在课堂上花费一定的时间对上述前置知识进行讲解,进一步增加了中国行政法课程教学的难度。与此同时,目前来华留学生的国籍组成相当多样,从地域上来看,留学生们来自欧洲、亚洲、非洲、大洋洲等不同大洲,从政治制度、法律体系来看,不同国家的留学生的成长背景又各不相同。例如,津巴布韦原为英国殖民地,其法律体系受英美法系的影响较大,老挝原为法国殖民地,其法律体系则受大陆法系影响较大。近年来,“一带一路”国家来华留学生数量显著增多,土库曼斯坦、乌兹别克斯坦等苏联加盟共和国承继了大量社会主义法系的制度,与我国的法律制度具有一定的亲近性。生源国的多样化注定会导致一定的文化冲突,如在介绍“人民民主专政”(People's Democratic Dictatorship)等前置知识时,来自苏联加盟共和国的留学生可以立即予以掌握,但来自英美法系背景国家的留学生则需花费更长的时间进行理解。然而,与英语为官方语言的津巴布韦等国相比,中亚国家留学生的英语水平短板却很明显。综合来看,在中国行政法全英文课程教学这一跨文化交流的过程中,语言水平与前置知识的分布是极不均衡的,这显然又对任课教师在教学进度的安排、课程内容的选取等方面提出了较高的要求。

最后,是实习实践教学的问题。由于国籍等客观条件的限制,法学专

---

[13] See Sidney A. Shapiro, The Top Ten Reasons That Law Students Dislike Administrative Law and What Can (or Should) Be Done About Them? 38 Brandeis L. J. 351 (1999—2000). 转引自高秦伟:《行政法学教学的现状与课题》,载《行政法学研究》2008 年第 4 期。

业本科留学生获得法学学士学位后无法在国内从事法律相关职业。[14] 更为遗憾的是,目前留学生参与实习实践的制度性障碍较多。例如,外国公民申请旁听案件审理的流程较为复杂等,在客观上又导致了法学专业留学生无法像中国学生一样在法院、律师事务所等单位进行毕业实习。[15] 换言之,法学专业留学生只能利用寒暑假时间回国或者前往其他国家进行毕业实习,而这又势必导致其难以及时地将已掌握的知识学以致用。行政法作为部门法,是一门与司法实践联系极为紧密的课程,所以任课教师需要在行政法授课过程中引入实践性教学环节,以弥补上述缺憾。

三、"国际化"与"在地化"的衔接:全英文《中国行政法》课程建设的目标

与其他部门法相比,行政法有着公法典型的独特性,有论者指出:"我国的行政法学教学内容一直处于不断探索、逐渐形成体系的状态。除了受行政法学教义方面的拘束外,立法、行政与司法实践也会影响到教学内

---

⑭ 《国家统一法律职业资格考试实施办法》(司法部令第140号)第9条规定:"符合以下条件的人员,可以报名参加国家统一法律职业资格考试:(一)具有中华人民共和国国籍;(二)拥护中华人民共和国宪法,享有选举权和被选举权;(三)具有良好的政治、业务素质和道德品行;(四)具有完全民事行为能力;(五)具备全日制普通高等学校法学类本科学历并获得学士及以上学位;全日制普通高等学校非法学类本科及以上学历,并获得法律硕士、法学硕士及以上学位;全日制普通高等学校非法学类本科及以上学历并获得相应学位且从事法律工作满三年。"

⑮ 《最高人民法院关于人民法院公开审判非涉外案件是否准许外国人旁听或采访问题的批复》(1982年7月5日)规定:"外国人(包括使、领馆人员、记者等)要求旁听、采访非涉外案件的公开审判,应向我主管的外事部门提出申请,由外事部门与人民法院共同商定后,凭人民法院发给的旁听证或者采访证,进入法庭旁听或者采访,并应遵守人民法院的法庭规则。"需要特别指出的是,《最高人民法院关于人民法院为"一带一路"建设提供司法服务和保障的若干意见》(法发〔2015〕9号)指出:"要研究制定人民法院接受外国公民申请旁听案件庭审的具体办法,为外国公民旁听案件提供便利条件,积极邀请沿线各国驻华使节、国际合作交流人员旁听典型案件庭审,回应国际社会关切。"可见,在不久的将来,法学专业留学生将有机会通过较为便利的方式旁听法院案件审理。

容的变迁。”[16]换言之,伴随着我国社会的急剧转型,行政法自身的发展就对行政法教学提出了极高的“在地化”要求,加之前述本科阶段留学生法学教育的种种困难,中国行政法英文课程的建设务必要完成“国际化”与“在地化”的衔接。

首先,如前所述,行政法课程需要以各类“前置知识”作为基础,中国行政法课程的“在地化”特点要求任课教师通过通俗易懂的方式将我国的政治体制、国家机构等内容融入到授课过程中,并通过合理设置课程体系以建构必要的“前置知识”基础。因此,从课程设置来看,在中国概况、中国文化等通识课程以及宪法、法理学等专业课程的基础上,综合课业负担和全英文法学专业课程开设情况,将本课程列为第一学年下学期开设较为合适。同时,在课程中讲解“前置知识”时,任课教师可以暂时抛开教案,以鲜活的时政新闻作为导入知识的渠道。例如,在每年两会期间,中国国际电视台(China Global Television Network,CGTN)英文网站(www.cgtn.com)会制作一些介绍我国基本政治制度的英文动画小视频,授课教师在每节课开始时即可以播放上述视频。与直接教授相关知识相比,由任课教师在播放视频后有针对性地回答学生的提问这一方式显然更能激起留学生的学习兴趣,可以为后续专业知识的传授起到了充分的引导作用。

其次,留学生的“国际化”要求任课教师充分考虑不同国家的法律背景,在授课过程中有意识地针对不同留学生进行不同方式的指导。例如,对于来自津巴布韦等原英国殖民地国家的留学生,任课教师在教授行政行为这一源自大陆法系的经典概念时,即需要用英文进行深入浅出的讲解。又例如,对于来自土库曼斯坦等前苏联加盟共和国的留学生,任课教师则可以从我国法制受苏联影响等方面出发,使留学生对我国的法律制度产生亲近感。

再次,为缓解“国际化”与“在地化”的矛盾,任课教师需要利用英语作为媒介,对具有中国本土特色的行政法知识作出最为恰当的翻译。目

---

[16] 高秦伟:《行政法学教学的现状与课题》,载《行政法学研究》2008 年第 4 期。

前,一些来自德国、日本等大陆法系国家的行政法学者已使用英文作为写作语言,或是在英文法学期刊上撰文发表,或是出版相关专著,在教学过程中,上述文献也可以起到一定的辅助作用。但是,行政法的"中国故事"还是要由中国法学者进行阐释。例如,何海波教授指出,"在普通法国家,法规(Regulation)和规章(Rule)没有严格区分,但在中国,两者的制定机关和效力层级截然不同,区分非常要紧","行政主体……是个非常中国式的学术概念,三言两语讲不清楚,而且在外国法中完全陌生"。[17] 针对上述客观限制,任课教师除了要充分利用北大法宝英文网站(en. pkulaw. cn)搜索法律条文、案例外,还要经常访问国务院英文网站(english. gov. cn)、新华网英文网站(www. xinhuanet. com/english/)等权威英文门户,获悉与行政法课程相关的新闻资讯,补充、扩大行政法课程的"语料库"。

最后,为实现"国际化"与"在地化"的衔接,任课教师需要以中国学生的教材为基础、结合全英文授课课程的特点,对中国行政法课程结构进行适当的调整。以马克思主义理论研究和建设工程重点教材《行政法与行政诉讼法学》的章节编排为例,中国学生需要在48个课时内学习行政法基本理论、行政组织、行政行为、行政程序、监督行政、行政复议、国家赔偿与补偿八大块、共计十五章的内容。然而,对于留学生来说,将上述内容全数掌握显然难度偏高。因此,在五年的教学过程中,笔者对本课程的授课大纲进行了多次修改和完善,已形成了以公法与私法、行政法基本理论、政府与公共机构、行政行为、行政程序等为主干的授课框架,留学生学有余力时,则可以通过其他更为轻松的教学方式介绍其余课程知识。

四、"原理性"与"案例式"的融合:全英文《中国行政法》教学方法的革新

如前所述,中国行政法课程具有明显的"在地化"特征,因此在选择授

---

[17] 何海波:《中国行政法若干关键词的英文翻译》,载《行政法学研究》2011年第3期。

课内容的过程中,任课教师必须以我国的行政法律规范和行政法案例为基础。虽然英美法系国家也有大量行政法的经典著作,但由于基本法律制度理念的区隔,任课教师基本无法在留学生课堂上直接“搬运”上述知识。为了实现这一教学目标,任课教师需要利用授课语言作为桥梁,充分挖掘存在于不同法系的“原理性”知识,并在此基础之上借助“案例式”等先进教学方法,完成中国行政法全英文课程的“在地化”改造。

(一)寻找我国行政法律规范文件的权威英文译本,形成行政法规范的基本框架

我国属成文法国家,法律规范是开展法学课程教学的立基之本。因此,在准备中国行政法课程的过程中,任课教师的首要任务乃是要寻找行政法律规范的权威英文译本。目前,实现这一目标的主要途径有两条,包括北大法宝英文网站(en. pkulaw. cn)和国务院英文网站(english. gov. cn/archive/lawsregulations/)。相较而言,北大法宝英文网站上的“法律法规”(Laws & Regulations)板块内容较为全面,含 25,000 余份法律规范文件,[18]国务院英文网站登载的法律规范文件数量则相对较少,仅收录了与外国人关系密切的法律。[19] 需要特别指出的是,全国人民代表大会英文新闻网站(www. npc. gov. cn/englishnpc/news/)的建设并不完善,除了宪法之外,并未专门设置英文的法律法规板块。

然而,从上述渠道获得的行政法律规范文件可能存在一定的缺陷。以《行政处罚法》为例,何海波教授指出:“行政处罚,译为 administrative penalty 最精确,也最为广泛接受。administrative punishment 稍逊,因为 punishment 不是严格的法律术语,家长对孩子的惩罚也可以说 punishment。”[20]在北大法宝英文网站上,《行政处罚法》被译为 Law of The People's Republic Of China on Administrative Penalty,使用的是 penalty 这一表述,但与此同时,《国家食品药品监管总局办公厅关于食品安全行政

⑱ 截至 2018 年 5 月 2 日,北大法宝英文网站上共计有 25,446 份法律规范文件可供查阅。

⑲ 截至 2018 年 5 月 2 日,国务院英文网站上共计有 25 部法律可供查阅。

⑳ 何海波:《中国行政法若干关键词的英文翻译》,载《行政法学研究》2011 年第 3 期。

处罚法律适用有关事项的通知》(食药监办法函〔2016〕668 号)却采用了 punishment 这一措辞,被译为"Notice of the General Office of the China Food and Drug Administration on Relevant Issues Concerning the Application of Law in Meting out Administrative Punishments against Food Safety"。笔者认为,由于客观条件的限制,目前或许并不存在完全精确的法律规范英文译本,但是出于统一性的考虑,可以暂时将上述渠道获得的法律规范视为权威版本。当然,任课教师在授课过程中必须用更通俗易懂的语言阐释法律规范背后的原理性内容,让留学生通过法律规范这一媒介了解行政法的基本概念和原则。

(二)探索具有普适性的行政法案例,作为教学过程展开的切入点

在获取了法律规范文件的权威英文译本之后,任课教师尚不能直接以此为基础进行授课,毕竟对于留学生来说,其并不能迅速地将自己所处的思维语境直接切换到中国背景中来。因此,在展开中国行政法课程教学时,可以利用英文这一授课语言对具有普适性的行政法案例进行介绍,阐释其背后隐藏的、能够相通于不同法系的行政法基本原理,并以此作为沟通起留学生与行政法"中国故事"的重要桥梁。

例如,"正当程序"(Due Process)便是一条能够连接大陆法系、英美法系行政法知识的纽带。美国联邦最高法院曾就正当程序作出了大量的经典判决,其中最有名的乃 1970 年的 Goldberg v. Kelly 案。在该案中,美国联邦最高法院充分阐释了正当程序的内涵,其指出在终止行政给付之前当事人有权要求进行听证,在听证程序中还要提供各种程序性保障,包括但不限于赋予当事人口头陈述、质询证人的权利,并适用案卷排他原则作出最终决定等。[21] 1971 年,在英国的 Breen v. Amalgamateel Engineering Union 案中,丹宁勋爵也指出,当某项特权被否认时,行政机关无须说明理由;但是如果被影响的客体不是特权而是一项人身、财产或自由权,行政

㉑ Goldberg v. Kelly,397 U. S. 254(1970),参见[美]恩斯特·盖尔霍恩、罗纳德·M. 莱文:《行政法》,法律出版社 2001 年版,第 212 页。

机关必须在作出相关决定时说明理由。[22] 无独有偶，在我国的“张成银诉徐州市人民政府房屋登记行政复议决定案”中，法院指出“虽然没有明确规定行政复议机关必须通知第三人参加复议，但根据正当程序的要求，行政机关在可能作出对他人不利的行政决定时，应当专门听取利害关系人的意见”，[23]首次将“正当程序”写入了行政判决书中。任课教师对上述案例进行讲解，不仅可以使留学生充分掌握这一具有原理性的知识点，还能够以此为媒介激发起留学生对于行政法的兴趣，使其带着对中国社会的好奇，对行政法知识产生更为深入的理解。

（三）归纳、总结中国行政法课程特点，对案例教学法进行适度改造

近年来，在法学课程中引入案例教学法已经成为我国法学教育的重要趋势和创新亮点。有论者指出，目前行政法教学存在“教学内容和现实生活的相互脱节”“教学方式与接受能力的缺乏衔接”两大困境，[24]笔者对此深表赞同。即使是对于中国学生来说，其在日常生活中接触到行政法的机会并不多，其无法对行政法产生具象的感知实属正常，遑论让尚未正式融入中国社会中的留学生完成这一任务了。上文所述的普适性案例虽然能够起到一定的引导作用，但是对行政课程知识进行深度学习，仍需要依赖专业性较强的行政法案例教学展开。

然而，从行政法案例教学的具体方式来看，其实践效果并不是非常乐观。大多数教师仍然倾向于使用主语为“某甲”“某乙”的虚构式案例，学生在分析此类案例时往往觉得枯燥无味、无从下笔。笔者认为，对于全英文授课课程来说，虚构式案例具有简单明了、方便上手的特点，适合尚处于入门阶段的本科留学生。因此，在介绍行政法基本概念和原理的过程中，任课教师可以大胆使用此类虚构式案例。例如，在介绍行政许可时，任课教师可以班上某位留学生在我国国内申领机动车驾驶证应履行的步骤为例，既能介绍行政许可的特点，还能拉近留学生与中国行政法之间的

---

[22] 朱峰：《从刘燕文诉北大案看行政正当程序的评判标准》，载《政治与法律》2000年第5期。

[23] 参见《最高人民法院公报》2005年第3期。

[24] 林华：《论行政法教学的困境与革新》，载《云南大学学报》（法学版）2016年第5期。

距离。同时,任课教师还可以充分结合留学生在中国学习期间面临的常见法律问题,如签证、居留许可,以及发生在身边的留学生校园事件,如打架、斗殴,有针对性地介绍中国行政法规范,强化其对行政法基本概念和原理的学习与掌握。事实上,上述教学方式也有助于留学生更好地融入中国社会,帮助、引导其树立起应有的守法意识,顺利完成学业。

有了虚构式案例作铺垫后,任课教师则可以尝试穿插以法院裁判文书为载体的真实案例。2015年,《最高人民法院关于案例指导工作的规定》指出“最高人民法院审判委员会讨论决定的指导性案例,统一在《最高人民法院公报》、最高人民法院网站、《人民法院报》上以公告的形式发布”。随着案例指导工作的推进,越来越多的教师将指导案例作为了法学课程的组成部分。然而,对于全英文授课项目来说,如何将相关指导案例翻译成英文,又成为了摆在任课教师面前的一个难题。经从多方面了解,笔者获知美国斯坦福大学法学院正在进行“中国指导性案例项目”(China Guiding Cases Project)的研究。根据该网站上的介绍,“中国指导性案例项目”的目标乃是“建立一个免费开放的综合性知识库(http://cgc.law.stanford.edu)”,其中的一项任务便是提供“中国指导性案例系列指导性案例全文和其优质英文翻译文本”。换言之,笔者可以从“中国指导性案例项目”网站获取行政法方面指导性案例的优质英文译本,进而适用到中国行政法的教学过程中。以“指导案例38号:田永诉北京科技大学拒绝颁发毕业证、学位证案”(以下简称田永案)为例,我们可以从“中国指导性案例项目”网站上获得本指导案例的全文(Full Text of the Guiding Case)、本指导案例的原始裁判文书(Original Judgment leading up to this Guiding Case)、参照本指导案例的后续裁判文书(Subsequent Cases Referencing the Guiding Case),可用的教学资源相当丰富。[25]

---

[25] 参见TIAN Yong v. The University of Science and Technology Beijing, A Case of a Refusal to Award a Graduation Certificate and a Degree Certificate,载斯坦福大学法学院网:https://cgc.law.stanford.edu/guiding-cases/guiding-case-38/,最后访问日期:2018年5月2日。

需要特别指出的是,对于尚处于本科生阶段的留学生来说,能够掌握指导案例裁判要点的某几个部分即已达标。再次以田永案为例,其涉及行政诉讼受案范围、高校自治、正当程序等知识点,㉖任课教师可以根据本章节授课内容对本案进行介绍。根据笔者的授课经验,此类案情复杂、涉及面较广的指导案例可以作为课程作业的素材,让学生充分利用课后的时间和精力进行深入的学习。任课教师还可以部分优秀课程作业为例,在课堂上对相关知识作出进一步的强化。另外,任课教师利用案例来加强重要知识点的讲解方法也可以是多种多样的。例如,在介绍行政合理性原则(比例原则)的内容后,任课教师可以给留学生布置"王丽萍诉中牟县交通局行政赔偿纠纷案"作为课外阅读和学习内容,然后在课堂上采取角色扮演的教学方法(role play),让学生分别以原、被告代理人的身份,就其中被诉行政行为的合法性和和合理性进行辩论,任课老师则以法官的身份主持、引导整个过程,旁听的学生在辩论结束之后可以提问或点评。这种教学方法生动活泼,可以使留学生获得较强的参与感,与此同时,理论性强的教学内容通过具体案例得到了具象化,比起单纯的知识讲解,教学效果有显著提高。

(四)利用"慕课""翻转课堂"等新方式,提升《中国行政法》课程教学的深度和广度

近年来,"慕课""翻转课堂"对传统的高校教育模式产生了一定的影响。如何将这些全新的教育方式引入到全英文课程的授课过程中,亦是笔者近几年来的思考重点。

"慕课"(Massive Open Online Course,MOOC),指的是大型开放式网络课程。目前,较为著名的国际慕课平台主要有三家,包括 Udacity(优达

㉖ 田永案的裁判要点包括:"1. 高等学校对受教育者因违反校规、校纪而拒绝颁发学历证书、学位证书,受教育者不服的,可以依法提起行政诉讼。2. 高等学校依据违背国家法律、行政法规或规章的校规、校纪,对受教育者作出退学处理等决定的,人民法院不予支持。3. 高等学校对因违反校规、校纪的受教育者作出影响其基本权利的决定时,应当允许其申辩并在决定作出后及时送达,否则视为违反法定程序。"参见"指导案例 38 号:田永诉北京科技大学拒绝颁发毕业证、学位证案",载最高人民法院网:http://www.court.gov.cn/shenpan-xiangqing-13222.html,最后访问日期:2018 年 5 月 2 日。

学城)、Coursera 以及 edX,其中 Coursera 与北京大学、复旦大学、上海交通大学合作,[27]edX 则与清华大学合作。[28] 值得注意的是,我国国内的慕课平台“中国大学 MOOC”(https://www.icourse163.org/)已有武汉大学江国华教授主讲的“行政法学”课程,[29]以及南京大学肖泽晟教授主讲的“中国行政法原理及应用”课程。[30] 然而,根据笔者现有的搜索,全英文行政法课程的慕课资源实际上极为稀缺,如在 Coursera 平台搜索“法律”类,并未能找寻到专门针对行政法领域的英文课程,殊为遗憾。不过笔者注意到,部分与行政法有关的课程显然可以帮助学有余力的留学生拓展知识面。例如,在讲解行政法与宪法的关系时,可以向留学生推荐耶鲁大学法学院 Akhil Reed Amar 教授主讲的 An Introduction to Basic Techniques of Constitutional Interpretation 课程。[31] 又如,在讲解给付行政时,可以向留学生推荐特拉维夫大学 Professor Yoram Y. Margalioth 教授主讲的 Economic Growth and Distributive Justice Part I – The Role of the State 课程。[32] 概言之,向留学生推荐慕课课程并非要求其学习、掌握相关知识,相反,是为了利用现有的慕课资源培养学生发散思维的能力、拓宽他们的视野。从长远来看,这对于法科学生素质的培养也是极有裨益的。

至于翻转课堂(Flipping Classroom),则是一种新出现的课堂教学组织形式,起源于美国科罗拉多州落基山林地公园高中的 Jon Bergmann 和 Aaron Sam 这两位化学老师,他们将结合实时讲解和 PPT 演示的视频上传到网络而引起众人关注。概括来讲,翻转课堂的基本教学流程是“学生

---

[27] 参见 https://www.coursera.org/pku, https://www.coursera.org/fudan, https://www.coursera.org/sjtu,最后访问日期:2018 年 5 月 2 日。

[28] 参见《行政法学》,载中国大学 MOC 网:https://www.edx.org/school/tsinghuax,最后访问日期:2018 年 5 月 2 日。

[29] 参见《行政法学》,载中国大学 MOC 网:https://www.icourse163.org/course/WHU-212005,最后访问日期:2018 年 5 月 2 日。

[30] 参见《中国行政法原理及应用》,载中国大学 MOC 网:https://www.icourse163.org/course/NJU-1001623003,最后访问日期:2018 年 5 月 2 日。

[31] 参见 America's Unwritten Constitution, https://www.coursera.org/learn/unwritten-constitution,最后访问日期:2018 年 5 月 2 日。

[32] 参见 Economic Growth and Distributive Justice Part I – The Role of the State, https://www.coursera.org/learn/economic-growth-part-1,最后访问日期:2018 年 5 月 2 日。

提前看材料—做练习—教师指导—总结提升”，这个流程和传统课堂的“预习—课堂讲解—练习”在学习设计和教学组织上有较大的不同。[33] 对此，笔者认为，在中国行政法课程的教学过程中，可以适当地引入翻转课堂，但并不能将其作为课程的主体部分。毕竟对于本科阶段的留学生来说，其学习能力仍有较大的提升空间，任课教师的当堂讲授理应成为主导。当然，任课教师可以对翻转课堂的理念进行一定的推广。例如，任课教师完全可以依托“Blackboard 教学平台”，将教学资料发布于平台（网站），利用网站加强教与学的互动，以弥补课堂教学时间有限的不足。

五、结语

综上所述，结合“卓越法律人才”培养的导向，以中国行政法全英文课程为切入点，笔者拟针对本科留学生法学专业的课程建设与教学方法提出下列四项目标：(1)在课程建设目标方面，统合本科留学生法学教育“国际化”与“在地化”的宏观要求，对课程体系和内容进行超前探索、适度创新；(2)在课堂教学设计方面，提炼出专门针对本科留学生的法学课程讲授范式，建设全英文授课专业独有的教学资料库；(3)在教学方法革新方面，充分考虑法学专业的特色和客观情况，在全英文授课课程中充分引入案例教学、慕课、翻转课堂等新型教学模式；(4)检讨与反思已有教学经验，对法学本科全英文课程改革和专业建设提出对策与建议。

2017 年，中共教育部党组在《求是》杂志发表《发展具有中国特色世界水平的现代教育》一文指出：“党的十八大以来，我们坚持主动服务国家开放战略，在国家开放大局中谋划教育新定位、展现教育新作为，全方位、多层次、宽领域的教育对外开放格局已经形成。2016 年，来自 205 个国家

[33] 汪晓东、张晨婧仔：《“翻转课堂”在大学教学中的应用研究——以教育技术学专业英语课程为例》，载《现代教育技术》2013 年第 8 期。

和地区的40多万人次留学人员在华学习,我国成为亚洲最大、全球第三的留学目的国。”不积跬步,无以至千里,在本科留学生法学专业课程建设的道路上进行持续性的探索和思考,定然也是我国法学教育国际化水平不断提升中的一个重要课题。

Course Construction and Teaching Methods of LLB Programmed for International Students in China

—Taking the Course of Chinese Administrative Law in English Language as the Example

Luo Meiying Han Ning Luo Wenyan

Abstract: Along with the improvement of the internationalization level of legal education in China, more and more universities offer undergraduate law majors for international students. At the same time, the difficulties in the legal education of international students at the undergraduate level are becoming more and more prominent. Taking the English-language course of Chinese administrative law as an example, it faces the problems of lack of English-language textbooks, insufficient "pre-knowledge" of international students, diversified background of international students, and limited practice. It proposes the fundamental needs for the connection between "internationalization" and "localization". In this regard, combined with the characteristics of the administrative law curriculum, law schools should look for the authoritative English translation of the legal norms in the course of teaching, introduce universal cases as the entry point of the lecture, make appropriate transformations to the case teaching method, and use the MOOC, flip new teaching methods such as classrooms, to achieve the combination of "principles" and "cases", and to enhance and promote the level of undergraduate law courses for foreign students and the innovation of teaching methods.

Key words: course in English, undergraduate law majors, Chinese administrative law, case method

全英文法律教学的经验、困难与发展探索*

——北京理工大学法学院实践的个案分析

彭海青**

摘　要：当代法律职业发展、法学院实践教学、国内学生深造以及招收国外留学生等的需要都使全英文法律教学具有必要性。当前法学院教师整体国际化素质的提升、国外教授来访增多、学生的英语水平不断提高等都使得全英文法律教学具有可行性。作为全国最年轻的法学院之一，北京理工大学法学院从2014年开展全英文教学，在师资配置、教学安排、听课对象组织等方面积累了一些经验，但同时也面临一些困难：从教师方面而言，主要包括某些教学资料准备困难、授课经验不足、教学效果不够理想等问题。就学生方面而言，主要包括口语训练不足、本科阶段法律英语接触不多、国外法律制度了解少等问题。未来全英文法律教学的发展应探索建立"以本国教师为主，外聘教师为辅"的教学师资发展思路、扩大全英文教学的对象范围、增加全英文教学的

---

* 基金项目：本文为北京理工大学2018年研究生院教学改革项目的研究成果。

** 彭海青，北京理工大学法学院教授，法学博士，研究方向：刑事诉讼法学、比较法学、法学教育。

课程与课时数量、完成对全英文法律教学资料的整理与汇编以及对全英文法律教学进行模式创新与智能化开拓。

关键词：全英文教学　法律英语　法学教育

2010年教育部《国家中长期教育改革和发展规划纲要(2010－2020年)》、2011年教育部中央政法委员会《关于实施卓越法律人才教育培养计划的若干意见》、2014年党的十八届四中全会通过的《中共中央关于全面推进依法治国若干重大问题的决定》、2015年8月18日，中央全面深化改革领导小组会议审议通过的《统筹推进世界一流大学和一流学科建设总体方案》以及2017年1月，经国务院同意，教育部、财政部、国家发展和改革委员会印发《统筹推进世界一流大学和一流学科建设实施办法(暂行)》等一系列相关文件都将人才培养的国际化作为重要的方略与目标之一。为此各高等法学院校纷纷积极行动，努力培养国际化法律人才，其中设置全英文法律课程即是其中一项重要措施。北京理工大学法学院自2009年成立，2018年年底将迎来建院10年庆典活动。作为全国最年轻的法学院之一，北京理工大学对教学改革适应性强，执行力强，本文以北京理工大学法学院的全英文教学为例，总结经验，分析困难，探索未来的发展之路。

一、全英文法律教学的必要性与可行性

(一)必要性

英语是国际指定的官方语言，也是世界上最广泛的第一语言，是联合国的工作语言之一，在许多国际组织或者会议上都是交流语言。而且英语也是当今信息化时代与计算机技术联系最密切的语言，随着互联网的使用，英语的使用更加普及。因此，在国际化法律人才培养过程中，全英文法律教学俨然成为必要，无论从法律职业发展、法学院实践教学，还是从国内学生深造以及国际招生角度，这种必要性都很明显。

1. 当代法律职业发展的需要。“全球治理理论进一步催生了法律人才国际化的需求。经济全球化席卷世界各国,已经和正在渗透到国际社会的每一个角落,不仅给各国的法律、经济、政治、文化等带来了深刻的影响,而且由于经济全球化是以本国法律与国际社会通行规则的对接为媒介的,这对法律人才培养的目标模式产生广泛的影响,提出新的更高的要求。”①这使我国法律职业的国际化成为必然趋势。首先是企业法律顾问的国际化。随着21世纪世界经济一体化的发展和中国加入有“经济联合国”之称的世界贸易组织(WTO),对外经济交往日益紧密,法律服务市场对国际化人才的需求也前所未有。“尤其是企业‘走出去’战略的推行,骤然增加了防范海外法律风险、应对国际诉讼业务的必要性,使法学教育的水准、涉外型和综合应用型人才培养的质量成为政府主管部门以及各类厂商都关注的一个焦点问题。”②其次是律师事务所的国际化。律师事务所自身也在顺应着“走出去”的时代浪潮,目前君合、大成、盈科、泰和泰等中国四大律师事务所均已顺利完成了国际化进程。君合律师事务所被认为是第一家“走出去”的中国律师事务所。它于1993年成立了纽约分公司,发展至今,君合已在海内外拥有十二个办公室和一支逾730人的专业团队。经过多年的国际实践,资源整合,以及精心策划的长期增长战略和创建机制,君合建立了自己的国际化方法。③ 此外,根据司法部公布的数据显示,截至2016年4月,已有232家外国律师事务所设立驻华代表机构。④ 最后是司法机关的国际化。司法制度是一国政治制度的组成部分,属于国家主权范畴,但这不影响司法机关的国际化发展。比如上海海事法院作为涉外性和专业性强的专门法院,对国际海事司法前沿经验的引入和向国际社会传递中国海事司法理念及成果这两方面都非常重视。从

---

① 《中央政法委员会教育部关于实施卓越法律人才教育培养计划的若干意见》教高〔2011〕10号。

② 季卫东:《中国法学教育改革与行业需求》,载《学习与探索》2014年第9期。

③ 《看中国四大律所如何走向国际》,载搜狐网:http://www.sohu.com/a/234599471_99897344,最后访问日期:2018年11月19日。

④ 《司法部公布外资律所驻华机构最新名单》,载360个人图书馆:http://www.360doc.com/content/16/0414/19/30138949_550636903.shtml,最后访问日期:2018年11月19日。

2014年开始,其组织青年干警翻译在海商法领域具有权威性的专业文献《劳氏法律报告》中的经典案例。2015年开始,上海海事法院每年发布中英文双语版海事审判白皮书,向国际社会通报海事司法典型案例,还出版了《上海海事法院海事案例精选》,将经典案例进行汇编翻译后对外发行。⑤

2. 法学院实践教学的需要。法学是一门实践科学,必然要回应实践的要求。法学教育如何满足知识经济社会的客观需求,已经成为法学教育必须面对的严峻课题。⑥ 实践性成为中国法学教育改革的重要维度。各高等法学院校纷纷将实践教学作为本科生和研究生培养方案中的必修环节,在诸多实践教学的项目中,国际模拟法庭比赛由于兼顾法律知识与英语能力为多数高校所青睐。目前法律类国际性的模拟法庭包括国际刑事法院审判竞赛、国际环境法模拟法庭竞赛、国际空间法模拟法庭比赛、国际人权法模拟法庭比赛、"北外—万慧达杯"国际知识产权模拟法庭比赛、杰赛普国际法模拟法庭大赛、"贸仲杯"国际商事仲裁庭模拟辩论赛、普莱斯杯模拟法庭比赛、中国WTO模拟法庭竞赛等,这些模拟法庭比赛的用语全部是英语,并且多数比赛的选手来自多个国家。而要参加上述比赛并取得优异成绩,仅靠赛前的短暂培训当然不够,还需要平时全英文课的知识积累与英语训练,这使全英文课程的开始非常必要。目前北理工法学院已连续多年参加了上述模拟法庭比赛中的国际刑事法院审判竞赛、国际环境法模拟法庭竞赛、国际空间法模拟法庭比赛、"北外—万慧达杯"国际知识产权模拟法庭比赛等多项比赛,并取得了优异成绩。

3. 国内学生赴外深造的需要。互联网上的慕课平台、世界著名大学的中国校园以及来自境外的招生广告也在警示我们:"高等教育已经进入全球竞争时代。"⑦当前国内学生赴外深造的也越来越多。赴英美国家法

---

⑤ 黄丹:《在法院做"翻译官"是一种怎样的体验》,载人民法院网:https://www.chinacourt.org/outicle/detail/2018/05/icl/3312617.shtml.,最后访问日期:2018年5月21日。

⑥ Thomas Lundmark, Recent reforms to German Legal Education, 42 Law Tchr. 2008, p. 213.

⑦ 季卫东:《中国法学教育改革与行业需求》,载《学习与探索》2014年第9期。

学院留学的学生对法律英语的需求自不待言,近年来,德国、俄罗斯、法国、日本等非英语母语国家大学的法学院也纷纷开始启动针对外国留学的英语授课项目。⑧ 因此,全英文教学对于这些留学生而言也是必要的。北京理工大学法学院学生依托与国家留学基金委的合作项目,从2015年起至今,已有13名硕士研究生赴国外著名高校就读LLM项目,并顺利获得学位。⑨

4. 国际招生的需要。随着中国经济的发展与世界影响力的增强,越来越多的外国学生来华留学,目前我国设有中国政府奖学金、地方政府奖学金、孔子学院奖学金、企业奖学金、学校奖学金等多种奖学金资助外国学生来华留学。⑩ 响应国家“丝绸之路经济带战略”和“21世纪海上丝绸之路经济带战略”,即“一带一路”建设战略,北京理工大学法学院于2015年开始招收外国留学生,生源目前主要来自“一带一路”沿线的东欧、亚洲、非洲的国家。来自这些国家的留学生难以参与中文法律课程,只能参加全英文法律课程项目。因此,全英文教学对当前国际招生是不可或缺的。

(二)可行性

1. 教师整体国际化素质提升。当前高校法学院校教师的国际化素质整体不错,主要因为,一是青年教师的招聘条件较高。目前多数高等法学院校在招聘青年教师时均要求其曾有一年以上海外留学经历,尤其是近年来在京高校中不少要求应聘者有国外法学博士学位。北京理工大学法学院目前有50多位在职教师,其中拥有国外法学博士学位的青年教师

---

⑧ 笔者2015年11月至2016年5月应邀在德国法兰克福大学访问,期间了解到这种专门针对外国留学生的用英文授课的LLM项目。本人于2018年8月应邀访问俄罗斯圣彼得堡大学,了解到该校也设置有专门针对外国留学生用英语授课的LLM学位。

⑨ 2015年有1名研究生赴美国乔治华盛顿大学法学院、2名研究生赴美国伊利诺伊理工大学肯特法学院、1名研究生赴荷兰蒂尔堡大学法学院攻读联合培养硕士;2016年有1名研究生赴荷兰蒂尔堡大学法学院攻读法学博士、2名研究生赴荷兰蒂尔堡大学法学院攻读联合培养硕士、2名学生赴美国伊利诺伊理工大学肯特法学院攻读联合培养硕士;2017年有3名研究生赴美国伊利诺伊理工大学肯特法学院攻读联合培养硕士、1名学生赴华盛顿大学攻读博士。

⑩ 《留学中国》,载国家留学基金网:http://www.campuschina.org/zh/scholarships/index.html,最后访问日期:2018年11月19日。

（40 岁以下）占半数以上。二是教师公派访学机会增多。教师可获得的国家、地方、学校等多层面的出国资金资助增多，而且这些资助逐渐往青年教师倾斜，赴外访学有助于教师国际化素质的提升。比如北京理工大学法学院近年来每年都有 1 名至 2 名中青年教师受国家留学基金委青年项目资助以及学校研究生院、教务处等单位资助赴英国牛津大学、美国哥伦比亚大学、日本早稻田大学等著名高校的法学院做访问学者。三是职称评审压力。不少高校尤其是在京高校为鼓励青年教师出国学习还将半年或者一年的国外留学经历作为晋升副教授或教授职称的必备条件。这也迫使教师们不得不走出国门，提升自身的国际化素质。北京理工大学从 2013 年起即要求申报副高级职称人员应具有连续半年以上海外访学经历，要求申报正高级职称人员具有连续一年以上海外访学经历。

2. 国外学者来访增多。随着中国法治化进程的推进，以及法治中国模式的顺利推进，国外法学院教授对中国法律体系与内容的兴趣愈发浓厚起来。依托各种国家间、政府间、学校间的国际合作机制，英国、美国、澳大利亚、德国、法国等国家著名高等法学院校的教授们纷纷来华交流。比如北京理工大学法学院 2018 年就有来自美国圣约翰大学、美国天普大学、德国法兰克福大学、俄罗斯圣彼得堡大学、韩国首尔大学、韩国延世大学等多位专家学者来院访问，并用英语与法学院师生举行了多场讲座与座谈，开拓了师生们的国际化视野。

3. 学生的英语水平不断提升。当前法学院的学生在学习法律专业课，包括法律职业资格考试的同时，普遍将雅思、托福考试作为本科或研究生阶段的必报考试科目，他们利用业余时间参加各种考试培训班，使自身的英语口语、听力、阅读等水平得到了较大提高。而且目前学校也设有多种暑假、寒假等的短期交流班，安排学生到英国、美国、法国、德国、日本等法治发达国家用英语参与专业课学习，并且所获得的学分可以在以后留学中保留使用。这种实地学习机制有助于学生们适应全英文法律教学。

4. 互联网的发展为全英文教学提供了便捷的技术保障。在当今信息化时代，互联网的发展使全英文的教与学都能够及时、便捷地获得国外有关资料，从而及时更新学习内容。师生们可以利用 Westlaw、LexisNexis、

Herionline等英文数据库以及国外大学的图书馆、司法机关网站查找资料。近年来哈佛大学、耶鲁大学等世界著名高校的法学院还推出了免费公开课,这无疑为全英文法律教学提供了宝贵的资源。

二、全英文法律教学的现状与基本经验

北京理工大学法学院自2014年开设全英文法律课程,5年来,经历了从选修到部分必修(2018年开始规定法学硕士研究生必须选择至少一门本专业的全英文法律课程),从教师畏难不愿意接课到竞争上岗(2018年新的培养方案要求承担全英文课程的教师必须具备一年以上英语国家的留学经历),从学生抵制到学生兴趣浓厚(作为选修课期间曾一度出现某些课程无人选现象)的发展过程,逐步走向成熟。以下首先以2018年新修订的《北京理工大学研究生培养方案》中的全英文教学为例进行现状描述,其次就5年来全英文法律教学形成的基本经验进行总结。

(一)现状

根据2018年新修订的《北京理工大学研究生培养方案》,目前法学院开设的全英文法律课程共有10门,即国际法原理(Principles of Public International Law)、法律研究与写作(Legal Research and Writing)、国际空间法(International Space Law)、国际经济法(International Economic Law)、工业产权前沿(Industrial Property Rights Frontier Issues)、国际移民法(International Migration Law)、比较合同法(Comparative contract law)、比较诉讼法(Comparative Procedure Law)、国际人权法(International Human Rights Law)、国际组织法(Law of International Organizations)。授课对象是外国留学生和本校法学硕士研究生。授课教师分为三种情形:一是全部由本院教师承担。比如国际法原理、国际空间法、国际经济法等,多数课程属于这种情形;二是全部由外籍教师承担,比如法律英语写作;三是由本院和外籍教师共同承担,比如比较诉讼法课程。这些课程的课时除法律研究与写作为16课时,国际法原理和国际经济法为48课时外,其他

课程均为32课时。

(二)基本经验

1.师资配置经验。目前北京理工大学法学院全英文主讲教师包括本院教师和聘任的外国教授。其中9位本院教师全部为获得过国外法学博士学位或者有一年以上国外长期留学经验的中青年教师,另一位外国教授系国际法领域的英国学者John Anthony Carty。事实上,9位本院教师授课过程中多数都会邀请国外专家学者参与进来,进行某个或某几个专题的讲授。比如杨成铭教授主讲的国际人权法课程曾邀请韩国首尔大学法学院前院长Kyong Whan Ahn(安京焕)教授进行为期三周的国际人权法授课。再比如笔者主讲的比较诉讼法课程就曾邀请德国著名比较法专家、法兰克福大学的Peter Gilles教授就比较诉讼法的基本理论与发展做专题讲座,曾邀请美国科罗拉多州最高法院法官Scott Meiklejonh就美国刑事司法与实践的最新发展做专题讲座,还曾邀请俄罗斯圣彼得堡大学刑事诉讼法系的系主任Nataliia Sidorova教授就俄罗斯刑事诉讼法与证据法的新发展做专题讲座。经验表明,在国外获得过国外法学博士学位或者有一年以上国外长期留学经验的中青年教师英语综合运用水平高,法律知识丰富,眼界开阔,是全英文法律教学的合适人选。外聘教授自身语言与专业优势自不待言,John Anthony Carty教授在北京理工大学法学院的聘期为2年,其讲授的法律研究与写作课程颇受学生们欢迎。

2.授课方式。由于全英文授课教师或者有长期海外留学经历,或者系外籍教师,将国外多样化的授课方式带入全英文授课中,因此比中文课程的授课方式显得灵活与多样化。全英文授课过程中一般采用以下方式:一是讲座。对需要系统性讲授的知识、前沿性的新知识等采用教师讲座的方式,以教师讲授为主,学生提问与交流为辅。这类讲座除了由本院任课教师讲授外,还包括播放国外著名高校提供的公开课视频,包括组织学生到中国政法大学、中国人民大学、北京外国语大学等外校参与相关讲座。二是工作组,即事先确定一个主题,经过课前分组准备,课堂上讨论并交流。三是课后个别指导,即根据学生的兴趣课后有针对性地进行单独交流与辅导。

3. 听课对象组织经验。目前北京理工大学法学院全英文的授课对象是法学硕士研究生和外国留学生,对这两类研究生合班授课。这种授课对象组织形式具有以下优势:一是由于母语不同,英语均为第二外语,因此他们只能用英语交流,有助于提升英语水平;二是来自不同国家的法律背景有助于他们相互交流不同背景下的法律知识与司法实践,提升专业水平;三是留学生中来自东欧、南亚地区的学生普遍在课堂上发言比较主动,有助于带动其他国家的学生积极参与讨论。

三、全英文法律教学的困难分析

(一)任课教师的困难分析

对北京理工大学法学院目前承担全英文教学的 10 位教师进行访谈,反映比较一致的困难主要包括以下几个方面:

1. 某些资料准备困难。全英文教学资料准备中,由于英美法系国家的法律与研究资源丰富,因而教学资料准备比较方便。但对于法国、德国、意大利、日本、俄罗斯等传统大陆法系国家,英文法律资料不多,而且比较陈旧,难以反映前沿性的立法、实践与研究动态。而一方面我国近代以来的大陆法系的渊源主要来自德国、日本,讲授与研究中国法律时,大陆法系的法律是不可绕过的部分;另一方面,留学生中多是“一带一路”沿岸国家,这些国家的母语均非英语,而多是俄语、法语等,其前沿性英文法律资料往往也难以得到,留学生们比较多的是希望借鉴中国的法律完善本国法律,因此这也使得在比较法教学中,关注这些国家的法律非常有必要。

2. 授课经验不足。全英文法律教学的授课教师基本为中青年教师,这些教师虽然有着优秀的学历与海外教育背景,但却共同面临教学经验积累不足的缺憾,尤其是对全英文法律教学的规律总结不够,课堂把控能力与驾驭学生能力欠缺。

3. 教学效果不甚理想。全英文法律教学的授课教师们还普遍反映全英文法律教学比中文法律教学的效果要差,明明课堂上讲过的内容,而讨论与考试的情况反映出学生们的掌握的情况却不够理想。

任课教师所遭遇的上述困难主要是由以下原因所导致的:

一是可供参考的体系化的教学资料不足。全英文法律教学总体而言在我国兴起时间不长,有关教材、教案等教学资料的规范性与指引性不足,有关教学资料通常是各任课教师根据自己所掌握的资料临时汇集而成,资料不充足、适时性不强、前沿问题捕捉不全面等缺憾在所难免。

二是有关培训没有到位。为保证教学质量,各高等法律院校都对青年教师设有岗前培训,由资深教师对青年教师进行相关的教学指导,但由于全英文法律课程属于新兴课程,资深教师也往往未曾亲历,因而就未对这种课程设立岗前培训环节。

三是课时有限,法律与英语难以同时兼顾。目前北京理工大学法学院对研究生课程的课时量安排分别为64课时、48课时、32课时、16课时,而全英文课程中只有2门安排为48课时,1门安排了16课时,其余大多数课程仅安排了32课时,这对于全英文法律课程而言,课时显然是不足的。就笔者主讲的比较诉讼法课程而言,课程中至少要涉及中国、英国、美国、德国、法国、意大利、日本、俄罗斯、南非等9个国家的诉讼法,按照32个课时平均下来,针对每个国家诉讼法的授课连4个课时都不到,而且还要涉及9个国家的诉讼法比较分析,实在难以安排。

(二)学生的困难分析

2018年7月,笔者对2015~2017级三个年级选修全英文课程的法学硕士研究生运用问卷星平台进行问卷进行调查与分析,这些学生中84.2%已经通过国家大学英语六级考试,结果显示,学生们在全英文课上的困难主要包括:

1. 法律英语水平受限。被调查的学生中,绝大多数学生认为全英文法律学习的最大困难是法律英语水平不高,限制了法律英文资料的学习,这个比例达92.11%。

2. 英语口语交流不畅。被调查的学生中,78.9%的学生认为全英文法律学习的困难是英语口语交流方面的困难。

3. 法律知识受限。被调查的学生中57.8%认为全英文法律学习的困难是法律知识受限,主要对课堂上涉及的内容的中文本身就不熟悉。

调查问卷显示,学生们在全英文法律学习方面遭遇的上述困难的主要原因包括:

一是口语训练不足。由于参与调查的研究生们绝大多数通过了国家大学英语六级考试,但由于该英语考试不涉及口语考试,因而学生们的口语能力普遍不高,78.9%的学生认为口语训练不足是全英文法律学习中的最大困难。

二是本科阶段法律英语接触不多。北京理工大学法学院在本科教学培养方案中设置了法律英语课程作为选修课,但多数高等法学院校在本科阶段并未开设法律英语课程,因而76.3%的学生认为本科阶段法律英语接触不多也导致了全英文法律学习的困难。

三是国外法律制度了解少。囿于本科阶段的学习目标与课程设置范围,我国高等法学院校的本科课程体系中主要是中国的法律课程,本科阶段基本未开设外国法律课程,因而65.7%的学生提出对国外法律制度了解少也是导致其研究生阶段直接以全英文的方式学习国外法律制度具有困难的原因。

四、全英文法律教学的发展探索

全英文法律教学已经起步,有所收效,也面临困难。在探讨全英文法律教学过程中,有的老师坚持讲中国法用中文,讲外国法用英语的思路,采用双语教学,但笔者认为双语教学是向全英文教学的过渡阶段,最终还要过渡到全英文教学。针对留学生讲中国法只能用英文,而中国的学生要想顺利实现对外交流,也需要会用英文表达中国法律。全英文教学的最终目标是实现教与学的国际化发展与交流,不能因暂时的困难而退缩,因此坚定地主张在现有基础上,继续探索并发展全英文教学。主要设想如下:

(一)确立"以本国教师为主,外聘教师为辅"的教学师资培养思路

国务院在2015年11月发布了《统筹推进世界一流大学和一流学科建设总体方案》(以下简称《大学和学科建设方案》),《大学和学科建设方案》明确指出要通过加快培养和引进一批活跃在国际学术前沿、满足国家重大战略需求的一流科学家、学科领军人物和创新团队来建设一流的师资队伍。可见"培养"和"引进"是两条并行的师资队伍培养路径。引进国外教授教学固然有很多优势,但受学校外引政策、个人因素等影响较大,难以保障可持续性发展,因此还是主张着力培养自身法学院的全英文教学队伍,确立一种"以本国教师为主,外聘教师为辅"的教学师资培养思路。在培养自身法学院教学队伍时,首先应当建立岗前培训机制。对全英文课程的授课教师,应当由外语学院和法学院的资深教师组成专家组共同对其进行语言与法律专业方面的培训。其次,在授课教师的培养方面,可借鉴英国牛津大学中文授课教师的培养经验:在牛津大学任教的中文教师,要求每5年回国参加一次中文语言培训,⑪以持续了解与适应本国语言与文化发展。因此建议自身法学院全英文法律授课的教师每五年到英美国家访学半年以上,以了解英美国家的语言、文化及法律发展状况。此外,应鼓励全英文法律教学的教师学习德语、法语、俄语、日语等多种语言,以开阔视野,辅助全英文教学。

(二)扩大全英文教学的对象范围

目前北京理工大学法学院全英文法律教学的对象是法学硕士研究生和外国留学生,而不包括本科生、法律硕士研究生和博士生。在笔者看来,应当将全英文法律教学的对象扩大至本科生、法学硕士研究生、法律硕士研究生以及博士生。这是因为,其一,教育部、中央政法委员会2011年12月发布的《关于实施卓越法律人才教育培养计划的若干意见》中要求"把培养涉外法律人才作为培养应用型、复合型法律职业人才的突破口。适应世界多极化、经济全球化深入发展和国家对外开放的需要,培养

---

⑪ 2013年3月至2014年3月,本人受国家留学基金委资助在英国牛津大学法学院访问一年,期间在牛津大学的最古老的学院——大学学院(University College)任教的中文教师方晶教授交流时得知这种制度。

一批具有国际视野、通晓国际规则,能够参与国际法律事务和维护国家利益的涉外法律人才。”2018 年 9 月发布的《关于坚持德法兼修实施卓越法治人才教育培养计划 2.0 的意见》重申了这一要求。因而,对本科生进行全英文教学也是有必要的,当然课程可考虑设置在大四,在学生们掌握了基本的法律基础知识之后。其二,虽然法学硕士研究生和法律硕士研究生的培养目标存在差别,但就目前学生们的就业去向而言,差别极小,硕士研究生毕业后从事学术研究者寥寥,大多数都进入公检法机关或者律师事务所从事法律实务工作,而在国际化背景下,法律实务工作对法律英语能力的要求越来越高。其三,为提升博士研究生的科研水平与国际化交流能力,对博士研究生进行全英文教学的必然性不证自明。

(三)增加全英文教学的课程与课时数量

由于北京理工大学法学院全英文法律教学的课程设置主要考虑外国留学生的培养,因而在课程设置上主要考虑国际法方向学生的学习需要,设置的课程不多,涵盖力不强,而且课时相较于中文课程也偏少,不利于全英文法律教学内容的充分展开。因此建议适当扩大全英文法律课程的数量,将法理学、民法、刑法等基础学科以及与智能科技相关的法律课程也增加进来,使得全英文法律课程体系更加完善,并且体现时代性。同时根据课程内容,将有些课程的课时适当增多,比如增加到 48 课时。

(四)教学资料的整理与汇编

教学资料是教师授课的基本依据,也是教学检查的基本考察指标,目前中文法律教学的课程基本都有相应的教材和参考资料,因此,为增强全英文法律教学的规范化水平,提升教学质量,应当适时组织有关教师编写比较系统的教学参考资料。

(五)教学模式的创新与智能化开拓

全英文法律教学对于中国教师与学生而言都非易事,因此进行教学模式的创新很有必要,在笔者看来,可以建立“课前阅读与分组准备——课堂上讲授与分组讨论——课后个别辅导与分组总结”的全覆盖的教学模式。这可以使学生们在课前用母语了解相关法律知识,通过分组准备交流收集到的资料,在课堂上吸收来自教师的知识和同学们充分交流,课后根据个人兴趣与疑难问题与教师进行个别探讨，并分组总结，以解决课堂上的疑问，从而全面提升全英文法律教学的质量。

此外，随着人工智能的发展，2015 年国务院《统筹推进世界一流大学和一流学科建设总体方案》、2017 年国务院学位委员会《法律硕士专业学位研究生指导性培养方案》、2017 年国务院《新一代人工智能发展规划》、《国家中长期教育改革和发展规划纲要(2010 - 2020 年)》《教育信息化“十三五”规划》等文件中都提出有关“综合利用互联网、大数据、人工智能和虚拟现实技术，重视人工智能与法学学科专业教育的交叉融合”“拓展教育新形态，以教育信息化推动教育现代化，积极促进信息技术与教育的融合创新发展，努力构建网络化、数字化、个性化的教育体系”等要求，为此，北京理工大学研究生院已于 2018 年建成 10 多个智慧教室，在智慧教室中采用智能化的授课、交流与评价平台，但这些教室优先给予中文研究型课程或者明星课程使用，目前全英文教学课程尚未有安排在智慧教室的，为促进全英文法律教学的发展，建议也能够将部分比较成熟的全英文法律课程安排在智慧教室授课，促进全英文法律教学的智能化发展。

五、结语

在法学教育国际化发展的大背景下，全英文法律教学已然蓬勃兴起。其作为一种当前非常规的教学形式，在师资配置、教学资料选取、教学方法运用、评价体系等方面都尚未规范化与制度化，很多方面尚处于各法学院的个性化探索中。北京理工大学法学院所积累的经验或许可以为兄弟院校全英文教学的完善提供参考，所面临的困难或许具有共性特征，从而引发更广泛的深思，希望由此所提出的全英文法律教学的发展探索能激起法学教育界的共鸣或者批判，从而推动全英文法律教学逐渐走向成熟，进而助推我国法学教育的国际化发展目标的实现。

Experiences, Difficulties and Development Exploring of Law

—Teaching in English Language

Peng Haiqing

Abstract: The development of legal profession, the practical teaching in law school, the need of further studies of the students domestically and international students enrolling make it necessary to teach law in English language. At present, the promotion of the international natures of teachers in law school, frequency of visit of foreign professors to China, the promotion of level of English of the students make it feasibility to teach law in English language. As the youngest law school, the Law School of BIT has some experiences in "Law-teaching in English Language". However, we still have some difficulties: as for the teachers, including the difficulties of teaching material preparation, lack of teaching experiences and the no-ideal effect; as for the students, mainly including lack of oral English training, lack touch of legal English in graduate study phrase, less knowledge of foreign laws. In the future, for the development of law-teaching in English language, we should establish the thread of thought of team of teacher of China mainly and the foreign teacher as complement, enlarge the domain of object of law-teaching in English language, add the lessons and times of the law-teaching in English language, complete the edition of teaching materials of law-teaching in English language, and process the mode creation and intelligent reform.

Key words: teaching in English, legal English, legal education

新时代高校法治教育与思政教育的互促性探析*

李栗燕**

摘　要：在新时代社会背景下，法治中国的建设要求法治教育要与思想政治教育和谐共进、相辅相成，在全面推进依法治国中发挥应有作用。随着依法治国的全面推进，法治教育在新的时代遇到的问题将会更加复杂，缺乏系统的课程设置和合理的内容安排，法治教育方式单一，理论和实践分离严重，法治教育队伍素质有待提升，这些使法治教育面临羁绊，陷入"瓶颈"。法治教育在中国特色社会主义新时代的革新，需要重视法律基础课程，增强其独立性，使之课程设置有体系，内容合理安排；需要专业队伍专业培养，全面提升法治教育队伍的专业素质；需要构建隐性课程、开辟社会课堂以及利用新媒体扩宽法治教育方法。

关键词：新时代　法治教育　思政教育　依法治国

---

* 基金项目：本研究为作者主持的中国博士后科学基金特别资助项目（项目编号：2018T110524）、江苏省研究生教育教学改革课题（项目编号：JGLX18_083）研究成果，受中央高校基本科研业务费专项资金（项目编号：NK2018008）资助。

** 李栗燕，南京航空航天大学教授，博士生导师，研究方向：法学理论。

在中国共产党第十九次全国代表大会上,习近平总书记提出:“全面依法治国是中国特色社会主义的本质要求和重要保障。”并且强调:“加大全面普法力度,建设社会主义法治文化,树立宪法法律至上、法律面前人人平等的法治理念。”[①]法治国家的建设除了要求立法者、执法者和司法者做到“科学立法、严格执法、公正司法”之外,更是对作为守法者的普通公民提出了“全民守法”的要求。“全民守法”的前提是“全民知法”,“全民知法”的关键在于“法治教育”,在新时代全面依法治国的大背景下,全社会必定会对“法治教育”报以更多的期待,提出更高的要求,“法治教育”的重要性必定会得以再度提升。新时代背景下,加强法治教育是推进依法治国、建设法治国家的基础工程,同时也是对“提高全民法治素养”号召的积极响应。这就要求确立法治教育的重要地位,探索法治教育革新重要且紧迫。

一、期待与要求:新时代法治教育之目标

法治教育,是指通过对公民进行有目的、有计划、有组织的“依法治国”方略的宣传和教育,培养和发展公民法治意识及用法治意识指导自己行为的一种活动。[②] 不同于传统法学教育作为一种职业教育,法治教育是面向高校所有学生所实施的通识教育,它的内容更加广博,形式更加多元,特色更加鲜明,时效性也更强。法治教育的目的不是培养“经过专门训练的职业化专门人士”,而是将每一位中国法治进程的参与者与建设者纳入新时代下法治人才的内涵之中,为实现全面依法治国和提高全民法治素养奠定人才基础。[③] 十九大报告强调,中国特色社会主义的本质要求

① 习近平:《决胜全面建成小康社会 夺取新时代中国特色社会主义伟大胜利》,载《人民日报》2017年10月28日,第1版。

② 王双群、余仰涛:《法治教育与德治教育的内涵及意义》,载《理论月刊》2006年第7期。

③ 参见李栗燕:《网络时代法治人才培养的革新向度》,载《法学教育研究》2018年第2期,对新时代背景下法律人才与法治人才的对比以及对法治人才定义的新解读。

和重要保障是全面依法治国,因此,提升全民族法治素养是深化依法治国实践的基础环节,也是关键一步。加强法治教育是落实立德树人、德法兼修任务的重要手段。新时代的国家治理需要全面厉行法治,厉行法治需要从立法、执法、司法、守法四个环节展开,这四个环节无一不需要法治教育实践的落实与支撑。

(一)法治教育须在推进全面依法治国中发挥应有作用

2012 年 11 月 8 日,党在十八大报告中提出"全面推进依法治国""加快建设社会主义法治国家",倡导运用"法治思维和法治方式"来"深化改革、推动发展、化解矛盾、维护稳定";④2013 年 11 月,党的十八届三中全会通过了《中共中央关于全面深化改革若干重大问题的决定》,提出把"推进法治中国建设"确立为我国新时期法治建设的新目标;⑤2017 年 5 月,习近平总书记在中国政法大学的讲话中谈到"全面依法治国是长期而重大的任务,要坚持中国特色社会主义法治道路,坚持以马克思主义法学思想和中国特色社会主义法治理论为指导,立德树人,德法兼修,培养大批高素质法治人才";⑥2017 年 10 月,习总书记在十九大报告中再次强调,要通过"深化依法治国实践",实现"建设社会主义法治体系、建设社会主义法治国家"⑦的法治建设总目标的重大历史使命。新时代、新征程、新作为,法治与中国特色社会主义更深度地紧密相融,赋予了全面依法治国承载历史、贯穿当下、引领未来的新的深刻内涵和神圣使命。不可否认,近几年以来法治已经逐步渗透到我国社会生活的各个方面,成为调整社会关系的基本方式。

习近平总书记多次强调"人们没有法治精神、社会没有法治风尚,法

---

④ 胡锦涛:《坚定不移沿着中国特色社会主义道路前进 为全面建成小康社会而奋斗》——中国共产党第十八次全国代表大会报告,载人民网:http://cpc.people.com.cn/n/2012/1118/c64094-19612151.html,最后访问日期:2018 年 11 月 10 日。

⑤ 《中共中央关于全面深化改革若干问题的决定》,载人民网:http://politics.people.com.cn/n/2013/1116/c1001-23560979.html,最后访问日期:2018 年 11 月 21 日。

⑥ 习近平:《在实现中国梦中绽放青春光芒》,载新华网:http://www.xinhuanet.com/politics/2017-05/03/c_1120913310.htm,最后访问日期:2018 年 11 月 21 日。

⑦ 习近平:《决胜全面建成小康社会 夺取新时代中国特色社会主义伟大胜利》,载《人民日报》2017 年 10 月 28 日,第 1 版。

治只能是无本之木、无根之花、无源之水”,[8]法治精神的培养,法治风尚的形成深深依赖着法治教育。从新时代下我国社会发展现状来看,随着依法治国的全面推进、法治思维的逐渐普及以及法治理念的深入人心,法治教育重要作用的有效发挥无疑是不可忽视且必须实现的重大课题。在中国特色社会主义进入新时代,在全面推进依法治国、建设法治中国的社会大背景下,法治教育的自身定位需要与时俱进,法治教育的历史使命需要清晰明确,法治教育的基础作用需要完全落实和发挥。高校学生作为社会主义法治国家建设的中流砥柱,其法治意识的层次和水平在极大限度上直接影响和决定着未来社会的法治发展水平。因此,强化和提升对法治教育的重视程度是深入推进全面依法治国的基础工作和重中之重。

(二)法治教育需与思想政治教育和谐共进、相辅相成

十九大确定了将坚持依法治国和以德治国相结合的原则作为实现全面依法治国深入推进必须坚持的原则之一,同样,这一原则无疑成为深化我国当前法治教育实践的重要指导之一。法治人才的培养是法治教育的职责和价值所在,强调修法与修德兼顾,可以使二者相互补充,在法治教育中既发挥法律技术层面的规制作用,又可以实现思想道德领域的引导与教化,更好地以道德滋养法治,为全面依法治国培养德法兼修的法治人才。

高校学生是支撑未来社会发展的中流砥柱,是社会法治意识养成的主要力量,更是法治教育不可忽略的重点对象。“当代大学生法治观培养的内容很多,重点是要求大学生掌握社会主义法律知识、树立社会主义法治理念、养成社会主义法治思维,提高社会主义法治能力。”[9]国务院在《关于进一步加强和改进大学生思想政治教育的意见》中指出,大学生思想政治教育是“以大学生全面发展为目标,解放思想、实事求是、与时俱进、坚持以人为本,贴近实际、贴近生活、贴近学生,努力提高思想政治教育的针对性、实效性和吸引力、感染力,培养德智体美全面发展的社会主义合格建设者和可靠接班人”。思想道德修养支撑着高校学生法治意识的形成,而思想政治教育是养成大学生思想道德修养的关键一步,其与法

---

⑧ 习近平:《之江新语》,浙江人民出版社 2007 年版,第 205 页。

⑨ 马志霞、黄蓉生:《论当代大学生法治观的培育》,载《思想政治教育研究》2017 年第 2 期。

治教育在人才培养的根本目标、基本方向上相互辅助,在教育内容、教育方法上相互关联,相互补充。[⑩] 所以二者之间的关系应当是相辅相成、和谐共进的。

习近平总书记在全国高校思想政治工作会议上指出,做好高校思想政治教育工作,要“因事而化、因时而进、因势而新”,要“用好课堂教学这个主要渠道,思想政治理论课要坚持在改进中加强,提升思想政治教育亲和力和针对性,满足学生成长发展需求和期待”。[⑪] “因事而化、因时而进、因事而新”是新时代背景下加强思想政治教育建设的内在要求,它是指高校思政教育要融合当前社会背景下相应的事物,结合具体的事物来开展教学工作,使受教育方的思想、行为发生符合社会发展方向的改变。因此,随着法治工作推进的深入、法治教育重要性的提升,在高校思想政治教育的过程中,应该提高法治教育的地位,使法治教育与思想政治教育相互促进、相互完善,培养符合新时代背景的社会主义建设者。

二、“瓶颈”与困难:新时代法治教育之羁绊

党的十一届三中全会确定了实行依法治国、建设社会主义法治国家的基本目标;党的十五大指出“依法治国,是党领导人民治理国家的基本方略”;1999 年,“依法治国,建设社会主义法治国家”写入了宪法,成为一项不可动摇的宪法原则;党的十九大上,习近平总书记再次强调,要“坚持推进全面依法治国”。随着时代的变化,“依法治国”的信念逐渐深入人心,这是法治教育优良成果的体现。然而,在法治教育的发展过程中,目前依然还有许多困难尚未解决,还有不少“瓶颈”尚未跨越。

(一)主干课程设置缺乏平衡性,内容安排不合理

作为高校思想道德教育与法治教育核心课程的思想道德修养与法律

⑩ 周佳磊:《法治教育融入大学生思政教育的思考》,载《北京教育》2015 年第 Z1 期。

⑪ 习近平:《习近平在全国高校思想政治工作会议上强调:把思想政治工作贯穿教育教学全过程 开创我国高等教育事业发展新局面》,载《人民日报》2016 年 12 月 9 日,第 1 版。

基础,未能实现思想道德修养与法律基础的真正融合,重前者轻后者的现象一直存在。“中国的公民教育主要体现为道德教育、思政教育、法制教育(普法教育)的‘德育—政育—法育’三元构架,其中德育具有基础地位,政育占据主导地位,法育则处于被吸纳的弱势地位,缺少足够的独立性。”⑫这不仅体现了三大教育的结构失衡,而且无法回应当前新时代下“深化依法治国”“提高全民族法治素养”“建设社会主义法治文化”等战略要求。高校思想政治课《中共中央宣传部教育部关于进一步加强和改进高等学校思想政治理论课的意见》实施方案将思想道德修养与法律基础两门课程进行了整合,本希望借此体现道德教育与法治教育的紧密联系和融合⑬,但此方案执行以来,怎样平衡“思想道德修养”与“法律基础”两部分的比重就成了该课程建设的难点。纵观改革以来的几版教材,很明显“思想道德修养”部分都占据绝对的比重,“法律基础”部分实则处于附属地位。更严重的是,由于课时有限,在实际教学中,完成“思想道德修养”部分后,课时所剩无几,法律基础部分也就一笔带过了。

教材是教学内容的载体,教学效果的好坏与否,很大程度上取决于教材内容的选择和编写。从几次教材修订情况来看,虽然比较好的吸收了当时社会条件下最新的法治理论成果,也考虑到高校法治教育的目标,但是基本是在强调法律如何规定,强调守法而不是学法、懂法、用法,是法律条文的普及而不是法治理念的培养,在一定程度上还是停留在以往法制教育的阶段。

法治教育要实现自身价值,首先必须要有系统性的课程设置,合理的内容安排,这既能体现教育之于现实的契合度,也是教育资源在人才培养上的有效分配。系统性的课程设置要求有多方面、立体化的能够提高受众法治素养的课程可供选择;合理的内容安排要求按照现实对人才需求和人才培养的要求进行课程内容的设计和编写。然而,目前大部分的高

---

⑫ 马长山、李金枝:《青少年法治教育中的公民性塑造》,载《上海师范大学学报》(哲学社会科学版)2018年第4期。

⑬ 董翼:《大学生法治教育存在的主要问题及对策思考》,载《思想理论教育》2016年第3期。

校仅将面向本科生开设的思想道德修养与法律基础课程作为法治教育体系中的独苗课程，而且在后续设置上，几乎没有面向硕、博研究生的基础法治教育课程。思想道德修养与法律基础这一课程本身的设计就存在一定缺陷，再加上没有其他课程与其组成完整的法治课程体系，法治教育的效果也就可想而知了。

（二）师资配备非专业化，法治素质有待提升

法治教育的开展，也必须要依托法学专业背景的专任教师。法学是一个门槛高、边界严、拓展性不强的学科，对教师的要求是很高的，非法学出身的教师所讲的“法治”甚至有可能出现错误，并不符合现代法治理念的要求。随着德法兼修要求的提出，对高校法治教育工作队伍提出了更高的要求，法治教育工作队伍必须对法与德都有深刻的认识和研究，这样才能更好地向学生传输正确的符合社会主义法治现代化的法治理念和道德理念，而目前高校的法治教育工作队伍建设较为滞后，思想道德修养与法律基础这一门课程的授课几乎全部是由马克思主义学院的教师负责。教师自己本身对法治的了解十分有限，授课内容也因此偏向于法律条文的简单介绍和普及，并不能很好地达到法治教育的目的。另外，在充分考虑教师学科背景的基础上，他们肯定更倾向于更多的向学生传递自己所熟悉的内容，所以对法律基础部分的课时安排就会更加有限。在特定历史时期，研究马克思主义的教师为高校法治教育做出了超越其能力范围的贡献，但是随着依法治国的深入推进和展开，从事高校法治教育的教师必须具备较高的法治素养已经成为必然的要求。因此，我国高校法治教育及其师资力量的配备方面，由非专业法学教师任课的现状急需改变，法治教育队伍的素质有待提升。

（三）法治教育方式缺乏多样性，理论与实践相分离

传统的法治教育在教育模式上采用课堂教学、知识传授、理论学习的常规套路，使法治教育的内容落实基本取决于法律知识体系的构建。如前所述，现有教材体系的法律知识教育尚未在内容上做好平衡，在以促进守法为目标的教育下，权利意识不完善，损害了法治思维的系统性，难以建立完善的法治知识体系。然而这一教育模式更突出的缺点在于具有明显的重理论轻实践的色彩,教育手段的单一成为了法治教育效果难以有效实现的因素之一。法治教育仅通过一门显性化的课程来实现,其弊端是显而易见的:容易产生法治知识中心取向,导致师生倾向于从整个法治实践的过程中抽离出碎片化的法治知识,而这些知识有可能脱离于完整的、丰满的法治现实生活,使法治教育教学逐渐呆板和僵化。毋庸置疑,法治教育的最基础环节是促进学生对现有的法律法规形成一定的认识和了解,但是在当前法治课程的教学模式下,教师普遍倾向于在学校课堂上仅仅讲授现有法律法规条文。这种形式化、灌输式的教学方式极易导致法治教育封闭于狭小的课堂空间之内,无法真正成为一种与社会生活接轨的法治教育。

法治教育不应该是“镶嵌于生活的,一个可以任意装卸的部件,它是融入、渗透于生活的,它存在于生活的整体联系之中”。[⑭] 仅有理论知识传输的法治教育就是在课堂上将法治知识“安装”进学生的头脑,无法使学生在完整的法治社会生活中去感受、体验法治,从而进一步导致法治生活破碎化和分裂化,循环往复下去,法治教育的真正意义和作用则无从发挥。理论学习与法治实践的相分离,使学生很难从自身管理、社会治理、国家治理三位一体的角度去理解法治教育的目的和要求。学生只能在高校课堂学习粗浅的法律理论,而不能去社会课堂进行具体的法律实践,法治素养难以提高,法治精神难以养成,法治教育在建设社会主义法治国家中的效果难以体现。

三、方法与路径:新时代法治教育之革新

高校是普及法律知识、涵养法治文化的重要阵地,对全社会塑造法治意识和弘扬法治精神具有重要的示范作用。[⑮] 法治最深厚、最持久的依靠

---

⑭ 鲁洁:《生活·道德·道德教育》,载《教育研究》2006年第10期。

⑮ 韦洪发、张然:《论高校“思政课”法治教育功能的生成逻辑》,载《思想政治教育研究》2017年第4期。

力量来源于基于对法治的价值认同基础上所建立起来的自觉遵从和自发依赖。因此,法治教育的本质在于以知识为媒介,通过对法治文化的建设、法治价值和精神的弘扬,塑造大学生的法治信仰。

(一)以中国特色社会主义法治理念为核心,更新新时代下法治教育的内容

新时代背景下,应该坚持以中国特色社会主义法学理论为核心来开展高校法治教育工作。在数十年的法治实践与法治创新的基础上,我们逐步形成了一套有着中国特色的社会主义法治理论,为将我国建设成为现代化法治国家奠定了坚实的基础。法治教育的成效关乎我们国家今后法治建设的成效。过去我们的法治思维或多或少的都受到西方法治观念的影响。如今,我们应更重视构建中国自己的法治理论体系,应将法治教育扎根在社会主义中国的土壤之上,将中国特色社会主义法治理论的核心思想、关键词贯穿法治教育,体现鲜明的民族性。在借鉴和吸收西方优秀法治文明成果时,要自觉坚持以马克思主义为指导,保持清醒的理论自觉、坚定的政治信念和科学的思维方法。

(二)将法律基础课单独列为必修课,承认其独立性

首先,承认法律基础课的独立地位,使其得到应有的重视。马克思主义基本原理概论、毛泽东思想与中国特色社会主义理论体系概论、中国近代史纲要、思想道德修养与法律基础以及形势与政策五门课程构成了当前高校思想政治教育课程体系与法治教育体系。虽然道德与法律都属于社会上层建筑部分,共同构成了社会生活的规范体系,但是二者在涉及范围、构成方式、约束力度和方法手段都有所区别。新时代法治与德治并重的治国方针也可以说明法治教育与道德教育位于同等地位,但是我国法治教育长期处于一种从属的地位,并没有上升到基础教育的地位。综合来看,为了更有效地开展新时代下的法治教育,我们有必要将法治教育的课程从思想道德修养课程中分离出来,使其自成体系,单独编写法治基础教育教程。

其次,除了法律基础课之外,应该开设更多的法治通识课程。以美国的本科生法治教育为例,美国80%的高校开设新生研讨课。哈佛大学在

2017～2018年秋季学期总共开设了30门新生研讨课,其中法治类新生研讨课9门,广泛涉及死刑、人权、法律及其宣传、战争的法律和恐怖主义战争、美国宪法史上的里程碑案例等,同期的宾夕法尼亚大学开设了7门法治类研讨课,杜克大学开设了8门,麻省理工学院开设了6门。⑯ 这些通识课程涉及范围广泛能够开拓高校学生的学术视野,并且在以现实问题为中心来设计课程的理念下,有助于培养自主学习能力,构建学术思维,让法治意识扎根于思想深处。我国高校可以根据自身所开设的法治通识课的综合情况对学生选修作出学分要求,以修满一定学分的方式来促使学生选择自己感兴趣的法治方向进行学习。

再次,开设与专业教育相融合的法治课程,丰富课程内容和课程类型。美国大学的非法学院系开设了大量的与本专业相关的法律课程,例如,"2017～2018年秋季学期,哈佛大学在非法学院系的专业领域开设的法治课程有25门,普林斯顿大学36个本科专业开设了29门法治课,斯坦福大学20个本科专业开设了48门,芝加哥大学59个学术研究项目开设了32门。"⑰仅靠法律基础课短短10多个课时进行法治教育显然是远远不足的,应当鼓励高校各学院在考虑专业相关性的基础上开设法治类选修课,比如,土木与环境工程专业开设建筑法课程、经济类专业开设经济法、商法等课程,丰富课程类型和课程内容,吸引更多学生选修。力求形成一种以法律基础课为主干课程,法治教育相关课程为延伸课程,有序衔接、相互补充的系统课程体系,辅之以适应新时代法治发展现状的教材,使法治思想自成一体、成为贯穿整个课程讲授的中心线。系统的课程设置和合理的内容安排有助于法治教育作用的有效发挥。

最后,我国高校的法治教育水平和结果参差不齐,除去少数政法院校外,大多数高校的法治教育水平总体偏低。尤其是在理工科院校,法治教育更是其大思政教育中最薄弱的环节。目前高校法治教育局限于本科教

---

⑯ 赖雪梅、肖平:《美国高校本科生法治教育路径分析》,载《比较教育研究》2018年第8期。

⑰ 赖雪梅、肖平:《美国高校本科生法治教育路径分析》,载《比较教育研究》2018年第8期。

学阶段，且课时极其有限，这显然无法承担高校法治教育的任务。在全面依法治国的背景下，应该使基础法治教育普遍化，贯穿本科、硕士、博士等整个高等教育过程，并且不分专业予以贯彻。

（三）全面提升法治教育队伍的专业水平

全面提升法治教育职业队伍的专业素质，是有效发挥法治教育在建设法治中国中作用的重要保障。在完善高校法治教育的过程中，加强教师队伍建设势在必行。前文提到，现有的思想道德修养与法律基础这一门课程的授课几乎全部是由马克思主义学院的教师负责，授课教师在专业性方面比较欠缺，对学生提出的专业性较强的问题解答能力不足，容易造成学生对法治的信赖不足；另外，授课内容也偏向于普及法律常识，对本身具有一定知识储备和自学能力的高校学生提高帮助较少，难以结合社会热点问题进行专业分析和解说，与法治实践的距离较大。在改善对学生法治教育的同时，高校也应该采取措施提高法治教育工作队伍的能力水平。法治教育的职业队伍应该是思想政治坚定，法律知识深厚的“德法兼修”人才，[18]在没有足够法学专业教师的情况下，应该定期对授课教师进行法治理论培训。同时创造条件，聘请社会中从事法治工作的人士作为兼职的校外导师，以补充优化师资力量，既能提高法治教育的教学质量，又能完善法治教育实践体系。

（四）隐性课程的构建和社会课堂的开辟

“通过隐性课程，法治教育才能增进其生活性、行动性、引导性和持久性等特质，从而有效地培育年轻一代人的法治精神。”[19]隐性课程的合理构建和社会课堂的有效开辟是改善当前法治教育现状的可行之道。

首先，借鉴美国本科法治教育体系，建构校内法治实践体系，涵养高校法治文化。高校法治文化能在很大程度上促进法治教育的发展，为了实现法治校园建设与法治教育的同步建设，必须孕育民主公正的高校法治文化，从而通过法文化氛围来对学生进行稳定而持久的法治精神教育。

---

⑱ 黄进：《坚持立德树人、德法兼修，培养高素质法治人才》，载《中国高等教育》2017年第10期。

⑲ 叶飞：《论法治教育隐性课程的构建》，载《中国教育学刊》2018年第3期。

另外,高校应该建立民主的学生与校方共治机制,以合法的程序将学生引入学校日常管理,参与学校重大决策、规章制度建设和奖惩问题等与学生切身利益相关的事务。美国高校就赋予学生代表参与涉学生权益、学生事务的校务会议,并有权发表意见。从制度设计上来看,虽然参与具有一定的难度、学生代表的数量有限,但是这也体现了高校学生作为高校最重要主体的重要地位。笔者认为,在良好的法治教育熏陶下,高校学生具有学以致用的能力,可以将法治教育过程中学到的理论在校内付以充分的实践。形成这种校方与学生共治的局面,不仅是在完成学生的法治教育,也是在构建民主法治的校园文化氛围。

其次,高校积极引导学生参与社会生活中的法治活动。高校法治教育的目的在于为建设法治国家培养人才,为了实现这个目的,很有必要让学生积极参与到社会法治实践中去,因此高校应该积极主动创造条件去开辟学生参与社会实践的途径。比如,通过与各种法治实践机构建立合作,使学生能够亲身参与到法治运作过程,更深刻的理解法治建设的内涵。通过体系化的法治实践,使高校学生的法治理念、法治精神得到持续的深化。虽然这些隐性课程短期内不会效果斐然,但是潜在的影响是持久而深远的。

(五)创新法治教育方式,充分利用自媒体等工具

随着网络时代的飞速发展,法治教育应当向虚拟空间扩展和延伸,网络教育方式应该被纳入高校法治教育方法体系之中。在新时代,人们的交流方式发生着巨大变化,以微博、微信为代表的自媒体平台也成为对高校学生进行法治教育的新阵地。在这些平台上引入法官、检察官、律师等法治工作者的交流机制,通过直接与法治一线工作人员的交流,既扩宽了法治思维培育的途径,又提高了学生法治思维培育的积极性和主动性。当前,自媒体推送已经成为信息传递的主要方式之一,高校也逐渐开始利用自媒体来辅助日常工作的展开。充分利用自媒体的推送功能,可以实现面向全校师生的全方位的法治宣传教育。

四、结语

增强高校学生的社会主义法治意识,对我国实现"全面依法治国的深入推进""提高全民法治素养""人才强国战略"有着极其深远的影响和不可忽略的战略作用。高校学生作为社会发展的中坚力量,其接受的法治教育和法治观念的养成是至关重要的。思想政治教育与法治教育的互促共进,为践行新时代法治教育的创新,落实全民法律素养的提升,提供了一条可以进一步探索的支撑路径。

The Mutual Promotion of Rule-of-Law Education and Ideological and Political Education in The New Era

Li Suyan

Abstract: In the context of the new era, the rule of law in China requires that rule of law education should complement ideological and political education and play its due role in comprehensively promoting the rule of law. With the comprehensive advancement of the rule of law, the problems encountered by the rule of law education in the new era will be more complicated. Now, there are a series of problems, such as: lack of systematic curriculum and reasonable content arrangement, single rule of law education, serious separation of theory and practice, and the quality of the rule of law education team needs to be improved, which exposes the rule of law education to a bottleneck. In the new era of socialism with Chinese characteristics, the rule of law education needs to pay attention to the basic courses of law, enhance its independence, and make its curriculum system and reasonable arrangement. At the same time, legal education also requires professional training of professional teams to comprehensively improve the professional quality of the rule of law education team. In addition, law education needs to build hidden curriculum, open up social classrooms, and use new media to expand the rule of law education.

Key words: new era, rule-of-law education, ideological and political education, rule of law

论法学实践教学与现代信息技术的深度融合

陈京春*

摘　要：法学实践教学存在着诸多影响教学质量的现实问题。司法大数据、人工智能的应用和网络化信息平台的建设，将不断充实实践教学资源，促进实践教学与实务的同步，有利于实现协同育人的无缝对接，有利于打造实践实训"金课"，有利于提升毕业实习和毕业论文的规范化管理水平。实务部门应担当起服务法学实践教学的责任。

关键词：法学实践教学　司法大数据　人工智能

教育部、中央政法委出台的《关于坚持德法兼修实施卓越法治人才教育培养计划2.0的意见》强调，要适应教育信息化与法治建设信息化的新形势，推动法学专业教育与现代信息技术的深度融合，打破校园与法治实务部门间的时空屏障，将社会资源引进高校、转化为优质教育教学资源。虽然多年来我国法学实践教学改革取得了不少典型性成果，但是

* 陈京春，西北政法大学刑事法学院教授，法学博士，研究方向：刑法学、犯罪学、刑事一体化理论。

依然存在诸多短板和矛盾,司法大数据、人工智能、互联网、云服务等信息技术的运用,对于丰富实践教学资源,进一步深化实践教学改革提供了新的途径。

一、法学实践教学的主要模式

(一)全程实践教学

全程实践教学强调知识教育和实践教育两者密不可分的关系,随着知识教学的推进和深入,实践教学也随之由浅入深,由局部训练到综合训练,贯穿于本科教育的全过程。如西北政法大学按照"专业人才培养的全过程覆盖、专业核心知识的全分布覆盖、专业实践能力的全要素覆盖"的原则,建立起"课堂实验实训、社会实践和专业实习"三位一体、四年不断线的实践教学体系。① 全程实践教学实现了实践教学的规范化、体系化,保障了实践教学环节在人才培养方案中的比重,确保了实践教学的质量。

(二)同步实践教学

同步实践教学强调知识教学与实践教学的同步,更为重要的是实现校内实践教学与司法实践同步,司法实践中的疑难问题能够及时地转化为校内实践教学的要点和资源。如中国政法大学所建立的"同步实践教学"模式,以高校和法治实务部门的深度"协同融合"为基础,以司法实践前沿的动态"即时同步"为平台,实现培养过程中的全程"学训一体"。其要旨是将"实践教学"与"理论学习"的关系从传统的"先后关系"跃升为"同步进行"关系,从一种学生"检验"理论知识的手段提升为人才培养的核心抓手,从人才培养的末端环节提升为贯穿人才培养的全过程。在这种模式中,课程体系从以"原理课"为中心,改变为以"案例课""讨论课"为中心,以实况庭审观摩课程等为支撑的课程体系;教学素材从以教科书为中心,转变为以原始卷宗、动态庭审、录像资料并存的多层次、多元化状

---

① 贾宇:《坚持社会主义法治道路 创新卓越法律人才培养》,载《中国高等教育》2015年第6期。

态;课程内容从纯粹的知识讲授,演变为知识学习、技能学习和经验分享相结合的内容;教学方法从以讲授为主,优化为以研习、互动讨论、点评庭审为主。[②] 除了实务课程体系等传统举措之外,还建立了包括庭审同步直播、庭审录像观摩、案卷阅览与网上查阅、法律诊所、模拟法庭、学科竞赛和校外人才培养基地六部分的同步实践教学体系。[③] 同步实践教学是全程实践教学的深化和发展,更加强调知行合一及实践教学对法治实务部门资源的充分利用和对接。

(三)情境实践教学

法律职业能力是练出来的,需要在司法实践中用心体验而习得。由于技能的教与学不同于知识的教与学,它只能通过示范、指导、训练式地教,通过观察、模仿、练习、实践的途径来学习。但是,传统大陆法系教育模式固守系统性,割断了文本与实际的联系,忽略了学生实际应用法律条文的能力的训练。[④] 在本科教育中存在重理论知识教学,轻实践操作技能的训练与培养;重知识传授、轻运用知识解决实际问题能力的训练;实践教学模式单一等问题。因此,寻找有效的法律技能训练机制是法学教育实现技能训练目标的关键。[⑤] 在法律实践教学中进行角色演练是一种理想的实践形式,它可以充当间接经验与实务技能之间的桥梁。[⑥] 例如,西北政法大学以职业需求为导向,构建诊所式法学教学,实现法学教育与法律服务一体化,建立学校与社会合作育人有效机制,提升学生职业能力与综合素质。构建"课堂教学、实务操作、教师指导"三位一体的教学体系,提升学生职业能力和综合素质。[⑦] 再如,西北政法大学法律服务中心的学

---

② 黄进:《创建"即时共享 协同融合 学训一体"同步实践教学模式,培养卓越法律人才》,载《法学教育研究》2015 年第 1 期。

③ 于志刚:《法治人才培养中实践教学模式的中国探索:"同步实践教学"》,载《中国政法大学学报》2017 年第 5 期。

④ 王晨光、陈建民:《实践性法律教学与法学教育改革》,载《法学》2010 年第 7 期。

⑤ 房文翠:《法学教育中的法学实践教育原则》,载《中国大学教学》2010 年第 6 期。

⑥ 刘晓兵:《法律实践教学中的角色演练与技能培养》,载《中国政法大学学报》2015 年第 1 期。

⑦ 汪世荣等:《构建诊所式法学教学模式 提升学生职业能力与素质》,载《法学教育研究》2015 年第 1 期。

生实践取得了丰硕的成果,学生在法律援助活动中,“以我所学,服务社会”,得到了真实教学情境体验,并在亲身参与法治实践的过程中提升了法治理念。还有学校为了使学生对各个不同的法律职业部门都有所了解,增加学生在学校参与模拟实践的机会,根据实际需要在校园内设置模拟法院、模拟检察院、模拟律师事务所等,⑧通过不同的法律职业角色的视角,使学生亲身体会到不同的法律职业角色所承担的社会责任,⑨这是单向的知识传授无法实现的教学效果。

(四)协同实践教学

无论是校内还是校外的法学实践教学,都需要与法治实务部门的深度协同。校内现场开庭需要司法机关协同,获取司法大数据需要与法院内网协同,校外实践教学基地建设需要与法治实务部门建立协同育人机制,集中毕业实习工作更是需要法治实务部门的专家全面参与、协同开展。高等学校与法治实务部门人员互聘“双千计划”的实施,有利于协同开展实践教学,打造实践教学实务导师队伍。

(五)课程实践教学

大多数法学院校开设了案例研习课、实务技能课。同时,由于诊所教育、模拟法庭、法庭论辩等实践教学活动取得了良好的教学效果,随着课程建设的推进,近年来诊所教育、模拟法庭、法庭辩论等实践活动,逐渐从第二课堂课程化、规范化。

虽然法学实践教学体系已经基本形成,各政法院校结合自身的特点开展了个性化的探索和实践,但是,由于招生规模与师资力量、教学资源之间的紧张关系,高校与法治实务部门之间机制体制的壁垒,实践教学内容的随意性和实践教学管理水平的局限,实践教学与高水平本科教育的要求还存在不小的差距。

---

⑧ 王太芹:《法学本科实践教学改革探索》,载《中国政法大学学报》2014年第3期。

⑨ 房绍坤:《我国法学实践教学存在的问题及对策》,载《人民法治》2018年第16期。

二、当前影响法学实践教学质量的关键性问题

(一)实践教学资源尚不能充分满足实践教学的需要

法学院校由于办学经费和条件的限制,实践教学资源非常有限,无论是实践教学案例库建设,还是实践教学平台建设,都无法充分满足实践教学的现实需求。如果将有限的实践教学资源集中于卓越法治人才基地班,又会造成教育资源分配的不公。以案例教学为例,大部分法学院校教学中使用的案例,一般依赖于主讲教师根据教学需要在各行收集的真实案例,但存在简化事实或者有针对性地肢解挑选事实的现象,并未形成统一的、体系化的教学案例库,有的甚至是教师为了教学需要而编写的教学案例,有观点认为此种方法实为"事例教学法"或"举例教学法"。[⑩] 再如,实践教学基地建设,往往信赖于法学院校与法治实务部门的合作关系,没有体制机制的保障,而且,实践教学基地建设仰赖实务部门的态度和付出,规范化建设水平低下。

(二)实践教学活动尚不能紧跟司法实务的新情况

近年来,智慧法院、智慧检察院如火如荼,司法大数据初现规模,语言识别、图像分析、类案推送等人工智能技术得到应用。律师培训机构与大数据、人工智能等领域的公司深度合作,开发出律师职业技能培训的软件和案例库,显现出现代信息技术在律师职业技能教育中的强大威力。与法治实务部门的大数据、人工智能应用相比较,法学院校的法学实践教学改革显得过于迟钝。目前,司法大数据建设已经初见成效,无论是裁判文书等结构化数据,还是电子卷宗、庭审影像等非结构化数据,其总量和质量都在不断提高,这为充实实践教学资源、强化实践教学实战性、实现实践教学途径和方法多样化提供了前所未有的便利条件。

---

⑩ 冷传莉:《中国法学教育语境下的案例教学法》,载《学位与研究生教育》2015 年第 4 期。

(三)尚未形成完善的协同育人机制

从高校与法治实务部门人员互派的情况看,高校派往司法实务机关的积极性比较高,效果比较好,但是,法治实务部门安排到高校挂职的专家,除了要研究因体制机制而导致的工作积极性不高、参与度不够、作用没有得到充分发挥等情况外以外,如何有效地融入人才培养工作也值得认真研究。高校始终是法治人才培养的主阵地,法学专任教师是主体。要将优质的法治实务部门的资源引入高校,与校内资源无缝对接,没有高水平的教学管理与衔接机制是难以实现的。同时,新时代法治人才的培养,要突破传统课堂概念的束缚,在法治一线传道授业,没有法治实务部门的协同配合,难以做到实践教学贴近实战。当前的问题在于,法治实务部门往往出于自己工作的需要,如人力不足、队伍建设的需要等原因,与高校开展合作,并没有相应的制度将法治实务部门服务、协同法治人才培养作为责任(义务)。在这样的情况下,往往导致实习、实践的异化,如有些律师事务所片面地强调接纳实习学生作为见习律师,要求在校生长期在律所工作,影响在校生的学习。学校也缺乏有效的手段监控学生在法治实务部门的实习情况,造成实践教学的失控。

(四)实践实训课程建设水平与“金课”的标准尚有差距

虽然各政法院校均或多或少地开设了不少实践实训课程,但是,课程建设水平不高,教学内容随意性大,还没有打造出高水平的实践教学“金课”体系。法律实践教学要求提供条件,保障学生的主动性和参与性,教学应从“以教师为中心”转变为“以学生为中心”。[11] 但是,由于认识不足和组织不力等各种因素的制约,实践实训课堂教学过程经常流于表面化、形式化,学生参与程度不够,效果不佳。有观点指出,案例教学选择的案例过于简单,缺少应有的针对性、典型性、复杂性、探讨性;模拟法庭表演成分过于浓厚,很少能使学生从案卷阅读、庭审对抗、事实认定和法律适用、法律文书撰写等方面得到有效的训练。[12] 这样的评价是中肯的,至少

---

⑪ 汪世荣主编:《有效的法律实践教育》,法律出版社 2012 年版,第 54 页。

⑫ 李麒、王继军:《实践教学与卓越法律人才培养》,载《中国高等教育》2012 年第 24 期。

现有的实践实训课堂还没有达到精心设计的“金课”水准。

（五）实习和论文的信息化管理水平还比较落后

虽然毕业论文（设计）、毕业实习等必修实践教学环节不断规范化，但过程管理比较松懈，信息化建设比较滞后，教师指导、工作进度、质量评价等环节缺乏有效管控。不少学校实行的所谓集中实习和分散实习相结合的管理方式，实际上成为“放羊式”的管理，实习质量难有保障。⑬ 因此，“立格联盟”高校提出集中实习要达到一定比例。但这只是问题的表面现象，其根本的原因是高校尚没有有效地手段对学生实习的过程进行有效地监管，实习的内容和考核也缺乏规范化，即便是集中实习也存在这样的问题。解决以上实践教学中存在的问题，推进现代信息技术在法学实践教学中的运用是重要的途径。

面对以上现实问题，法学院校在现有师资队伍和校内教学资源不可能在短期内大幅度改进的情况下，只有勇于创新，充分运用现代信息技术，才能找出一条破解之道。教育部出台的“新时代高教 40 条”中明确提出，要重塑教育教学形态，打造适应学生自主学习、自主管理、自主服务需求的智慧课堂、智慧实验室、智慧校园，大力推动互联网、大数据、人工智能、虚拟现实等现代技术在教学和管理中的应用，探索实施网络化、数字化、智能化、个性化的教育，以现代信息技术推动高等教育质量提升的“变轨超车”。这为法学院校改进实践教学指明了方向，提供了全新的思路。

三、现代信息技术在法学实践教学中全面运用的途径

（一）充分运用司法大数据充实实践教学资源

大数据成为当下的科技热点，它是人工智能的基础，也是有待深入挖掘的富矿。随着司法大数据得到高度重视，并通过建设初具规模，如何利用大数据资源，提高司法效率，成为理论研究的重点和法治实务部门改革

⑬ 王太芹：《法学本科实践教学改革探索》，载《中国政法大学学报》2014 年第 3 期。

的要点。

司法大数据为高水平的案例库建设提供了基础。传统的案例库建设,往往着力于裁判文书的收集,如若进行卷宗的收集已经是值得赞赏的努力。而且,在处理这些案例材料时,还需要通过人工隐去相关的个人(公司)信息,可谓费时费力。但是,在大数据(人工智能)时代,这些问题都可以迎刃而解。司法大数据不仅保存了诸如裁判文书这样的结构化数据,同时,也保存了电子卷宗、庭审录音录像等非结构化数据。图像识别技术可以方便地将个人信息进行修改替换。语言识别技术可以将庭审过程的全部语音以极快的速度、极佳的准确率转换为文字,以便实践教学进行充分利用、仔细推敲。现在的问题是,司法机关是否允许和通过什么形式许可法学院校利用司法大数据展开实践教学。可以期待的目标是,在不远的未来,法学院校可以通过建设数字化实践平台,为学生提供司法实务流程影像资料、数字化司法案卷资料、经典案例影视资料等资源,为提高学生的实践能力和创新能力、制定实践教学标准提供支持。⑭

司法大数据要求实践教学要重视学生大数据思维和运用司法大数据的能力培养。有学者指出,在大数据时代,实践不仅是实习,实践教学的途径和方法要多样化,要教会学生使用大数据思维和大数据方法分析案件。⑮ 当检察官、法官和律师已经习惯于利用司法大数据和人工智能分析来辅助办案,当民众已经习惯于通过人工智能辅助软件预判诉讼的结果和风险,高校还有什么理由置身事外。高校的科研和专业教学,引入大数据和人工智能是社会发展的必然。法学院校的实践教学,也应充分地重视和利用司法大数据和人工智能技术,将司法大数据挖掘和人工智能应用纳入人才培养,尤其是法学实践教学的内容和过程,以适应时代的发展需求。

司法大数据的运用有利于实现以学生学习为中心,强化师生互动。

---

⑭ 章晓明、蒋后强:《法学实践教学现状、问题与改革》,载《法学教育研究》2015 年第 1 期。

⑮ 付子堂:《探索政法高校法治人才培养新机制》,载《中国高校社会科学》2017 年第 4 期。

有观点指出,法学实践教学数据库的建设,应充分重视教学信息资源的交互性,鼓励和要求学生主动发掘、分享资源,共同参与建设法学实践教学数据库,进而有针对性地实现学生的个性化培养目标。[16] 基于司法大数据的人工智能类案推送能力正在得到加强,这将为实践教学的案例库建设带来前所未有的便利。但是,让学生自主地运用大数据分析,探究疑难案件、类型案件的司法实践规律,深化知识在具体、现实案件中的运用,却是根本所在。人工智能类案推送只是手段,而非目的。

(二)运用现代信息技术实现实践教学与司法实务同步

智慧法院、智慧检察院建设为同步实践教学提供了平台,通过现代信息化技术实现与高校实践教学管理系统的对接,将有力推进实践教学与司法实务的同步进行。司法实践中的典型疑难素材可以第一时间推送到教学活动中,校内实践教学可以紧跟审判进程,真正打破高校与法治实务部门之间的壁垒。

已有法学院校通过建立模拟人民法院、模拟互联网法院、模拟人民检察院、模拟公安局、模拟律师事务所,并开设相应的司法实务课程,让学生不出校门就可以全流程仿真模拟司法实务工作,打造"司法实务全流程仿真"同步实践教学新模式。[17] 但是,这种"模拟"必须建立在对真实的司法实践同步展现的基础之上。也就是说,高校要有条件与法治实务部门实现优质教育资源即时共享、协同育人。要努力建立庭审同步直播、录像观摩、案卷副本阅览于一体的实践教学资源库,并通过"优课程教学资源云平台"开展数字化、智慧化教学。[18] 也就是说,法学院校的实践教学活动及其内容,要实现与司法实践的同步性,跟得上时代发展的需要。需要强调的是,这并不排斥系统的、经典的法学理论的学习。

同步实践教学还意味着,法治实务部门的专家及其法治实务工作,应

---

[16] 陈兵、程前:《Web2.0 时代高校法学实践教学数据库建设新探索》,载《中国法学教育研究》2014 年第 4 期。

[17] 黄进:《培养德法兼修的高素质法治人才　引领中国法学教育进入新时代》,载《中国高等教育》2018 年第 9 期。

[18] 胡明:《创新法学教育模式　培养德法兼修的高素质法治人才》,载《中国高等教育》2018 年第 9 期。

与法学院校的实践教学的需要同步。法学院校的实践教学是规范的、体系的,不能因法治实务部门提供的资源的内容和热点而被打乱。反而是法学实践教学的特定环节需要什么样的实践教学资源,就可以通过信息化的手段,对接合适的、同步的实践教学资源为之服务。

(三)运用现代信息技术实现协同育人的无缝对接

法学院校的实践教学对法治实务部门的专家资源和司法大数据资源有现实需求,而作为供给方的法治实务部门,如何提供对路的资源服务于法治人才培养,实现供需的有效对接,是当下打破壁垒、引入资源的关键所在。

互联网的现代信息技术,有利于解决优质司法资源转化为优质教育资源的难题,有利于将优质司法资源“请进来”,填补、弥合法学院校与法律实务部门因空间距离等阻隔而造成的优质司法资源难以转化为优质教育资源的鸿沟。[19] 现实问题是,各级、各地的智慧法院、智慧检察院等系统是封闭的,并没有与法学院校的教学管理系统对接,导致转化过程的繁琐,转化的内容受到限制。

高教四十条强调,要加强实践育人平台建设。要综合运用校内外资源,建设满足实践教学需要的实验、实习、实训平台。为了综合运用校内外资源实现协同育人目标,应构建功能集约、资源共享、开放充分、运作高效的实验、实习、实训平台,而不是孤岛的、封闭的平台。要调动法学院校和法治实务部门两支队伍、两部分资源,实现全面的协同育人机制,没有现代信息技术的运用,不能实现法学院校的教学管理系统与智慧法院、智慧检察院等系统的对接,这一目标是无法实现的。

(四)运用现代信息技术打造实践教学“金课”

所谓“金课”,教育部高教司吴岩司长认为,其应具备高阶性、创新性、挑战度。所谓“高阶性”,就是知识能力素质的有机融合,是要培养学生解决复杂问题的综合能力和高级思维。所谓“创新性”,是指课程内容要反映前沿性和时代性,教学形式呈现先进性和互动性,学习结果具有探究性

---

[19] 黄进:《创建“即时共享 协同融合 学训一体”同步实践教学模式,培养卓越法律人才》,载《法学教育研究》2015年第1期。

和个性化。所谓“挑战度”，是指课程有一定难度，需要跳一跳才能够得着，老师备课和学生课下有较高要求。[20] 这同样是实践教学课程的“金课”标准。

要打造实践教学“金课”，现代信息技术的运用是重要的支撑和保障。基于司法大数据的人工智能技术可以源源不断地为实践教学提供“活水”，有利于学生将知识运用于鲜活的法治问题和实证案例中，培养学生解决真实、复杂问题的法治思维和职业技能；实践教学平台对接法治实务部门专家和实务资源，有利于课堂教学内容及时地反映法治事件和司法实践，紧跟法治进程，有利于强化学生与专任教师和实务导师的互动；智慧司法、智慧律师系统为实践教学提供支撑，有利于完善实践教学的教学方式方法，充实教学内容，推动学生探究式学习和个性化发展，有利于提高实践教学的挑战度。

（五）运用信息技术提升毕业论文和毕业实习的规范化管理水平

互联网、大数据、云服务等现代技术在毕业论文（设计）教学管理中的应用和融合，可以提高毕业论文（设计）过程的管理水平，强化质量监控。目前，运用信息网络对毕业论文进行查重已经成为通常的做法。部分法学院校正在开展的工作是运用软件系统辅助、支持论文的写作和辅导，并对学生论文写作和导师辅导进行全过程记录，并进行规范化的过程考核。此外，现代信息技术对于创新论文选题和写作内容具有重要的意义。例如司法大数据及人工智能类案推送等新技术，有利于选题贴近司法实践中的疑难现实问题，提高论文写作的针对性和实证性，进而提高毕业论文的选题和写作质量。

毕业实习管理平台的建设及其应用，有利于克服毕业实习过程失控、实习内容随意、实习指导不到位等现实问题。专任教师可以通过网络平台，及时对实习学生提出的疑难问题进行答疑，指导学生的实习安排，检查学生的实习活动；实务导师可以通过网络及时与专任教师进行沟通，共

---

[20] 教育部高教司司长吴岩：《中国“金课”要具备高阶性、创新性与挑战度》，载新华网：http://education.news.cn/2018－11/24/c_1210001181.htm，最后访问日期：2018年11月24日。

同为实习学生制订实习计划,安排实习内容;学生可以通过平台提交实习成果,开展小组研讨,记录实习过程,以防止实习活动的异化。

四、推进法学实践教学与现代信息技术深度融合的基本要求

(一)需要全面服务于“教”与“学”

现代信息技术的运用,无法替代实践教学的基本内容,而是推进实践教学完善升级的保障和支撑。网络平台、大数据、人工智能等信息手段,要全面服务于“教”与“学”,使教学活动更加高效,实现有效的教学,使学习更加个性化,强化问题导向、探究和互动。现代信息技术的运用不能成为师生的“枷锁”,不能给师生带来不必要的负担,而应是师生乐于接受、便于利用、如影随形的助手。因此,在法学实践教学中,优良的现代信息技术应是人性化的、具有亲和力的、有利于随时随地使用的资源和平台。

(二)需要师生对信息技术熟练运用

法学实践教学中现代信息技术的运用,对师生提出了新的要求。法学院校的师生应具备网络技术、司法大数据、人工智能等方面的基础知识和技能,因此,对师生进行必要的培训和及时的技术支持成为必需。更为重要的是,师生需要适应大数据(人工智能)时代法治建设的新理念新思想新要求,主动地在教与学的过程中运用现代信息技术所带来的新机遇、新内容和新方式。

(三)需要法治实务部门的责任担当

在信息时代,法学实践教学因司法大数据、人工智能、网络互联、平台建设得到内涵化、规范化建设的新机遇。但是,要将这种可能转化为现实,培育法学实践教学的新形态,还需要法治实务部门的全面参与和配合。高校是法治人才培养的主阵地,法治实务部门对于法治人才培养,尤其是法学实践教学负有不可推卸的责任。对于实务部门是否有义务接受

实习生并安排人员指导实习生,德国法学教育法律中有相关规则。[21] 在中国大陆地区,相比较西方国家而言,法治实务部门更有责任,也更有能力承担起法学实践教学的责任,担当起法治人才培养的重任。

On the Deep Convergence of Practical Teaching in Legal Education and Modern Information Technology

Chen Jingchun

Abstract: At present, there are many concrete problems affecting the quality of teaching in the practice of legal education in China. With the application of big data in law fields, artificial intelligence and the construction of network information platform, information technology continues to enrich the practical teaching resources and promote the synchronization of practical teaching and the actual practice of law. This new phenomenon is conducive to the realization of the seamless convergence of collaborative education, and it is conducive to the creation of practical training "golden class", which is significant to the improvement of the standardized management of graduation internships and graduation thesis. The author points out that the law enforcement department should assume the responsibility of teaching the practice of law in the reformed legal education.

Key words: practical teaching in legal education, big data in law fields, artificial intelligence

---

[21] 田士永:《法治人才法治化培养的德国经验》,载《中国政法大学学报》2017 年第 4 期。

“互联网+法学本科”教学改革的需求、困境与出路*

杨　攀**　杜志红***

摘　要:网络环境催生了对法律人才的新要求。教学活动的信息流动属性及改进流动方式的要求使得消除灌输式教学的弊端、探索新的教学方式成为迫切需求。“互联网+法学本科”教学改革的困境主要来源于教师、学生、法学院及其背后的高校和教育主管部门三个方面。推进改革需要明确网络环境下法学本科教学改革的理念、完善法学人才培养单位的竞争和评价机制以及建立新的教师和学生评价机制。

关键词:“互联网+”　教学改革　法学本科

当前,我国法学本科教育教学还面临不少亟须

---

* 基金项目:2017年重庆市高等教育教学改革研究重大项目“法学本科学生慕课理论及实践研究”(项目编号:171008)和西南大学2018年网络与继续教育教学研究课题“泛在学习时代的学校形态变革、特征及规制研究”(项目编号:2018291067)的阶段性研究成果。

** 杨攀,西南大学法学院副教授,法学博士,研究方向:互联网理论与法律问题,网络教育教学。

*** 杜志红,西南大学法学院讲师,法学博士,研究方向:婚姻家庭继承法、学前教育立法。

解决的问题。2016年7月,《教育部关于中央部门所属高校深化教育教学改革的指导意见》(教高〔2016〕2号)明确将“信息技术与教育教学深度融合”列为“中央高校教育教学改革专项”建设的总体目标。2017年12月9日,习近平总书记在第十九届中央政治局第二次集体学习会上强调实施国家大数据战略加快建设数字中国,明确提出要推进“互联网+教育”。因而,探索适应网络信息环境要求的法学本科教育教学改革方案,形势非常迫切。下面,笔者结合2012年以来的教改实践,对“互联网+法学本科”教学改革的需求、困境和出路进行初步探讨。

一、“互联网+法学本科”教学改革的需求

社会的加速网络化和智能化,既极大地促进了我国经济社会各方面事业的发展,也对网络环境下的劳动者能力素质提出了更高的要求,法律人才也不例外。

(一)法律人的能力素质遇到网络挑战

法学本科教学改革的根本目的是满足社会发展的需要。现在,不但存在法学教育“不及格”①——“法学专业毕业的学生总体上能力素质结构与司法实践需求不相匹配”②的问题,而且培养的法律人才也无法满足网络社会环境的需求。当前中国社会正在快速经历农业社会、工业社会、网络社会的过程,生产制造和服务提供日益机器化,机器日益网络化、智能化,传统工厂及与之类似的流水线式的重复性工作岗位正快速减少,社会越来越需要创新型人才将各式各样的社会需求开发、设计为能够由互联网机器自动化完成的程序工作。在这样的背景下,法律人的工作能力受到了互联网环境的极大挑战。

1. 简单的法律咨询服务工作逐渐被互联网及智能化机器所替代

现在人们不仅可以通过一般网站或者免费法律数据库快速准确的收

---

① 葛云松:《法学教育的理想》,载《中外法学》2014年第2期。

② 黄进等:《中国法学教育向何处去》,载《中国法律评论》2014年第3期。

集相关法律规定,而且利用"中国裁判文书网""法信"等数据平台或者人民法院、律师事务所等提供的法律人工智能服务还可以方便地筛查出相关案例,③从而对遇到的纠纷作出初步的法律判断。

2. 专业性法律服务工作必须充分运用法律大数据和人工智能

目前原来由律师及其助理完成的查阅法律、案例等的法律辅助工作,已经被以法律大数据为基础的人工智能所部分替代。④ 部分律师事务所还推出了基于大数据的免费法律咨询服务。⑤ 2015年中央政法委提出要以信息化推进政法工作现代化,⑥2016年3月31日上线的最高人民法院"法信"平台将节省法官、检察官等法律工作者对相关法律、案例、学理的收集、整理和初步分析工作时间。约翰·麦金尼斯教授针对美国申请法学院的人数在不到10年内降低了一半的现实,⑦认为:"由于技术的原因,法学院所丢失的生源将不再回来。"⑧

3. 新兴的法律服务工作将出现在网络大数据及人工智能领域

互联网和智能化设备对简单法律服务工作的替代,必然使法律人的

---

③ 根据最高人民法院"法信——中国法律应用数字网络服务平台"的功能介绍,至少其中的"中国最大的法律知识分类导航体系——法信大纲"和"自然语义同案智推服务"对于一般公众了解与自己纠纷相关的法律知识,初步预测自身纠纷的裁判结果具有巨大帮助作用,对于法学教育中学生理解法律规定的方式也着重要的影响。"法信"功能介绍参见:法信:《首席大法官周强正式启动"法信"平台上线》,载法信第106期:http://mp.weixin.qq.com/s? _ _ biz = MzA3MDczNDQwMw = = &mid = 404955827&idx = 1&sn = daf995d6eb47ad66660ddb9c5d65e681&scene = 23&srcid = 0413PryxVqU1k6QtEyh4eDGI#rd.,最后访问日期:2018年6月30日。

④ YAN Yi-qi, "Look out, there's a robot just waiting to take over your job", China Daily USA, 2015 - 01 - 01(9), Accessed February 7, 2015. http://usa.chinadaily.com.cn/epaper/2015-01/01/content_19218355.htm.

⑤ 北京市天同律师事务所:《逆天创新:检索工具首度实现"让案例来找你"》,载天同律师事务所的博客:http://blog.sina.com.cn/s/blog_78341c350102vjgw.html.,最后访问日期:2015年6月26日。

⑥ 庄庆鸿:《中央政法委:以信息化推进政法工作现代化》,载《中国青年报》2015年2月13日,第6版。

⑦ BRONNER E, "Law Schools' Applications Fall as Costs Rise and Jobs Are Cut", *N. Y. Times*, January 31, 2013, A1.

⑧ MCGINNIS J O, "Will Law School Applicants Return?", Accessed October 10, 2018. http://www.libertylawsite.org/2015/02/15/will-law-school-applicants-return/.

工作内容更偏向于以充分利用网络条件为基础的新兴、复杂问题。这些问题所反映的往往是互联网及其他高新技术发展带来的新需求。这需要法律人不断学习新知识、解决新问题,从而需要具备更强的自主学习能力和创新能力。为此,法学院培养的毕业生必须要具有强烈的问题意识,能够熟练地操作智能机器和网络工具进行学习和研究。

(二)灌输式教学遭遇网络冲击

1. 网络普及改变了灌输式教学的环境

互联网的发展特别是近几年移动互联网的普及,迅速改变了大学教学环境。它不仅给大学师生带来了巨大的资讯和生活便利,而且给传统的灌输式教学带来了巨大的冲击。这种冲击最直接的表现方式就是课堂上产生了“低头族”。老师在讲台上用传统教学方式讲授各种知识点,而学生在下面乐此不疲的玩手机。为了杜绝此种现象的发生,从2014年开始,国内多所大学推出“课堂无手机”措施,⑨但是效果并不尽如人意。因为其没有把握问题的实质,相比传统教学,互联网不仅提供了与课程相关的各种知识,而且为学生们提供了解决问题的基本平台和路径。因此,对于来势汹汹的互联网,宜疏不宜堵,应当借力发力,将互联网的优势应用到日常的教学过程中。

2. 国外法学教育网络化研究和实践的影响

国外学者对网络环境下法学教学改革的紧迫性及方法提出了一系列观点,值得我们借鉴。关于改革的紧迫性,菲利普·施拉格认为要重新评估法学院提供的价值……而不是在几年内摧毁这个国家的大学经过了一个世纪才建立起来的法学教育系统;⑩沃伦·宾福德认为:法律教育者要提供领导力和远见,与出版商、软件程序员和开发者合作,以确保我们的学生接受数字时代最好的法律教育成为可能,否则法学院可能被淘

---

⑨ 陈姗:《课堂无手机,这个世界终于安静了》,载中国大学生在线:http://news.univs.cn/2014/0411/1026265.shtml,最后访问日期:2018年10月10日。

⑩ Philip G. Schrag, “Moocs and Legal Education: Valuable Innovation or Looming Disaster?”, *Villanova Law Review* 59, 2014, p. 134.

汰。[11] 关于应对互联网影响的方法,约翰·麦金尼斯主张法学院积极适应互联网信息技术的变革,将课程对准那些暂时不能被机器智能所取代的领域;[12]杰弗里·里普修认为全职律师将减少,法学院的改革将聚焦于“经验教学”和MOOCs;[13]理查德·马萨特认为学校可能重新评估面对面教育,并且拥抱在线工具以传递信息甚至进行苏格拉底式教学,从而将课堂教学留给项目、诊所和技能培训;[14]大卫·拉沃伊和奥马尔·莫尔认为需要注意以教师为中心的被动学习向以学生为中心的主动学习的教学范式转变。同时需要对教师进行以学生为中心的教学和课程设计培训,推出高质量的在线课程。[15]

(三)教学自身要求加快信息传递

1. 法学本科教学具有信息属性

法学本科教学具有信息流动的属性,从而具有加快教学信息流动速度的内在要求。法学本科理论教学主要是通过法学知识信息、案例信息、社会现象信息等,帮助学生认识法律所反映的社会运行规律及相应的法律构造。模拟法庭或者法律诊所等实务教学,也是以案情事实信息、法律规定和理论信息为基础,通过逻辑推理得出案件结果信息。与实物结合十分紧密的法学课程,例如司法鉴定等法律技能教学,事实上是科学检测、实验等与法律判断的结合,它们同样也是信息流动过程。就法律应用的典型场景法庭审理而言,在全体诉讼活动参与人之间流动的是案件事实和法律信息,诉讼活动的结果例如法官所做出的裁决,依然是一种法律

---

⑪ W. Warren H. Binford, “Envisioning a Twenty-First Century Legal Education”, *Washington University Journal of Law & Policy*43, 2014, pp. 157 – 186.

⑫ John O. McGinnis, “Law Schools Must Respond to Technological Change”, Accessed June 19, 2015. http://www. libertylawsite. org/2015/02/17/law-schools-must-respond-to-technological-change/.

⑬ Jeffrey M. Lipshaw, “‘Retire and Teach’ Six Years On”, *Northern Kentucky Law Review*41, 2014, p. 91.

⑭ Richard A. Matasar, “The Canary in the Coal Mine: What the University Can Learn from Legal Education”, *Mcgeorge Law Review*45, 2013, p. 202.

⑮ David Lavoie and Umar F Moghul, “Redistributive Pedagogy: A Case Study in Islamic Finance Education and Student-Centered Learning”, *Albany Government Law Review*7, 2014, p. 153.

信息。即使是律师事务所内部的师徒式法律经验传授也表现为信息流动过程。从更广泛的范围来看,立法、执法、司法、守法的整个过程,实际上是将社会规律选择性的规范化、系统化,并应用于个别情景的动态的信息过程。更进一步说,法学本科教学的信息流动过程根源于自然和社会的信息属性,根源于人脑以信息的方式来处理外界事务的工作原理。无论是法学本科教学过程,还是法律的实际运行过程,对于大脑而言都只是一种信息流动过程,这个过程并不生产物质产品,也不运行除法律信息加工和法律论证之外的其他工作。既然法学本科教学是信息流动过程,则互联网使各类信息快速、大容量、便捷和互动式传递的特性便无可避免地会发挥作用,⑯这就是法学本科教学与网络的内在契合性。教学活动既然是信息流动,则其自身就必然具有扩大教学信息范围、加快教学信息流动速度的内在要求。

2. 加快教学信息流动激发创新

法学本科教学过程体现为三个同步信息进程,即知识信息提供、知识信息接收和融入以及师生之间的即时信息互动——批判与创新。在知识信息提供方面,教材等书籍和教师的课堂讲解曾是主要的甚至是唯一的知识信息来源。但现在互联网不仅扩大了法律知识信息的来源,而且还方便了课堂视频的互联网分享。在知识信息的接收和融入方面学生是绝对主体,否则最多只有知识信息的暂时接收,不可能包括融入。融入是新知识与学生原有知识的体系化过程,死记硬背无法实现这一点。在师生即时信息互动方面,互联网条件下的课堂教学不能再仅仅是知识转述过程,而应该由法学知识信息、社会现实法律问题、特定教学情境和学生的差异性所激发的批判和创新过程。教学信息流动的三个进程具有一定的混合性,这导致部分人看不清楚法学本科教学的信息流动本质,意识不到这些信息分别传递的可能性。

法学本科教学信息流动的三个进程及其可分性,使网络可以为教师个性化信息传递提供条件。教师课堂上讲解的知识信息可以分解为专业

---

⑯ 杨攀:《互联网的性质:与机器对比的视角》,载《重庆邮电大学学报》(社会科学版)2016年第3期。

常识、前沿信息和个人的知识体验等个性化信息。对于专业常识、前沿信息而言,合格的教师基本上都可以将其传递出来,这种转述的主要差异仅仅在于完整性与准确性。既然是转述则完全可以通过信息技术手段来实现,例如可以将法律知识的文字、立法辩论视频、庭审视频、案件材料、专家学者演讲材料等等借助网络在课堂之外传递。教师的个性化信息与教师个人的知识积累、学术专长和人生阅历有密切联系,只能由教师本人发出。教师的个性化信息总是与教师所要传递的知识、理念和学习方法交织在一起,对法学课程知识起到分解、包装、阐释、补充和引申的作用。教师的个性化信息一旦产生出来就可以加以信息化,网络条件可以使优秀教师的个性化信息的传递范围迅速扩大,例如优秀慕课的学习者几乎是无限的。因此,在网络及其他信息化技术的帮助下教师的个性化信息一旦产生就可以被记录、筛选和网络传递,从而可以将教师的重复性劳动降到最低。

网络为教师基于学生差异和特定教学情境而产生的个性化信息传递提供了课堂时间。在法学本科教学的课堂教学或者课前、课后的师生讨论、个别指导与督促过程中,教师会根据不同学生的特点、不同的教学情境而阐发出一些新的个性化信息。在教学内容信息化、传递网络化以前,因为学生缺少获取教学资料的便捷途径、教师个人精力有限、教师已经生产的个性化信息无法被便捷的记录等原因,教师需要将课堂时间主要用于传递专业常识、前沿信息和重复已经发出过的个性化信息,而无法针对学生的差异和有利于师生互动的教学情境而产生出更为有益的个性化信息。从学生的角度来看,教师针对学生差异营造的有利学生参与的教学情境而展开的课堂讨论,有利于学生结合自身原有知识和体验吸收新知识并且形成自己的独立见解。概言之,为了将传统法学课堂转变为研讨性、创新性课堂,法学本科教学内在地需要借助于网络这个新兴的信息传递条件。

综上所述,“互联网+法学本科”教学既是网络社会现实的迫切需求,又是内在契合于法学本科教学的信息流动属性和加强信息流动速度、改进信息流动方式的内在要求,因此是必须加以大力推进的教育改革领域。

二、“互联网＋法学本科”教学改革面临的困境

在国家明确要求改革大学本科教学，在全社会“互联网＋”改革氛围日益浓厚的情况下，“互联网＋法学本科”教学改革却没有在全国各高校自发开展起来，必然存在阻碍因素。下面从教师、学生和法学院（含其背后的高校和教育管理部门）三方面来分析“互联网＋法学本科”教学受阻的原因。

（一）教师方面

教师是“互联网＋法学本科”教学改革的真正实施者，来自教师方面的阻碍主要表现在教学理念滞后、网络素质欠缺和改革信心不足三个方面。

1．教学理念滞后

教师的教学理念决定了教学方法，教学方式方法体现出教师的教学理念。灌输式教学理念是将教学活动简单理解为知识信息的单向传递，认为教学活动的重心在于教师，只要教师将法律条文的含义及其所体现的法律原理讲解清楚，并且进一步用案例模拟论证就可以了。灌输式教学的最大问题在于忽视了学生在教学活动中的主体地位，忽视了将法学知识回归于其所对应的社会问题上的重要意义，从而忽视了学生以相关法律问题为中心进行自主学习、参与课堂讨论的教学过程对于掌握法学知识、培养问题意识和法律思维能力的重要价值。教学理念滞后还体现在教师对于网络环境在教学活动上的影响缺乏足够认识。没有认识到教学的信息流动实质，对于互联网的迅猛发展和巨大功用缺乏了解，认为“低头族”以及课堂玩手机只是不务正业。没有意识到移动互联网所带来的快捷、高效和个性化服务，对包括教育在内的传统行业的运行环境及生产、服务的内容带来了巨大冲击，以及由此而带来人才素质要求的变化。教学理念滞后必然导致教师缺乏教学改革的动力。

2．网络素质欠缺

教师的网络素质对“互联网＋法学本科”教学改革至关重要。在反对

或是消极对待“互联网+法学本科”教学改革的教师中有相当一部分教师欠缺必要的网络素质。教师的网络素质包括:积极的网络观念即充分意识到互联网的重要性,对网络新兴技术持积极或者至少是开放的态度;必要的网络技能即在日常生活和法学研究中能够熟练使用互联网。教师的网络素质主要取决于教师个人的经历、主观选择和学校要求。教师的网络素质与教师的年龄没有必然的联系,与教师对待新鲜事物的态度有重要关系。事实上,在日常生活中不使用或者较少使用互联网的教师多数比较接近退休年龄,要求这部分教师转变观念,专门学习并且在教学上运用互联网技术,还不如调动他们在其他方面的教学优势。教师的网络素质欠缺还应该部分地归咎于高校在教学或者科研上的网络设施和其他条件不够完备,高校及其法学院在思想上未积极进行宣传引导,在制度上未将网络素质列为教师的基本要求。中青年教师的网络素质欠缺是完全可以通过教学理念宣传、评价政策引导和培训服务提供三项措施来改变的。

3. 改革信心不足

不少教师意识到了网络环境的教学影响并且也能够熟练使用互联网,他们不主动进行“互联网+法学本科”教学改革的原因是对改革存在种种担忧。其主要有以下四个方面的表现:

(1)担心投入得不到肯定。人的精力总是有限的,教师也是置身于个人及家庭的收入和消费情境中的社会人,对于多数教师而言,为人师表的忠诚和奉献激情难以完全抵御现实的柴米油盐和职称评审的条条款款,因此使教师的教学投入得到应有的待遇和职称肯定,是非常必要的。进行“互联网+法学本科”教学改革,需要教师在课程设计、网络课程建设、课堂讨论准备、对学生进行个性化指导、对学生进行学习过程评价与督促等方面投入大量的时间与精力。这些大大超出灌输式教学的精力投入既没有明确的待遇回报,往往也得不到现行评价机制的明确肯定。而教师的高水平教学在学生身上所产生的良好效果,又往往需要等到多年以后才会逐渐显示出来。因此,教师面对“互联网+法学本科”教学改革时,存在教学投入得不到应有肯定的担忧。

(2)担心出现差错。“互联网+法学本科”教学改革需要进行大胆探索甚至突破现有规定,这就必然产生各式各样的风险。进行“互联网+法学教学”本科改革的教师不得不担心出现各种差错,从而招致现行管理制度和评价机制的否定性评价。例如,作为常规,法学本科必修课的平时成绩与期末成绩的比例,一般是三七开、最多五五开,如果在教学改革中提高到八二开以体现对学生学习过程的考察,则可能会面临来自教学管理层给予否定评价的风险。当然,有的老师还担心采用“互联网+法学本科”教学可能导致学生课堂玩手机现象更加严重。

(3)担心引起学生反感。“互联网+法学本科”教学改革势必会改变灌输式教学中学生平时学习过于轻松的现状,改革的具体规则和措施也容易影响部分学生的既得利益。因此,“互联网+法学本科”教学改革容易导致部分认为传统教学方式理所当然的学生反感,从而可能会导致部分学生在评教时打低分。这既可能影响教师的心理感受,也可能影响教师的绩效考核和职称晋升。

(4)担心失去权威感和成就感。长期以来教师就是知识的化身,常常以对教材和学界通说的传授和解读作为树立和维持权威感的重要途径。“互联网+法学本科”教学改革要求以学生自主学习为主,师生共同面对高度丰富并且网络化呈现的法学知识,教师从对知识的灌输转向学习组织、问题引导、过程考核和督促,建立合作式的师生教学关系。这样势必会全面消解灌输式教学带来的权威感和成就感。教师在新的教学方式下获得成就感,又必须以改革的不断完善和成效的逐渐显现作为前提条件。显然这也是进行“互联网+”教学改革教师的担忧之一。

在上述教师方面的“互联网+”改革阻碍因素之中,教师评价机制发挥着决定性的作用。

(二)学生方面

学生作为“互联网+法学本科”教学改革的主体,存在担心无法掌握法学知识,不愿意投入课外时间学习,欠缺自主学习能力或者害怕承受学习压力的问题,也会一定程度上阻碍改革的进行。

1. 掌握知识的忧虑增加

从满堂灌的教学方式到被动参与"互联网+法学本科"教学改革的学生,容易产生在课堂上没有学习到知识的感觉,担心无法应付期末考试。原因在于学生存在只有整个课堂教师大量讲解法学知识才是学习知识的习惯,认为课前自主学习和课堂讨论都不是在学习知识,担心没有了详细的听讲笔记,期末复习时无从下手。这表明"互联网+法学本科"课教学改革不仅需要教师更新教学理念,而且也需要学生同步更新课程学习理念。

2. 投入时间的意愿不高

在灌输式教学模式之下,平时学生在课外并不需要进行自主学习,上课时带一本书甚至书也不带,玩玩手机就可以混过去,而课外时间被各种学生活动所占据,教学改革增加了课外自主学习要求,学生就会感觉太忙。部分对法学专业的自信心不足,原来感觉自己课外还有大量时间修读第二专业的学生,又会觉得没有足够的时间完成老师布置的课外自主学习任务。当然还有相当一部分学生认为课前自主学习影响他们的休闲娱乐而要求减少自主学习任务量。下面以笔者的教改调查问卷数据来说明这个问题。

从对2013级经济法学课程问卷调查来看,小组任务的讲解者准备小组任务需要超过6小时的占57.5%,讲解者以外的小组成员准备小组任务需要超过2小时的占37.5%。见图1、图2。

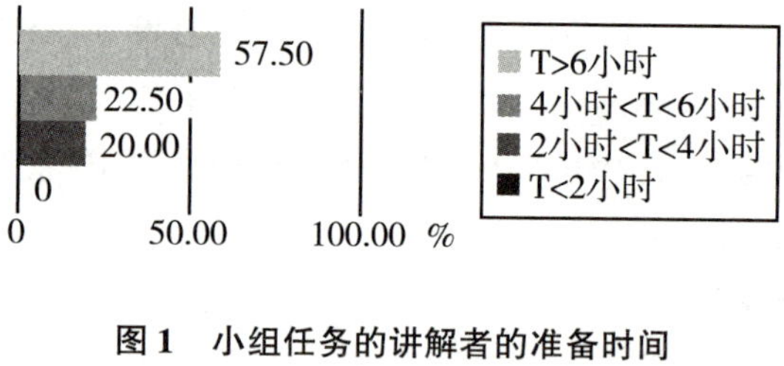

图1 小组任务的讲解者的准备时间

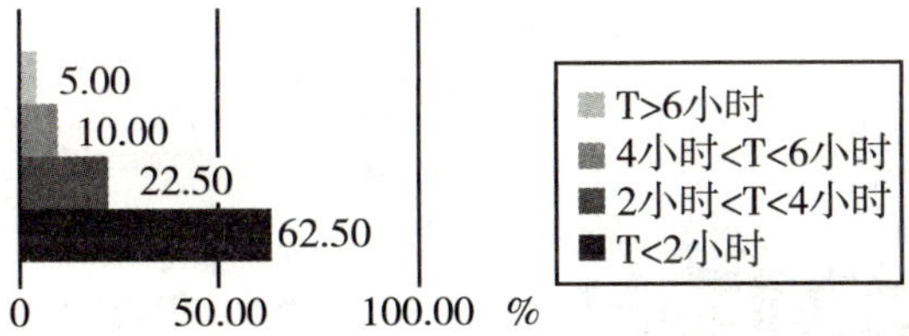

图2　讲解者以外的学生的准备时间

根据2011级经济法学课程问卷调查结果，愿意花1小时以上时间课前自学的学生分别占83.87%，其中愿意花2小时以上的比例为37%，愿意花3小时以上的比例为6.45%，见图3。可见，多数学生只愿意用1~2小时课前自学。

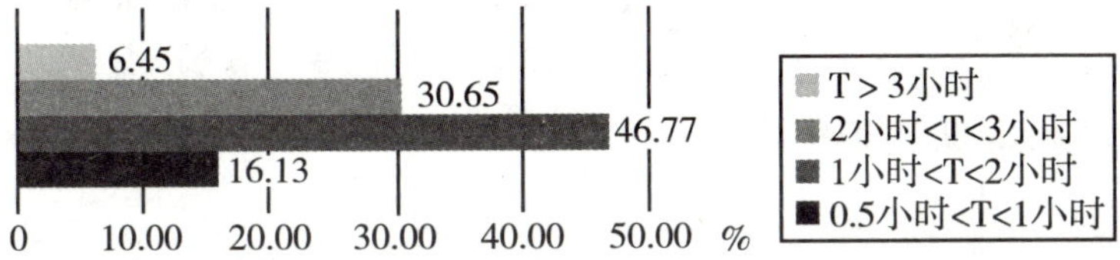

图3　学生愿意投入课前自主学习的时间

在2013级经济法学课程调查问卷中，有高达72.5%的学生选择：“希望任务布置的少一点，不要占用太多时间”，显然存在学生需要投入的时间大大多于愿意投入的时间的矛盾。

3. 学习压力承受力不足

“互联网+法学本科”教学需要培养学生的自信心、自主学习能力、问题意识、动手能力和创新能力，首先要激活学生这些方面的能力需求，使他们在这些方面存在的不足被暴露出来，显然这会使学生感觉到能力的欠缺及自主学习带来的压力。下面同样以笔者的教改问卷调查数据来说明这个问题。

(1)需要调动多元化能力

图4是2011级学生参与经济法学课程教学改革4周之后的调查数据。当时学生被激发出的能力需求，排在前三位是“探究与创新”“自信”

和“语言表达”,分别占 72.31%、63.08% 和 63.08%。

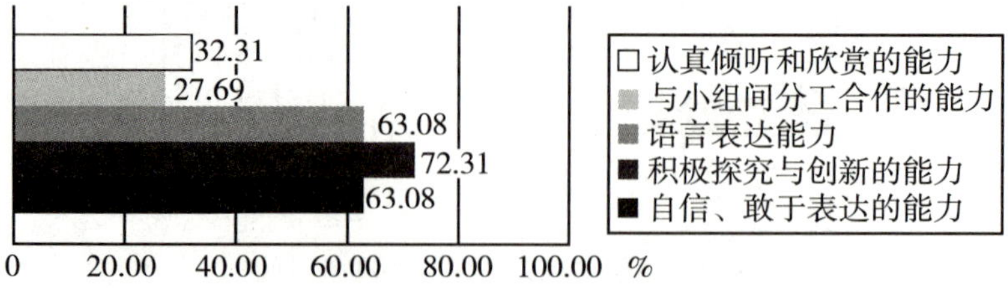

图 4　学生需要调动多元的能力(多选)

(2)学习压力增加

图 5 是 2011 级经济法学课程期末问卷调查结果,有 66.67% 的学生感觉学习压力“尚可,比较吃力”,只有 30.16% 的学生感觉“很好”。图 6 是 2013 级经济法学课程期末调查结果,72.5% 的学生认为“有压力,但是能够承受”。可见,教学改革使学生普遍感觉学习压力增大。

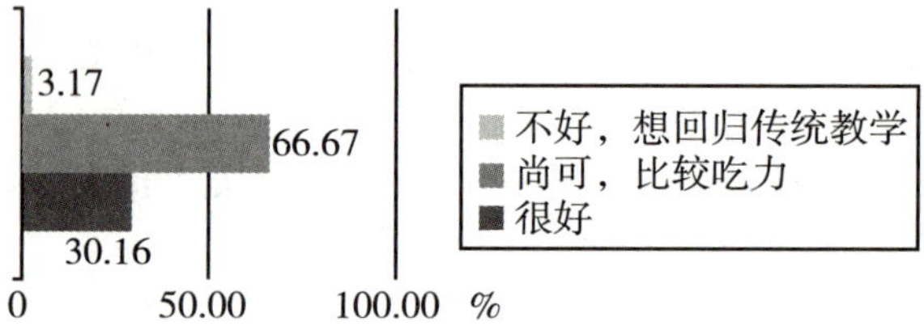

图 5　学习压力调查 1

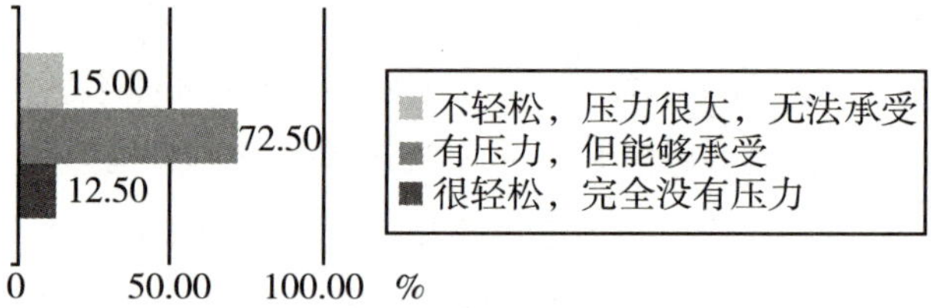

图 6　学习压力调查 2

4. 收获感与付出感不同步

学生参与课程教学改革提高的能力及主观的获得感，主要产生在逐渐适应新教学方式的课程后期甚至是期末。学生对教学改革的付出感、压力感与收获感的不同步，当然也是改革的阻碍之一。下面通过2013级经济法学课程期末问卷调查结果中的两幅图表，来说明学生在教学改革中能够取得什么收获。图7是学生对于课程整体的收获，图8是学生针对SMOOC教学的态度和收获⑰。这表明，通过教学方式的改革，学生的自信心、独立思考能力和习惯、写作能力、团结协作能力等得到大幅提升。

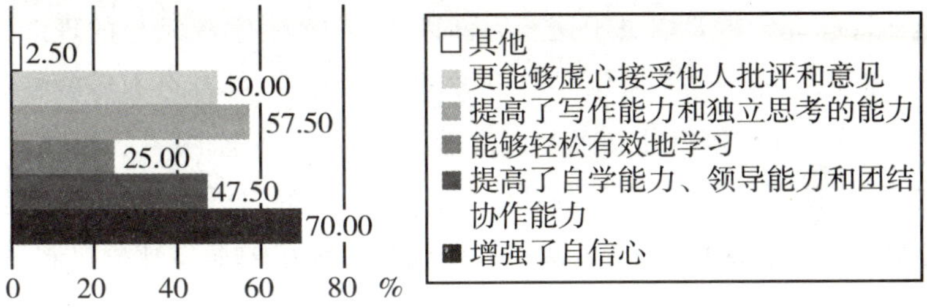

图7　本课程你的收获有哪些？（多选）

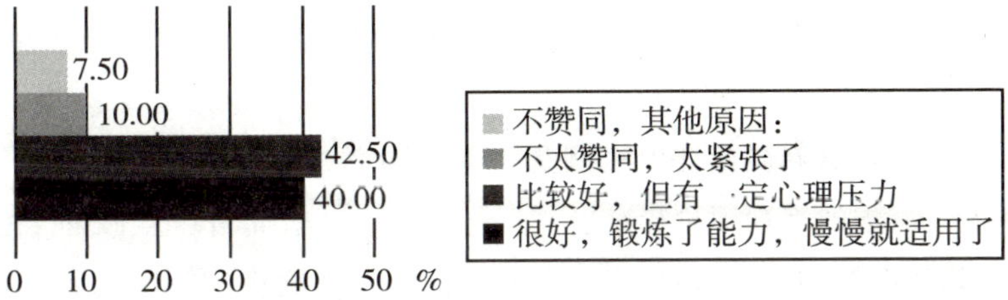

图8　参与SMOOC的态度和收获（多选）

从上述学生方面的"互联网+"改革的阻碍因素来看，多数可以通过学校、法学院和教师的正确引导和恰当的学业评价机制来加以改变。

---

⑰ SMOOC是笔者采用的学生MOOC教学方式，即学生需要课前自主准备小组任务，课堂上小组代表上台向全班同学和老师汇报讲解小组任务，老师点评和主持讨论，课后课堂讲解、讨论视频分割、编辑后上传网络教育平台，形成SMOOC。

(三)法学院方面

作为法学本科教学管理者的教育主管部门、高校及其法学院或者法学专业(下面统一简称为:法学院)如果缺乏改革积极性,则教学改革只能是一句空话。目前多数法学院不积极推动“互联网+法学本科”教学改革的原因可能主要在于法学院的教学管理理念落后、法学人才培养质量评价和竞争机制欠缺等方面。

1.教学管理理念落后

在人员上,法学院是由普通教师、学生和学院领导所构成的,法学院的教学管理理念主要取决于这三方面的人员,其中学院领导的理念起着主导性作用。如果法学院领导自身教学理念落后,或者对本科教育教学不重视,就会在政策宣传和师生评价措施上导致“互联网+法学本科”教学改革无法进行。造成法学院教学管理理念落后的原因,除了法学院领导自身教学理念落后以外,缺乏有效的法学人才培养质量评价机制,缺乏法学人才培养质量竞争机制是更为重要的原因。法学院领导自身教学理念落后是其自身不容易意识到的问题,通常与其个人的经历、年龄和关注重点有关系。对于法学院教学理念影响最大的可变因素是法学人才培养质量评价机制,因为它会直接影响对法学院的评价及学院领导的关注重点。

2.法学人才培养质量有效评价机制欠缺

法学人才培养质量评价机制是一套相对独立于法学院,体现社会对法学人才需求的客观评价标准及其运行体系。一般而言,“互联网+法学本科”教学改革在多大程度上受到法学院的重视,取决于法学人才培养质量能够在多大程度上决定法学院的收入、声誉和领导者前途、收入和声誉。从总体来看,法学院毕业生给法学院的捐款非常少,由毕业生所构成的校友会对法学院发展和管理的影响极为有限。尽管近年来大学生的就业率被作为评价高等学校办学质量的重要标准之一,但其实际效果并不令人满意。当前,法学院毕业生就业情况的好坏主要取决于法学院所属大学的级别,纳税人及社会对法律人才的要求并未真正的、直接的传导到法学院的教育教学之中。这个问题已经不仅是法学院的问题,而是整个公立高校普遍存在的问题。当前我国公立法学院主要依靠各级政府拨款、自身开展第二专业学位教育、社会培训等获得维持正常运行的收入，其中政府拨款又发挥着决定性作用。影响法学院收入、声誉和其领导者前途、收入和声誉的因素主要是行政性的，即法学院所属大学的级别、各级政府对大学的特别拨款，法学院从各级政府获得的科研项目经费、人才队伍建设经费等，大学以学院获得的各级政府科研项目、发表的论文、获得的特定范围内的奖励、教学课时等作为考核标准的激励经费等。法学人才培养质量表面上看似得到重视，但实际上却沦为了道义责任。近年来，教育主管部门推行的本科教学水平评估，因为关涉财政拨款数额和学校声誉造成各高校风声鹤唳，仓皇间根据各项指标堆起高高的表格，讨好起各路评委，最后仍然沦为你好我好大家好的自娱自乐，根本没有撬动原有的大学本科教学质量管理体制机制。欠缺有效的法学人才培养质量评价机制，导致法学院在教育教学上偏离人才培养规律、社会现实需要和教学环境变化。

3.法学人才培养质量公平竞争机制欠缺

法学人才培养质量竞争机制，是指法学院通过在法学人才培养过程、毕业生就业情况、毕业生社会贡献等方面的长期竞争，达到有效区分培养单位教育教学质量，实现办学单位优胜劣汰效果的机制。目前的法学院人才培养质量竞争机制严重欠缺，在各级各类的法学学术评价组织或者法学研究会等的组成人员方面存在的差异和竞争所体现的法学院之间的竞争，难以免除学术山头之争的嫌疑；在法学院之间开展的诸如法学征文比赛、辩论赛等等远远不足以构成法学院的质量竞争机制；法学院的招生情况实际上与就业情况一样，主要取决于法学院的知名度及所属学校的整体实力，考生及家长缺乏评价法学院教育教学质量的参考指标。这些情况使公立法学院成为消极应对“互联网+法学本科”教学改革的封闭的、自娱自乐的体系。法学教育行业化市场运作机制是美国法学教育的重要特征和成功要素，包括法学院资格认证市场化、评价考察市场化和运营经费的市场化。⑱ 中国不能也不必仿照美国法学教育的市场化体制，但

⑱ 李响：《美国经验启示下我国法学教育改革的路径探索》，载《学位与研究生教育》2014年第7期。

可以从中获得启发。[19] 如果中国法学人才培养市场上存在比较充分的竞争,则会使法学院竞相适应网络环境的需要进行教育教学改革,以提高人才培养的质量。

法学人才培养质量竞争机制与法学人才培养质量评价机制是互为表里的两种机制,二者共同服务于促进法学院提高教育教学质量,实现办学的社会价值。不同之处在于,竞争机制是法学院的根本性生存和发展机制,如同市场竞争是企业的根本性生存和发展机制一样;而评价机制可以构成法学院竞争机制的重要组成部分,没有明确的法学人才培养标准、欠缺的专门评价机制,只要其他竞争机制比较公平并且实际上发挥了对法学人才培养质量的区别作用,发挥了对于法学院的优胜劣汰作用,则算不上欠缺法学人才培养质量的促进体制机制。尽管如此,法学人才培养质量评价机制,可以作为形成和完善法学人才培养质量竞争机制的重要手段,对于构建体现中国国情的法律人才培养质量竞争机制具有重要意义。《教育部关于中央部门所属高校深化教育教学改革的指导意见》对于促进中央部门所属高校教学教育改革当然是一件具有导向意义的大好事,但问题却不小。该意见虽然表明了中央教育主管部门、财政部门积极落实党中央、国务院改革高校教育教学体制机制要求的态度和对于深化高校教育教学改革的决心,但从目标、任务和实施的整体内容来看,仍然没有走出区别学校级别、以项目经费评审、考核推动改革的行政主导老路,没有抓住更为根本的人才培养质量评价机制、办学单位人才培养质量竞争机制建设等更加体现市场、社会和科技发展对大学人才培养方式要求的方面。大学教育管理体制机制上的减政放权还不到位,人才市场传导学校教育教学压力的机制还没有形成。

综上所述,教师、学生和法学院三个方面都存在“互联网+法学本科”教学改革的阻碍因素,推进改革需要进一步明确“互联网+法学本科”教学的基本要求,提出针对性改革策略。

---

[19] 苏力教授认为我国法学教育中的政府投入应当退出,但“还不可能一下子完全交给市场,因为中国对法学教育还有另一种需求,即专业程度一般因此市场价格不很高的法律人。”参见苏力:《当代中国法学教育的挑战与机遇》,载《法学》2006年第2期。

三、“互联网+法学本科”教学改革的出路

下面从“互联网+法学本科”教学的基本要求、改革所需要的支撑性制度两个方面提出改革策略建议。

(一)明确“互联网+法学本科”教学的基本要求

“互联网+”具有“与互联网相结合”“使其融入互联网”,以互联网来“支撑”“改变”“促进”等方面的含义。“互联网+”,既是网络环境对法学本科教学提出的要求,也是法学本科教学改革自身的重要内容,是意欲取得实际成效的法学本科教学改革必须借助的推动力量。相对于法学案例教学改革(如个案全过程教学改革)[20]、法律实践教学改革、卓越法律人才培养改革等,“互联网+法学本科”教学改革不仅使原有教学改革增加网络资源利用的内容,而且需要在改革的理念、内容和方法上注重互联网环境带来的全方位影响。简而言之,“互联网+法学本科”教学就是将对互联网环境的充分适应和利用与改革现有法学本科教学弊端相结合的改革。下面从教学理念、教师作用、学生地位和教学方法四个关键点分析“互联网+法学本科”教学的基本要求。

1. 树立教学互联网思维

互联网深刻改变了学生对于法学知识的获取方式。由于互联网及网络法律、法学数据库的出现,法学知识变得非常易于获取,改变了学校和教师对知识的垄断,使教师的单纯知识讲授不再成为必要。[21] 作为法学本科教学主要材料的各类法律、案例和学术观点,已经被互联网法学数据库将其内在的逻辑,从骨干结构到关键语义及实际运用,以多层次数据关联的形式“有形”表现出来。触及一点然后顺藤摸瓜就既可以对某一知识点

---

⑳ 王晨光:《“个案全过程教学法”是探索法律实践教学新路径》,载《法学》2013年第4期。

㉑ 杨攀:《网络环境下法学本科教学面临的挑战及改革策略》,载《教师教育学报》2016年第3期。

不断深入,又能够对相关知识以无限扩张的方式了解。基于这样的法学知识学习环境,愿意学习的学生只要在教师的帮助和指导下掌握了学习方法,就可以借助网络非常容易地进入法学知识的海洋。特别是在法学慕课日益丰富和体系化的条件下,教师针对法学通说的课堂讲解将面临着越来越严重的替代危机。

以互联网带来的知识获取便利为基础,互联网思维改变了教学理念。互联网思维是以互联网传递信息的特性为基础,以充分发挥互联网增加和增强经济、社会等各方面的信息联系作用,促进各项事业发展的理论和方法。法学本科教学中的互联网思维,首先要承认互联网带来的信息传递变革,即互联网打破了原来课堂传授知识的时空限制,承认互联网将法律、法学知识以网络信息形式加以大规模体系化,从而普遍性地降低了法学知识获取的难度。其次,要树立优先利用互联网的理念,将教学过程中能够由网络处理的,尽可能交给网络,即要将一般性的、共同性的课程知识传授,以及其他能够用互联网来存储和传递的教学资源和教学信息都尽可能交由网络处理,以尽可能减少教师和学生的重复性劳动,增加学生个性化学习的空间。最后,学校和教师要敢于自我革命,即主动将学校资源和教师力量转移到不能被网络和智能化机器所替代的方面上来,主动以研究促进教学,不断在社会新兴法律问题的法学解决方案上推陈出新。总之,树立教学互联网思维,学校和教师要主动迎接互联网环境和以大数据为基础的人工智能的挑战,不断进行自我扬弃,为学生提供互联网和智能化机器所不能提供的增值教育教学服务。

2. 发挥教师的全方位作用

在网络环境下,法学本科教学必须回应网络社会对创新人才的强烈需求,即重视对学生自主学习能力和创新能力的培养,注重对学生个性发展的指导。进一步说,教师需要从以前单一的课堂讲授,转变到介入学生课前、课后学习,发挥课程规划、组织、引导、激励和督促等的全方位作用。王阳明指出:“圣贤教人如医用药,皆因病立方,酌其虚实温凉、阴阳内外而时时加减之……"[22]教师与学生之间的联系不能仅仅局限于课堂上学生单向获取教师的知识，而是必须为着实现课程教学目的进行双向互动联系。教师需要教给学生利用网络获取教学资源的方法，教给学生在网络环境下的自主学习的方法，培养学生自主学习的能力和习惯，鼓励学生自主发现问题并且初步探求基于网络资源的法律解决方案。然后结合自身的学术专长、体验和学生的需求，主要以讨论的形式，进行针对性的启发和补充。苏格拉底提出："教育不是灌输，而是点燃火焰。"孔子则强调："不愤不启，不悱不发。"[23]通过合理的课程教学组织，充分发挥互联网的支撑作用，使学生的课前自学、课堂参与、课后拓展都被纳入课程学习之中，实施全过程考核。教师还要关注学生的自主学习过程，及时鼓励进步，进行正面引导并关心、提醒和督促少数消极学习的学生。

3. 重视基于网络的学生自主学习

"授人以鱼，不如授人以渔"，在教给学生知识的同时，更要重视培养学生的自主学习能力。关于学生自主学习，美国教育部"卓越成人教学中心"和成人职业教育办公室认为包括：学习策略、元认知和学习激励。[24]教育心理学家齐默尔曼认为自主学习包含：为什么学（why）？如何学（how）？何时学（when）？学什么（what）？在哪里学（where）？与谁一起学（with whom）六个关键问题。[25] 综合来看，学生应当具备的自主学习能力包括：掌握自主学习策略、学会利用校内外网络资源、学会与人合作学习、学会自主安排时间、学会自我评价和激励、学会自主选择学习内容。[26]

---

[22] 邓艾民：《传习录注疏》，上海古籍出版社2012年版，第1页。

[23] 杨伯峻：《论语译注》，中华书局2012年版，第95～96页。

[24] SHUY T, OVAE and TEAL staff, Self-Regulated Learning, Accessed October 10, 2018. https://teal.ed.gov/sites/default/files/Fact-Sheets/3_TEAL_Self%20Reg%20Learning.pdf.

[25] ZIMMERMAN B J and RISEMBERG R, *Self-regulatory dimensions of academic learning and motivation*, in PHYE G D eds., *Handbook of academic learning*, Academic Press, 1997, p. 108.

[26] 这个目标设计与"清华大学本科教育学情调查"采用的"全美大学生学习性投入调查"（NSSE）工具将"学业挑战度、主动合作学习的水平、生师互动的水平以及校园环境的支持度"作为主要内容也是内在吻合的。参见罗燕、史静寰、涂冬波：《清华大学本科教育学情调查报告2009——与美国顶尖研究型大学的比较》，载《清华大学教育研究》2009年第5期。

从学生自主学习的动态过程看,"自主(学习)包括两个主要特征:(a)认识到现在的状态(结果)与期望状态(标准)、评价(反馈)之差距;(b)在一定的背景(条件)下行动(操作)改变这个差距。"[27]具体来说,就是任务分析、目标设定、计划制定、实施和调整的循环过程。[28] 因此,学生自主学习的各环节并非相互独立,而是一个动态循环的系统。学生自主学习教学绝对不是一种没有教师的学习,恰恰相反,教师在帮助学生实现自主学习的过程中起着关键性的、[29]全方位的作用。研究表明:学生自主学习的策略主要来自于教师。[30] 学生往往希望教师提供:咨询建议,激发自主学习的动机并帮助他们持之以恒。[31]

学生自主学习教学的理论和实践在国内早已引起注意,专家认为:如果不"把引导学生良好地自主学习作为每位教师的硬任务,则后果将相当严重,受害的是学生以至整个民族。"[32]互联网的普及给学生自主学习教学带来了深入影响。首先,互联网给学生自主学习教学提供了高效、便捷的法学知识库,学生在教师指导下进行自主学习不会产生严重的知识获取障碍。其次,互联网给学生发现和接触社会现实法律问题提供了巨大的机会,学生可以在书本和理论之外发现问题并且尝试解决问题。最后,互联网为学生自主学习教学提供了便捷的工具,教师可以通过网络工具向学生发布自主学习的任务,学生之间可以通过网络展开讨论,也可以通过网络向教师等寻求支持,自主学习的成果可以通过网络提交或者展示。互联网环境下的学生自主学习教学,相较于以往具有更高的自由度和自

---

[27] Winne P. H. and Hadwin A. F., "The Weave of Motivation and Self-Regulated Learning", New York in Schunk D. H., Zimmerman B. J. eds., *Motivation and Self-Regulated Learning: Theory, Research, and Application*, Routledge, 2008, p. 312.

[28] Winne P. H. and Hadwin A. R., "Studying as Self-regulated Learning" in Hacker D. J., Dunlosky J., Graesser A. C., eds., *Metacognition in Educational Theory and Practice*, New York, Routledge, 1998, p. 279.

[29] 何莲珍:《自主学习及其能力的培养》,载《外语教学与研究》2003年第4期。

[30] Effeney G. et al., "Self-regulated learning: Key strategies and their sources in a sample of adolescent males", *Australian Journal of Educational and Developmental Psychology*, 13, 2013, pp. 58 – 74.

[31] 王艳:《自主学习者对教师角色的期待》,载《外语界》2007年第4期。

[32] 林毓锜:《学生自主学习与相关教学思想》,载《高等教育研究》2006年第12期。

主性,也有具有取得成效的更高的可能性。教师提供的“与自主学习技巧的真正实践相配套的策略指导机制,是帮助学生发展支撑他们的网络课程学习成功的自主学习能力的倍增方法”。[33]

4. 运用基于网络的问题探究式教学法

“互联网+法学本科”教学中的互联网思维、教师全方位作用,以及对学生自主学习的重视,都必须以一定的教学方法作为载体来实现,这个方法就是问题探究式教学法。问题探究式教学方法之所以成为“互联网+法学本科”教学的基本方法,其哲学根据就在于人类现存的知识都是围绕各种各样的问题而建立起来的。知识与人类的联系就在于它们能够帮助人理解和解决遇到的问题。包括法学本科教学在内的大学教学,都应该站在与课程相关的不同层次问题的角度来审视现有知识,而非简单的接受或者膜拜。只有站在知识对应的原始问题,也是当前所必须面对的现实问题的角度,才能够准确把握知识的内在联系,才谈得上对知识的理解。也只有站在知识背后的问题点上,才能够与知识的创造者、更新者处在基本同样的视角上。在“互联网+法学本科”教学过程中,需要以课程问题作为组织学生开展自主学习的指引,学生带着问题自主探究,才不会迷失在网络资讯和学术资源的大海上。只有以课程问题作为牵引,才能给学生自主性、个性化学习提供开放的探索空间,帮助学生摆脱教师观点、教材观点的束缚,在探求问题的解决方案的过程中形成自己个性化的知识体系。只有问题探究式教学,才能更好地引导学生在课前和课后开展小组讨论,才能在课堂上更好地展开讨论。只有以课程问题作为教学的牵引,学生才会发现网络在课程学习上的重要价值,从而促使网络不仅成为学生的娱乐工具,而且也成为学习工具。总之,问题探究教学法是“互联网+法学本科”教学必须借重的基本方法。

(二)建设“互联网+法学本科”教学的支撑制度

改革陈旧的法学本科教学管理制度,建立和完善符合网络社会要求

---

[33] Quince B. R., *The Effects of Self-Regulated Learning Strategy Instruction and Structured-Diary Use on Students' Self-Regulated Learning Conduct and Academic Success in Online Community-College General Education Courses* (Ph. D. diss., University of San Francisco, 2013), p. 341.

的新制度是"互联网+法学本科"教学改革的内在要求和支撑条件,具体包括法学人才培养质量评价及竞争机制、教师评价机制、学生评价机制和网络软硬件资源投入机制。

1.完善法学人才培养质量评价及竞争机制

在现行体制之下,在短期内,建立法学院之间的人才培养质量评价及竞争机制可以考虑建立一个法学院的联合组织,或者由其他的权威第三方机构例如中国法学会,牵头制定公认的法学人才培养质量标准并展开对法学院人才培养质量的定期公开评价。但从现实来看,这种产生于法学院群体内部的法学人才培养质量第三方评价,仍然受到现有法学院之间的利益结构固化的制约。现有法学院的整体实力可以作上、中、下三等的划分,上等的法学院享有学校和学科的金字招牌和充足的办学经费,现行体制有利于维护他们自身的利益,他们推动这项改革的动力严重不足。中等的法学院虽然学校和学科的招牌并不如上等的法学院响亮,经费也不够多,但毕竟享受到了体制带来的好处,而开展这方面的改革对他们的冲击最大。因为上等的法学院学科强、经费多、牌子响,即使进行改革也会迅速占领新的制高点,中等的法学院向上发展的机会仍然很小,反而有很大的可能性落入到下等之中,因此他们的改革动力也不足。处于下等的法学院在学校品牌、获得的经费、学科实力等方面处于不利的地位,他们对改革的最大希望是获取更多的机会和经费,甚至是倾斜扶持,但是发言权严重不足。如果由法学院之间自发形成的联合组织开展法学人才培养质量评价,按照现行法学学术和法学教育圈的利益分配格局,仍然是上等的法学院处于控制性地位。因此,法学人才培养质量的评价机制需要体现法学人才的社会需求,由政府、法学院、法院、检察院、律所、企业、社会公益组织等共同提出建设方案草案,其中的评价标准和规则应当经过全社会的公开讨论,并由民意代表机关例如人大常务委员会以法学教育改革法案的形式审议通过,或者由前述评价机制的建立者以某种组织形式一致通过。以法学人才培养质量评价机制作为建立完善的法学人才培养质量竞争机制的近期目标,是符合渐进式改革思路和当前中国教育管理体制及国情的。

2. 建立有利于“互联网＋”改革的教师评价机制

鼓励教师实施“互联网＋法学本科”教学改革，必须为教师提供宽松的改革环境和鼓励教学创新的评价机制。

(1)为教师提供有利于“互联网＋”改革的空间。教师的教学改革空间是学校教学管理体制的一个运行结果，为了促进“互联网＋”改革应尽可能扩大教师的自主权。在“互联网＋法学本科”教学改革的语境之下，现行体制是包括已有的成文教学管理规则和教学管理领导者及其教学思想观念、偏好构成的整体。首先，在政策上，学校和法学院应当返璞归真，准确把握网络社会对于法律人才素质的要求，准确把握网络环境对于法学本科教学的影响，在此基础上关注国家层面对于教育教学体制改革的政策意见，顺应这种改革的趋势，并以此为依据为教师的“互联网＋”改革提供充分的教学自主空间。其次，在操作层面，只要教师有充分的理由和严密的教学组织计划，即使是在某些方面突破现有规定也应当尽可能不去否定，而采取鼓励其继续试验和完善的态度。要帮助教师从程序和形式上防范改革的体制风险，即提醒和帮助教师将改革措施以教学备案的形式上报给教学管理部门主动接受监督。必要时，教学主管领导应当主动了解教师改革遇到的困难，共同探讨法学院可以提供的支持、可以承受的范围。校、院教学主管领导应当将教师进行的“互联网＋”改革视为自己的业绩，将自己视为“互联网＋”改革的参谋，针对性地提出建设性意见，而不是仅仅板着面孔做审批者。最后，对学生进行积极宣传引导，营造有利“互联网＋法学本科”教学改革的学生氛围。“互联网＋法学本科”教学改革是一种人对人的活动，如果遭受多数学生的反对则不仅会严重影响改革的推行，而且也会影响教师的自信心和成就感。造成改革措施遭到多数学生反对的原因主要是两个方面：一是改革后的部分教学规则和措施不符合学生的实际；二是与学生的前期沟通交流不足，而第一点实际上又可以归结为第二点带来的结果。因此，学校和法学院要与教师一道，利用多种沟通渠道和调查手段了解学生的现实状态和需要，将改革措施提前与学生沟通交流听取意见，为教师的“互联网＋”改革提供有利的学生氛围。

(2)建立与时俱进的教师工作评价机制。推动“互联网+”法学本科教学改革必须从多方面改变教师的待遇和工作评价机制。首先,应普遍性提高大学教师的基本工资水平。相比经济发展水平较高的域外大学教师工资水平,我国大学教师的基本工资普遍偏低,应当使大学教师的基本工资普遍达到社会中等偏上的水平。其次,由于前些年我国大学快速扩招导致教师队伍迅速扩大,现有的教师队伍水平参差不齐,在今后相当长一段时间内存在逐步淘汰和更新的问题,因此不能固化教师工资待遇与现有职称之间的关系,职级之间的待遇差距不应过大,应当建立以工作实绩为主要依据的津贴制度。再次,应当提高法学本科教学在法学教授、副教授工作中的比重,扩大现行教授、副教授为本科生上课的基本比率。还应当提高从事“互联网+法学本科”教学改革的教师的课时津贴水平。这两点在《教育部关于中央部门所属高校深化教育教学改革的指导意见》中都有明确的规定。最后,应在职称评定政策上引导教师将教学与科研相结合、实现教学相长。对于教学与科研结合比较好,从而科学研究和人才培养的结合成果比较突出的教师,在同等条件下优先晋升职称、优先评优评奖,而非简单地将教师划分为教学型和科研型,没有科研水平的教师往往也难于成为真正好的教学型教师。

3.建立符合网络社会需求的学业评价机制

学业评价是学生课程学习的指挥棒。学业评价机制需要明确教学目标、尊重学生个人差异并且完善具体评价方法。

(1)明确法学本科教学的目标。法学本科学生学业评价的前提是明确法学本科教学的目标。一般而言,学生进入大学应当获得大学生的基本素质,进入法学专业应当获得法学知识和法律人的专业素质。但什么是大学生的基本素质,如何获得这个素质?什么是法学知识,又如何获得法学知识?什么是法律人的专业素质,法律人的专业素质与法学知识是什么关系,又如何获得法律人的专业素质?[34] 都是有必要研究的问题。有

---

[34] 冯玉军:《论国外法学教育改革的经验与借鉴》,载《中国大学教学》2013年第6期。

学者认为:法学教育应当教法学知识、法律技能和法学批判思维;[35]法学教育培养的人才应当具备法律知识、人文知识、逻辑分析能力、语言表达能力、崇尚法律、恪守法律职业道德。[36] 大学生基本素质的获得、法学知识的掌握和法律人专业素质的获得,虽然有课程的分类与差别,但其实是一个完整的、同一化的过程,即大学人文素质课程同样可以使学生积累法学知识基础、同样可以培养法律人的专业素质,法学专业课程也应该同时培养法律人的专业素质和大学生的基本素质。具有法律人的专业素质则一定需要掌握相当的法学知识和其他知识,但是对于法学知识和其他知识的掌握不等于具有法律人的专业素质。因此,仅仅通过灌输式课堂记忆一定的法学知识和其他知识是远远不够的。况且,没有法律问题意识、法律分析能力、法学写作能力相配套的法律条文、法律原理知识,还能不能叫做法学知识也是值得深思的问题。由法律条文和法律原理所组成的所谓法律知识,具有外延不断扩展、内容不断更新,并且不断被互联网和人工智能所体系化的特点,因此包含于法律人专业素质中的法律问题意识、法律分析能力、法学写作能力、口头表达能力和其他大学生的基本素质具有更重要的地位。

(2)学业评价应尊重学生个体差异。大学生学业评价不同于对劳动者的评价。对劳动者按照其劳动成果进行评价在市场经济条件下具有合理性,因为在市场上进行交换的只能是劳动成果,而学生在大学里面的学习是为了增长自己各方面的素质和能力,成为一个人格健全、能够获得独立而健康发展的人,而基本上不存在学习劳动成果的交换。简单地说,大学生的学习过程是为了使自己获益。与此类似,对大学生的学业评价也不同于大学入学成绩评价,用人单位的招聘评价。不考虑大学生个体的知识基础、能力和素质的基础,而只是用简单的方式测评、比较其相互之间的学习结果,是非常粗暴、非常不科学的。这里必然得出一个结论,对

---

[35] 王晨光:《法学教育的宗旨——兼论案例教学模式和实践性法律教学模式在法学教育中的地位、作用和关系》,载《法制与社会发展》2002年第6期。

[36] 焦富民:《"法治中国"视域下法学教育的定位与人才培养机制的优化》,载《法学杂志》2015年第3期。

学生学业的评价只能是评价其学习的态度和过程,即使是某种结果性的评价,其着眼点也只应该如此。因为只有这种评价才能够真正促进学生的学习。

(3)完善法学本科学业评价的具体方法。为了全面培养学生综合素质和法律专业素质,法学本科学业评价应当坚持过程中心主义。调查表明:“有近46%的学生认为在大学阶段只要坚持听讲、完成作业就可以了。”[37]针对这种现实,有研究认为“教师对学生学习的关注,不仅在课堂教学上,还要延伸到课外,要在课堂内外的融会贯通中实现教学目标”。[38]还有学者认为:“教学应该包含情境创设、自主学习、小组讨论、自我评价等环节。”[39]学业过程评价的核心思想是将学生课程学业总成绩分解到课程学习过程中的每一个重要环节,使学生学习的过程与取得成绩的过程相统一。基本方法是将课程所要学习的法学知识和法律专业技能,按照课程的时间进展分解为一个一个小的知识点和技能训练点,再将成绩按照一定比重合理配置在这些点上,使教学的过程就是学生获取平时成绩的过程。学生对知识点的掌握和对技能的练习是密不可分的同一个过程,即学生只有结合社会现实法律问题以质疑和反思的态度对待已有的法学知识,采取从法律问题到法学理论,再从法学理论到法律问题的反复的分析进程,既通过符合学术规范的专业写作,也通过课堂内外的法律论述或者论辩,才能够真正地掌握所应当学习的法学知识点。同样地,如果不以现实法律问题中心的课程知识点作为学习对象,而单纯训练所谓辩论才能的辩论比赛,实际上是只能训练学生自信心的形式主义。因此,在法学本科学生的学业评价中,考查学生对于基础知识的掌握,不能仅仅考察其是否记忆了法律条文和法律原理,更要注重其掌握这些知识时所采取的方式、方法,以及在这个过程中所形成的自己的看法。学生认真查

---

[37] 陈永光:《信息时代高校大学生自主学习能力及其培养》,载《中国成人教育》2013年第6期。

[38] 汪云香、田立新、符永宏:《卓越人才自主学习行为的观察与思考——对江苏某高校“卓越班”学生的NSSE学情调研》,载《高校教育管理》2013年第4期。

[39] 周炎根、桑青松:《国内外自主学习理论研究综述》,载《安徽教育学院学报》2007年第1期。

阅、分析相关文献资料，梳理相关法律案例得出结论，或者在学习过程中结合自己已有的知识体系提出了独到的分析视角和思路，或者在小组任务汇报中比较全面和有条理地阐述了相关的知识点或者本小组的观点、疑问的，或者在课堂论辩过程中卓有成效地提出了质疑，或者有条理、有论据的阐明了自己的不同观点，都应当作为取得平时成绩的环节。显然，要实现法学本科学业的过程评价，必须以教学方式方法的彻底转变为前提条件，即将灌输式教学转变为学生自主学习的问题探究式教学。

笔者在经济法学课程教学改革中采用的评分规则见表1。

表1　各教学环节分值及其评分标准㊵

得分者	分值/次	得分项目及考察重点
小组	10	小组任务：小组任务PPT内容及小组代表的讲解
个人	10	个人课堂讲解：讲解的清楚、流畅、突出重点等
个人	15	统一阅读任务：内容条理、观点明确、资料充分和字迹等
个人	10	个人任务：选题有价值、观点明确、内容条理、资料充分等
个人	5	课堂发言：观点明确、条理清晰、有论据或者结合实际等
个人/小组	5	特别任务：考察观点、条理和资料充分性等

从教学实践来看，多数学生赞成通过提高平时成绩更加注重学习过程的学业评价方法。在2011级经济法学课程问卷调查结果中，支持将平时成绩所占比例提高到80%的比例达到了95.24%，其中46.03%学生希望将平时成绩比例提高到100%，见图10。在2013级经济法学课程问卷调查结果中，认为在今后的教学改革中应当坚持"平时分数比例较大，期末比例小，更注重过程"的占82.5%。在财税法学、合同法学课程的教学

㊵ 学生根据这个平时成绩评分规则获得的汇总分数远远超过100分，需要将其按照成绩差距比例"压缩"回百分制。

改革问卷调查结果中,提高平时成绩的比重以体现对学习过程的考察同样得到了绝大多数学生的支持。

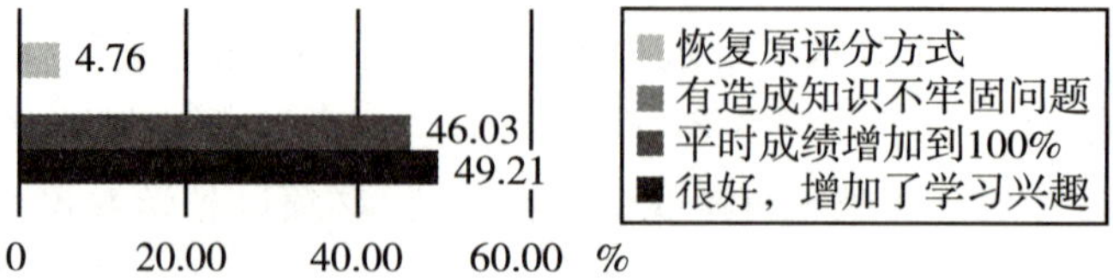

图9　学生对平时成绩占80%的看法

4. 完善学校学院网络软硬件资源投入机制

"互联网+法学本科"教学需要以便利的网络环境作为支撑。学校和法学院应当保证师生能够随时随地使用互联网,而绝非课堂禁用手机,只有消除整个教学活动中利用互联网的障碍,尽可能使重复性的教学信息、参考性的教学资源信息传递和利用起来,借助互联网来减少教师的重复性劳动和学生进行资料整理、抄写和记忆的负担。同样只有充分利用互联网,才能真正地发现互联网条件与师生面对面教学相比所存在的不足,从而更好地发挥师生面对面教学的优势。完善的教学网络环境可以使教学活动与学生日常生活的网络化、智能化、个性化和便捷化相衔接。因此,在"互联网+法学本科"教学改革过程中,法学院还需要协同学校建立互联网软硬件资源的投入机制。具体涉及以下三个方面:

(1)完善教学空间的网络软硬件。实施"互联网+法学本科"教学,需要投资完善教室、自习室、研讨室和图书馆等校内学习环境的网络设施,建立支持慕课录制和利用慕课、微课和连接法庭审判资源的教学空间。现在只有少数教学空间配备了完善的网络设施,从当前的技术条件来看,所谓网络设施主要包括:校园网络存储空间、完善的在线教学管理服务平台、校园慕课平台等网络数据共享平台,在教学空间中配置足够的有线网络或者无线网络接入热点、教师和学生使用的电脑设备、教学过程音视频记录设备等。

(2)购买法学专业数据平台。实施"互联网+法学本科"教学,需要购买完整的法学专业数据平台作为支撑。作为师生开展法学研究和法学教学活动的基本条件,国内外法律、案例、法学论著专业数据库具有越来越重要的地位。在网络和人工智能技术迅速发展并得到广泛应用的条件下,法学专业数据库不仅仅是资料库,而且日益成为分析、关联、索引的智能化服务平台,可以在科学研究和教学上节省资料检索、整理等的时间。

(3)支持建设课程教学特色资源。实施"互联网＋法学本科"教学,需要法学院支持师生在学生自主学习问题探究式教学过程中建设课程特色资源。学生自主学习问题探究式教学具有共享的内在需求,由于教学过程是以课程相关的社会现实法律问题作为研究对象的知识批判和创新的知识增值过程,师生有条件利用网络条件共同建设课程教学共同体的特色资源。以教学过程中师生创造的具体教学方案、指导意见、讨论和探究的问题、学生完成的小组任务、统一阅读报告和个人任务等资源为主体,形成和完善体现教师和学生个人特色的学习资源库,作为今后本门课程学生自主学习的参考资料,也可以利用网络将其在一定范围内共享。[41]

四、结语

互联网带来了快速、大容量、方便和互动式的信息传递,并因此增强了原有联系、增加了新的联系,使经济活动和社会交往等发生了深刻变革,社会已经变成了强联系的网络社会。法学本科课程教学应当主动顺应网络环境和网络社会人才需求变革,克服教师作用单一化、学生学习被动化的灌输式教学弊端,改革法学院内外阻碍"互联网＋"改革的体制机制,采取学生自主学习问题探讨式教学,培养学生的自主学习能力和创新能力。

---

[41] 2016年3月,笔者和任课班学生在教学改革中建立的包括SMOOC在内的"《经济法学》研究性教学资源",获得重庆市第三届优秀教育技术科研成果评选三等奖。

The Demand, Difficulties and Measures of "Internet +" Law Undergraduate Teaching Reform

Yang Pan Du Zhihong

Abstract: The network environment has spawned new requirements for legal talent. The information flow attribute of teaching activities and the requirement of improving the flow mode make the legal education have the following urgent needs. For example, eliminating the disadvantages of indoctrinating teaching and exploring new teaching methods. The dilemma of Internet + law undergraduate teaching reform mainly comes from teachers, students, law schools and the universities and education authorities behind them. The author believes that the promotion of reform needs to clarify the concept of law undergraduate teaching reform in the network environment, improve the competition and evaluation mechanism of legal talent training units, and establish new teacher and student evaluation mechanisms.

Key words: "Internet +", teaching reform, undergraduate law majors

我国法律职业伦理教育现实性再审视

高　琳[*]　刘坤轮[**]

摘　要：针对五年前笔者所关注的中国法律职业伦理教育问题，本文展开了再次审视。以八所"立格联盟"院校为样本，实证地考察了各校在培养目标和课程设置层面对法律职业伦理的认知和重视程度。通过一系列实证数据证据，再次揭示了我国本科法学教育中法律职业伦理教育的现实困境。对于这一现实困境，笔者从法学教育的根本属性、法律职业伦理必要性共识、法律职业伦理知识体系、法律职业伦理师资力量和教学方法体系等五个方面分析了现状成因，并针对性地提出了凝聚共识、加强研究、加强师资队伍建设和探索多元化教学方法体系等具体措施，以期真正贯彻落实德法兼修高素质法治人才培养的责任。

关键词：法学教育　法律职业　法律职业伦理教育

---

* 高琳，西北政法大学2018级博士研究生，陕西省人民检察院检察员，研究方向：反恐法学、刑法学、法学教育。

** 刘坤轮，中国政法大学法学教育研究与评估中心副教授，研究方向：法哲学、法社会学、法学教育。

一、问题的提出

2013年,笔者曾对中国的法律职业伦理教育现状进行过考察,从卓越法律人才基地院校中,基于资料数据的可得性考察了41所卓越法律人才基地院校的法律职业伦理教育状况,得出的结论让人唏嘘。在41所代表中国法学教育发展方向的法学院校中,只有极少数的法学院系在培养目标的描述中,涉及了法律职业伦理的训练,并且在实际的课程开设中,只有4所法学院系开设了法律职业伦理必须课程。① 这一问题的提出,引起了当时学界的关注,在过去五年的时间里,中国法律职业伦理教育问题一度成为中国法学教育讨论最为热烈的问题之一。

如今,五年时间过去了,当时所分析的状况成因中,不少情况已经大有改观,比如关于国家层面和行业层面的原因,已经发生了翻转性变化。2017年5月3日,习近平总书记考察中国政法大学时明确,中国法学教育和法治人才培养要坚持立德树人德法兼修,培养高素质法治专门人才。②随之,教育部高等学校法学类专业教学指导委员会召开全体会议,对我国法学类本科专业核心课程进行了改革,并于2017年6月18日,正式明确了法律职业伦理的必修课程地位。2018年1月30日,《法学类专业教学质量国家标准》(以下简称《法学质量国家标准》)正式发布,③法律职业伦理位列核心课程体系之中,成为全国各个法学院学生都必须修习的10门必修课之一。法学类专业核心课程的调整,是回应中国经济政治社会发展的重要举措,是坚定落实十八届四中全会《中共中央关于全面推进依法治国若干重大问题的决定》的重要工作,是对习近平总书记全国哲学社会

---

① 刘坤轮:《中国法律职业伦理教育考察》,中国政法大学出版社2014年版,第109~159页。

② 黄进:《立志勤学修德,"解锁"快意人生》,载《北京教育》(德育)2017年第9期。

③ 《我国首个高等教育教学质量国家标准发布,涉及56000多个专业点》,载人民网:http://edu.people.com.cn/n1/2018/0130/c367001-29795328.html,最后访问日期:2018年11月7日。

科学工作座谈会上讲话精神、习近平总书记考察中国政法大学重要讲话精神和中国共产党十九大精神的坚定落实。2018 年 10 月 13 日，教育部、中央政法委公布了关于实施卓越法治人才教育培养计划 2.0 的意见，其中在改革任务和改革措施部分，第一条就是："厚德育，铸就法治人才之魂……加大学生法律职业伦理培养力度，面向全体法学专业学生开设'法律职业伦理'必修课，实现法律职业伦理教育贯穿法治人才培养全过程。坚持'一课双责'，各门课程既要传授专业知识，又要注重价值引领，传递向上向善的正能量。"④在行业层面，2015 年 9 月 30 日，中共中央办公厅和国务院办公厅印发《关于完善国家统一法律职业资格制度的意见》（以下简称《意见》），《意见》第六条明确："……加大法律职业伦理的考察力度，使法律职业道德成为法律职业人员入职的重要条件……"⑤2017 年 9 月 1 日，中华人民共和国第十二届全国人民代表大会常务委员会第二十九次会议正式通过了《全国人民代表大会常务委员会关于修改〈中华人民共和国法官法〉等八部法律的决定》，自 2018 年 1 月 1 日起施行，正式将法官、检察官、律师、公证、法律类仲裁、行政复议等法治队伍建设和统一法律职业资格考试制度进行了衔接。

应当说，经过多年的努力，国家层面和行业层面，法律职业的正规化、专业化和职业化正在稳步推进，中国的法律职业伦理也终于开始走上了健康发展的道路。但是，在全面依法治国战略中，居于先导性地位的法学教育和法治人才培养又做得怎么样呢？在实际的运行中，法学院系在法律职业伦理教育方面的重视程度是否有实质性的改观呢？对于这一问题的关注，驱使本文作者重新对当时所调研的院校进行审视，希望持续关注中国法律职业伦理的发展，将中国法学教育朝着"德法兼修"的道路继续推进。

---

④ 《教育部中央政法委关于坚持德法兼修实施卓越法治人才教育培养计划 2.0 的意见》（教高字〔2018〕6 号），载教育部网：http://www.moe.gov.cn/srcsite/A08/moe_739/s6550/201810/t20181017_351892.html，最后访问日期：2018 年 11 月 7 日。

⑤ 《〈关于完善国家统一法律职业资格制度的意见〉印发》，载人民网：http://politics.people.com.cn/n1/2015/1220/c1001-27952144.html，最后访问日期：2018 年 11 月 7 日。

二、研究对象与研究方法

2017年7月19日,在济南举行的“立格联盟”高峰论坛上,《立格联盟院校法学专业教学质量标准》(以下简称《立格标准》)正式发布,标准也明确将法律职业伦理作为联盟院校法学专业的必修课程。⑥ “立格联盟”即全国政法大学“立格联盟”,是全国政法类大学联盟,由英文legal音译而来。选用“立格”二字,有建立规矩、建立规格、建设制度、树立标准的意思。目前成员学校分别包括中国政法大学、西南政法大学、华东政法大学、中南财经政法大学、西北政法大学、甘肃政法学院、上海政法学院和山东政法学院等八所行业性高校。“立格联盟”就是要为中国的“立格”作出贡献,即一如既往地为依法治国、建设社会主义法治国家而担当重任,努力奋斗。同时,也要为中国法学教育“立格”,即为法学教育的规范化、为中国法律人才培养质量的提高贡献力量。⑦ 从这个意义上说,立格联盟院系对于国家层面和行业层面关于法学教育和法治人才培养的贯彻程度和贯彻能力是较强的,正是从这个意义上,本文截取立格联盟院系的法学专业本科院校作为分析样本,对于法律职业伦理教育的贯彻落实情况予以追溯,以求对实践运行的法律职业伦理教育所仍然存在的问题予以展示。

需要说明的是,由于国家层面和行业层面的制度构建基本都完成于2017年度和2018年度,同时考虑到资料的可及性问题,这里筛选的对象都尽量以各个法学院系2018年的最新法学本科培养方案为主要分析对象,以此来保证研究的时效性。同时,考虑各校办学的实际情况,也对未来的规划予以追问。对于研究方法来说,鉴于各个院校网上资源更新的

---

⑥ 参见《〈立格联盟院校法学专业教学质量标准〉发布:中国政法大学校长黄进详解标准的制定背景过程和主要内容》,载《法制日报》2017年7月19日,第9版。

⑦ 参见《第一届“立格联盟”科研管理论坛在长沙举行》,载《比较法研究》2012年第1期。

时效性问题，调研的方法主要采取访谈的方式，通过访问来了解各个政法类院校关于法律职业伦理课程的设置问题，⑧同时辅之以能够获取的最新培养方案，用以考察对于法律职业伦理培养目标等问题的分析。

三、调研结果分析

经过收集整理，对于这八所行业特色类院系的法律职业伦理课程设置情况，我们使用表格予以展示。

表1 “立格联盟”院校法律职业伦理课程基本情况

序号	院校	课程属性	学分	学时
1	中国政法大学	选修	2	32
2	华东政法大学	必修	1	18
3	西南政法大学	必修	1	16
4	中南财经政法大学	必修	2	32
5	西北政法大学	必修	2	36
6	甘肃政法大学	必修	2	36
7	上海政法学院	纳入思政课，未开设专门的必修课，计划2019年正式开设专门必修课		
8	山东政法学院	选修	2	32

经过对八所立格联盟高校法律职业伦理课程开设情况的调查，结合可以获取的培养方案中关于培养目标的描述，得出以下基本结果：

首先，在培养目标方面，八所院校基本都明确了法律职业伦理素养的要求，尽管描述的方式仍然存在差异，比如有的采用“法律职业道德”，有

⑧ 华东政法大学教务处尹天松副处长、西南政法大学教务处张建文处长、中南财经政法大学法学院巢容华教授、西北政法大学教务处陈京春处长、甘肃政法大学高等教育研究所郜占川所长、上海政法学院姚建龙副院长、山东政法学院教务张玉成处长和科研处杨敏处长对于资料的收集提供了帮助，在此一并表示感谢。当然，本文观点由作者自负。

的直接采用“法律专业伦理”的描述。但是,从对于法律职业伦理的重要性和必要性来说,“立格联盟”院校基本是持肯定性态度的,较之五年前的结果,这种进步是显性的。

其次,就课程设置属性而言,八所院校中,有五所将法律职业伦理课程设置为必修课程,占据了整个样本的63%。应当说,在实际的执行层面,立格联盟院校对于法律职业伦理课程的重视是较为普遍的,反应在课程设置方面,各院校都开设有法律职业伦理课程。但即便如此,现有师资力量和教学资源配置等问题,将法律职业伦理设为必修课者仍只有五所,不能不说,这仍然是令人遗憾的。

再次,就学分设置而言,八所院校对于法律职业伦理的学分设置普遍不高。其中,除上海政法学院外,在剩余7所院校中,有5所院校将法律职业伦理学分设置为2学分,约占有效样本的71%。有2所院校将法律职业伦理课程学分设置为1学分,约占有效样本的29%。考虑到专业必修课的总学分一般在30学分左右,对于作为《法学质量国家标准》和《立格标准》10门必须修习的课程而言,这个学分设置还是不太高的。

最后,就学时而言,八所院校对于法律职业伦理的学时设置不甚理想。除了上海政法学院情况特殊外,在剩余7所院校中,有3所院校将法律职业伦理课程学时设置为32学时,约占有效样本的43%。有2所院校将法律职业伦理课程学时设置为36学时,约占有效样本的29%。有1所院校将法律职业伦理课程学时设置为18学时,约占有效样本的14%。有1所院校将法律职业伦理课程学时设置为16学时,约占有效样本的14%。这一学时的比例设置显然也和理想的法律职业伦理学时相去较远。

四、现状成因

依据笔者的研究,无论是代表性的西方国家,还是远东法治较为发达的国家,法律职业伦理都是其法学第一学位教育的重要内容。比如在20

世纪90年代,几乎每个美国律师联盟(American Bar Association,ABA)认证法学院都将法律职业道德课程设置为必修课,学分也普遍在2学分之上。澳大利亚的墨尔本大学中,在学分上,法律职业伦理课程配置的学分为12.5学分,这一学分相较于其他课程的学分,并且全部课程学时达到了144学时,这是相当高的。日本韩国更是仿照美洲国际法律职业道德联合考试(Multistate Professional Responsibility Examination,MPRE)的形式,单独设置了自己的法律职业伦理考试,将法律职业伦理作为进入法律职业的必要条件,其重视程度可见一斑。⑨

与之相比,在中国法学教育和法治人才培养中,具有重要地位的立格联盟院校中,对于法律职业伦理教育的重视程度显然是不够理想的。那么,如前文所言,在国家层面和行业层面的原因基本获得解决中,这一状况形成的原因就只能从法学教育主体中寻找了。经过访谈,笔者认为,当前中国法律职业伦理教育不够理想的原因主要在于以下几个方面。

(一)法学教育根本属性的共识塑造仍未完成

关于法学教育根本属性的认识,历来存在不同的观点,在《法学质量国家标准》和《立格标准》的制定过程中,这一争议也一直存在。争议主要围绕两个子问题展开:第一个问题是法学教育究竟是专业教育,还是通识教育或是博雅教育?有学者主张,法学类专业应当注重宽口径、厚基础,应该属于通识教育,要广泛教授自然科学、人文科学等基础知识,形成博雅的基础知识体系。也有学者认为,法学教育更重视法律思维和法律规范的学习,更偏重于专业知识和专业技能的学习,因而更偏重于专业教育。第二个问题是法学教育究竟是职业教育,还是素质教育?法学教育对应着特定的法律工作者职业群体,它更注重培养出专业知识扎实、专业技能过硬的法律工作者及其后备队伍,更具有职业教育的特色属性。最终,《法学质量国家标准》和《立格标准》将法学类专业教育定性为素质教育和专业教育基础上的职业教育,综合了素质教育和专业教育,最终落脚于职

⑨ 刘坤轮:《中国法律职业伦理教育考察》,中国政法大学出版社2014年版,第84~106页。

业教育,也就明确了强化法律职业伦理和法律实践教学教育的源头所在。⑩

尽管如此,但在实践中,观念的改变并非一朝一夕的事情。中国法学教育的历程经历了形成初建,挫折停滞、恢复发展、快速扩张、内涵发展等若干阶段,⑪尽管取得了重大的进步,但是,粗放式发展所导致的一个重要惯性问题就是,对于法学教育职业教育的属性认识不足,这就直接造成了对于法律职业技能和法律职业伦理教育的忽视。目前无论是从国家总体教育政策上,还是从法学教育的顶层设计上,对于法学教育和法治人才培养的内涵式路径都越来越明确,但落实仍然需要一定过程,反映在法学教育的根本属性方面,就是对于法学教育职业教育的共识仍然有待时间去塑造,只有这个共识深入人心,法律职业伦理教育才能首先从理念上实现真正的德法兼修。

(二)对于法律职业伦理教育的必要性认识仍然不足

关于为什么要进行法律职业伦理教育,无论是中国的研究,还是西方的研究,大体都会涉及几个基本的理由,这些基本理由的成立直接决定了,在法学教育中,开展法律职业伦理教育是不可或缺的。有待探讨的只是法律职业伦理教育方式的问题,比如是否采用独立的必要课程方式、⑫恰当的授课方法和课程设置问题等。⑬ 但是,尽管笔者曾经对法学教育的

---

⑩ 李树忠:《坚持改革调整创新立中国法学教育　德法兼修明法笃行塑世界法治文明》,载《中国大学教学》2018年第4期。

⑪ 徐显明、黄进、潘剑锋、韩大元、申卫星:《改革开放四十年的中国法学教育》,载《中国法律评论》2018年第3期。

⑫ 耶鲁大学法学院 Deborah L. Rhode 教授就对不仅考虑法律职业伦理是否为必修课程的问题,而是有更进一步的主张,支持以贯穿性(pervasive)教学法教授法律职业伦理,参见 Rhode L. Deborah, "Into The Valley of Ethics: Professional Responsibility And Educational Reform", *Law and Contemporary Problems*, Vol. 58, No. 3/4, pp. 139 – 151。

⑬ See Lauren Solberg, Reforming the Legal Ethics Curriculum: A Comment on Edward Rubin's "What's Wrong with Langdell's Method and What To Do About It", 62 Vand. L. Rev. En Banc 12, 2009; Carrie Menkel-Meadow, Telling Stories in School: Using Case Studies and Stories to Teach Legal Ethics, *Fordham Law Review*, Vol. 69, 2000, p. 787; Stephen G. A. Pitel, The Teaching of Legal Ethics: Recent Developments In Ontario, 55 *Journal of Legal Edcation.* 592, 2005; M J Le Brun, Enhancing Student Learning of Legal Ethics and Professional Responsibility in Australian Law Schools by Improving Our Teaching, 12 *Legal Education Review.* 269, 2001.

根本属性、法律职业的发展需求、对培养对象、培养主体、法律职业共同体和法治社会等功利主义理由，以及默许地位理由等进行过系统的整合，⑭但是，由于作品的影响力问题，关于法律职业伦理必要性的认知仍然没有达到理想的层面。因而，有必要从宏观层面继续介绍一下法律职业伦理教育的可行性和必要性。

1. 法律职业伦理的技术化走向

从美国的经验来看，法律职业伦理经过若干次美国律师协会的修订，并不断得到法学院校的认证，纯粹涉及诉讼公共性的价值话语，已经越来越少，逐步为律师行业的执业惩戒规范所取代，职业伦理也日益为职业规范、行业规范等术语所取得。这就直接说明，法律职业伦理除了在演进历史内容上具有可教性外，在具体的实行领域，除去宏大叙事的价值诉求，技术性的知识日益占据大部分内容，也决定了法律职业伦理更具有可教性。⑮

2. 替代选择的缺乏

如果法律职业伦理不具有可教性，大学法学教育职业教育的根本属性就将会成为一个悖论。如果一个职业教育所培养出的职业个体存在技能和伦理的分离，那么，这种职业教育本身就是失败的。尽管在中国以及很多其他国家，这种分离确实存在，并且有时是很严重的，但这并不意味着是应然的状态。相反，这恰恰是我们意识到并将努力修正的状态。对于法学教育而言，修正的一个方向就是，想方设法成就完整的法律职业教育，包括但不限于法律职业伦理教育。因而，无论法学院如何埋怨伦理道德不具有可教性，它们都必须要承担起这项任务，否则，这一工作就无人去做，⑯法学教育的产品就会成为失败的残次品。

（三）法律职业伦理知识体系现状仍然单薄

笔者认为，专业是大学教育的基本单元，课程是专业教育的基本载体，知识体系是课程成熟度的重要标准。因此，即便是完成了对于法学教

---

⑭ 刘坤轮：《中国法律职业伦理教育考察》，中国政法大学出版社2014年版，第48～62页。

⑮ 参见 Laurel S. Terry，"A Survey of Legal Ethics Education in Law Schools in Legal Ethics in Academia"，Chap. 5（Penn. Academy of Science 1999）。

⑯ 杨欣欣编：《法学教育与诊所式教学方法》，法律出版社2002年版，第183页。

育根本属性的厘清,并对法律职业伦理教育的必要性也塑造了共识,也需要丰富的法律职业伦理教育去填充中国的法律职业伦理教育。目前来看,较之西方品类繁多的研究,国内层面关于这个知识体系的构建仍然非常单薄,关于这一点,笔者已经对2013年之前的状况进行过梳理,这里不再展开。⑰

但是,随着时间流逝,从2013年到现在,这种研究状况是否有所改善呢?为了保持研究的持续性,笔者仍然采取以往的方法,通过综合限定"篇名"和"摘要"来完成相关性限制,进行搜索。在篇名方面,作者依次设定三个位阶,第一位阶为含"法律职业道德"或含"法律职业伦理";第二位阶为含"法学教育"并含"职业道德";第三位阶为含"法学教育"并含"职业伦理",以"并且"综合"摘要""职业道德"或含"职业伦理"进行搜索,一共得到82篇文献,其中2013年13篇,2014年24篇,2015年18篇,2016年9篇,2017年11篇,2018年7篇。这一文献数量与传统部门法每年动则数百篇的文献规模相去甚远。在一定程度上,这表明了我国法律职业伦理的知识体系构建还有很大提升空间。

(四)缺乏充分的法律职业伦理师资力量

一门课程的运行,需要足够的师资力量。根据《法学质量国家标准》和《立格标准》,法学院系法学专业教师数量至少应达到必修课程的1.5倍,法学专业本科学生数量和教师数量之比应最低应为17:1。但是,在实际的运行中,很多学校的生师比还没有达到基本标准的要求。法学专业师资力量的薄弱是法学教育普遍存在的问题之一,⑱作为新兴的必修课程,法律职业伦理的师资队伍薄弱的问题更是明显。仅以立格联盟院校为例,除了中国政法大学成立了专门的法律职业伦理教研室外,其他几所院校都没有专门的师资队伍团队,这可能是法律职业伦理教育运行过程中面临的最大问题。

---

⑰ 刘坤轮:《中国法律职业伦理教育考察》,中国政法大学出版社2014年版,第3~11页。

⑱ 唐新华、陶斌智:《中日法学教育之师资队伍建设比较研究》,载《法制与经济》(中旬刊)2011年第10期。

当然，针对这一问题，教育部高等学校法学类专业教学指导委员会已经开始予以关注，并于2018年1月6日至7日举办了首期高等学校法学类专业法律职业伦理骨干教师培训班，参加培训的各校法学教师人数达到了百余人。尽管如此，面对全国600多所法学本科培养单位的实际需求相比，法律职业伦理师资力量的建设力度仍需要大力强化。没有对应满足法律职业伦理教学和科研要求的师资队伍，法律职业伦理教育的落地生根就难以实现。

（五）法律职业伦理的教学方法仍未形成成熟模式

完善的教学方法体系是知识传递有效性的基本保障。在法律专业伦理的教学方法上，运行较好的国家基本形成了成熟的方法体系，包括：（1）贯穿性教学法：贯穿性教学法是加拿大法律职业伦理教育中的一个重要的教学方法，即在所有的实体法中系统的教授学生法律职业伦理问题。这种方法颇具有难度，成功与否取决于法学院校师资对这一方法的致力程度。尽管这一方法也存在诸多各色各样的批评，但这一教学方法的拥护者坚定地相信，只要合作恰当，就能够最大限度地教授学生在各个法律领域中对法律职业伦理问题的把握和解决。（2）参与式教学法：即由教授引导学生参与到法律职业伦理教学的情境之中去，全面体会、思考实际执业中所可能遭遇到的各种伦理问题。（3）苏格拉底教学法：即通过教师的不断追问，使学生全面思考在面对执业伦理困境时的选择，这种教学方法要求学生进行全面预习，对学生的要求较高。（4）问题中心教学法：即以4～6名学生构成一个小组，再向每个小组分配律师实务中可能会接触到的伦理性矛盾状况，并引导他们共同研究和讨论在此种情形下的律师最佳处境。（5）法律诊所教学法：即通过法律诊所让学生处理实际案件，并在此过程当中体验职业伦理问题。法律诊所主要处理公益事件，因此可以让学生感受社会弱者的困难。对于人的痛苦和期望毫不关心的人是无法成为一个优秀的法律人的，因此提供这种机会对律师伦理教育有着重大影响。这些多元的教学方法支撑了法律职业伦理知识体系的传播，保障了法律职业伦理对于学生培养的有效性。

反观中国法律职业伦理的教学方法，目前基本上沿袭理论传授的方式,并没有形成多元化的教学方法体系,理想中理论教学、案例教学、法律诊所、法律实习的标准化、层层递进的法律职业伦理教学体系只能在极个别院校中开展,尽管一些院校也聘请了很多实务专家参与到法律职业伦理的教育教学过程之中,但受制于规模和常规化机制的不足,长效性难以保障,这就大大限制了法律职业伦理教育的实效性和法律职业伦理的知识传播。

五、结论及对策建议

综上,通过对立格联盟院校法律职业伦理教育教学问题的关注,我们看到,在我国的法学教育中,法律职业伦理的教育的现实紧迫性依旧未能缓解,在一定程度上,这种状况不利于德法兼修高素质法治人才的培养。针对这一问题分析,本文认为,未来中国法律职业伦理的教育要在以下几个方面着力,切实解决法律职业伦理教育教学的薄弱问题。

首先,凝聚共识。对于法学教育的职业教育属性,要加大宣传力度,让更多的法学教育者和法学研究者认同这一属性。由此牵引出法律职业伦理必要性共识的塑造,让法律职业伦理的必要性和教育价值在法律职业共同体内部形成一致性认知,从而在法治人才培养理念上,将中国依法治国和以德治国相结合的历史传统和当下对高素质法治人才的培养需求相结合,既强调知识和技能,同时要求强化思想政治素养和法律职业伦理水平,坚持立德树人、德法兼修的法治人才培养规格。

其次,加强法律职业伦理研究,构建完善的法律职业伦理知识体系。通过必修课程的设置,引导更多的法学研究者关注法律职业伦理研究,尤其是关注比如忠诚义务、执业能力、保密性、与司法的关系、雇佣关系、利益冲突、当事人困境、法律服务规制、公益及正义责任等基本问题,唯其如此,法律职业伦理的知识体系才能强基固本,形成真正完备的知识体系。

再次,加强法律职业伦理师资队伍建设。法律职业伦理各方面工作的开展最终要落实到师资力量建设上来,人才是第一资源,只有稳定、富有潜力的高水平教师队伍,才能保持法律职业伦理教育的持续发展。因此,国家层面要继续加强法律职业伦理教师培训的工作,各个高校要针对性地建立法律职业伦理的师资团队,汇聚一批关心法律职业伦理、研究法律职业伦理、热爱法律职业伦理的高水平师资队伍。

最后,探索多元化的法律职业伦理教学方法体系。要真正凸显法学教育的“以德为先”理念,强化法律职业伦理教育,就不能局限于将其设置为一门课程,更要将法律职业伦理教育贯穿于法治人才培养的全过程,将“德法兼修”真正落到实处。通过贯穿性教学法、参与式教学法、苏格拉底教学法、问题中心教学法、法律诊所教学法和法律实践教学方法的探索,在法律职业伦理教学方法方面,渐次形成集理论教学、案例教学、诊所教学和实习实训的多元教学方法体系,打破知识教学和实践教学之间的体制壁垒,实现法学知识教育和实践教育的融贯。

On the Review of the Practicality of the Legal Education on China's Professional Ethics

Gao Lin　Liu Kunlun

Abstract: Five years ago, the authors of this article had paid attention to the issue of Chinese legal professional ethics education. Now, the authors have once again reflected and re-examined this issue. Based on the sample of the eight "Legal League" universities and colleges, the authors empirically examine the awareness and importance of each law school's legal professional ethics at the level of cultivating objectives and curriculum design. Through a series of empirical data evidence, the authors once again reveal the practical dilemma of legal professional ethics education in undergraduate law education in China. For this real dilemma, the authors suggest that the following five aspects should be systematically analyzed for the probable causes, including:

the fundamental attributes of legal education, the consensus of legal professional ethics, the legal professional ethics knowledge system, the legal professional ethics teacher strength and teaching method system. Then, the authors have proposed a series of specific measures: to build consensus, strengthen research, strengthen the construction of teaching staff and explore a diversified teaching method system. The authors expect that all colleges and universities can truly implement the responsibility of the "promoting both virtue and law" and the cultivation of excellent legal talent.

Key words: legal education, legal profession, legal ethics education

新时代中国法学教育的改革与发展

——第二届《法学教育研究》专题研讨会综述

宋旭东*

摘　要：新时代中国社会基本矛盾的转化对中国法学教育培养人才提出了德法兼修和回归本科的新要求，回应新时代提出的新要求，中国法学教育需要进一步的改革与发展。对此，既要加强法学本科人才培养体系建设以保障法学本科教学质量，还要将法学教育与飞速发展的互联网和人工智能等新技术相结合以引领教学方法的革新，中国的法学教育必将在不断地探索与思考中走向完善。

关键词：新时代　法学教育　德法兼修　本科人才培养

习近平总书记在全国教育大会上指出：本科教育在人才培养工作中占据基础地位，加快建设高水平本科教育，必须坚持"以本为本"。教育部印发了《关于加快建设高水平本科教育全面提高人才培养能力的意见》(以下简称新时代高教40条)，并与中央政法委联合发布了《关于坚持德法兼修实施卓越

---

* 宋旭东，西北政法大学教育经济与管理专业硕士研究生，研究方向：高等教育学。

法治人才教育培养计划2.0的意见》。为了更好地适应新时代要求,服务新时代中国法学教育的发展,2018年10月20~21日,由西北政法大学高等教育研究所、法学教育研究编辑部主办的"第二届《法学教育研究》专题研讨会"在西安召开。此次会议的主题为"新时代中国法学教育改革与发展",来自中国政法大学、西南政法大学、中南财经政法大学、华东政法大学、西北政法大学、甘肃政法学院、山东政法学院、厦门大学、北京师范大学、吉林大学、西安交通大学、南京师范大学、上海市社科院人力资源研究中心等总计30余所的大学、机构和研究院的80多位专家学者与会,做了27个专题报告进行研讨交流,内容涉及新时代培养德法兼修法治人才、法学本科教育人才培养体系建设、本科教学质量保障建设、改革开放40年中国法学教育的改革创新等方面,取得了丰硕成果。

一、新时代中国法学教育的新要求

德法兼修是新时代对中国法学教育培养人才的第一要求。

西北政法大学校长杨宗科教授结合西北政法大学法学人才培养的历程提出,中国共产党的高等法学教育开端于新民主主义革命的延安时期,始于陕甘宁边区行政学院,初步完善于延安大学,并在西北人民革命大学、西北政法干部学校、中央政法干部学校西北分校、西安政法学院、西北政法学院时期逐步形成和壮大,西北政法大学是中国共产党延安时期高等法学教育的直接延续。西北政法大学有着81年的办学历史和60年的本科教育历史,是中国共产党在延安时期法学教育的主要传承者。进入新时代,学校要继承"老延大"优良传统,围绕立德树人根本任务,从思想修养与职业伦理、知识结构、实践能力三个维度,进行法学教育教学的改革与实践。甘肃政法学院校长李玉基教授指出,习总书记在全国教育工作大会上讲话中的核心,集中在教育是培养德才兼备的社会主义接班人的问题上。山东政法学院校长吕涛教授指出应用型法治人才的培养必须坚持德法兼修、德法交融。

法学教育作为我国高等教育的重要组成部分,必须落实“以本为本”“四个回归”、提高人才培养质量的新时代的新要求。

二、新时代中国法学本科人才培养体系建设

回应新时代对法学教育提出的新要求,加强法学本科人才培养体系建设成为当务之急。

吕涛教授认为,应用型法治人才培养课程体系既是专业人才培养方案有效落实的重要载体,也是学校教学建设的基本单元,直接关系人才培养目标的实现。法学本科教育应当立足应用型法治人才定位,逐步建立完善与卓越法治人才培养目标相适应、具有“鲜明的中国特色、完整的知识结构、适度的学分要求、丰富的选择空间”的法学课程体系:以思政课程为引领,以美育和体育课程为依托,以理论课程为基础,以实践课程为重点,以第二课堂为延伸,以助考课程为辅助,以个性化课程为补充,同时辅之以“互联网+教学”等先进教学方法为手段,有效传递课程内容,并推动各组成部分有机联系、相辅相成,形成一个完整的课程体系。

卢春龙教授介绍了中国政法大学建设一流本科教育的具体举措,包括:设置符合学校情况的人才培养目标与理念;坚持德法兼修,把社会主义核心价值观贯穿于本科人才培养全过程;创新人才培养机制、完善人才培养模式;完善综合素质与特长并重的招生制度;重视师资队伍建设、完善教师考核聘任制度;完善人才培养综合评价体系与人才培养质量保障体系;及时将科研优势转化为教学优势;不断改进教学方法、持续提升教学质量;提高小班授课的比例、推广研究性的教学模式;提升本科生科研能力;完善实践教学体系、开展多层次的创新创业教育。南京航空航天大学李栗燕教授认为,新时代内蕴着对“法治人才”的新解读、对“法治人才”培养的新诉求,在全面依法治国、人才强国、网络强国等战略要求下,传统法学教育需进行相应的革新。一方面,要增强高校非法科专业的法

治通识课程设置,全面提升法治教育队伍的专业素质;另一方面,专业人才培养应由单一专业性向复合专业性拓展,构建更具针对性的人才培养机制,践行更具实效性的人才培养举措。中国政法大学刘坤轮副教授就“学训一体”法律职业伦理教育模式的展开进行了讨论,他以美国、澳大利亚、加拿大和韩国为参照,综合考察各国对法律职业伦理教育的态度,各国法律职业伦理课程的开设方式、教学方法、学分设置、开课年份、职业准入考试份额等多种要素,发现在法学教育相对发达、规范的国家中,法律职业伦理教育既是法学教育必不可少的内容,也构成了塑造法律人不可或缺的重要内容。我国本科法学教育中法律职业伦理教育处于实质匮乏境地,应强化法律职业伦理教育,推进法律职业伦理研究,早日融入规范的法学教育潮流之中。法律职业伦理的强化不仅需要在认知层面获得认同,也要在国家层面和行业层面获得强有力的支持。

骆福林副教授以常州大学史良法学院为例,分析了功能视角下的卓越法律人才协同培养,探讨了卓越法律人才的基本构成要素,提出“卓越”是培养法律人才过程中的价值追求和目标要求。具有较为全面的知识、具有将知识转化为行动的实践能力及具有较高的职业道德和历史使命感,是卓越法律人才的基本构成要素。吉林大学刘小平副教授强调法学本科生要精读原典,他结合吉林大学法学院本科生实验班开设的英文原典精读课程经验,认为目前“introduction”式教学注重固化的专业知识体系的讲授,缺乏对问题语境、原理理由、精神理念和思想方法的把握,不利于培养合格法律人。目前的通识课程可能沦为一种“introduction”式课程,最多造就一些“知道分子”,无法弥补前述缺陷。原典精读能扩展本科生问题视野、提升其分析批判能力,引领学生跟着大师进入“知识”“观点”“思想”的生产过程。原典精读课程的重点在于“比慢”“较真”,由此探索出一种适合本科生的教学模式。湖北大学蔡科云、邹爱华教授认为“德法兼修”式法学教育可嵌入大学书院平台,以士君子精神激发法科师生关系的活力,拓展卓越法律人才培养中教与学的空间,涵养塑造具有中国文化个性、德法融合的法学人知识群体。

中南财经政法大学徐伟功教授认为,涉外法律人才培养是系统性工程,其指导思想可以概括为“具备综合素养、具有国际视野、服务对外交往、维护国家利益”;其培养目标可以概括为“德才兼备的国际化、复合型、精英式的涉外法律人才”;其实质标准包括“知识标准、能力标准和素质标准”三个方面。中南财经政法大学创新涉外法律人才培养模式改革措施包括完善法学专业(涉外经贸法方向)本科全程培养方案,加强法学专业的对外合作与交流和国际班的建设。借助“文澜学院”人才培养模式,他认为涉外法律人才培养的课程体系应着重四个方面的知识体系的建设:国际法知识体系、法学学科知识体系、涉外知识体系、涉外纠纷解决技能知识体系。浙江工商大学骆梅英教授认为,法学教育国际化呼唤供给侧改革,要进一步提升留学生法学本科教育的质量,全英文法学本科项目的新兴发展,在促进留学生法学教育多元供给的同时,也在向世界讲好改革与法治的“中国故事”。相对于中国法 LLM 项目,法学英文本科项目呈现出基础性更强、学制更长、内容更综合等特点,但其面临的中国法英文教材缺乏、留学生背景多元与“前置知识”不足、实习实践教学的开展面临“制度性障碍”等问题也更为突出。她认为,要进一步提升留学生法学本科教育的质量,需要在课程设置上解决好“国际化”与“在地化”的关系,在教学方法上实现“原理性”与“案例式”的结合,引入普适性案例,丰富教学的“语料库”并不断革新课堂教学的方式。西安交通大学丁卫副教授立足于卓越法律人才教育培养计划的实施,为培养一批“具有国际视野、通晓国际规则,能够参与国际法律事务和维护国家利益”的涉外卓越法律人才,以西安交通大学“中澳丝路班”的创办及其教育教学实践为例,从培养方案的制订、招生工作的展开与教育教学的运行实践三方面总结涉外法律人才教育培养工作的成功经验,反思存在的问题和不足,为新时代如何培养德法兼修的卓越法治人才提供可资参考镜鉴,以及展开比较个案研究的典例。

三、新时代法学本科教学质量保障建设

法学本科人才培养体系的建设从根本上来说是为了保障法学本科教

学质量,但本科教学质量的保障不能仅靠人才培养体系的建设。

厦门大学教育学院王洪才教授认为,大学教学的无效性成为如今我国高校教育教学当中存在的普遍现象,传统的以传授系统知识为中心的教学观念已经不能吸引学生注意力,学生感受不到学习的价值,从而很难进行深层次的学习。以系统知识为目标和中心的传统教学观,只适用于知识匮乏的时代和知识传承目的,而不适用于知识爆炸的信息时代,尤其不适用于人工智能大发展的时代。大学创新教学理论旨在强调以学习者为中心,只有根据学生需求和能力水平设计教学才能事半功倍;强调知识的生成性,主张学生建构自我知识;强调以能力发展为中心,知识传授仅是手段;强调教师是学生发展的引导人、辅导者和调控者。实现"四个回归"需要创新教学,使教师回归本分、使教学回归常识、使教育回归初心。创新教学就是让教学和科研结合在一起,让教师从立德树人的角度来重新塑造自我,让教育回归到培养人的初心,让学生具有梦想。

北京师范大学教育学部周海涛教授在关于保障本科教学质量的报告中认为,完善高校内部教学质量保障体系、强化教学督导评估是建设一流本科教育的基础,探讨教学质量保障体系建设相关问题、完善监管制度具有重要意义。要通过提高教学质量标准与教学改革的契合度,构建多元主体参与的实践教学监控体系,回归数据基本建设,重视通过数据收集捋顺保障主体之间的关系,建立闭环监控系统等方法来改进解决当前我国本科教学普遍存在的质量标准建设与教学改革不适应,实践教学环节质量监控相对薄弱,教学基本状态数据认识偏差,教学质量监控体系落后,教学质量监控反馈机制覆盖面不全、及时性不够等问题。南京师范大学张鹏副教授认为法学教育的实践转向是新时代法学教育最为显著的特点,法学教育的评价标准应当一改过去单一的学术标准、学科标准,要增加国家统一法律职业资格考试的通过率和法律实践人才的成材率,培育精英化法律人才应成为越来越多的法学研究生院校的培养目标。西北大学王思锋教授讨论了国家法律职业资格考试对法学教育改革的影响,认为从司法考试到国家统一法律职业资格考试的转变引发了对为谁教、教什么、教给谁、怎样教等根本性问题的深入思考,倒逼法学教育改革加速,积极满足法学人才培养软硬件要求，这些都给高校法学专业师资队伍、课程设置、教材编写、考核方式等提出了新的要求。

李玉基教授认为教学工作要以培养“德智体美劳”全面发展的学生为目标，坚持“以本为本”，推进“四个回归”，以培养“四有”好教师为抓手，抓好师资队伍的师德师风建设，培养德才兼备的“君子式”教师，提高教师主动服务学生的意识，形成教师与学生的互动机制。上海市社科院人力资源研究中心汪怿研究员认为，法治人才专业化标准日益强化，但目前法律专业的伦理标准、知识体系、话语体系与未来发展要求之间尚存在一定差距。法治人才队伍的建设，要把宽视野、广布局和远谋略深深渗透到法学教育和整个课程体系当中，要有强大人才要素、顶尖领军人才和核心团队作支撑，要把法律和技术、信息、资本融合在一起，要有新的思想、好的制度和新的技术，要改革人才培养机制、交流机制和人才使用、评价、激励机制。

四、新技术背景下的法学教育新走向

新时代背景下，互联网技术和人工智能的不断发展，对法学教育提出了更高的要求，中国的法学教育也在不断地改革与思考中走向完善。

李玉基教授指出，新时代要改革教育教学的方式方法和手段，要引入现代教育技术，建立开放式的教学体系和教学方式。西南政法大学张建文教授则认为新技术不过是创造便捷的学习资源和学习环境，促进激发学习者内在的学习热情、学习动力和学习兴趣，但未改变教育对象的根本难题，即人性的难题；在新时代，传统的教育经验并未丧失基本价值。法学教育要教会学生在面对相互冲突的主张、诉求时，做出正确、负责任的价值判断。法学教育肩负着政治责任，即教会学生始终秉持对国家、社会和公共利益有益的立场。在教育设计和标准制定等问题上，要尊重专业人士的意见。西北政法大学陈京春教授认为，我国法学实践教学在全程化实践教学、同步化实践教学、情境化实践教学、协同化实践教学、课程化实践教学等方面取得了丰硕的成果,但是实践教学资源尚不能充分满足实践教学的需要,实践教学尚不能充分吸纳司法实践的新生事物,高校与实务部门尚未形成完善的协同育人机制,实践课堂建设与“金课”的标准尚有差距。在信息化时代,随着司法大数据、人工智能的应用和网络化信息平台建设,信息技术将不断充实实践教学资源,促进实践教学与实务的同步性,有利于实现协同育人的无缝对接,有利于打造实践实训“金课”,有利于提升毕业实习和毕业论文的规范化管理水平。西南大学法学院杨攀副教授、杜志红讲师探讨了网络化教学环境和国外法学教育网络化对我国法学本科人才培养的冲击,认为法学本科教学具有信息属性,需要充分利用网络技术加快教学信息流动促进教学相长、教学创新,树立教学互联网思维,发挥教师的全方位作用,重视基于网络的学生自主学习,运用基于网络的问题探究式教学法;完善法学人才培养质量评价及竞争机制,建立有利于“互联网+”改革的教师评价机制,建立符合网络社会需求的学业评价机制。西北政法大学闫亚林研究员结合《法学教育研究》刊物的发展,提出在建设高等教育强国的新时代,法学教育必将获得更大的发展,各界要借助互联网优势推动法学教育研究成果的创新与转化,推动研究成果向高水平法治人才培养、法学院校改革发展以及服务社会方面转化;同时要加强院校间、院校与法律实务部门之间的合作等。

五、结语

法学教育关乎法治人才培养之效果,法治人才培养又关乎中华民族伟大复兴的中国梦之实现。与会的专家学者对新时代中国法学教育的改革与发展所作的深入探讨,无论是一流法学本科的建设,还是德法兼修的法治人才培养,抑或是中国法学教育如何面对人工智能的飞速发展等思想观点,对于新时代中国法学教育人才培养目标、课程体系和教学内容与方法、师资队伍建设与教学质量保障等多方面的改革与创新,都将会提供有益的参考。

Reform and Development of China's Legal Education in the New Era

—A Review of the Second Symposium on Law Education Research

Song Xudong

Abstract: The transformation of the basic contradictions in the new era of Chinese society has put forward new requirements for the cultivation of legal talent in Chinese legal education, such as the promotion of both virtue and law and the return of the orientation to undergraduate students. To respond to the new requirements put forward in the new era, further reform and development in legal education need to be carried out systematically. For this purpose, we must not only strengthen the education system for law major undergraduates to ensure the quality of undergraduate teaching, but also utilize and integrate the rapid development of new technologies such as the Internet and artificial intelligence with modern legal education in order to lead the innovation of teaching methods. By taking the measures, Chinese legal education is about to improve continuously during the exploration and deliberation.

Key words: the new era, Legal education, promoting both virtue and law, undergraduate personnel cultivation

《法学教育研究》稿约

《法学教育研究》创办于2009年，是国内较早系统关注法学教育研究的专门性学术出版物，由西北政法大学主办、法律出版社定期出版。2017年起本书每年出版4卷，现已入选CSSCI收录集刊（2017～2018）目录。

宗旨：本书恪守科学性、实践性、创新性、开放性原则，集中出版法学教育教学研究成果，探索法学教育教学规律，促进法学教育事业的发展。

主要栏目有：理论探讨、教学研究、比较研究、教材体系、管理经纬、学问人生、教育法制、法务反哺、法学资讯等栏目。

《法学教育研究》致力于搭建高水平的学术探讨平台，所有来稿均以具有学术价值为遴选标准。敬请作者来稿时提供：（1）中英文题目及作者姓名，标题尽量确切、简洁；（2）中英文摘要（不超过200字）；（3）中英文关键词（3～5个）；（4）作者简介（含姓名、工作单位、职称、学历学位、研究方向、通信地址、邮政编码、联系电话、电子邮箱），如果来稿系作者承担的省级以上科研基金项目，请注明项目名称和编号；（5）正文；（6）注释。

注释：是对文内某一特定内容的进一步解释或补充说明。用1、2、3……数字标注序号，采用当页脚注整篇连续编号形式。著作类包括序号,著者:《书名》,出版社出版年,起止页码。论文类包括序号,作者:《题目》,《报刊名》出版日期或期号。

声明:《法学教育研究》已许可中国学术期刊(光盘版)电子杂志社在中国知网及其系列数据库产品中以数字化方式复制、汇编、发行、信息网络传播全文。《法学教育研究》已许可北大法宝法学期刊数据库以电子形式对本书进行制作,以不脱离于数据库的形式进行传播和销售;《法学教育研究》被北京万方数据股份有限公司、万方数据电子出版社数据库收录,相关著作权使用费和稿费一并支付;《法学教育研究》已被维普网全文收录。如无特别说明,作者提交文章发表的行为即视为同意上述声明。

本书的微信公众号为 fxjyyj-xfd,定期发布相关信息,敬请关注,官方网站为 http://ler. nwupl. edu. cn/。本书的网络采编系统现已开通,网址为 http://fxjy. cbpt. cnki. net,请您通过网络采编系统投稿。

联系方式:

E-mail:fxjyyj@126. com

电话:029-88182796

地址:西安市长安区西长安街558号

西北政法大学长安校区80号信箱

邮编:710122

图书在版编目(CIP)数据

法学教育研究. 第二十五卷 / 杨宗科主编. -- 北京:
法律出版社, 2019
ISBN 978-7-5197-3340-7

Ⅰ. ①法… Ⅱ. ①杨… Ⅲ. ①法学教育-研究-中国
Ⅳ. ①D92-4

中国版本图书馆 CIP 数据核字(2019)第 059158 号

法学教育研究(第25卷)
FAXUE JIAOYU YANJIU(DI-25 JUAN)

杨宗科 主编

责任编辑 黄琳佳
装帧设计 李 瞻

出版 法律出版社
总发行 中国法律图书有限公司
经销 新华书店
印刷 三河市龙大印装有限公司
责任校对 郭艳萍
责任印制 陶 松

编辑统筹 学术·对外出版分社
开本 710 毫米×1000 毫米 1/16
印张 25.5
字数 347 千
版本 2019 年 4 月第 1 版
印次 2019 年 4 月第 1 次印刷

法律出版社/北京市丰台区莲花池西里 7 号(100073)
网址/www.lawpress.com.cn
投稿邮箱/info@lawpress.com.cn
举报维权邮箱/jbwq@lawpress.com.cn
销售热线/010-83938336
咨询电话/010-63939796

中国法律图书有限公司/北京市丰台区莲花池西里 7 号(100073)
全国各地中法图分、子公司销售电话:
统一销售客服/400-660-6393
第一法律书店/010-83938334/8335 西安分公司/029-85330678 重庆分公司/023-67453036
上海分公司/021-62071639/1636 深圳分公司/0755-83072995

书号:ISBN 978-7-5197-3340-7
定价:88.00 元
(如有缺页或倒装,中国法律图书有限公司负责退换)